Zu diesem Buch Was ist der Unterschied zwischen paraphieren und ratifizieren? Wie kommen Gesetze zustande? Woraus leitet sich das Wort Agitation ab, und was bedeutet es? Hat der Nulltarif etwas mit dem Manteltarif zu tun?
Dieses Lexikon erläutert politische Begriffe und Sachverhalte kurz und verständlich. Nicht die umfassende Darstellung politischer Zusammenhänge ist beabsichtigt, sondern die zuverlässige Erklärung vieler Begriffe aus dem Tagesgeschehen, wie sie auf der ersten Seite einer Zeitung zu lesen oder in den Fernsehnachrichten zu hören sind.

Hilde Kammer / Elisabet Bartsch

Jugendlexikon Politik

800 einfache Antworten auf schwierige Fragen

Rowohlt Taschenbuch Verlag

Vollständig überarbeitete Neuausgabe, Oktober 2004 | Originalausgabe veröffentlicht im Rowohlt Taschenbuch Verlag, Reinbek bei Hamburg, August 1974 | Umschlaggestaltung any.way, Martina Kloke (Foto: zefa / Masterfile) | Satz Proforma PostScript bei Pinkuin Satz und Datentechnik, Berlin | Druck und Bindung C. H. Beck, Nördlingen | Printed in Germany | ISBN 3 499 61699 8

Wir danken unseren Freunden, die uns ermutigten,
wir danken allen Fachleuten, die uns geholfen haben,
dieses Buch zu schreiben.

Berlin, April 1974
Hilde Kammer/Elisabet Bartsch

Ein paar Hinweise für die Leser:

1. Am Anfang des Buches, Seite 9 bis Seite 15, ist ein Register zu finden. In diesem alphabetischen Verzeichnis sind Begriffe aufgeführt, die nicht unter einer eigenen Überschrift, sondern innerhalb eines anderen Artikels erklärt werden: der Begriff «Aktie» zum Beispiel unter dem Begriff *Börse*, «Plenarsaal» unter *Plenum*.

2. In vielen Artikeln sind einige Wörter kursiv, das heißt schräg gedruckt. Das bedeutet, sie sind als Begriff für sich im Buch erklärt. Wer sie nicht kennt oder nicht genau weiß, was sie bedeuten, kann sie also an entsprechender Stelle nachlesen.

3. Die am Schluss zahlreicher Begriffe stehende Aufforderung «Siehe ...» bedeutet, dass die hier aufgeführten Begriffe zur Ergänzung gelesen werden sollten. «Siehe auch ...» bedeutet, dass die angebotenen Begriffe gelesen werden können, wenn man Lust hat.

Register

CENTO	*siehe*	Bagdadpakt
Charta der Vereinten Nationen		Vereinte Nationen
CIA		Geheimdienste
DAG	*siehe*	ver.di
Demokratie Jetzt		Parteien im Bundestag
Demokratische Bauernpartei Deutschlands, DBD		DDR
Demokratischer Aufbruch, DA		DDR
Demokratischer Zentralismus		SED
Demontage		Reparationen
Depression		Konjunktur
Deputierte		Deputation
Deutsche Forumspartei		Parteien im Bundestag
Deutsche Soziale Union, DSU		DDR
Deutscher Entwicklungsdienst, DED		Entwicklungshilfe
Deutsches Reich		Deutschland
d'Hondtsches Höchstzahlverfahren		Verhältniswahl
Diäten		Bundestagsabgeordnete
Dienstleistungen		Wirtschaft
Dividende		Aktiengesellschaft
Dokumentarfilm		Dokument
Einheitslisten	*siehe*	Nationale Front
Endlager		Kernenergie
Entnazifizierung		Nationalsozialismus
ERP		Marshallplan
Ersatzdienst		Wehrpflicht
Erster Staatsvertrag		Vertrag zur deutschen Einheit, DDR
Etatrecht		Haushaltsplan
EU-Konvent		Europäische Union, EU
Euro-Atlantischer Partnerschaftsrat		NATO
Europäische Kommission für Menschenrechte		Europarat
Europäische Verteidigungsgemeinschaft, EVG		Deutschland-Vertrag
Europäischer Gerichtshof für Menschenrechte		Europarat
Europäisches Parlament		Europäische Union, EU
Finanzausgleich	*siehe*	Finanzen
Finanzhoheit		Finanzen

Floating		Abwertung und Aufwertung
föderativ		Föderalismus
Fragestunde		große und kleine Anfrage
Fraktionsdisziplin		Fraktion
Fraktionszwang		Fraktion
Freiburger Thesen		Parteien im Bundestag
Freihandel		EFTA
Gemeindeordnung	*siehe*	kommunal
Gemeinderat		kommunal
Gemeinsamer Ausschuss		Notstand
Geschworene		Gerichte
Gesetzesvorlage		Gesetzesinitiative, Gesetzgebung
gesetzgebende Körperschaft		Gesetzesinitiative
Gipfelkonferenz		Konferenz
Godesberger Programm		Parteien im Bundestag
Golfkrieg		Nahost-Konflikt
Grundstoffindustrie		Industrie
Haager Landkriegsordnung	*siehe*	Kriegsverbrechen
Haushaltsbewilligungsrecht		Bundestag, Haushaltsplan
Haushaltsrechnung		Bundesrechnungshof
Hegemonialmacht		Hegemonie
Hochkapitalismus		Kapitalismus
Hochrechnung		Demoskopie
Hoheitsgebiet, -gewässer		Staatsgebiet
IM	*siehe*	SSD
imperatives Mandat		Mandat
industrielle Revolution		Industrie, Revolution
INF-Abkommen		START
Informationspflicht		Information
Informationsrecht		Information
Initiative für Frieden und Menschenrechte		Parteien im Bundestag
Interpellationsrecht		Bundestag, große und kleine Anfrage
Intifada		Nahost-Konflikt
Judikative	*siehe*	Gewaltenteilung, Rechtsprechung
Kalter Krieg	*siehe*	Ostblock und Westmächte
Kanzleramt		Bundeskanzler

Ministerpräsidentenerlass		Extremistenerlass
Mobilmachung		mobilisieren
Monopolkapitalismus		Kapitalismus
Montanunion		Europäische Union, EV
multinationale Konzerne		Konzern
Nachrichtendienste	*siehe*	Geheimdienste
National-Demokratische Partei Deutschlands, NDPD		DDR, Parteien im Bundestag
NATO-Osterweiterung		NATO
Neonazi		Nationalsozialismus
Neues Forum		DDR, Parteien im Bundestag
Nordatlantikrat		NATO
Nord-Süd-Dialog		Entwicklungshilfe
Nord-Süd-Kommission		Entwicklungsländer
Notenbank		Bundesbank
Notenwechsel		Note
Nürnberger Prozesse		Kriegsverbrechen
Oberlandesgerichte	*siehe*	Gerichte
Oberster Sowjet		Sowjet
OEEC		Marshallplan
öffentliche Anhörung		Hearing
ÖTV		VER.DI
offiziös		offiziell
Oligopol		Monopol
ordentliche Gerichte		Gerichte
Organ		Oberste Bundesbehörde
Pariser Kommune	*siehe*	Kommune
Parlamentarischer Staatssekretär		Staatssekretär
Parlamentarismus		parlamentarische Demokratie
persönlicher Referent		Referent
Plenarsaal, -sitzung		Plenum
PLO		Nahost-Konflikt
Politologe		Politik
Produktionsgenossenschaft		LPG
Produktionsgüterindustrie		Industrie
Progression		progressiv
Prozessrecht		öffentliches Recht
Pufferzone		Entmilitarisierung
Punktstreik		Streik

Radikalenerlass	*siehe*	Extremistenerlass
Radioaktivität		Kernenergie
Rahmengesetze		Gesetzgebungskompetenz
Rahmenvorschriften		Gesetzgebungskompetenz
Reaktor		Kernenergie
Rechtsextremismus		links und rechts
rechtsfähig		juristische und natürliche Person
Rechtsradikalismus		radikal
repräsentative Umfrage		Demoskopie
Ressortprinzip		Bundesregierung
Revision		Gerichte
Römische Verträge		Europäische Union, EU
Schöffen	*siehe*	Gerichte
Schwurgerichte		Gerichte
SEATO		ASEAN
Secret Service		Geheimdienste
Sekretariat des Zentralkomitees		SED
Senator		Senat
Sowchose		Kollektiv
Sozialdemokratie		Arbeiterbewegung
Sozialisation		Resozialisierung
Sozialistische Internationale		Internationale
Soziallasten		Sozialversicherung
Soziologie		Gesellschaft
Spätkapitalismus		Kapitalismus
Staatspartei		Einparteisystem
Staatsrecht		öffentliches Recht
Staatssicherheitsdienst		SSD
Stabilisierung		Stabilität
Ständiger Ausschuss		Ausschüsse
Statistische Landesämter		Statistik
Statistisches Bundesamt		Statistik
Strafrecht		öffentliches Recht
Strafrechtsreform		StGB
strategische Waffen		START
Sûreté		Geheimdienste
Tarifautonomie	*siehe*	Tarif
Titoismus		Kommunismus
Transitabkommen		Berlin
Trotzkismus		Kommunismus

A

ABC-Waffen ist eine zusammenfassende Bezeichnung für Bomben, Granaten oder Raketen, die nicht mit Sprengstoff, Napalm oder Phosphor, sondern mit *a*tomaren, *b*iologischen oder *c*hemischen Kampfmitteln gefüllt sind. A-Waffen sind zum Beispiel Atombomben, B-Waffen sind zum Beispiel Bomben, die mit Krankheitserregern gefüllt sind, C-Waffen sind zum Beispiel Giftgase.
Siehe auch *konventionelle Waffen, nukleare Waffen.*

Abgeordnete sind vom *Volk* gewählte Mitglieder eines *Parlaments*, zum Beispiel eines *Landtages* oder des *Bundestages*. Sie vertreten das ganze Volk, gleichzeitig auch die Interessen ihrer Wähler und ihres Wahlkreises.
In der Regel sind Abgeordnete Mitglieder von *Parteien*. Aufgabe der Abgeordneten ist, *Gesetze* zu beraten und zu beschließen und außerdem die Maßnahmen der *Regierung* zu überwachen. Um die Wünsche und Bedürfnisse seiner Wähler im Parlament vertreten zu können, muss ein Abgeordneter eine möglichst enge Verbindung zu seinen Wählern halten.
Siehe *Bundestagsabgeordnete, repräsentative Demokratie, Wahl.*

Abrüstung, bei einer Abrüstung wird die Rüstung eingeschränkt: Es können zum Beispiel die Streitkräfte vermindert oder weniger Waffen hergestellt werden. Zur Rüstung gehören alle Mittel, um Krieg führen zu können: Waffen und *militärische* Einrichtungen, auch Pläne für einen Krieg.
Früher wurden die Besiegten von den Siegern immer gezwungen abzurüsten, um einen neuen Krieg zu vermeiden. Heute gibt es auch im Frieden Verhandlungen über Abrüstung, und zwar unter gleichberechtigten *Staat*en. Ausgangspunkt für diese Verhandlungen ist, dass die beteiligten Staaten keinen Krieg wollen und nur zur Verteidigung rüsten. Die Verhandlungen ziehen sich vor allem deshalb oft über Jahre hin, weil die gegenseitige Überwachung der Abrüstung schwierig ist.
Siehe auch *Atomwaffensperrvertrag, SALT, OSZE, MBFR.*

absolute Mehrheit, siehe *Mehrheit.*

Abwertung und Aufwertung sind Begriffe aus der *Wirtschaft.*
Jedes Land hat seine Zahlungsmittel, seine *Währung*, also sein eigenes Geld. Die Geldeinheit in der *Bundesrepublik Deutschland* heißt Euro, in den USA Dollar, in Russland Rubel.
Damit die Menschen in anderen Ländern Waren kaufen und verkaufen und dorthin verreisen können, müssen sie die Möglichkeit haben, ihr Geld zu tauschen. Dazu muss der Wert der verschiedenen Währungen berechnet werden. Das geschieht mit Hilfe des Preisvergleichs von sehr vielen Waren wie etwa Lebensmitteln, Maschinen, Mieten, Häusern und so weiter. So wird schließlich ein Wechselkurs festgelegt, das heißt, es wird bestimmt, wie viel Geldeinheiten des einen *Staates* denen anderer Staaten entsprechen. Der Wechselkurs gründet sich auf die so genannte Kaufkraft der einzelnen Währungen und legt ihr Verhältnis zueinander fest.

Die *Regierung*en der Länder sind bemüht, den einmal festgelegten Wechselkurs beizubehalten, damit sich jeder vor allem im Außenhandel und bei Auslandsreisen darauf verlassen kann. Verändern sich die Preise aller wichtigen Waren in den verschiedenen Ländern, muss der Wechselkurs neu festgelegt werden. Die Ursachen für Anstieg oder Niedergang der Preise können vielfältig sein, sie sind nicht allgemeingültig zu bestimmen. Für eine Neuordnung des Wechselkurses gibt es zwei Möglichkeiten: Es können Abwertungen oder Aufwertungen notwendig werden, oder es kann zu einem so genannten Floating kommen.
Floating bedeutet, dass man die festen Wechselkurse aufhebt und nicht sofort amtlich einen neuen Kurs bestimmt. Durch Angebot und Nachfrage wird sich ein neuer Kurs einpendeln.
Zu einer Abwertung kommt es, wenn die Preise in einem Land mehr steigen als in den anderen Ländern. Niemand wird dann mehr in diesem Land kaufen wollen, dagegen sind die Bürger dieses Landes bestrebt, ihr Geld im Ausland auszugeben, wo die Preise niedriger sind. Der sozusagen teure Staat wird bei anderen Staaten Schulden machen, weil er mehr Waren einführen als ausführen wird. Das Gleichgewicht kann wieder hergestellt werden, wenn dieser Staat den Wert seiner Währung so herabsetzt, dass er der tatsächlichen Kaufkraft wieder entspricht.
Zu einer Aufwertung führen die umgekehrten Verhältnisse: wenn zum Beispiel in einem Land die Preise niedriger sind als in anderen Ländern. Ausländische Bürger können in diesem Land billiger einkaufen als in ihren eigenen Ländern. Auf den Banken des Billiglandes häufen sich die Zahlungsmittel anderer Länder, die weniger wert sind als die eigene Währung. Um das Gleichgewicht wieder herzustellen, kann das Billigland aufwerten: Es setzt den Wert seiner Währung herauf und erhält jetzt mehr ausländische Geldeinheiten als bisher. Waren aus anderen Ländern werden in diesem Land wieder billiger, gleichzeitig werden natürlich die eigenen Waren im Ausland teurer.
Siehe auch *Devisen, Inflation.*

Administration heißt Verwaltung. Siehe *Verwaltung.*

ADN ist die Abkürzung für ‹*A*llgemeiner *D*eutscher *N*achrichtendienst›, das war das Nachrichtenbüro der ehemaligen *DDR.*

Ältestenrat, der Ältestenrat wird nicht etwa aus den ältesten, sondern aus den besonders erfahrenen Mitgliedern eines *Parlament*s gebildet.
Der Ältestenrat des *Bundestag*es besteht aus dem Bundestagspräsidenten, seinen Stellvertretern und weiteren *Abgeordnete*n, die von den *Fraktion*en bestimmt werden. Er vereinbart mit den Fraktionen den Arbeitsplan des Parlaments, zum Beispiel die *Tagesordnung*en und die Dauer der Redezeit. Die vom Ältestenrat getroffenen Übereinkünfte werden vom Parlament in der Regel anerkannt.

AFP ist die Abkürzung für ‹*A*gence *F*rance-*P*ress›, die unabhängige Nachrichtenagentur Frankreichs.
Eine Nachrichtenagentur vermittelt

Nachrichten aus aller Welt an Zeitungen, Rundfunk- und Fernsehsender.

Agent heißt allgemein Vermittler und Vertreter.
Ein Theateragent zum Beispiel vermittelt Schauspieler und Sänger an Theater und Opernhäuser, und er wird von den Künstlern dafür bezahlt.
Im *politisch*en Sprachgebrauch ist ein Agent meist Angehöriger eines *Geheimdienst*es, in dessen Auftrag er geheime Nachrichten aufspürt und weitergibt.
Siehe auch *Spionage*.

Agent provocateur ist ein französischer Begriff und heißt so viel wie Lockspitzel. Aufgabe eines Agent provocateur ist, sich unter die Mitglieder einer staatsfeindlichen Gruppe zu mischen und so zu tun, als sei er einer von ihnen. Er reizt die Gruppe, irgendetwas Strafbares zu tun, was dann der Polizei oder der *Regierung* ermöglicht, einzugreifen.

Aggression, der kriegerische Angriff eines *Staat*es oder mehrerer Staaten gegen einen anderen wird als Aggression bezeichnet. Der angreifende Staat wird als Aggressor bezeichnet. Angriffskriege sind Verbrechen gegen den Frieden. Auch Aufhetzung und Verleumdung sind Formen von Aggression. Als Aggression wird auch feindseliges Verhalten von Menschen bezeichnet, man nennt einen Menschen aggressiv, wenn er durch sein Verhalten einem anderen oder mehreren anderen Menschen Leid zufügt.
Siehe auch *Kriegsverbrechen*.

Agitation, das Wort ist abgeleitet von dem lateinischen Verb agitare, das heißt aufrühren oder beunruhigen. Wer agitiert, rührt also etwas auf oder beunruhigt jemanden.
Wenn ein Mensch oder eine Gruppe von Menschen, zum Beispiel eine *Partei*, andere von einer Idee überzeugen will, werden öffentliche Versammlungen oder *Demonstration*en veranstaltet, Flugblätter verteilt oder Reden in Fernsehsendungen gehalten, um auf sich und die Idee aufmerksam zu machen. Das alles sind verschiedene Formen und Möglichkeiten der Agitation.

Agrar- wird als Vorsilbe benutzt und hat die Bedeutung von Landwirtschafts- oder Boden-. Ein Agrarstaat ist ein *Staat*, in dem hauptsächlich Landwirtschaft betrieben wird.
Eine Agrarreform war früher nur eine Boden*reform*, also eine Neuverteilung von Grund und Boden in einem Land. Heute wird mit Agrarreform eine allgemeine Neuordnung der Landwirtschaft bezeichnet: Sie bezieht sich nicht allein auf die Bodenfläche, sondern auch auf die landwirtschaftlichen Betriebe.

Agreement ist ein englisches Wort und wird ohne deutsche Übersetzung angewendet. Es heißt so viel wie Vereinbarung und Übereinkunft.
Ein Agreement ist zum Beispiel die Vereinbarung zwischen zwei *Staat*en, ihre gegenseitigen Beziehungen auf einem bestimmten Gebiet zu verbessern.
Ein Agreement ist auch der Beschluss zweier Menschen, von jetzt an einem dritten Menschen gegenüber freundlicher zu sein.

In jedem dieser zwei Fälle muss die Übereinkunft der beiden Partner nicht schriftlich festgelegt werden. Grundlage des Übereinkommens und gegenseitiger Sicherheit ist die Glaubwürdigkeit der beiden Partner.

Agrément ist ein französisches Wort und wird ohne deutsche Übersetzung in der Sprache der *Diplomatie* angewendet. Es heißt so viel wie Einverständnis. Die Niederlande ernennen und entsenden zum Beispiel einen neuen Botschafter in die Hauptstadt *Berlin*. Die Zustimmung der *Bundesregierung*, diesen Botschafter als Vertreter der Niederlande anzuerkennen, heißt Agrément.

Akklamation heißt Zuruf und Beifall. In Wahlversammlungen, in denen nur ein Bewerber zur *Wahl* steht, kann durch Akklamation abgestimmt werden: Durch Händeklatschen und Zurufe der Versammelten gilt der Bewerber als gewählt. Das Verfahren der Akklamation gibt kein messbares Ergebnis, da außer Zustimmung keine Art der Meinungsäußerung möglich ist.

Akkordarbeit, Akkordlohn, Akkordarbeit ist Arbeit, die nach der geleisteten Menge bezahlt wird: Wenn ein Maler im Akkord arbeitet, richtet sich sein Lohn nach den Quadratmetern Fläche, die er anstreicht. Je mehr er schafft, desto mehr verdient er.
In Fabriken, in denen im Akkord gearbeitet wird, müssen die Arbeiter zum Beispiel ein Maschinenteil in einer festgelegten Zeit fertig stellen. Um mehr zu verdienen, müssen sie mehr Teile schaffen. Schaffen sie weniger Teile, ist ihr Lohn geringer. Der Lohn, der für Akkordarbeit gezahlt wird, heißt Akkordlohn.
Im Gegensatz zum Akkordlohn steht der Zeit- oder Stundenlohn: Ganz gleich, wie viel jemand in einer Stunde arbeitet, bekommt er für eine Stunde einen festen Lohn.
Siehe *Tarif*.

akkreditieren heißt bevollmächtigen und beglaubigen. Die in *Berlin* akkreditierten Botschafter sind von ihren *Regierung*en bevollmächtigt, ihre Länder in Berlin zu vertreten. Bei Antritt ihres Dienstes in Berlin überreichen die ausländischen Botschafter dem *Bundespräsident*en das Beglaubigungsschreiben ihrer Regierung. Nimmt der Bundespräsident das Schreiben an, gilt der Botschafter als akkreditiert.

Aktiengesellschaft, es gibt viele verschiedene Arten von *wirtschaftlich*en Unternehmen. Wenn zum Beispiel Herr Schulz und Herr Meier ein gemeinsames Unternehmen gründen, das sie Schulz & Co. nennen, dann ist dieses Unternehmen eine Personengesellschaft. Die Aktiengesellschaft, abgekürzt AG, ist eine andere Form, sie ist eine Kapitalgesellschaft. Das Kapital, das heißt das Geld für den Aufbau oder die Erweiterung des Unternehmens, wird durch den Verkauf von Anteilscheinen aufgebracht. Die Anteilscheine heißen Aktien, Aktien sind Wertpapiere. Die Besitzer von Aktien nennt man Aktionäre. Sie sind Eigentümer der Gesellschaft, können aber nur einmal im Jahr während der Hauptversammlung auf den Geschäftsbetrieb Einfluss nehmen.

Die Unternehmen werden von einem Vorstand geleitet. Er besteht aus mehreren Personen, die bestimmte Aufgabenbereiche, wie technische Herstellung, Verkauf oder Forschung, in eigener Verantwortung leiten. Die Arbeit des Vorstandes wird von einem Aufsichtsrat überwacht, dessen Mitglieder zum Teil von den Aktionären, zum Teil von den Mitarbeitern des Unternehmens gewählt werden. Fast alle wesentlichen Entscheidungen über die Führung und die Entwicklung des Unternehmens müssen mit Zustimmung des Aufsichtsrates getroffen werden. Seine Beschlüsse fasst der Aufsichtsrat mit einfacher *Mehrheit.* Einmal im Jahr müssen Vorstand und Aufsichtsrat den Aktionären in einer Hauptversammlung Rechenschaft über die Führung und Entwicklung des Unternehmens ablegen. Das geschieht in Form des Geschäftsberichts, der Anlass zu Erörterungen sein kann. Hat eine Aktiengesellschaft mit Gewinn gearbeitet, schüttet sie einen Teil dieses Jahresüberschusses an die Aktionäre aus. Der auf die einzelne Aktie entfallende Betrag wird als Dividende bezeichnet.

aktives Wahlrecht, aktiv heißt tätig. Das aktive Wahlrecht ist das *Recht* eines Staatsbürgers, mit seiner Stimmabgabe an einer *Wahl* teilzunehmen. Dieses Recht hat in der *Bundesrepublik Deutschland* jeder deutsche Staatsbürger, der 18 Jahre alt ist und seit mindestens drei Monaten vor der Wahl seinen Wohnsitz in der Bundesrepublik hat.
Siehe auch *passives Wahlrecht.*

Aktivist ist eine Bezeichnung, die in der ehemaligen *DDR* auf bestimmte Arbeiter angewendet wurde: Als Aktivisten wurden so genannte Werktätige geehrt, die vorbildliche Leistungen zur *politisch*en und *wirtschaftlich*en Stärkung der DDR erbracht hatten.

aktuell heißt zeitnah oder ‹für den Augenblick wichtig›.
Aktuell ist, was im Augenblick für viele Menschen von Interesse ist.

Allianz, eine Allianz ist ein Bündnis, vornehmlich zwischen zwei oder mehreren *Staat*en.

Alliierte sind Verbündete; in den meisten Fällen sind es verbündete *Staat*en. ‹Die Alliierten› waren im 2. *Weltkrieg* die gegen *Deutschland* verbündeten Mächte USA, Sowjetunion, Großbritannien und Frankreich.

Alternative ist ‹die Wahl zwischen zwei Möglichkeiten›. Alternativ heißt wahlweise oder abwechselnd.

Amnestie heißt Vergebung und Vergessen.
Wenn eine Amnestie erlassen wird, vergibt ein *Staat*: Er verzichtet darauf, Freiheits- oder Geldstrafen zu vollstrecken, oder er verzichtet darauf, Straftäter zu verfolgen, die noch nicht verurteilt wurden. Es hängt von der jeweiligen Amnestie ab, wer freigelassen wird aus den Strafanstalten, wie viel von der Strafe erlassen wird und welche Straftaten nicht mehr verfolgt werden.
In der *Bundesrepublik Deutschland* werden Amnestien aufgrund eines *Gesetz*es erlassen, das heißt, der *Bundestag*

oder die *Landtag*e beschließen eine Amnestie.

Anlässe für Amnestien sind zum Beispiel die Erinnerung an ein geschichtliches Ereignis oder ein christliches Fest. So werden zum Beispiel zu Weihnachten die Verurteilten vorzeitig freigelassen, die nur noch wenig Zeit abzusitzen haben. Häufig werden Amnestien auch aus *politisch*en Gründen ausgesprochen: Politische Gruppen, die in ihren Ansichten im Gegensatz zu der *Regierung* stehen, sollen beruhigt oder versöhnt werden. Eine Amnestie ist dann so gefasst, dass sie den Angehörigen solcher Gruppen zugute kommt.

amnesty international, abgekürzt ai, ist eine Vereinigung, die Menschen in vielen Ländern zu einer freiwilligen Aufgabe verbindet. amnesty international bemüht sich um die Freilassung von *politisch*en Gefangenen, die keine Gewalt angewendet haben und die wegen ihrer Überzeugung, ihrer Hautfarbe, Herkunft, Sprache oder wegen ihres Glaubens gefangen gehalten werden. Zugunsten aller politischen Gefangenen setzt sich ai für gewissenhafte und zügige *Gericht*sverfahren und gegen Todesstrafe und Folter ein. Die Gefangenen und ihre Familien werden mit Geld unterstützt. amnesty international veröffentlicht außerdem Tatsachen und Einzelheiten der Verfolgungen.

amnesty international wurde 1961 gegründet, die *Organisation* hat inzwischen über eine Million Mitglieder und Förderer in mehr als 140 Ländern. In der *Bundesrepublik Deutschland* hat ai mehr als 50 000 Mitglieder und regelmäßige Förderer in rund 600 ai-Gruppen. Die Gruppen haben jeweils zwischen zehn und zwanzig Mitarbeiter. Überall auf der Welt arbeiten ai-Mitglieder ohne Bezahlung. Das Hauptbüro von amnesty international ist in London. Geld für die weltweite Unterstützungsarbeit erhält ai durch Spenden, beschafft es sich aber auch selbst in besonderen Veranstaltungen, wie zum Beispiel Basare und Wohltätigkeitskonzerte.

Amtseid, wie alle Beamten, leisten in der *Bundesrepublik Deutschland* der *Bundespräsident*, der *Bundeskanzler* und die Bundes*minister* einen Amtseid, wenn sie ihr Amt antreten.

Die Eidesformel lautet: «Ich schwöre, dass ich meine Kraft dem Wohle des deutschen Volkes widmen, seinen Nutzen mehren, Schaden von ihm wenden, das Grundgesetz und die Gesetze des Bundes wahren und verteidigen, meine Pflichten gewissenhaft erfüllen und Gerechtigkeit gegen jedermann üben werde. So wahr mir Gott helfe.»

Der letzte Satz des Eides muss nicht gesprochen werden. Mit dem Zusatz «So wahr mir Gott helfe» ist es ein religiöser Eid, ohne diese Beteuerung ist es ein weltlicher.

Analyse ist die Zerlegung eines Ganzen in seine verschiedenen Einzelteile. Etwas analysieren heißt etwas zerlegen oder zergliedern. Ein Mensch, der an ein Problem analytisch herangeht, zerlegt es in Einzelfragen, um dadurch eine Lösung des Gesamtproblems zu finden.

Anarchie, Anarchismus, Anarchie heißt Herrschaftslosigkeit und Gesetzlosigkeit. Anarchismus ist die Vorstellung, dass Menschen zusammen leben können ohne eine für alle gültige *staatliche* oder gesetzliche Ordnung: Es gibt keine *Gesetze*, es gibt keine Herrschaft von Menschen über Menschen. Ihr Zusammenleben regeln die Menschen in freier Übereinkunft der Einzelnen. Diese Vorstellung hat sich bis heute nicht verwirklichen lassen. Trotzdem gibt es immer wieder Menschen, die von einem anarchischen, das heißt von einem gesetzlosen Zustand träumen. Sie heißen Anarchisten. Manche von ihnen waren und sind bereit, für diese Idee zu kämpfen.

Viele Menschen verstehen unter dem Begriff Anarchismus nicht das Streben nach völliger Freiheit des Einzelnen, sie sehen nur die entstehende Unordnung. Sie lehnen die Anarchie ab, weil sie sich ein Zusammenleben der Menschen ohne Gesetze und ohne Herrschaftsordnung nicht vorstellen können.

Annexion ist die gewaltsame Aneignung eines fremden *Staatsgebiet*es oder eines Teiles davon.

Durch Verträge zwischen den beteiligten *Staat*en können Annexionen nachträglich gebilligt werden.

Die *Okkupation*, das heißt die Besetzung eines Landes zum Beispiel während eines Krieges, ist noch keine Annexion. Sie gilt als vorübergehender Zustand, kann jedoch zu einer Annexion führen.

annullieren heißt ‹für ungültig erklären›. Annulliert werden Abkommen und Verträge; den Vorgang nennt man Annullierung.

Antagonismus heißt Gegensatz oder Gegnerschaft. Mit Antagonismus wird im Allgemeinen das Verhältnis zwischen Herrschenden und denen, die der Herrschaft unterworfen sind, bezeichnet.

anti- wird als Vorsilbe benutzt und heißt gegen. Ein Antialkoholiker zum Beispiel ist dagegen, dass Alkohol getrunken wird, und trinkt selbst auch keinen.

Antisemitismus, siehe *Juden*.

ANZUS-Pakt, ein Pakt ist ein Vertrag und ein Bündnis.

Den ANZUS-Pakt, auch Pazifikpakt und Pazifischer Sicherheitsvertrag genannt, schlossen 1951 Australien, Neuseeland (New Zealand) und die USA. Die vertragschließenden *Staat*en legten fest, sich gegenseitig zu unterstützen, falls einer der Vertragspartner angegriffen wird. 1971 traten dem Pakt Großbritannien, Malaysia und Singapur bei.

Siehe auch *NATO*, *ASEAN*, *WEU*.

AP ist die Abkürzung für ‹Associated Press›, eine unabhängige amerikanische Nachrichtenagentur.

Eine Nachrichtenagentur vermittelt Nachrichten aus aller Welt an Zeitungen, Rundfunk- und Fernsehsender.

Apartheid heißt Trennung. Das Wort bezeichnete die *Politik* der Rassentrennung in der Republik Südafrika: die Trennung von weißer und nichtweißer Bevölkerung, wobei die *Rechte* der Nicht-Weißen erheblich eingeschränkt waren.

Als Nichtweiße werden alle Menschen

bezeichnet, deren Haut farbig ist, das sind unter anderen Afrikaner, Inder, Chinesen und Mischlinge.
In Südafrika leben etwas mehr als 10 Prozent Weiße und nahezu 90 Prozent Nichtweiße, vor allen schwarze Afrikaner. Im Laufe der letzten zwanzig Jahre war der Widerstand der schwarzen Afrikaner gegen die Rassentrennung stetig heftiger geworden; zahlreiche *Staat*en nahmen Stellung gegen die Politik der Apartheid und unterstützten mit unterschiedlichen Mitteln die Bemühungen der schwarzen Bevölkerung um Gleichstellung mit den Weißen.
Im April 1994 fanden in Südafrika die ersten allgemeinen und freien *Wahl*en statt, damit endeten 342 Jahre weißer Vorherrschaft. Das neu gewählte *Parlament*, das heißt die Volksvertretung, verabschiedete 1997 eine *Verfassung*, in der die Gleichberechtigung aller Rassen festgelegt ist. Die Verfassung eines Staates bestimmt unter anderem, welche Aufgaben und Befugnisse die *Regierung* und die Volksvertretung haben und wie sie aufgebaut sind. Siehe auch *Rassismus*.

APEC ist die Abkürzung für ‹*A*sia *Pa*cific *E*conomic *C*ooperation›, das heißt ‹Asiatisch-Pazifische Wirtschaftliche Zusammenarbeit›.
APEC wurde 1989 gegründet; 2004 gehören zu APEC 21 *Staat*en. Das sind unter anderen Australien, Chile, Indonesien, Japan, Kanada, Malaysia, Philippinen, Republik China, Singapur, Thailand, USA, die Volksrepublik China.
APEC stellt eine Art Gesprächsrunde dar, in der die Mitgliedsstaaten versuchen, das *wirtschaftliche* Wachstum im asiatisch-pazifischen Raum zu unterstützen. Dafür schaffen sie Handelserleichterungen untereinander, tauschen technische Neuerungen untereinander aus und treten in anderen *internationalen*, das heißt zwischenstaatlichen *Organisation*en gemeinsam auf.

APO ist die Abkürzung für ‹*A*ußer*pa*rlamentarische *O*pposition›.
Siehe *Opposition*.

Arabische Liga, eine Liga ist ein Bund. – 1945 gründeten einige arabische *Staat*en die Arabische Liga, die heute 22 Mitglieder in Afrika und Asien zählt, unter anderen Ägypten, Algerien, Bahrain, Dschibuti, Irak, Jemen, Jordanien, Katar, Komoren, Kuwait, Libanon, Libyen, Marokko, Mauretanien, Oman, Saudi-Arabien, Somalia, Sudan, Syrien, Tunesien, die Vereinigten Emirate; auch die PLO, die Palästinensische Befreiungs-Organisation, wurde in die Liga aufgenommen. Ziel der Liga ist es, die Beziehungen untereinander zu festigen. Die Mitgliedsstaaten versuchen, ihre *Politik* aufeinander abzustimmen. Die Einigkeit der Arabischen Liga ist beeinträchtigt, da die Staatsformen und die Interessen der Mitglieder sehr unterschiedlich sind.
Siehe auch *Nahost-Konflikt*.

Arbeiterbewegung ist eine zusammenfassende Bezeichnung für alle Bestrebungen, die Lage der Arbeitnehmer durch Zusammenschlüsse in *Organisationen* und durch Erziehungs- und Aufklärungsarbeit zu verbessern.
Die Arbeiterbewegung entwickelte sich zu Beginn des 19. Jahrhunderts

zuerst in England, etwa vierzig Jahre später in *Deutschland.* Die Industrialisierung, das heißt die Umstellung der Handwerksbetriebe auf die Herstellung mit Maschinen in Großbetrieben, führte dazu, dass die Arbeiter vor allem in den Städten mehr und mehr ins Elend gerieten. Die Bemühungen der Arbeiter, zunächst ihre menschenunwürdigen Arbeits- und Lebensbedingungen zu verbessern, wurden von Anfang an erschwert und behindert: einmal durch die Haltung der meisten Arbeiter, die ihre Lage als unabänderlich hinnahmen, zum anderen durch Verbote und polizeiliche Verfolgungen der *Regierung*en. In jahrelangen, schweren Kämpfen erreichten die Führer der Arbeiterbewegung, dass sie *politisch*e Vereinigungen und *Partei*en gründen durften, dass die Arbeiter das *Wahl*recht erhielten und dass sie als gleichberechtigte Bürger in die *Gesellschaft* eingegliedert wurden. Aus der Arbeiterbewegung gingen die *Gewerkschaften* und die sozialistischen und kommunistischen Parteien in beinahe allen europäischen *Staat*en hervor. Innerhalb der deutschen Arbeiterbewegung wurde das Wort Sozialdemokratie von etwa 1860 an zu einem festen Begriff: Er kennzeichnete die Bestrebungen, auf gesetzlichem Wege die Ordnung der Gesellschaft so zu verändern, dass auch die Arbeiter die gleichen *Recht*e haben wie die anderen Bürger im Staat. Während die *Mehrheit* innerhalb der Sozialdemokratie dieses Ziel über das Wahlrecht verwirklichen wollte, trat eine andere, kleinere Gruppe dafür ein, das Ziel über eine vorübergehende *Diktatur* der Arbeiterschaft zu erreichen. Diesen Weg lehnte die Mehrheit der Sozialdemokraten ab, weil sie befürchtete, dass diese Diktatur von Dauer sein würde.

Bei den deutschen Arbeitern setzten sich die Anhänger des gemäßigten Weges durch. Mit Hilfe des Wahlrechts errangen die *SPD*, das ist die *S*ozialdemokratische *P*artei *D*eutschlands, und die Gewerkschaften seit etwa 1890 bis heute große *sozial*politische *Reform*en: unter anderen den Achtstundentag, feste Löhne in *Tarif*verträgen, Erwerbslosenunterstützung, Jugendarbeits- und Mutterschutz und die *Mitbestimmung.*

Siehe *Sozialismus, Kommunismus,* auch *DDR, Klassen.*

Argument heißt Beweisgrund.

Das Argument als sachliche Begründung sollte frei sein von persönlichen Gefühlen.

Wer behauptet, Winterurlaub sei gesünder als Sommerurlaub, und versucht, diese Behauptung sachlich zu begründen, der argumentiert.

Eine Argumentation ist eine Zusammenfassung von Begründungen, die in sich logisch, das heißt folgerichtig, sein müssen.

Argumentation wird mit Beweisführung übersetzt.

Artikel, das Wort Artikel bezeichnet vielerlei.

In der Sprachlehre ist der Artikel das Geschlechtswort.

In der Zeitung zum Beispiel ist ein Artikel ein Aufsatz.

Im Handel ist ein Artikel ein Warenstück.

In der Sprache der *Politik* werden die einzelnen Abschnitte, die in einem Vertrag oder in einem *Gesetz* den Text unterteilen, als Artikel bezeichnet.

ASEAN ist die Abkürzung für ‹*A*ssociation of *S*outh-*E*ast *A*sian *N*ations›, ein Zusammenschluss südostasiatischer *Staat*en, der 1967 gegründet wurde. ASEAN gehören zehn Staaten an: Brunei, Indonesien, Kambodscha, Laos, Malaysia, Myanmar – das bis 1989 Burma hieß –, Philippinen, Singapur, Thailand und Vietnam.

Ziel von ASEAN ist, auf den Gebieten *Wirtschaft*, Verkehr und *Kultur* zusammenzuarbeiten.

Ein anderer Zusammenschluss war SEATO, der manchmal auch als ‹Manila-*Pakt*› bezeichnet wurde. SEATO ist die Abkürzung für ‹*S*outh *E*ast *A*sia *T*reaty *O*rganisation›. Diesen südostasiatischen Sicherheitsvertrag schlossen die USA 1954 mit Thailand, Nationalchina und den Philippinen; später beteiligten sich auch Frankreich, Großbritannien, Australien, Neuseeland und Pakistan. Die Staaten verpflichteten sich, ihre Streitigkeiten friedlich zu lösen und sich gegenseitig Beistand zu leisten, falls einer von ihnen oder Laos, Kambodscha und das damalige Südvietnam angegriffen würden.

Infolge der Veränderungen in den südostasiatischen Staaten beschlossen die Bündnispartner 1977, SEATO aufzulösen und die Aufgaben des *Pakt*es auf ASEAN überzuleiten.

ASEAN schloss 1980 ein Wirtschaftsabkommen mit der *E*uropäischen *W*irtschafts*g*emeinschaft, EWG. Das Abkommen sieht für die ASEAN-Staaten Handelserleichterungen vor, für die Staaten der EWG unter anderen verbesserte Möglichkeiten für *Investitionen*, das heißt für Geldanlagen.

1987 beschlossen die ASEAN-Staaten in vier Abkommen, den Handel untereinander zu erleichtern, Gemeinschaftsunternehmen zu fördern und ihren gemeinsamen Markt auszuweiten. Die Staaten betonten gleichzeitig, dass ASEAN kein *militärisch*es Bündnis sei. Auf einem Gipfeltreffen im November 2002 in Phnom Penh verpflichteten sich die Mitgliedsstaaten in einem Abkommen, bei der Bekämpfung *terror*istischer Gruppen zusammenzuarbeiten.

Aspekt, ein Aspekt ist ein Anblick oder Ausblick und ein Gesichtspunkt. Von Aspekten kann man sprechen, wenn verschiedene Gesichtspunkte und mögliche Aussichten dargelegt werden, zum Beispiel zu der Frage ‹Größere Bereitschaft zu Gewalt durch Fernsehen und Computerspiele›.

Assoziierung, assoziieren heißt ‹sich vereinigen› oder ‹sich mit anderen zusammenschließen›. Eine Assoziierung ist ein Zusammenschluss von mehreren Personen, Betrieben oder *Staat*en, die in einem bestimmten Wirkungskreis gleiche Interessen verbinden. Assoziierte Staaten sind Staaten, die sich einem bereits bestehenden Bündnis lose angeschlossen haben: Sie sind nicht Mitglieder des Bündnisses, sie handeln nur in bestimmten Bereichen in Übereinstimmung mit den Bündnisstaaten.

Asylrecht, ein Asyl ist ein Obdach oder eine Zufluchtsstätte. Viele *Staat*en gewähren Menschen Asyl, die in ihrer

Heimat aus *politisch*en, rassischen oder religiösen Gründen verfolgt werden. Asylrecht ist das *Recht* auf Zuflucht. Wer Asylrecht genießt, wird nicht aus dem Staat ausgewiesen, der ihn aufgenommen hat.

Atlantik-Charta, eine Charta ist eine Urkunde, in der *politisch*e Grundsätze niedergelegt sind. In der Atlantik-Charta legten am 14. August 1941, während des 2. *Weltkrieg*es, die USA und Großbritannien ihre Kriegsziele in acht Punkten fest. Vier der Grundsätze waren:
der Verzicht auf territoriale, das heißt auf gebietsmäßige Vergrößerungen; keine Gebietsveränderungen gegen den Willen der betroffenen Bevölkerung; Abrüstung und eine dauerhafte Friedensordnung.
Dieser Erklärung traten alle Kriegsgegner *Deutschland*s und Japans bei. Sie erklärten 1944, dass die Charta für die Behandlung Deutschlands nicht gelten solle.

Atlantikpakt, siehe *NATO.*

Atomenergie, siehe *Kernenergie.*

Atommülldeponie, siehe *Kernenergie.*

Atomwaffensperrvertrag, 1968 schlossen die USA, die Sowjetunion und Großbritannien einen Vertrag, den so bezeichneten Atomwaffensperrvertrag. In ihm verpflichteten sie sich, Atomwaffen und die für ihre Herstellung notwendigen Kenntnisse und Rohstoffe nicht an andere *Staaten* weiterzugeben. Für die friedliche Verwendung solcher Rohstoffe ist in dem Vertrag eine Überwachung vorgesehen, die von der ‹*Internationalen Atomenergie-Organisation*›, IAEO, ausgeführt wird. Die IAEO hat außerdem die Aufgabe, die Nichtverbreitung von Atomwaffen und den Missbrauch von Atomanlagen zu *militärisch*en Zwecken zu überprüfen. Der Atomwaffensperrvertrag trat 1970 in Kraft; im Laufe der Jahre traten ihm zahlreiche Staaten bei, auch die *Bundesrepublik Deutschland.*
Im Mai 1995 wurde der Atomwaffensperrvertrag, der auf 15 Jahre befristet war, von 178 Staaten auf unbegrenzte Zeit verlängert. Die unterzeichnenden Staaten einigten sich darauf, dass der Besitz von Atomwaffen auf die Staaten USA, Russland, China, Großbritannien und Frankreich beschränkt bleibt. Die Staaten forderten außerdem eine wirkungsvollere Überwachung, ein umfassendes Verbot von Atomwaffenversuchen bis Ende 1996 und die endgültige Abschaffung dieser Waffen.
Unter den Staaten, die einen Beitritt zum Atomwaffensperrvertrag verweigern, sind Israel, Indien und Pakistan; Indien und Pakistan sind im Besitz von Atomwaffen.
1997 beschloss die IAEO ein Zusatzprotokoll zum Atomwaffensperrvertrag, in dem die Kontrollmöglichkeiten der IAEO erweitert werden. Dieses *Protokoll* haben mehr als 80 Länder unterzeichnet.
Der Atomwaffensperrvertrag wird auch als Atomsperrvertrag oder als Sperrvertrag bezeichnet.
Siehe *EURATOM, nukleare Waffen.*

Attaché, ein *Diplomat* am Anfang seiner Laufbahn heißt Attaché, er ist Anwärter des diplomatischen Dienstes.

Attaché kann aber auch jemand genannt werden, der nicht Diplomat ist: Handels-, *Kultur*- und *Militär*attachés sind meist Fachleute, die an den Botschaften ihres Landes Sonderaufgaben ihres Fachgebiets erfüllen.

Attentat, ein Attentat ist ein Mordanschlag auf einen *Staats*mann oder einen *Politik*er.
Attentate können auch auf Gruppen von Menschen verübt werden: In diesen Fällen kann allein die Zugehörigkeit zu einem bestimmten *Staat* oder einer Religionsgemeinschaft genügen, sie zum Ziel eines Anschlages zu machen.

AU ist die Abkürzung für ‹*A*frican *U*nion›, das heißt ‹Afrikanische Union›. Die AU hat 2002 die Nachfolge der OAU angetreten, die 1963 von den unabhängigen *Staat*en Afrikas gegründet wurde. OAU ist die Abkürzung für ‹*O*rganization of *A*frican *U*nity›, das heißt ‹Organisation für die Einheit Afrikas›.
Die AU hat ihren Sitz in Addis Abeba in Äthiopien. Mitglieder der AU sind alle Staaten Afrikas, außer Marokko. Ziel der AU ist es, die *Politik* der einzelnen Staaten und Völker Afrikas aufeinander abzustimmen und Streitigkeiten auf friedliche Weise zu lösen, das *wirtschaftlich*e Wachstum zu fördern und die Wahrung der *Menschenrechte* zu erreichen.

Audienz wird der Empfang beim Papst oder bei Fürsten genannt.

Aufsichtsrat, siehe *Aktiengesellschaft.*

Aufwertung, siehe *Abwertung* und *Aufwertung.*

Ausnahmezustand, Krieg, Aufruhr in der Bevölkerung, ein Erdbeben oder eine Überschwemmung bedeuten für einen *Staat* eine besonders schwierige Lage. Während solcher Ereignisse kann die *Regierung* eines Staates den Ausnahmezustand erklären: Das bedeutet einschneidende Veränderungen im Leben der Menschen und im Verhältnis der Regierung zum *Volk.*
Während eines Ausnahmezustandes wird die Regierung nicht mehr oder nur noch eingeschränkt durch das *Parlament* überwacht. Die Regierung kann zur schnellen Behebung des *Notstand*es Verordnungen erlassen, auch ohne dass die Vertreter des Volkes befragt werden. Polizei und *Militär* werden mit besonderen Vollmachten ausgestattet. Der Ausnahmezustand wird in der Regel nur vorübergehend erklärt.
Im *Grundgesetz* der *Bundesrepublik Deutschland* gibt es keine *Gesetze* für einen Ausnahmezustand. 1968 wurden stattdessen die *Notstandsgesetze* verabschiedet.
Siehe *Notstand.*

Ausschüsse, ein Schüler*parlament* wählt aus seiner Mitte zehn Schüler aus, die einen Vorschlag zu einer neuen Schulordnung ausarbeiten sollen: Sie bilden einen Ausschuss. Ein Ausschuss ist ein aus einer Versammlung oder *Gesellschaft* gewählter Kreis von Mitgliedern, der mit besonderen Aufgaben betraut wird.
Parlamentarische Ausschüsse sind Arbeitsgruppen, die von den *Abgeordnete*n einer *Volks*vertretung gebildet werden. Alle im Parlament vertretenen *Partei*en sind in der Regel auch in den Ausschüssen vertreten. Die Mitglieder der Parla-

mentsausschüsse haben die Aufgabe, die *Gesetz*e vorzubereiten und zu beraten, die anschließend im Parlament beschlossen werden. Die Ausschüsse müssen im Parlament über ihre Arbeit berichten. Im *Bundestag*, der Volksvertretung der *Bundesrepublik Deutschland*, gibt es Ausschüsse, Sonderausschüsse und Untersuchungsausschüsse.

Die Ausschüsse sind für bestimmte Sachgebiete zuständig, sie sind für die Dauer einer *Wahl*periode eingesetzt.

Die Sonderausschüsse bearbeiten eine bestimmte Frage, sie werden wieder aufgelöst, wenn sie ihre Aufgabe erfüllt haben.

Untersuchungsausschüsse ermitteln Tatsachen im Zusammenhang mit ungeklärten Vorkommnissen, die sich innerhalb der Arbeit des Parlaments und der *Bundesregierung* ereignen können. Ein Untersuchungsausschuss muss eingesetzt werden, wenn ein Viertel der Mitglieder des Bundestages es beantragt.

Eine feste Einrichtung des Bundestages ist der Ständige Ausschuss, auch Überwachungsausschuss genannt: Er wird in der Zeit zwischen zwei Wahlperioden tätig, das heißt in der Zeit zwischen dem letzten Zusammentreten des alten Bundestages vor einer *Bundestagswahl* und dem Zusammentritt eines neuen Bundestages.

Die im Bundestag vertretenen Parteien sind in den Ausschüssen ihrer Stärke entsprechend vertreten, das bedeutet, eine starke Partei hat auch viele Sitze in jedem Ausschuss. Die Mitglieder der Ausschüsse werden von den *Fraktion*en bestimmt. Fraktionen sind die Gruppen von Abgeordneten in einem Parlament, die derselben Partei angehören.

autark, ein Land, das autark ist, ist *wirtschaftlich* unabhängig. Autarkie ist die wirtschaftliche Unabhängigkeit eines Landes: Das Land verfügt über alle notwendigen Rohstoffe und Nahrungsmittel. Es kann sich selbst versorgen und braucht nichts einzuführen.

authentisch, Nachrichten oder Berichte, die als authentisch bezeichnet werden, sind echt, auch glaubwürdig oder verbürgt. Entsprechend ist das Wort Authentizität mit Echtheit oder Glaubwürdigkeit zu übersetzen.

Automation, automatisch heißt selbsttätig, automatisieren heißt ‹etwas selbsttätig ablaufen lassen›. Ein Automat ist ein Gerät, in dem vorbestimmte Handlungen ablaufen: Die Hausfrau drückt einen Knopf, und die Waschmaschine wäscht, spült und schleudert.

In viel größerem Umfang und höher entwickelt als in den Haushalten gibt es Automaten in Fabriken und Büros: Sie ersetzen Muskelkraft, handwerkliche Geschicklichkeit und einen Teil der geistigen Arbeit der Menschen. Automaten erledigen nicht nur die Arbeit der Menschen, sie übernehmen auch die Überwachung der Maschinen.

Wenn Maschinen nicht mehr von Menschen, sondern von Maschinen gesteuert und überprüft werden, spricht man von Automation. Wichtigste Aufgabe der Menschen ist, den Maschinen die Arbeitsvorgänge sozusagen einzufüttern, damit diese dann selbsttätig arbeiten. Man sagt in der Fachsprache: Die Maschinen werden programmiert, dass heißt, sie werden für eine Folge von Arbeitsgängen eingerichtet.

Die fortschreitende Automation bringt Probleme mit sich, die von den Menschen noch gelöst werden müssen. Eines der wichtigsten ist, neue Arbeitsplätze für die Menschen zu schaffen, die durch Automation arbeitslos geworden sind.
Siehe auch *Rationalisierung*.

Autonomie, autonom heißt selbständig und unabhängig. Autonomie heißt Unabhängigkeit, Eigengesetzlichkeit und Selbstbestimmung. Mit Autonomie bezeichnet man das *Recht* zum Beispiel einer Vereinigung, einer Gemeinde oder eines *Volk*es, die eigenen Angelegenheiten durch eigene *Gesetz*e selbst zu regeln.

Autorität, ein Mensch kann bei anderen Menschen angesehen sein und von ihnen anerkannt werden, weil er über ein umfangreiches Wissen, über Erfahrung oder über besondere Fähigkeiten verfügt. Er hat Autorität, sagt man. Meist nimmt ein solcher Mensch Einfluss auf andere Menschen, und andere Menschen lassen sich von ihm beeinflussen. Autorität ist also Ansehen und Einfluss, die sich aus Anerkennung ergeben. Jeder Mensch wird in seiner Umgebung Menschen haben, deren Autorität er anerkennt. Das können Eltern sein, Lehrer oder Freunde.
Es gibt jedoch auch Autorität, die sich allein auf eine Machtstellung beruft: Menschen fordern von anderen, dass man sie anerkennt und ihnen vor allem gehorcht, nur weil sie älter sind oder stärker. Solche Menschen beeinflussen andere Menschen falsch: Sie lassen andere nicht selbständig werden, sie entmündigen sie. Das Verhalten der Menschen, die Autorität erzwingen, nennt man autoritär. Autoritär heißt ‹aus eigener Machtvollkommenheit›. Antiautoritär ist ein Schlagwort geworden für ein Verhalten, das sich gegen jede Form von Autorität wendet, sei sie berechtigt oder nicht.
Autoritativ heißt maßgebend oder entscheidend, autorisieren heißt jemanden bevollmächtigen.

B

Bagdadpakt, der Bagdadpakt ist ein Verteidigungsbündnis, das von der Türkei, dem Irak, Großbritannien, Pakistan und dem Iran 1955 in Bagdad, der Hauptstadt des Irak in Vorderasien, geschlossen wurde.
Die USA haben sich dem Bündnis lose angeschlossen, man sagt auch assoziiert.
1959 trat der Irak aus dem Pakt aus. Seitdem wird der Bagdadpakt CENTO genannt, das ist die Abkürzung für ‹*Cen*tral *T*reaty *O*rganization›. Infolge des Austritts der Türkei, des Irans und Pakistans im Jahre 1979 verlor der Pakt weiter an Bedeutung.

Baisse, siehe *Börse*.

Bannmeile, als Bannmeile oder Bannkreis wird die nähere Umgebung von *Parlaments*- und *Regierung*sgebäuden bezeichnet. Die Verletzung, das bedeutet das Betreten der Bannmeile bei öffentlichen Versammlungen oder *Demonstrationen*, ist verboten und kann bestraft werden.

Basis heißt Grundlage und Ausgangspunkt. In dieser Bedeutung wird das Wort vielfach abgewandelt.
Die Basis eines Hauses ist seine Grundfläche. Die Basis eines Gesprächs ist sein Ausgangspunkt. Die Basis einer Partei sind ihre Mitglieder.
Basieren heißt ‹beruhen auf› oder ‹sich gründen auf›.

Benelux ist seit 1947 die zusammenfassende Bezeichnung für die *Staat*en *Bel*gique (Belgien), *Ne*derland (Niederlande) und *Lux*embourg (Luxemburg), die sich in diesem Jahr zu einer *Zoll*union zusammenschlossen.

Berlin, Berlin-Abkommen, Berlin, die größte Stadt *Deutschland*s, war bis 1945 Hauptstadt des Deutschen Reiches.
Nach dem Ende des 2. *Weltkrieg*es wurde Deutschland 1945 auf Grund der Beschlüsse des *Potsdamer Abkommens* von den Siegermächten USA, Sowjetunion, Großbritannien und Frankreich in vier Besatzungszonen und das besondere Gebiet Berlin aufgeteilt. Berlin wurde in vier Sektoren geteilt. Die oberste *Regierung*sgewalt übten die Siegermächte aus: für Deutschland durch den *Kontrollrat*, für Berlin durch die *Alliierte* Kommandantur, die dem Kontrollrat unterstand. Kontrollrat und Kommandantur waren mit Vertretern der vier Mächte besetzt, die ihre Beschlüsse einstimmig fassen mussten. Die geplante gemeinsame *Verwaltung* Deutschlands wurde jedoch sehr bald undurchführbar. Ursachen dafür waren außen*politisch*e Gegensätze, die unterschiedlichen *Wirtschaft*sordnungen und Meinungsverschiedenheiten zwischen der Sowjetunion und den drei westlichen Mächten über die *Reparationen*, das heißt die Schadenersatzleistungen. Die Sowjetunion forderte, dass Deutschland über den Abbau von Fabrikanlagen hinaus die Reparationen auch aus der laufenden Gütererzeugung aufbringen sollte. Dagegen erklärten sich die drei Westmächte nur mit einem teilweisen Abbau von Maschinen und Fabrikanlagen einverstanden. 1948 verließen die Vertreter der Sowjetunion den Kontrollrat, der nun seine Aufgaben nicht mehr wahrnehmen konnte.
1948 wurde Berlin gespalten. Anlass dafür war, dass sich die Westmächte mit der Sowjetunion nicht über eine gemeinsame *Währung*sreform, das heißt eine Neuordnung des Geldwesens in Deutschland, einigen konnten. Eine weitere Ursache der Spaltung Berlins war, dass in den drei Westzonen die Voraussetzungen für einen westdeutschen *Staat* vorbereitet wurden.
Als in den Westzonen eine Währungsreform durchgeführt und West-Berlin teilweise einbezogen wurde, sperrte die Sowjetunion die Zufahrtswege nach Berlin, die durch das Gebiet der sowjetischen *B*esatzungszone, SBZ, führten. Die Westmächte versorgten die Bevölkerung West-Berlins während der Berliner *Blockade* von 1948–1949 durch Flugzeugtransporte, die so genannte ‹Luftbrücke›.
Im September 1949 wurde die *Bundesrepublik Deutschland* gegründet, einen Monat später die DDR, die *D*eutsche *D*emokratische *R*epublik. Ost-Berlin wurde zur Hauptstadt der DDR erklärt. West-Berlin wurde der Bundesrepublik zugeordnet, mit der Einschränkung,

dass es kein Teil der Bundesrepublik sein darf und nicht von ihr regiert wird. Alle wichtigen Entscheidungen über West-Berlin behielten sich die drei Westmächte vor.
In den folgenden Jahren betonte die DDR immer wieder, dass West-Berlin auf dem Gebiet der DDR liege. Immer wieder wurde der Verkehr von und nach West-Berlin durch die Behörden der DDR behindert; die Behinderungen wurden als Druckmittel benutzt.
1961 errichtete die DDR eine Mauer in Berlin, die den Ostteil der Stadt endgültig vom Westteil trennte. Die Mauer sollte verhindern, dass weiterhin Bürger aus der DDR nach West-Berlin und in die Bundesrepublik flüchteten. Die Mauer bestand aus drei Meter hohen Betonplatten, in regelmäßigen Abständen waren Wachtürme aufgestellt; auf der östlichen Seite verlief auf der gesamten Länge der Mauer ein so genannter Todesstreifen, der nachts von starken Scheinwerfern beleuchtet wurde.
Beinahe alle Verkehrs- und Versorgungsverbindungen zwischen den beiden Teilen der Stadt wurden unterbrochen. Für nahezu elf Jahre waren Begegnungen zwischen den Menschen in Ost- und West-Berlin nur begrenzt möglich: Für Westberliner gab es nur ausnahmsweise Besuchserlaubnisse für Ost-Berlin, Rentner aus der DDR durften einmal im Jahr West-Berlin und die Bundesrepublik besuchen.
Im Juni 1972 unterzeichneten die Außen*minister* der Sowjetunion, der USA, Großbritanniens und Frankreichs das Viermächte-Abkommen, auch als Berlin-Abkommen bezeichnet. Die vier Mächte bestätigten in dem Abkommen noch einmal, dass West-Berlin kein Teil der Bundesrepublik ist, seine Bindungen an die Bundesrepublik jedoch aufrechterhalten und ausbauen kann. Über die Rolle Ost-Berlins als Hauptstadt der DDR wurde keine Einigung erzielt. Die vier Staaten verpflichteten sich, auf der Grundlage des bestehenden Zustandes, des *Status quo*, die Spannungen in Berlin zu beseitigen und Schwierigkeiten zu verhüten. Das Viermächte-Abkommen war Rahmenabkommen für zwei weitere vertragliche Vereinbarungen: das *Transit*abkommen zwischen der DDR und der Bundesrepublik, das den Verkehr von und nach West-Berlin neu regelte, und für Vereinbarungen zwischen der DDR und West-Berlin über den Reise- und Besucherverkehr zwischen West-Berlin und der DDR.
Im November 1989 führten friedliche Massen*demonstrationen* der Bevölkerung in der DDR dazu, dass die Macht der *SED* zusammenbrach. Die SED, die *S*ozialistische *E*inheitspartei *D*eutschlands, war die herrschende *Partei* in der DDR, über den von ihr eingerichteten Stasi, den *Staatssicherheitsdienst*, überwachte sie die Bürger in der DDR bis in deren persönlichste Angelegenheiten. Die Parteiführung musste nun den Forderungen der Bürger nach Meinungs-, Versammlungs- und Reisefreiheit nachgeben.
Am 9. November 1989 öffnete die DDR die ersten Grenzübergänge zur Bundesrepublik und nach West-Berlin, im Lauf der Ereignisse wurden alle Grenzübergänge geöffnet. Die beiden Stadtverwaltungen Berlins, auf westlicher Seite der *Senat*, auf östlicher der *Magistrat*, begannen mit den Vorberei-

tungen zu einer gemeinsamen Verwaltung Berlins.
Etwa gleichzeitig wurde von den Grenztruppen der DDR mit dem Abbau der Mauer begonnen.
Am 2. Dezember 1990 fand zusammen mit der ersten gesamtdeutschen *Bundestagswahl* eine Gesamtberliner *Landtag*swahl statt. Seitdem ist Berlin Bundesland; Berlin ist ein Stadtstaat. Die seinerzeit 23 Bezirke Berlins wurden im Januar 2001 zu 12 größeren Bezirken zusammengelegt.
Im *Vertrag zur deutschen Einheit* wurde festgelegt, dass Berlin Hauptstadt Deutschlands ist; in seiner Sitzung am 20. Juni 1991 beschloss der *Bundestag*, dass Berlin künftig Regierungssitz der Bundesrepublik Deutschland werde.
Siehe *Vertrag zur deutschen Einheit, Ostblock und Westmächte, DDR, Zwei-plus-vier-Vertrag, Bundesländer.*

Betriebsrat, ein Betriebsrat vertritt in Betrieben die Interessen der Arbeitnehmer gegenüber dem Arbeitgeber. Der Betriebsrat wird für jeweils drei Jahre von den Arbeitnehmern gewählt. In Betrieben mit fünf bis 20 Arbeitnehmern wird eine Person als Vertretung gewählt, der so genannte Betriebsobmann. In Großbetrieben gibt es bis zu 31 Arbeitnehmervertreter. Manchmal nutzen die Arbeitnehmer ihr *Recht*, einen Betriebsrat zu wählen, nicht aus.
Aufgabe eines Betriebsrates ist es, alle Belange der Arbeitnehmer gegenüber dem Arbeitgeber, der Leitung eines Betriebes wahrzunehmen. Der Betriebsrat hat zum Beispiel mitzubestimmen über Beginn und Ende der Arbeitszeit, über Urlaubspläne und Berufsausbildung. Er muss gehört werden, wenn Arbeitnehmer eingestellt oder entlassen werden. Er hat dafür zu sorgen, dass gesetzliche Bestimmungen zum Schutz der Arbeitnehmer im Betrieb eingehalten werden.
Mitglieder eines Betriebsrates genießen einen besonderen Kündigungsschutz, sie dürfen weder bevorzugt noch benachteiligt werden. Mindestens einmal im Vierteljahr muss der Betriebsrat eine Betriebsversammlung einberufen, in der er über seine Tätigkeit berichten muss. Die Betriebsversammlung umfasst sämtliche Arbeitnehmer eines Betriebes.
Das Betriebsverfassungsgesetz in der *Bundesrepublik Deutschland* enthält alle Bestimmungen über Rechte und Aufgaben der Arbeitnehmervertreter.
Siehe *Mitbestimmung*, auch *Gewerkschaften, Personalrat.*

BGB ist die Abkürzung für ‹*B*ürgerliches *G*esetz*b*uch›, im BGB sind die wichtigsten Regeln des Zivilrechts, auch *Privatrecht* genannt, zusammengefasst. Das Zivilrecht umfasst die *Gesetze* und Vorschriften, die die Beziehungen der einzelnen Personen zueinander regeln. Das BGB trat im Jahre 1900 in Kraft, es wurde seither vielfach geändert und ergänzt.
Siehe auch *juristische und natürliche Person.*

Bilanz, ein Kaufmann, der Bilanz zieht, stellt sein Vermögen seinen Schulden gegenüber.
Nach dem *Gesetz* ist jeder Kaufmann verpflichtet, jährlich eine Bilanz zu machen, damit seine *Steuern* berechnet werden können.
Im übertragenen Sinn heißt ‹Bilanz

ziehen›, dass man sehen will, ob eine Anstrengung sich gelohnt hat.

bilateral heißt zweiseitig. Das Wort wird meist benutzt, wenn von Abkommen oder Verträgen zwischen zwei *Staat*en die Rede ist.
Multilateral heißt vielseitig. Das Wort wird benutzt, wenn von Abkommen oder Verträgen zwischen mehreren Staaten die Rede ist.

Blockade nennt man die Sperrung von Straßen, Kanälen, Seewegen oder Häfen, wenn mit der Sperrung ein Druck ausgeübt wird.
In einem Krieg zum Beispiel kann ein *Staat* die Häfen des Gegners sperren: Er zieht seine Kriegsschiffe vor den gegnerischen Häfen zusammen, sodass jede Ein- oder Ausfuhr unmöglich wird. Ziel der Sperrung ist, den Gegner von der Versorgung auf dem Seeweg abzuschneiden, sodass er unter Umständen kapitulieren, das heißt sich ergeben muss.

blockfreie Staaten, die blockfreien *Staat*en schlossen sich zusammen, als sich die USA und die Sowjetunion als Weltmächte gegenüberstanden. Beiden Mächten, die oft mit einem Schlagwort auch als Supermächte bezeichnet wurden, hatten sich im Verlauf von rund vierzig Jahren viele Staaten angeschlossen. So waren zwei Machtblöcke entstanden: Siehe dazu *Ostblock und Westmächte.*
Außerhalb der beiden Machtblöcke gab es die blockfreien Staaten, sie gehörten keinem der Blöcke an. Zu den Blockfreien zählten unter anderen: Indien, Ägypten, Jugoslawien, Zypern, Äthiopien, Sri Lanka, Myanmar, Indonesien, Marokko, Malaysia und Kuba. Sie betrachteten sich als neutral, das heißt als unparteiisch bei Auseinandersetzungen zwischen den Blöcken. Die meisten der Blockfreien zählen zu den Ländern der *Dritten Welt*: Sie sind so genannte unterentwickelte Länder.
Der Zusammenschluss der blockfreien Staaten begann 1955 in Bandung in Indonesien, als dort 23 asiatische und sechs afrikanische Staaten zu einer *Konferenz* zusammenkamen. Die Teilnehmer der Konferenz forderten das Ende des *Kolonialismus*, das bedeutet, sie forderten die Beendigung der Vorherrschaft europäischer Staaten in Asien und Afrika. Sie beschlossen außerdem den Kampf gegen die Benachteiligung der Menschen schwarzer und gelber Hautfarbe, das bedeutet, den Kampf gegen die *Rassendiskriminierung.*
Den Staaten der so genannten Bandung-Gruppe schlossen sich im Laufe der Jahre viele Staaten an. Einige von ihnen standen den Staaten Westeuropas, andere denen Osteuropas näher. Das äußerte sich vor allem in *militärisch*er Unterstützung, die sie von der einen oder anderen Seite erhielten. *Entwicklungshilfe* nahmen sie von beiden Seiten an.
Infolge ihrer hohen Mitgliederzahl, 1997 gehörten 115 Staaten dazu, haben die blockfreien Staaten in Verhandlungen der *Vereinten Nationen* eine wichtige *politisch*e Rolle.
Siehe *Entwicklungshilfe*, *Entwicklungsländer.*

Blockparteien war in der ehemaligen *DDR* die Bezeichnung für die *Partei*en, die mit der *SED*, der Sozialistischen *E*inheitspartei *D*eutschlands, in einem so genannten Block zusammengeschlossen waren. Siehe dazu *Nationale Front.*

Börse, Börsen sind Einrichtungen, an denen nach festen Regeln *Devisen*, das heißt ausländische Zahlungsmittel, Wertpapiere und bestimmte Waren, wie zum Beispiel Kakao und Baumwolle, gehandelt werden. Man unterscheidet daher Devisen-, Wertpapier- und Warenbörsen. An den Börsen werden nur die Preise ausgehandelt, bezahlt und geliefert wird später.
Als ‹die Börse› wird die Wertpapierbörse bezeichnet: Hier treffen sich zu bestimmten Zeiten Vertreter von Banken und andere zugelassene Händler und kaufen und verkaufen zum Beispiel Aktien. Sie tun das im Auftrag ihrer Banken oder ihrer Kunden. Aktien sind Urkunden über Besitzanteile an Unternehmen, die man *Aktiengesellschaft*en nennt.
Den an der Börse ausgehandelten Preis für eine Aktie nennt man Börsen- oder Aktienkurs. Der Kurs einer Aktie liegt nicht fest: Er wechselt, je nachdem ob die Aktie bei Käufern gefragt ist oder nicht. Das bedeutet, der Kurs kann von Tag zu Tag schwanken.
Gehen die Kurse für Wertpapiere allgemein und für längere Zeit zurück, wird von einer Baisse gesprochen. Im Gegensatz dazu gibt es die Hausse: Das ist ein Anstieg der Aktienkurse.

Boom heißt ‹plötzlicher *wirtschaftlich*er Aufschwung›.

Botschafter, siehe *Diplomat.*

Bourgeoisie ist ein französisches Wort und heißt Bürgertum. Seit dem Ende des 16. Jahrhunderts wurden in Frankreich die wohlhabenden und besitzenden Familien als Bourgeoisie bezeichnet.
Karl Marx, einer der Wegbereiter des *Kommunismus* im 19. Jahrhundert, bezeichnete als Bourgeoisie die Klasse des besitzenden Bürgertums, die das *Proletariat*, das heißt die Arbeiterklasse, beherrscht.
Siehe auch *Diktatur des Proletariats, Kapitalismus.*

Boykott ist die planmäßige Ächtung eines Menschen, auch einer Gruppe von Menschen oder eines Landes. Ein Boykott ist ein Kampfmittel, das ein bestimmtes Verhalten erzwingen soll.
Das Wort Boykott geht zurück auf den englischen Kapitän und Gutsverwalter Charles C. Boycott, der um 1800 in Irland lebte. Seine rücksichtslose Strenge den irischen Pächtern gegenüber führte dazu, dass er geächtet wurde. Die Ächtung bestand darin, dass seine Arbeiter ihn verließen und kein Geschäftsmann mehr Verträge mit ihm abschloss. Auf diese Weise wurde Boycott schließlich gezwungen, aus Irland auszuwandern.

Breschnew-Doktrin, eine *Doktrin* ist eine Lehre, auch eine Lehrmeinung. Die Breschnew-Doktrin wurde nach Leonid Breschnew benannt. Als *Partei*führer der sowjetischen Kommunistischen Partei hatte er 1968 erklärt, die *sozialistisch*en *Staat*en im Einflussbereich der Sowjetunion besäßen nur begrenzte *Souveränität.*
Souveränität bedeutet oberste *Staatsge-*

B

walt: Ein Staat kann über seine inneren und äußeren Angelegenheiten nach eigenem Ermessen entscheiden.
Begrenzte Souveränität besagte also in diesem Fall, dass die Staaten Osteuropas nur begrenzt in der Lage wären, ihre Angelegenheiten selbst zu bestimmen.
Die Tschechoslowakei hatte versucht, sich aus der Abhängigkeit von der Sowjetunion zu befreien und einen eigenen Weg zu gehen. Der Versuch endete im Sommer 1968 mit dem Einmarsch sowjetischer und anderer Truppen des *Warschauer Pakt*s in die Tschechoslowakei.
Mit der Breschnew-Doktrin hatte die Sowjetunion ihr Vorgehen gegen die Tschechoslowakei gerechtfertigt. Im Juli 1987 wurde die Breschnew-Doktrin vom Warschauer Pakt widerrufen. Der Warschauer Pakt war das Verteidigungsbündnis der osteuropäischen Staaten.
Siehe *Ostblock und Westmächte, Kommunismus.*

Bruttosozialprodukt, brutto heißt «roh, ohne Abzug der Kosten, mit Verpackung». *Sozial* heißt «die menschliche Gemeinschaft betreffend». Ein Produkt ist ein Erzeugnis und ein Ergebnis.
Das Bruttosozialprodukt zeigt, was die *Wirtschaft* und damit die Menschen in einem *Staat* innerhalb eines bestimmten Zeitraumes hergestellt haben: Es ist die Summe aller Güter und Dienstleistungen zum Beispiel innerhalb eines Jahres, ausgedrückt in einer Geldsumme.
Güter sind unter anderen Autos und Maschinen; Dienstleistungen sind zum Beispiel Leistungen der Transportbetriebe, der Banken und Gaststätten.

Budget ist ein französisches Wort. Man versteht darunter eine Gegenüberstellung der voraussichtlichen Einnahmen und Ausgaben, die ein *Staat* in einem bestimmten Zeitraum zu erwarten hat. Man sagt auch *Haushaltsplan* oder *Etat* für Budget.

Bürgerkrieg ist eine bewaffnete Auseinandersetzung, in der Bürger desselben *Staat*es in ihrem eigenen Land um die Macht kämpfen.

Bürgerrechtsbewegung, das Recht, seine Meinung frei zu äußern, und das Recht auf freie Entfaltung der Persönlichkeit und persönliche Freiheit sind *Menschenrechte*, die zum Beispiel in der *Bundesrepublik Deutschland* jedem Menschen zustehen, ob er deutscher Staatsangehöriger ist oder nicht. Daneben gibt es Bürgerrechte, die nur für Deutsche gelten, zum Beispiel das Recht, Vereinigungen zu bilden, oder die freie Wahl des Berufs, des Arbeitsplatzes und der Ausbildungsstätte. Menschen- und Bürgerrechte gehören zu den *Grundrechten*, die, wie in der Bundesrepublik, in den *Verfassung*en der meisten *Staaten* der Welt festgelegt sind. Eine Verfassung bestimmt unter anderem, welche *Rechte* jeder Bürger hat und welche Aufgaben und Befugnisse *Regierung* und *Parlament* haben.
Bürgerrechtsbewegungen sind Vereinigungen von Bürgern in einem Staat, die sich dafür einsetzen, auch dafür kämpfen, dass die in der Verfassung zugesicherten Grundrechte eingehalten werden. Eine sehr bekannte Bür-

gerrechtsbewegung ist die amerikanische ‹Civil Liberties Movement›: Ihr Ziel ist, für die farbigen Einwohner der USA die gleichen Rechte durchzusetzen, wie sie die Weißen haben. In der amerikanischen Verfassung sind für alle Bürger der USA dieselben Grundrechte festgelegt worden. Trotzdem sind bis heute die Farbigen den Weißen gegenüber vielfach benachteiligt.
In mehreren *sozialistisch*en Staaten Osteuropas wurden bereits bestehende Bürgerrechtsbewegungen ermutigt und neue gegründet, nachdem die erste ‹*K*onferenz über *S*icherheit und *Z*usammenarbeit in *E*uropa›, *KSZE*, 1975 in Helsinki zu Ende ging. In der so genannten Schlussakte von Helsinki hatten 33 Staaten Europas einschließlich der Sowjetunion vereinbart, die Achtung der Menschenrechte und Grundfreiheiten als tragenden Grundsatz in ihren Ländern zu gewährleisten. In den osteuropäischen Staaten hatte die herrschende kommunistische *Partei* vor allen die Rechte der freien Meinungsäußerung, der *Freizügigkeit* und der Bildung von Vereinigungen strikt und teilweise unter Gewaltanwendung eingeschränkt.
Überwiegend in Polen, der Tschechoslowakei, der Sowjetunion und später auch in der *DDR* setzten sich Bürgerrechtler für die Einhaltung der Schlussakte von Helsinki ein. Ihr Kampf trug mit dazu bei, dass sich die *politisch*en Verhältnisse in den Staaten Osteuropas und in der DDR verändert haben.
Siehe *OSZE, Ostblock und Westmächte.*

Bürokratie heißt Beamtenschaft und Verwaltungsapparat, auch Beamtenherrschaft.
Die *Verwaltung* eines *Staat*es durch Beamte und Behörden wird auch als Bürokratie bezeichnet. Der Staat wird auf Grund von *Gesetz*en und Vorschriften verwaltet, ohne die ein geordnetes Zusammenleben der Menschen nicht möglich ist. Kaum ein Bürger ist in der Lage, alle Gesetze und Vorschriften zu kennen, nach denen er sich zum Beispiel beim Bau eines Hauses oder bei einem Antrag auf Wohngeldzuschuss richten muss. Es ist die Aufgabe der Beamten und Angestellten bei den Behörden, ihn zu beraten und ihm zu helfen.
Die Verwaltung kann aber auch zu einer Herrschaft der Beamten ausarten, wenn die Bedürfnisse der einzelnen Menschen unwichtiger werden als die Vorschriften, die engstirnig und übergenau ausgelegt werden. Werden immer mehr Behörden eingerichtet und immer mehr Beamte und Angestellte eingestellt, ohne dass den Rat suchenden Bürgern auch mehr geholfen wird, dann werden Zweck und Sinn der Bürokratie zweifelhaft.
Als Bürokraten werden Beamte bezeichnet, die kleinlich und engherzig Entscheidungen fällen.

Bulletin ist ein französisches Wort und heißt Bericht, Tagesbericht oder Bekanntmachung. Bulletins werden auch die Krankenberichte genannt, die im Fall der Erkrankung führender *Staat*smänner herausgegeben werden.

Bundesagentur für Arbeit (BA) ist seit 2004 die Bezeichnung für die Bundesanstalt für Arbeit. Eine Agentur ist eine Vertretung, auch Vermittlungsstelle.
In den Stadt- und Landgemeinden gibt

es Agenturen der BA. Früher hießen sie Arbeitsämter. Die bisherigen Landesarbeitsämter heißen seit 2004 Regionaldirektionen. Die BA ist die Zentrale dieser Behörden.
Aufgabe der Bundesagentur und der ihr nachgeordneten Dienststellen ist unter anderen, Arbeit zu vermitteln, bei der Berufswahl zu beraten und Ausbildung und Weiterbildung zu fördern und zu verbessern. Außerdem sind diese Behörden für die Arbeitslosenversicherung zuständig. Die Arbeitslosenversicherung ist die Versicherung jedes Arbeitnehmers für den Fall der Arbeitslosigkeit: Er zahlt Geld, wenn er arbeitet, um Geld zu bekommen, wenn er arbeitslos ist.
Seit 1997, verstärkt seit 2002 ist diese Behörde bestrebt, ihren inneren Aufbau und ihre Arbeitsweise zu verändern, um sich den Erfordernissen des Arbeitsmarktes anzupassen und so wirksamer für die Arbeitnehmer tätig werden zu können.
Die BA untersteht der Aufsicht des Bundes*ministeriums* für *Wirtschaft* und Arbeit.
Siehe auch *Sozialversicherung.*

Bundesbank, die Deutsche Bundesbank ist die Zentralbank der *Bundesrepublik Deutschland*: sozusagen die Hauptbank.
Die Bundesbank unterhält in den *Bundesländern* neun Hauptverwaltungen, die bis 2002 Landeszentralbanken hießen. Am 1. Januar 2002 wurde in zwölf Ländern der *Europäischen Union* der EURO als Zahlungsmittel eingeführt, der damit die jeweils landeseigenen *Währungen* ersetzte. Die zwölf *Staaten*, Belgien, Bundesrepublik Deutschland, Finnland, Frankreich, Griechenland, Irland, Italien, Luxemburg, Niederlande, Österreich, Portugal und Spanien werden als EURO-Währungsraum bezeichnet. Mit der Veränderung der europäischen Geldordnung hat sich auch der Aufbau der Bundesbank verändert.
Bis zur Einführung des EURO 2002 durfte allein die Bundesbank Banknoten in Deutschland ausgeben und bestimmen, wie viel Geld insgesamt im Umlauf sein durfte, Münzen und Scheine. Diese *Rechte* hat die Bundesbank an die *Europäische Zentralbank*, EZB, abgegeben, die das ausschließliche Recht hat, die Ausgabe von EURO-Banknoten innerhalb des EURO-Währungsraumes zu genehmigen.
Zu den Aufgaben der Bundesbank gehört unter anderen, dass sie bei Entscheidungen innerhalb des *E*uropäischen *S*ystems der *Z*entral*b*anken, ESZB, mitwirkt. System heißt Aufbau oder Gliederung. Sie hat außerdem dafür zu sorgen, dass der Zahlungsverkehr im Inland und mit dem Ausland ordentlich abgewickelt wird.
Die Bundesbank ist unabhängig von Weisungen der *Bundesregierung*; sie ist verpflichtet, die allgemeine Wirtschaftspolitik der Bundesregierung zu unterstützen. Sie muss dabei ihre Aufgabe als Bestandteil des Europäischen Systems der Zentralbanken wahren.
Siehe auch *EU.*

Bundesgesetzblatt (BGBl.), das *B*undes*g*esetz*bl*att ist eine Art Zeitschrift, die vom Bundes*ministerium* der *Justiz* herausgegeben wird.
Im Bundesgesetzblatt werden die *Gesetze* bekannt gegeben, die vom *Bundestag* beschlossen und vom *Bundespräsiden-*

ten unterzeichnet wurden. Außerdem werden im Bundesgesetzblatt *Rechtsverordnungen* veröffentlicht und Verträge, die die *Bundesrepublik Deutschland* mit anderen Staaten und mit internationalen Organisationen geschlossen hat. Für wenig Geld kann jeder Bürger der Bundesrepublik das Bundesgesetzblatt bei der Bundesdruckerei oder beim Bundesjustizministerium kaufen.
Siehe auch *Gesetzgebung.*

Bundesgrenzschutz (BGS), der *B*undes*g*renz*s*chutz ist eine besondere Polizeitruppe in der *Bundesrepublik Deutschland.* Sie wurde 1951 eingerichtet, sie untersteht dem Bundes*minister* des Innern.
Der Bundesgrenzschutz soll die Grenzen der Bundesrepublik gegen verbotene Grenzübertritte und gegen Schmuggel sichern. Dafür sind die rund 33 000 Angehörigen des Bundesgrenzschutzes stärker bewaffnet und *militärisch*er ausgebildet als die Angehörigen der Polizei. Zu den Aufgaben des BGS gehört des weiteren sein Einsatz als Bahnpolizei, zum Schutz von Menschen und Anlagen auf deutschen Flughäfen und der Schutz von Dienststellen des Bundes, zum Beispiel des Amtssitzes des *Bundespräsident*en. In drei Fällen hat der Bundesgrenzschutz über den Grenzschutz hinausgehende Aufgaben: bei Naturkatastrophen, wie zum Beispiel bei Überschwemmungen; im Verteidigungsfall, das bedeutet, wenn die Bundesrepublik von außen angegriffen wird; bei drohender Gefahr für den Bestand der Bundesrepublik, das bedeutet zum Beispiel bei Aufruhr und Aufstand in der Bevölkerung.
Siehe *Notstand.*

Bundeskanzler heißt der *Regierungs*chef der *Bundesrepublik Deutschland.* Er leitet die Bundesregierung, wird vom *Bundestag* gewählt und vom *Bundespräsident*en ernannt. Der Bundestag ist das *Parlament* der Bundesrepublik.
Der Bundeskanzler bestimmt die Richtlinien der *Politik* und ist verantwortlich dafür, dass sie eingehalten werden. Man nennt dies das Kanzlerprinzip. Prinzip heißt Grundsatz. Kanzlerprinzip bedeutet, dass der Bundeskanzler allein für die allgemeinen Grundsätze der Politik der Bundesrepublik verantwortlich ist. Beschlüsse der Bundesregierung werden im Rahmen der Grundsätze des Kanzlers mit *Mehrheit* gefasst. Nicht nur im Kanzlerprinzip äußert sich die starke Stellung des Bundeskanzlers: Er allein wird vom Bundestag gewählt, nicht dagegen die *Minister.* Nur ihm kann der Bundestag durch das konstruktive *Misstrauensvotum* das Vertrauen entziehen, sodass der Kanzler zurücktreten muss. Die Bundesminister werden auf Vorschlag des Kanzlers vom Bundespräsidenten ernannt. Sie können nicht gegen den Willen des Kanzlers vom Bundestag zum Rücktritt gezwungen werden.
Der Bundeskanzler muss von den Bundesministern ständig über Vorhaben und Maßnahmen in ihren Arbeitsbereichen unterrichtet werden. Nur der Kanzler hat das Recht, dem Bundespräsidenten Kenntnis über das zu geben, was die Bundesregierung tut oder beabsichtigt zu tun. Man nennt dieses Recht Vortragsrecht.
Im Verteidigungsfall zeigt sich die Verantwortung des Bundeskanzlers darin, dass er den Oberbefehl über die Streitkräfte der Bundesrepublik übernimmt.

Bei der *Wahl* des Bundeskanzlers muss mehr als die Hälfte aller Mitglieder des Bundestages für einen *Kandidat*en stimmen, das bedeutet, die absolute Mehrheit muss erreicht werden. Der Kandidat wird vom Bundespräsidenten vorgeschlagen. Erhält der vorgeschlagene Kandidat nicht die absolute Mehrheit, erfolgt ein zweiter Wahlgang. Im zweiten Wahlgang, der binnen vierzehn Tagen stattfinden muss, kann der Bundestag, wiederum mit der absoluten Mehrheit, einen von ihm selbst ausgewählten Kanzler wählen. Ist auch diese Wahl erfolglos, so findet unverzüglich ein dritter Wahlgang statt: In der dritten Wahl ist gewählt, wer die meisten Stimmen erhält. Auf diese Weise kann also ein Kanzler mit weniger als der Hälfte der Stimmen aller *Bundestagsabgeordnete*n gewählt werden. Der Bundespräsident ist jedoch nicht verpflichtet, diesen Kanzler zu ernennen.
Bei Antritt seines Amtes leistet der Bundeskanzler einen *Amtseid.* Die Amtszeit des Kanzlers beträgt in der Regel vier Jahre. Sie beginnt mit der Ernennung und endet, wenn ein neuer Bundestag nach einer *Bundestagswahl* zusammentritt. Die Amtszeit endet durch freiwilligen Rücktritt, durch Tod oder durch ein konstruktives Misstrauensvotum des Bundestages. Der Stellvertreter des Bundeskanzlers wird *Vize*kanzler genannt, er ist einer der Bundesminister. Der Bundeskanzler hat eine eigene Behörde, um seine Aufgaben erfüllen zu können: das Bundeskanzleramt, das oft auch als Kanzleramt bezeichnet wird.
Siehe *Bundesregierung, Bundestag, Bundespräsident.*

Bundesländer, die *Bundesrepublik Deutschland* ist ein *Bundesstaat.* Ein Bundesstaat besteht aus mehreren Gliedstaaten. In der Bundesrepublik sind es 16, sie heißen Bundesländer. Jedes Bundesland ist ein *Staat* für sich mit einer eigenen Landesregierung. Sitz der *Regierung* ist die Landeshauptstadt, in der sich auch das Landes*parlament* – der *Landtag* – befindet, das ist die *Volk*svertretung des jeweiligen Bundeslandes.

1. Baden-Württemberg, Landeshauptstadt Stuttgart
2. Bayern, Landeshauptstadt München
3. *Berlin*
ist ein Stadtstaat, der aus 12 Bezirken besteht, die Regierung heißt *Senat,* das Parlament *Abgeordnete*nhaus.
4. Brandenburg,
Landeshauptstadt Potsdam
5. Bremen
ist ein Stadtstaat, der Landtag der ‹Freien Hansestadt Bremen› heißt ‹Die Bremische Bürgerschaft›, die Regierung heißt Senat.
6. Hamburg
‹Die Freie und Hansestadt Hamburg› ist ebenfalls Stadtstaat. Die Volksvertretung heißt Bürgerschaft, die Landesregierung Senat.
7. Hessen, Landeshauptstadt Wiesbaden
8. Mecklenburg-Vorpommern, Landeshauptstadt Schwerin
9. Niedersachsen, Landeshauptstadt Hannover
10. *N*ord*r*hein-*W*estfalen, auch *NRW* genannt, Landeshauptstadt Düsseldorf
11. Rheinland-Pfalz, Landeshauptstadt Mainz
12. Saarland, Landeshauptstadt Saarbrücken

13. Sachsen, Landeshauptstadt Dresden
14. Sachsen-Anhalt, Landeshauptstadt Magdeburg
15. Schleswig-Holstein, Landeshauptstadt Kiel
16. Thüringen, Landeshauptstadt Erfurt.

Siehe *Bund und Länder, Vertrag zur deutschen Einheit.*

Bundesminister, siehe *Minister* und *Bundesregierung.*

Bundesnachrichtendienst (BND) heißt der Geheimdienst der *Bundesrepublik Deutschland.*
Siehe *Geheimdienste.*

Bundespräsident, an der Spitze der *Bundesrepublik Deutschland* steht als *Staatsoberhaupt* der Bundespräsident. Er wird auch als der erste Mann im *Staat* bezeichnet.
Der Bundespräsident wird für die Dauer von fünf Jahren von der *Bundesversammlung* gewählt. Er kann für fünf Jahre wieder gewählt werden, das jedoch nur einmal.
Die Bundesversammlung setzt sich zur Hälfte aus allen Mitgliedern des *Bundestag*es zusammen, zur anderen Hälfte aus Mitgliedern, die die *Landtag*e der *Bundesländer* gewählt haben. Zum Bundespräsidenten kann jeder Deutsche gewählt werden, der über 40 Jahre alt ist und das *Recht* hat, zu wählen und gewählt zu werden.
Der Bundespräsident ist nicht für die *Politik* der Bundesrepublik verantwortlich. In schwierigen Fällen jedoch liegen besonders wichtige Entscheidungen allein beim Bundespräsidenten: Zum Beispiel entscheidet er allein, ob ein im dritten *Wahl*gang gewählter *Kandidat Bundeskanzler* wird oder ob der Bundestag aufgelöst wird. Bei der Wahl des Bundeskanzlers wird ein dritter Wahlgang im Bundestag nur erforderlich, wenn sich die *Bundestagsabgeordnete*n in den beiden vorangegangenen Wahlgängen nicht mit der notwendigen Stimmenmehrheit für einen Kanzler entscheiden konnten.
Die anderen Aufgaben des Bundespräsidenten ergeben sich aus seiner Stellung als Staatsoberhaupt: Er repräsentiert, das heißt, er vertritt die Bundesrepublik nach außen und nach innen. Es stehen ihm dafür unter anderen die folgenden Rechte zu:
Er empfängt und beglaubigt *Botschafter* fremder Staaten;
er unterzeichnet Verträge mit anderen Staaten, die durch seine Unterschrift in Kraft treten;
er unterzeichnet nach eigener Entscheidung die vom Bundestag beschlossenen *Gesetze* und verkündet sie im *Bundesgesetzblatt*;
er ernennt den vom Bundestag gewählten Bundeskanzler;
er kann begnadigen, das bedeutet, er kann die Strafe eines Verurteilten mildern oder aufheben;
er verleiht das Bundesverdienstkreuz.
Der Bundespräsident hat eine eigene Behörde, um seine Aufgaben erfüllen zu können: das Bundespräsidialamt.
Siehe *Bundeskanzler.*

Bundesrat, die *Bundesrepublik Deutschland* ist ein *Bundesstaat*; sie besteht aus 16 *Bundesländer*n. Die Interessen der Bundesländer vertritt der Bundesrat:

Durch ihn wirken die Bundesländer bei der *Gesetzgebung* und bei der *Verwaltung* der Bundesrepublik mit.
Der Zustimmung des Bundesrates bedürfen alle *Gesetz*e, die die Verwaltung der Bundesländer betreffen, außerdem Gesetze, die das *Grundgesetz* ändern, und Gesetze, die Verträge mit anderen *Staat*en enthalten. Diese Gesetze werden als Zustimmungsgesetze bezeichnet. Gegen alle anderen Gesetze kann der Bundesrat Einspruch erheben, der aber vom *Bundestag* zurückgewiesen werden kann. Die vom Bundesrat abgelehnten Gesetze müssen im Bundestag erneut beraten werden.
Eine Aufgabe hat der Bundesrat also bei der Gesetzgebung, die zweite Aufgabe ist seine Mitwirkung in der Verwaltung: Sie ist am deutlichsten bei den zahlreichen *Rechtsverordnung*en, die die *Bundesregierung* zur Ausführung der Bundesgesetze erlässt. Viele dieser Rechtsverordnungen bedürfen der Zustimmung des Bundesrates.
Jedes Bundesland schickt wenigstens drei Vertreter in den Bundesrat. Länder mit über zwei Millionen Einwohner schicken vier, mit über sechs Millionen schicken fünf, mit über sieben Millionen sechs Vertreter. Die Vertreter der Bundesländer sind Mitglieder der jeweiligen Landesregierungen. Sie werden nicht gewählt, sondern von ihren *Regierung*en in den Bundesrat entsandt. Sie müssen die Anweisungen ihrer Regierungen befolgen. Daher dürfen Bundesratsmitglieder nicht auch Mitglieder des Bundestages sein. Mitglieder des Bundesrates haben Zutritt zu den Sitzungen des Bundestages und können dort sprechen. Dagegen haben *Bundestagsabgeordnete* kein *Recht*, im

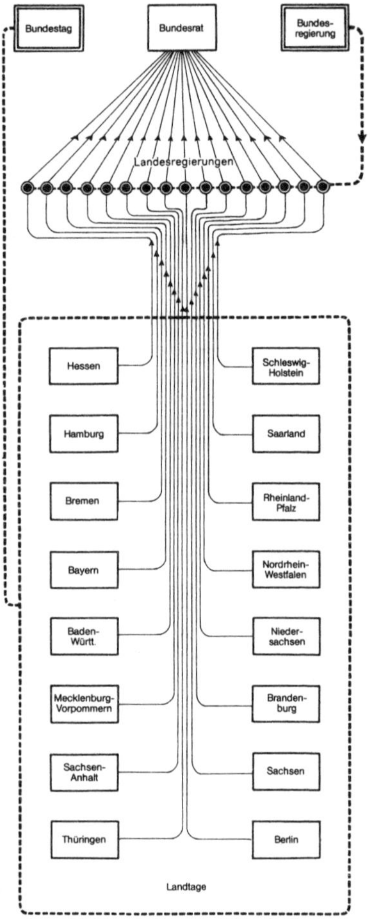

Bundesrat und Bundesländer
(Aktualisiert nach: G. A. Süss: «Grundzüge der Sozialkunde». Frankfurt am Main [9]1972, Verlag Moritz Diesterweg)

Bundesrat angehört zu werden. Die Bundesregierung muss den Bundesrat über ihre Handlungen und Pläne unterrichten.

Der *Präsident*, der Vorsitzende des Bundesrates, wird auf ein Jahr gewählt. Bundesratspräsident ist immer der *Ministerpräsident* eines Bundeslandes. Der Bundesratspräsident ist der Stellvertreter des *Bundespräsident*en.
Siehe *Bundestag*, *Gesetzgebung*.

Bundesrechnungshof, der Bundesrechnungshof hat die Aufgabe, die Haushaltsrechnung der *Bundesrepublik Deutschland* zu prüfen.
Vor Beginn eines Jahres werden alle geplanten Einnahmen und Ausgaben des *Staat*es in einem *Haushaltsplan* zusammengestellt. Nach Schluss des Jahres werden die tatsächlichen Einnahmen und Ausgaben in einer Haushaltsrechnung abgerechnet. Die Haushaltsrechnung muss der Bundes*minister* der *Finanzen* dem *Bundestag* und dem *Bundesrat* vorlegen, dazu gehört auch ein Bericht über Vermögen und Schulden der Bundesrepublik. Der Bundesrechnungshof prüft, ob die Rechnung richtig ist und ob das Geld dem Zweck entsprechend vernünftig ausgegeben wurde.
In den *Bundesländern* gibt es die Landesrechnungshöfe, die für ihren Bereich die gleichen Aufgaben erfüllen wie der Bundesrechnungshof.
Siehe *Haushaltsplan*.

Bundesregierung heißt die *Regierung* eines *Bundesstaat*es. Die *Bundesrepublik Deutschland* ist ein Bundesstaat. Ihre Bundesregierung besteht aus dem *Bundeskanzler* und den Bundes*ministern*. Der Bundeskanzler ist der Chef der Bundesregierung.
Die Bundesregierung regiert die Bundesrepublik. Sie ist oberste ausführende, man sagt auch vollziehende Gewalt: Sie hat die Verantwortung, dass die vom *Bundestag* beschlossenen Gesetze ausgeführt werden. Der Bundestag ist die Vertretung des *Volk*es der Bundesrepublik.
Die Bundesregierung bringt Gesetze ein, das bedeutet, sie schlägt Gesetze vor, wie auch *Bundesrat* und *Bundestag*. Sie regelt außerdem die Beziehungen der Bundesrepublik zu anderen *Staaten*.
Die Bundesregierung wird entweder von einer *Partei* gebildet, oder es schließen sich mehrere Parteien zu einer *Koalition*, das heißt zu einem Bündnis, zusammen. Man spricht in diesem Fall von einer Koalitionsregierung. Die Zusammensetzung der Bundesregierung hängt von dem Ergebnis der *Bundestagswahl* ab. Der Bundeskanzler wird auf Vorschlag des *Bundespräsidenten* vom Bundestag gewählt und dann vom Bundespräsidenten ernannt. Die Bundesminister werden auf Vorschlag des Bundeskanzlers vom Bundespräsidenten ernannt und entlassen.
Wird eine Koalitionsregierung gebildet, sind vor der Ernennung der Bundesminister ausführliche Besprechungen zwischen dem Kanzler und den Parteien notwendig. Parteien haben unterschiedliche Auffassungen, wie das Zusammenleben der Menschen im Staat geregelt werden soll. In so genannten Koalitionsgesprächen wird versucht, die unterschiedlichen Meinungen aufeinander abzustimmen. Die Parteien müssen sich einigen, damit sie gemeinsam regieren können.
In der Bundesrepublik bestimmen drei Prinzipien, das heißt drei Grundsätze, die Zusammenarbeit zwischen dem

Bundeskanzler und den Bundesministern.
Das Kanzlerprinzip:
Der Bundeskanzler bestimmt die Richtlinien der *Politik* und ist dadurch den Ministern übergeordnet;
das *Ressort*prinzip:
Jeder Bundesminister leitet seinen Aufgabenbereich – das ist ein Ressort – in eigener Verantwortung. Er darf sich dabei jedoch nicht in Widerspruch setzen zu den Richtlinien des Bundeskanzlers;
das Kollegialprinzip:
Meinungsverschiedenheiten zwischen den Bundesministern werden von der Bundesregierung durch *Mehrheits*beschluss entschieden. In diesem Kollegium ist der Kanzler ‹primus inter pares›, das heißt ‹Erster unter Gleichgestellten›. Ein Kollegium ist eine ‹Gesamtheit von Personen gleichen Amtes oder gleichen Berufes›. Kollegialprinzip heißt also so viel wie ‹Entscheidung durch die Gruppe›.
Die Tätigkeit der Bundesregierung wird vom Bundestag beaufsichtigt und überwacht.
Siehe *Bundestag, Bundeskanzler.*

Bundesrepublik Deutschland (BRD), nach dem Ende des 2. *Weltkrieges* wurde *Deutschland* 1945 von den Siegermächten USA, Sowjetunion, Großbritannien und Frankreich in vier Besatzungszonen und das besondere Gebiet *Berlin* aufgeteilt. Die höchste *Regierungs*gewalt übte der *Kontrollrat* aus, der sich aus Vertretern der vier Mächte zusammensetzte. Die Beschlüsse des Kontrollrates mussten einstimmig gefasst werden. Die geplante gemeinsame *Verwaltung* Deutschlands wurde jedoch sehr bald undurchführbar. Ursachen dafür waren außen*politisch*e Gegensätze, die unterschiedlichen *Wirtschaft*sordnungen und Meinungsverschiedenheiten zwischen der Sowjetunion und den drei Westmächten über die *Reparationen*, das heißt über die Schadenersatzleistungen. Die Sowjetunion forderte, dass Deutschland über den Abbau von Fabrikanlagen hinaus die Reparationen auch aus der laufenden Gütererzeugung aufbringen sollte. Dagegen erklärten sich die Westmächte nur mit einem teilweisen Abbau von Maschinen und Fabrikanlagen einverstanden. 1948 verließen die Vertreter der Sowjetunion den Kontrollrat, der nun seine Aufgaben nicht mehr wahrnehmen konnte.
Deutschland zerfiel in zwei Teile: auf der einen Seite die drei Westzonen, die den Westmächten unterstanden, auf der anderen Seite die *s*owjetische *B*esatzungszone, SBZ, unter dem Einfluss der Sowjetunion. Siehe dazu *Ostblock und Westmächte, Berlin.*
In den drei Westzonen wurde vor allem mit Hilfe des *Marshallplan*s die Wirtschaft wieder aufgebaut. Unter dem Einfluss der Westmächte begann gleichzeitig der Aufbau einer deutschen Verwaltung, die weitgehend dezentralisiert war. Dezentralisiert bedeutet, dass die Aufgaben der Verwaltung nicht von einer Stelle aus, sondern von verschiedenen unteren Verwaltungsbehörden selbständig geleitet und ausgeführt werden. Infolge der Neuordnung der Verwaltung gliederten sich die Westzonen in die westdeutschen Länder, die heute als die alten *Bundesländer* bezeichnet werden. In den Ländern bildeten sich Regierungen, *Parlament*e und

Die Verwaltungsgliederung der Bundesrepublik Deutschland

Die dicken Linien grenzen die Bundesländer ab, die dünnen die Regierungsbezirke. In den fünf neuen Bundesländern sind zurzeit (August 1991) keine Regierungsbezirke eingeteilt. Landeshauptstädte erscheinen in Schrägdruck.

so genannte Zentralämter, die Ministerien ähnlich waren. Aufgaben und Befugnisse wurden diesen Einrichtungen von den Besatzungsmächten erteilt. Im Juni 1948 forderten die Westmächte die *Ministerpräsidenten* der westdeutschen Länder auf, eine *Verfassung* für einen westdeutschen Gesamtstaat auszuarbeiten, in dem die Länder zusammengefasst werden sollten. Diese Verfassung ist das *Grundgesetz*, das vom *Parlamentarischen Rat* erarbeitet und von den Parlamenten der Länder, mit Ausnahme Bayerns, angenommen wurde. Das Grundgesetz trat 1949 in Kraft, im gleichen Jahr wurden der erste Deutsche *Bundestag*, der erste *Bundespräsident* und der erste *Bundeskanzler* gewählt: Die Bundesrepublik Deutschland war gegründet.

Das Grundgesetz bestimmt in Artikel 20, dass die Bundesrepublik ein demokratischer und *sozialer Bundesstaat* ist. Bundesstaat bedeutet, dass die Bundesrepublik nach dem Grundsatz des *Föderalismus* aufgebaut ist: Sie besteht aus 16 Bundesländern. Jedes Land ist ein *Staat* für sich mit eigener Regierung und *Volks*vertretung, mit eigener *Gesetzgebung*, Verwaltung und *Rechtsprechung*.

Demokratisch heißt, dass die *Staatsgewalt* vom Volk ausgeht. Das Volk der Bundesrepublik wählt *Abgeordnete*, die in seinem Namen im Bundestag *Gesetze* beschließen.

Sozial bedeutet, dass die Bundesrepublik und die Länder die Fürsorge für alle Teile der Bevölkerung übernehmen, im Besonderen für die Menschen, denen es schlechter geht als den meisten Menschen.

Das Grundgesetz bestimmt weiter, dass *Partei*en bei der politischen Willensbildung des Volkes mitwirken und dass die Parteien ein notwendiger Bestandteil der demokratischen Grundordnung der Bundesrepublik sind. Das bedeutet, die Parteien geben den Bürgern die Möglichkeit, ihre Interessen und ihren Willen durchzusetzen.

Die Wirtschaftsordnung der Bundesrepublik ist die soziale *Marktwirtschaft*: Die *Produktionsmittel*, zum Beispiel Fabriken, Maschinen und Rohstoffe, sind im Besitz privater Eigentümer, nur ausnahmsweise im Besitz des Staates; es besteht ein Wettbewerb der Hersteller, der durch die Nachfrage der Verbraucher geregelt werden kann; der Staat hat sich verpflichtet, die Fürsorge für die Menschen zu übernehmen, die durch Krankheit, Alter oder Unglücksfälle in Not geraten; der Staat kann durch Gesetze eingreifen, wenn Unternehmen der Wirtschaft ihre Macht gegen die Verbraucher missbrauchen.

Mit dem Beitritt der *DDR* zur Bundesrepublik Deutschland wurde am 3. Oktober 1990 die Vereinigung der Bundesrepublik Deutschland und der Deutschen Demokratischen Republik zu einem deutschen Staat Bundesrepublik Deutschland vollzogen. Im *Vertrag zur deutschen Einheit* ist unter anderem festgelegt, unter welchen Veränderungen und Ergänzungen das Grundgesetz von diesem Zeitpunkt an auch auf dem Gebiet der ehemaligen DDR Geltung hat.

Am 2. Dezember 1990 fand die erste gesamtdeutsche *Bundestagswahl* statt.

Nach der Vereinigung umfasst die Bundesrepublik Deutschland eine Fläche von 357 023 Quadratkilometern mit rund 82 Millionen Einwohnern. Auf einem Quadratkilometer leben also 231 Menschen. In Frankreich sind es im Vergleich 109 Menschen. In Deutschland leben 88 Prozent der Einwohner in Städten mit mehr als 100 000 Einwohnern.

Die Bundesrepublik ist Mitglied der *NATO* und der *Europäischen Union.*

Siehe *Grundgesetz, DDR, Vertrag zur deutschen Einheit,* auch *Bundesregierung, Bundesrat, Gesetzgebungskompetenz.*

Bundesstaat, ein Bundesstaat ist eine Verbindung von *Staat*en: Einzelne selbständige Staaten, man nennt sie auch Gliedstaaten, bilden einen Gesamtstaat, der als Bund bezeichnet wird. Im Bundesstaat sind die staatlichen Befugnisse und Aufgaben auf den Gesamtstaat und auf die Gliedstaaten verteilt. Die Gliedstaaten sind autonom: Einen Teil der *Gesetzgebung* und *Verwaltung* auf ihrem Gebiet üben sie selbst aus, ohne dass der Gesamtstaat ihnen Vorschriften machen darf. Autonom heißt selbständig und unabhängig, *Autonomie* heißt Selbstverwaltung und Selbstverantwortung.

Die *Bundesrepublik Deutschland* zum Beispiel ist ein Bundesstaat: Den Gesamtstaat Bundesrepublik oder den Bund bilden 16 Gliedstaaten, das sind die Länder oder *Bundesländer.* Bundesstaaten sind auch Österreich, Schweiz, Kanada und USA. Der Bundesstaat darf nicht verwechselt werden mit dem *Staatenbund.*

Siehe auch *Bund und Länder, Gesetzgebungskompetenz.*

Bundestag, der Bundestag ist das *Parlament,* das heißt die Volksvertretung, der *Bundesrepublik Deutschland.* Er setzt sich zusammen aus den Vertretern des *Volkes* der Bundesrepublik. Sie heißen *Bundestagsabgeordnete* und werden alle vier Jahre von den Bürgern der Bundesrepublik in den *Bundestagswahl*en gewählt.

Tritt nach einer *Wahl* ein Bundestag zusammen, wählt er seinen *Präsident*en, das heißt seinen Vorsitzenden, und mehrere Stellvertreter. Sie bilden das *Präsidium,* das heißt den Vorstand des Bundestages.

Der Bundestagspräsident leitet die Sitzungen des Bundestages. Er kann den Bundestag jederzeit zu einer Sitzung einberufen. Er muss ihn einberufen, wenn ein Drittel der *Abgeordnete*n oder der *Bundespräsident* oder der *Bundeskanzler* es verlangen.

Der Bundestag verhandelt grundsätzlich öffentlich, das bedeutet, jeder Bürger kann den Beratungen zuhören.

Die Hauptaufgaben des Bundestages sind:

Gesetze zu beschließen, die vorher in den *Ausschüsse*n eingehend beraten worden sind;

den *Bundeskanzler* zu wählen;

die Arbeit der *Bundesregierung* zu kontrollieren, das heißt zu beaufsichtigen und zu überwachen.

Der Bundestag hat vier *Rechte,* die ihm die Kontrolle über die Bundesregierung ermöglichen:

1. Er bewilligt den *Haushaltsplan,* den ihm die Bundesregierung vorlegt. In einem Haushaltsplan sind alle Einnahmen und Ausgaben eines *Staat*es aufgestellt, soweit man sie für ein Jahr voraussehen kann. Bevor der Bundestag den Haushaltsplan verabschiedet, erörtern die Abgeordneten seine Abschnitte im Einzelnen, wobei es oft

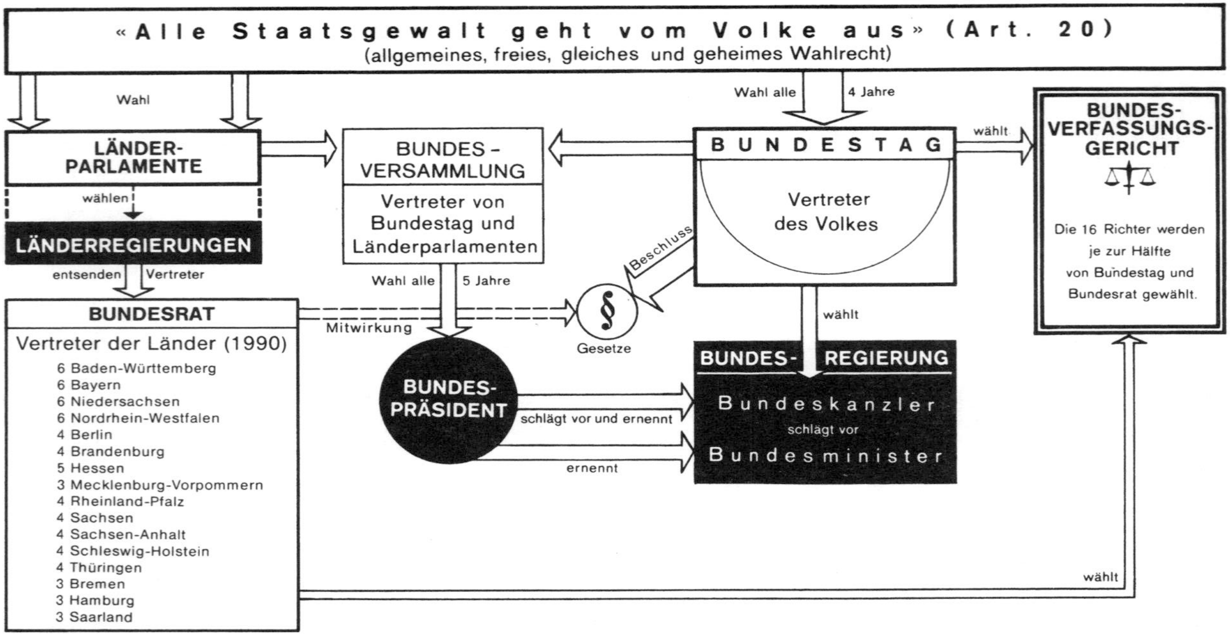

Der Staatsaufbau der Bundesrepublik Deutschland nach dem Grundgesetz
(Nach: Taschenbuch zur Geschichte. Bearbeitet von E. Görlitz, Hannover, Paderborn [o. J.], Schoeningh-Schroedel)

zu Änderungen des Planes kommt. Das Recht des Bundestages, den Haushalt zu genehmigen oder zu verweigern, heißt das Haushaltsbewilligungsrecht.

2. Der Bundestag kann und er muss auf Antrag eines Viertels seiner Mitglieder einen Untersuchungsausschuss einsetzen. Ein Untersuchungsausschuss kann unter anderem dann tätig werden, wenn ein Bundes*minister* seine Stellung zu seinem eigenen Nutzen missbraucht hat.

3. In *großen und kleinen Anfragen* können der Bundestag oder Gruppen von einzelnen Abgeordneten jederzeit Auskunft über Absichten und Handlungen der Bundesregierung verlangen. In den Fragestunden kann jeder Abgeordnete Fragen stellen. Das Recht, Fragen zu stellen, nennt man Interpellationsrecht. Interpellation heißt ‹Zwischenfrage aus dem Parlament›.

4. Der Bundestag kann verlangen, dass der Bundeskanzler und alle Mitglieder der Bundesregierung bei den Sitzungen des Bundestages anwesend sind.

Die *Geschäftsordnung* des Bundestages sieht zwei Abstimmungsarten vor: die offene Abstimmung durch Handaufheben, Aufstehen beziehungsweise Sitzenbleiben oder *Hammelsprung* und die geheime Abstimmung mit verdeckten Stimmzetteln.

Siehe *Ausschüsse, Fraktion, Bundestagsabgeordnete, Bundestagswahl, Opposition*, auch *Gesetzgebung, Bundesrat.*

Bundestagsabgeordnete heißen die Vertreter des *Volkes* der *Bundesrepublik Deutschland.* Sie bilden den *Bundestag*, das ist das *Parlament* oder die Volksvertretung der Bundesrepublik. Die Abkürzung für Bundestagsabgeordnete ist MdB, das heißt *M*itglied *d*es Deutschen *B*undestages.

Zum *Abgeordnete*n des Bundestages kann jeder Bürger gewählt werden, der selbst wählen darf. Er muss volljährig sein und seit mindestens einem Jahr die deutsche *Staatsangehörigkeit* besitzen. In der Regel sind Bundestagsabgeordnete Mitglieder von *Partei*en. Sie haben ein freies *Mandat*: Weder ihre Wähler noch ihre Parteien können sie zu einer Entscheidung oder Handlung zwingen. Die Parteien haben allerdings Möglichkeiten, die Entscheidungen ihrer Vertreter im Bundestag zu beeinflussen. Siehe dazu *Fraktion.*

Für ihre Arbeit im Bundestag erhalten die Bundestagsabgeordneten 2004 eine Entschädigung von 7009 EURO im Monat, die steuerpflichtig ist. Diese Entschädigung wird auch als Diäten bezeichnet. Nicht steuerpflichtig ist die zusätzliche monatliche Kostenpauschale oder Aufwandsentschädigung in Höhe von 3503 EURO. Der Abgeordnete muss davon unter anderem Beiträge an Partei und Fraktion zahlen und die Kosten für ein Büro und eine Zweitwohnung in Berlin tragen.

Die Abgeordneten des Bundestages genießen unter anderen zwei Vorrechte: Siehe dazu *Immunität, Indemnität.* Siehe auch *Ausschüsse, Bundestag, Bundestagswahl.*

Bundestagswahl, in der Bundestagswahl werden die *Abgeordnete*n für den *Bundestag*, das *Parlament* der *Bundesrepublik Deutschland*, gewählt. Es ist eine allgemeine, unmittelbare, freie, gleiche und geheime *Wahl*, die in der Regel alle vier Jahre stattfindet. Wählen darf jeder Deutsche, der das 18. Lebens-

jahr vollendet hat und seit mindestens drei Monaten in der Bundesrepublik lebt. Er darf nicht entmündigt sein, noch darf er sein Wahlrecht durch eine Verurteilung verloren haben.
Jeder Wähler wählt
allgemein: Jeder darf wählen, gleichgültig, welchem Geschlecht oder welchem Glaubensbekenntnis er angehört;
unmittelbar: Die Bürger wählen die Abgeordneten unmittelbar und nicht zum Beispiel über Wahlmänner, die für sie wählen;
frei: Die Bürger dürfen bei der Wahl selbst nicht beeinflusst oder zu der Wahl gezwungen werden;
gleich: Die Stimmabgabe jedes Bürgers wird gleich gewertet;
geheim: Jeder Bürger füllt seinen Stimmzettel allein für sich in einer Kabine aus und gibt ihn verschlossen in einem Umschlag ab.
Gewählt werden kann jeder Bürger, der volljährig, selbst wahlberechtigt und seit mindestens einem Jahr deutscher Staatsbürger ist.
In der Bundesrepublik wird sowohl nach dem *Mehrheitswahl*verfahren als auch nach dem *Verhältniswahl*verfahren gewählt. Jeder wahlberechtigte Bürger hat also zwei Stimmen abzugeben. Mehrheitswahl: Mit seiner Erststimme wählt jeder Bürger in seinem Wahlkreis einen *Kandidat*en, das heißt einen Bewerber: eine Person, deren Namen, *Partei* und Absichten er während des Wahlkampfes kennen lernen konnte. Gewählt ist in jedem Wahlkreis der Kandidat, der mehr Stimmen als jeder seiner Mitbewerber erhält. Der Kandidat hat ein Direkt*mandat* erhalten. Direkt heißt unmittelbar, Mandat heißt Auftrag. Die Wählerstimmen für die Mitbewerber fallen sozusagen unter den Tisch, das bedeutet, sie werden nicht berücksichtigt. Nach dem Ergebnis der *Mehrheit*swahl wird die Hälfte der Sitze im Bundestag besetzt.
Da auf diese Weise viele Wählerstimmen verloren gehen, wird zusätzlich gewählt nach der Verhältniswahl: Mit seiner Zweitstimme wählt jeder Wähler eine Partei. Nach dem Ergebnis der Verhältniswahl wird die zweite Hälfte der Bundestagssitze verteilt: Wie viele Sitze jede Partei bekommt, hängt davon ab, wie viel Prozent aller Zweitstimmen auf die Parteien entfallen.
Welcher Kandidat einer Partei durch die Zweitstimmen einen Sitz im Bundestag erhält, wird durch die Landeslisten bestimmt. Diese Listen werden von den Parteien vor der Wahl aufgestellt; sie enthalten in bestimmter Reihenfolge die Namen der Kandidaten. Wer oben auf der Landesliste steht, hat mehr Aussichten, einen Sitz zu bekommen, als der, der weiter unten verzeichnet ist. Auf die Zusammenstellung der Landeslisten haben die Wähler keinen Einfluss.
Das Verfahren der Verhältniswahl ermöglicht, dass auch kleinere Parteien in einem Parlament vertreten sind. Es kann allerdings auch zur Folge haben, dass sich die Vertretung des *Volk*es in viele kleine Parteien zersplittert. Die ‹Fünf-Prozent-Klausel› verhindert in der Bundesrepublik eine solche Zersplitterung: Bei der Verrechnung der Zweitstimmen werden nur Parteien berücksichtigt, die mindestens fünf Prozent der Zweitstimmen erhalten haben. Die ‹Fünf-Prozent-Klausel› gilt nicht für Parteien, die in der Mehr-

heitswahl mindestens drei Sitze in unmittelbarer Wahl, also drei Direktmandate erhalten haben.
Zu so bezeichneten Überhangmandaten kommt es, wenn eine Partei in einem Bundesland mehr Direktmandate gewonnen hat, als ihr nach dem Wahlergebnis der Zweitstimmen im Verhältnis zustehen. Die Zahl der Überhangmandate verändert die Zahl der Sitze im Bundestag.
Siehe *Verhältniswahl*.

Bundesverfassungsgericht, die Aufgabe des Bundesverfassungsgerichts ist, zu entscheiden, ob das *Grundgesetz* verletzt worden ist. Das Grundgesetz ist die *Verfassung* der *Bundesrepublik Deutschland*: Es bestimmt unter anderem, welche *Rechte* jeder Bürger hat und welche Aufgaben und Befugnisse *Parlament*, *Regierung* und *Rechtsprechung* haben. Das Bundesverfassungsgericht gilt als ‹Hüter der Verfassung›. Ein *Gesetz*, das nach dem Urteil des Bundesverfassungsgerichts gegen das Grundgesetz verstößt, wird von ihm außer Kraft gesetzt.
Nicht nur die *Bundesländer, die Bundesregierung* oder eine *Partei* können das Bundesverfassungsgericht mit einer Verfassungsklage anrufen. Jeder Bürger der Bundesrepublik kann eine Verfassungsbeschwerde erheben, wenn seine im Grundgesetz festgelegten *Grundrechte* verletzt worden sind.
Das Bundesverfassungsgericht besteht aus zwei *Senaten* mit je acht Bundesrichtern. Je zur Hälfte werden die Richter vom *Bundestag* und vom *Bundesrat* gewählt. Der Sitz des Bundesverfassungsgerichts ist Karlsruhe.
Siehe auch *Gerichte*, *Norm*.

Bundesversammlung, einzige Aufgabe der Bundesversammlung ist die *Wahl des Bundespräsidenten*. Sie findet alle fünf Jahre statt. Die Bundesversammlung setzt sich zur einen Hälfte aus allen Mitgliedern des *Bundestag*es zusammen. Zur anderen Hälfte besteht sie aus Bürgern, die von den *Landtag*en in den Bundesländern gewählt werden.
Siehe auch *Bundesländer*.

Bundeswehr ist die Bezeichnung für die Streitkräfte der *Bundesrepublik Deutschland*. Die Bundeswehr gliedert sich in die Teilstreitkräfte Heer, Marine und Luftwaffe.
In Friedenszeiten hat der Bundes*minister* der Verteidigung den Oberbefehl über die Bundeswehr. Im Verteidigungsfall übernimmt der *Bundeskanzler* die Befehlsgewalt. Über den Einsatz der Bundeswehr im Spannungs- oder Verteidigungsfall entscheidet der *Bundestag*. Das bedeutet, nicht Soldaten, sondern die Vertreter des *Volk*es beschließen, ob und in welcher Form die Bundesrepublik an einer kriegerischen Auseinandersetzung teilnimmt.
Die Bundeswehr wurde 1955 gegründet, sechs Jahre nach der Gründung der Bundesrepublik. Die verheerenden Auswirkungen des zweiten *Weltkrieg*es und die Angst vor einem neuen *Militarismus* waren die Ursache, dass im *Grundgesetz* die Bildung eigener deutscher Streitkräfte nicht vorgesehen war. Sowohl in der Bevölkerung als vor allem im Bundestag wurden heftige Erörterungen um eine deutsche Wiederbewaffnung geführt. Nachdem die Bundesrepublik 1955 der *NATO*, dem Nordatlantischen Verteidigungsbünd-

nis, beigetreten war, stimmten die *Bundestagsabgeordneten* mit *Mehrheit* für die Aufstellung der Bundeswehr.
Siehe *Wehrbeauftragter, Wehrpflicht.*

Bund und Länder, die *Bundesrepublik Deutschland* ist ein *Bundesstaat*: 16 Gliedstaaten, die Länder oder *Bundesländer*, bilden den Gesamtstaat Bundesrepublik oder, wie man sagt, den Bund. Die staatlichen Aufgaben und Befugnisse sind auf den Bund und auf die Länder verteilt. Es ist zum Beispiel Aufgabe des Bundes, für alle *Staat*en im Bund die Angelegenheiten der Verteidigung und der Außen*politik* zu regeln. Das bedeutet, nur in der *Bundesregierung* gibt es einen *Minister* des Auswärtigen und einen Minister der Verteidigung.
Dagegen ist es Aufgabe der Länder, die kulturellen Angelegenheiten, wie zum Beispiel das Schulwesen, unabhängig vom Bund zu regeln.
Die Länder haben eigene *Volks*vertretungen, das sind die *Landtag*e. Die Landtags*abgeordnete*n wählen den *Ministerpräsident*en und beaufsichtigen die Landes*regierung*. Die Regierungen der Länder bestehen aus den Ministerpräsidenten und Ministern.
Der *Bundesrat* ist die Vertretung der Länder, durch ihn wirken sie bei der *Gesetzgebung* und *Verwaltung* des Bundes mit. Die Volksvertretung des Bundes ist der *Bundestag*. Die Regierung des Bundes ist die Bundesregierung, sie besteht aus dem *Bundeskanzler* und den Bundesministern.
An der Spitze der Bundesrepublik steht als *Staatsoberhaupt* der *Bundespräsident*.
Siehe *Gesetzgebungskompetenz, Bundesstaat.*

C

CDU, siehe *Parteien im Bundestag.*

Chauvinismus ist übersteigerter Stolz auf das Vaterland. Der Chauvinist erkennt nur die Leistungen des eigenen Volkes an und überschätzt sie.
Siehe auch *Nationalismus.*

COMECON ist die Abkürzung für ‹*Co*uncil for *M*utual *Econ*omic Assistance›, siehe *RGW.*

Commonwealth ist englisch und heißt Gemeinwohl.
Das britische ‹Commonwealth of Nations› wird meist abgekürzt ‹das Commonwealth› genannt. Es ist die Gemeinschaft von 55 unabhängigen *Staat*en, von denen die meisten früher zum ‹British Empire›, zum Britischen Weltreich, gehörten. Das British Empire umfasste das Mutterland Großbritannien und seine Kolonien. Eine Kolonie ist ein Land, das nicht von seinen Einwohnern selbst regiert wird, sondern meist von der *Regierung* eines Staates in einem anderen Teil der Welt.
Zum Commonwealth gehören unter anderen Großbritannien, Australien, Ghana, Sri Lanka, Kanada und Neuseeland.
Die englische Königin gilt als Oberhaupt des Commonwealth: Sie ist das Symbol, das heißt, sie ist Zeichen für die freie Vereinigung seiner unabhängigen Mitgliedsstaaten.

CSU, siehe *Parteien im Bundestag.*

D

Datenschutz, die persönlichen Daten eines Menschen umfassen die genauen Angaben zum Beispiel über seinen Namen, seine Adresse, sein Alter oder seine Gesundheit. Außerdem gibt es Angaben über seine sachlichen Verhältnisse, das sind Daten zum Beispiel über sein Einkommen oder seinen Besitz.

Daten werden, wie man sagt, erhoben. Die Schulbehörde zum Beispiel erhebt die Daten eines Schülers und seiner Eltern bei der Einschulung, eine Bank erhebt Daten eines Sparers bei der Einrichtung eines Kontos. Auch Wissenschaftler können Daten erheben, zum Beispiel über die Krankheiten eines Menschen.

Alle Daten können aufgehoben, ‹gespeichert› werden – auf Karteikarten, auf Magnetbändern, Festplatten oder Disketten. Die Speicherung auf Magnetbändern oder auf den verschiedenen Platten nennt man automatische Datenverarbeitung. Die gespeicherten Daten können grundsätzlich jederzeit aus diesen Anlagen abgerufen und ausgewertet werden.

Um zu verhindern, dass Missbrauch getrieben wird mit den persönlichen Angaben eines Menschen, verabschiedete der *Bundestag* 1977 das Bundesdatenschutz*gesetz*, das 1990 mit einem Nachtrag, in den folgenden Jahren mit zahlreichen Ergänzungen versehen wurde. In den *Bundesländern* wurden Landesdatenschutzgesetze erlassen. Diese Gesetze bestimmen unter anderem, dass jeder Bürger das Recht hat, über die von ihm gespeicherten Daten Auskunft zu erhalten, um Daten gegebenenfalls berichtigen oder löschen lassen zu können. So genannte Datenschutzbeauftragte sollen darüber wachen, dass die Bestimmungen der Datenschutzgesetze eingehalten werden. Der Datenschutz schützt die im *Grundgesetz* festgelegten *Grundrechte* des Menschen, zum Beispiel das *Recht* auf freie Entfaltung seiner Persönlichkeit.

Seit 1978 gibt es den Bundesbeauftragten für den Datenschutz; er wird auf fünf Jahre vom Bundestag gewählt, er ist weisungsunabhängig, nur an das Gesetz gebunden. Die Hauptaufgabe des Bundesbeauftragten besteht darin, die Einhaltung des Datenschutzes bei den Bundesbehörden, anderen öffentlichen Stellen des Bundes und bei Post- und Tele*kommunikation*sunternehmen zu überwachen.

DDR, Deutsche Demokratische Republik, nach dem Ende des Zweiten *Weltkrieg*es wurde *Deutschland* 1945 von den Siegermächten USA, Sowjetunion, Großbritannien und Frankreich in vier Besatzungszonen und das besondere Gebiet Berlin aufgeteilt. Die höchste *Regierungs*gewalt übte der *Kontrollrat* aus, der sich aus Vertretern der vier Mächte zusammensetzte. Die Beschlüsse des Kontrollrats mussten einstimmig gefasst werden. Die geplante gemeinsame *Verwaltung* Deutschlands wurde jedoch sehr bald undurchführbar. Ursachen dafür waren außen*politisch*e Gegensätze, die unterschiedlichen *Wirtschafts*ordnungen und Meinungsverschiedenheiten zwischen der Sowjetunion und den drei Westmächten über die *Reparationen*, das heißt über die Schadenersatzleis-

D

tungen. Die Sowjetunion forderte, dass Deutschland über den Abbau von Fabrikanlagen hinaus die Reparationen auch aus der laufenden Gütererzeugung aufbringen sollte. Dagegen erklärten sich die Westmächte nur mit einem teilweisen Abbau von Maschinen und Fabrikanlagen einverstanden. 1948 verließen die Vertreter der Sowjetunion den Kontrollrat, der nun seine Aufgaben nicht mehr wahrnehmen konnte.

Deutschland zerfiel in zwei Teile: auf der einen Seite die drei Westzonen, die den drei Westmächten unterstanden, auf der anderen Seite die sowjetische Besatzungszone, SBZ, unter dem Einfluss der Sowjetunion. Siehe dazu *Ostblock und Westmächte, Berlin.*

1949, einen Monat nach der Gründung der *Bundesrepublik Deutschland*, wurde in der sowjetischen Besatzungszone die DDR gegründet.

Die DDR war ein Einheits*staat*: Verwaltung und Wirtschaft wurden von einer übergeordneten Zentrale aus geplant und gelenkt. Die übergeordnete Zentrale bildeten die Parteiführung der *SED*, der Sozialistischen Einheitspartei Deutschlands, und die von der SED bestimmte Regierung.

Der Aufbau der Wirtschaft in der DDR war vor allem durch die sehr hohen Reparationen an die Sowjetunion erschwert.

Neben der Planung waren *sozialistisch*e Eigentumsverhältnisse wichtigstes Merkmal der DDR-Wirtschaft: Die *Produktionsmittel*, das sind zum Beispiel Rohstoffe, Fabriken und Maschinen, waren Eigentum der *Gesellschaft*. Auch in der Landwirtschaft war das Privateigentum abgeschafft und in Form von landwirtschaftlichen Produktionsgenossenschaften, den *LPG*, in den Besitz von Gemeinschaften überführt worden. Siehe dazu *Sozialisierung*.

Regierung und *Parlament* der DDR hatten in Ost-Berlin ihren Sitz. Die Regierung der DDR hieß *Ministerrat*; er bestand aus 40 *Minister*n, geleitet wurde er vom Vorsitzenden des Ministerrats. Das Parlament, die Vertretung des *Volk*es der DDR, hieß *Volkskammer*. Oberste Vertretung der DDR nach außen war der *Staatsrat*.

Es gab in der DDR fünf *Partei*en. Neben der SED waren das die Christlich Demokratische Union, CDU, die Liberaldemokratische Partei Deutschlands, LDPD, die National-Demokratische Partei Deutschlands, NDPD, und die Demokratische Bauernpartei Deutschlands, DBD. Die führende Rolle der SED war jedoch von den anderen Parteien unbestritten. Alle wichtigen Staatsämter waren mit führenden Mitgliedern der SED besetzt. Das bedeutete, Staat und Partei waren eng verknüpft, und die SED bestimmte die Politik der DDR. Siehe dazu *SED*.

Alle Parteien und die Massen*organisation*en *FDGB*, der Freie Deutsche Gewerkschaftsbund, *FDJ*, die Freie Deutsche Jugend, DFD, der Demokratische Frauenbund Deutschlands, und der Kulturbund der DDR hatten sich zur *Nationalen Front* zusammengeschlossen.

Für die *Wahl*en zur Volkskammer stellte die Nationale Front Einheitslisten auf, in denen jedoch nur *Kandidat*en zur *Wahl* gestellt wurden, die Absichten und Ziele der SED verfolgten.

1968 beschloss die Volkskammer eine neue *Verfassung* für die DDR. Die Verfassung bestimmte die DDR als einen sozialistischen Staat, in dem die Werktätigen unter der Führung der SED den *Sozialismus* verwirklichen.

Im Oktober 1974 trat eine grundlegend veränderte Verfassung in Kraft. In ihr wurde für immer und unwiderruflich das Bündnis der DDR mit der Sowjetunion festgelegt. Die in der Verfassung von 1968 noch enthaltenen Hinweise auf den Bestand einer deutschen *Nation* und auf das Ziel einer Vereinigung beider deutscher Staaten wurden gestrichen.

1978 wurde in der DDR erster Widerstand laut gegen die Herrschaft der SED. Anlass war die Einführung eines so genannten Wehrkundeunterrichts in den oberen Klassen der Schulen. Dagegen lehnten sich zunächst viele Pfarrer auf, mit ihnen zusammen immer mehr junge Mitglieder der Kirchengemeinden. Unter dem Leitspruch ‹Schwerter zu Pflugscharen› bildeten sich in vielen Kirchengemeinden Friedenskreise, es gründeten sich *Bürgerrechtsbewegung*en. Vor allen Spitzel und hauptamtliche Mitarbeiter des *S*taats*s*icherheits*d*ienstes, *SSD*, beobachteten und verfolgten die Friedens- und Bürgerrechtsgruppen. Es kam zu Festnahmen; Veröffentlichungen in Kirchenzeitungen wurden staatlich überwacht.

Zu offenem Widerstand der Bevölkerung gegen Regierung und Partei kam es, als die Bürgerrechtsbewegungen herausfanden, dass die Gemeindewahlen im Mai 1989 ganz offensichtlich gefälscht worden waren. Ermutigt durch die politischen Veränderungen in der Sowjetunion, wo unter den Begriffen *Glasnost* und Perestroika den Bürgern mehr Mitsprache an politischen Entscheidungen versprochen worden war, gingen im September 1989 Hunderttausende von Bürgern in der DDR zu friedlichen *Demonstration*en auf die Straßen. Glasnost heißt auf Deutsch Offenheit und Öffentlichkeit, Perestroika bedeutet Umwandlung und Umbau. Die Demonstranten forderten zunächst Meinungs- und Versammlungsfreiheit, bald danach die Zulassung von *Opposition*sgruppen, freie Wahlen und Reisefreiheit. Als erste Widerstandsgruppe hatte sich das ‹Neue Forum› gegründet.

Die Forderung der Demonstranten, ungehindert und ohne weiteres aus der DDR ausreisen zu können, wurde dadurch verstärkt, dass Ungarn seine Grenze zu Österreich geöffnet hatte und Tausende von DDR-Bürgern diese nun freie Grenze als Fluchtweg aus der DDR benutzt hatten.

Das teilweise gewalttätige Vorgehen der so genannten Sicherheitskräfte gegen die Demonstranten, insbesondere in Leipzig, bewirkte weitere Massendemonstrationen in allen größeren Städten der DDR. Mit dem Ruf ‹Wir sind das Volk – keine Gewalt› entwickelte sich die Auflehnung der Bevölkerung zu einem gewaltlosen Aufstand.

Die Macht der SED brach zusammen. Die Ereignisse nahmen einen außerordentlich schnellen Verlauf: Ein neues Reisegesetz wurde veröffentlicht; die Regierung trat geschlossen zurück; am 9. November 1989 öffnete die DDR die Grenzübergänge zur Bundesrepublik und nach West-Berlin; die Volkskammer wählte einen neuen *Ministerpräsident*en; der Führungsanspruch der SED wurde aus der Verfassung der DDR ge-

D

5 Länder [= Bundesländer]

14 Bezirke [= Verwaltungsbezirke]

Der Staatsaufbau der DDR
(Aus: «Grundzüge der Sozialkunde». Frankfurt am Main [9]1972, Verlag Moritz Diesterweg)

strichen; alle Beschwichtigungsversuche der SED hatten keinen Erfolg: *Politbüro* und *Zentralkomitee* der SED traten zurück; die *Blockparteien* lösten sich aus der Nationalen Front; neue Parteien gründeten sich.

Anfang Dezember 1989 trafen sich zum ersten Mal Vertreter der ehemaligen Blockparteien, auch Mitglieder der Regierung, mit führenden Vertretern der Oppositionsgruppen an einem ‹Runden Tisch› zu Beratungen über die Zukunft der DDR. Der Runde Tisch empfahl die Abhaltung freier Wahlen im Mai 1990.

In Leipzig gingen die so genannten Montagsdemonstrationen weiter, zum ersten Mal war die Forderung nach einem vereinten Deutschland zu hören. Die SED beschloss auf einem außerordentlichen Parteitag eine Ergänzung ihres Parteinamens, dieser lautete jetzt ‹SED-Partei des demokratischen Sozialismus›. Später wird die Partei nur noch die ergänzte Bezeichnung behalten und sich ‹*P*artei des *D*emokratischen *S*ozialismus›, *PDS*, nennen.

Am 18. März fanden vorgezogene Volkskammer-Wahlen statt, für die einige der Bürgerbewegungen Wahlbündnisse eingingen. Es waren die ersten freien, allgemeinen, gleichen, direkten und geheimen Wahlen in der DDR. Einen unerwartet hohen Wahl-

sieg errang die ‹Allianz für Deutschland›, zu der sich die CDU und die neu gegründeten Parteien ‹*D*emokratischer *A*ufbruch›, DA, und die ‹*D*eutsche *S*oziale *U*nion›, DSU, zusammengeschlossen hatten. Hauptpunkt im *Programm* der *Allianz* war die Vereinigung der beiden deutschen Staaten.
Für die neue Regierung der DDR bildeten ‹Allianz für Deutschland›, die neu gegründete *S*ozialdemokratische *P*artei *D*eutschlands, *SPD*, und die Liberalen eine große *Koalition.* Die PDS erhielt einen Stimmenanteil von 16,4 Prozent, sie war in der Opposition.
Am 21. Juni 1990 beschloss die Volkskammer, sich der Bundesrepublik in einer Wirtschafts-, *Währung*s- und *Sozial*union anzuschließen. Das bedeutete zunächst einmal, dass ab 1. Juli 1990 die DM auch Zahlungsmittel in der DDR war und Löhne und Gehälter im Verhältnis 1:1 umgestellt wurden. Die Angleichung der staatlich gelenkten Wirtschaft in der DDR an die *Marktwirtschaft* in der Bundesrepublik stellte sich als sehr schwierig heraus. Es offenbarte sich, dass die Wirtschaft der DDR zerrüttet und einem Wettbewerb nicht gewachsen war. Dazu kam, dass zum Beispiel die *Infrastruktur*, Straßen unter anderem, Telefon-, Strom- und Wasserleitungen völlig heruntergekommen waren. Zahlreiche Häuser befanden sich in einem baufälligen Zustand. Selbstverständliche Maßnahmen des Umweltschutzes waren grob vernachlässigt worden.
Im Juli 1990 beschloss die Volkskammer, in der DDR wieder die Einteilung in Länder einzuführen. Das 108 174 Quadratkilometer große Gebiet der DDR war 1952 in 14 Bezirke gegliedert worden; Berlin galt als 15. Bezirk. Die DDR wurde jetzt in die fünf Länder Mecklenburg-Vorpommern, Brandenburg, Sachsen-Anhalt, Sachsen und Thüringen eingeteilt.
Am 12. September 1990 wurde zwischen der Bundesrepublik Deutschland, der DDR und den ehemaligen Siegermächten des 2. *Weltkrieg*s, USA, Sowjetunion, Großbritannien und Frankreich, der *Zwei-plus-vier-Vertrag* geschlossen. Der Vertrag bestimmt unter anderem, dass das vereinte Deutschland die volle *Souveränität* erhält. Souveränität bedeutet, dass ein Staat seine inneren und äußeren Angelegenheiten nach eigenem Ermessen entscheiden kann.
Am 20. September 1990 stimmte die Volkskammer über den *Vertrag zur deutschen Einheit* ab, der die Grundlage bildet für die Vereinigung der Bundesrepublik und der DDR zu einem deutschen Staat. Gegen den Vertrag stimmten die *Abgeordnete*n von ‹Bündnis 90›, der Grünen und der PDS.
Am 3. Oktober 1990 wurde die Vereinigung der Bundesrepublik und der DDR vollzogen; der 3. Oktober ist seitdem *‹Tag der Deutschen Einheit›* und gesetzlicher Feiertag. Am 2. Dezember 1990 fand die erste gesamtdeutsche *Bundestagswahl* statt.
Die ehemalige DDR war Mitglied im *Warschauer Pakt* und im *R*at für *g*egenseitige *W*irtschaftshilfe, *RGW.*
Siehe *Vertrag zur deutschen Einheit, Zwei-plus-vier-Vertrag*, auch *Berlin, Berlin-Abkommen, Parteien im Bundestag, Solidaritätszuschlag.*

Debatte nennt man eine Aussprache, die ein kleinerer oder größerer Kreis von Menschen mit unterschiedlichen oder gegensätzlichen Auffassungen führt. Als Debatten werden vor allem die Erörterungen der *Volk*svertreter in *Parlament*en bezeichnet.

de facto, de jure, de facto ist ein lateinischer Begriff und heißt tatsächlich. De jure, auch lateinisch, heißt ‹nach dem geltenden *Recht*› oder ‹von Rechts wegen›.
Beide Begriffe werden in der Regel gegenübergestellt, um einen Unterschied zu betonen: Verbraucher zum Beispiel, die sich einen Fernsehapparat auf Raten gekauft haben, verhalten sich de facto wie Eigentümer, obwohl sie de jure nicht Eigentümer sind, solange der Fernseher nicht voll bezahlt ist.

Defätismus heißt Miesmacherei oder Schwarzseherei. Ein Defätist ist ein Miesmacher, defätistisch heißt mies machend.
Die Begriffe werden im allgemeinen nur in Kriegszeiten benutzt: Ein Defätist sieht schwarz für die eigene Seite, das heißt, er glaubt nicht an einen Sieg oder Erfolg.

Defensive heißt Verteidigung oder Abwehr. Ein Defensivkrieg ist ein Verteidigungskrieg. Ein Mensch oder ein *Staat*, der sich defensiv verhält, greift nicht an – er verteidigt seine Interessen oder wehrt einen Angriff ab. Im Gegensatz dazu steht die *Offensive*, der Angriff.

Defizit ist ein Fehlbetrag oder ein Verlust.

de jure, siehe *de facto*.

Deklaration, eine Deklaration ist eine Erklärung. Die ‹Erklärung der *Menschenrechte*› in Amerika im Jahre 1776 zum Beispiel ist eine Deklaration *politisch*er Grundsätze.

Dekret, eine Verfügung oder einen Erlass, der von einer Behörde oder von einem Richter ausgeht, nennt man ein Dekret.

Delegation, eine Delegation ist eine Abordnung, Delegierte sind Abgesandte.
Eine Schulklasse zum Beispiel hat ein Problem, das sie der Schulleitung vortragen möchte. Es werden nun nicht alle Schüler der Klasse ins Vorzimmer des Direktors laufen: Die Klassengemeinschaft wählt zwei Schüler aus, die das Problem vor der Schulleitung vertreten. Die beiden Schüler bilden eine Delegation, sie sind Delegierte. Die Klasse überträgt den beiden Schülern die Vertretung der Klasse vor dem Direktor – sie delegiert die Rechte aller auf zwei. Genauso delegieren Interessengruppen oder *Staat*en ihre Vertreter zu Tagungen, Versammlungen oder *Konferenz*en.

Delikt nennt man jede Handlung, die gegen das geltende *Recht* verstößt. Ein Delikt kann ein Vergehen oder auch ein Verbrechen sein.

Demagoge, ein *Politik*er, der mit Unwahrheiten und Schmeicheleien, mit Versprechungen und Täuschungen versucht, Anhänger zu gewinnen, wird als Demagoge bezeichnet. Ein Demagoge ist ein *Volk*sverführer, der die Menschen aufwiegelt. Demagogie ist Volksverführung, demagogisch ist aufwieglerisch.

Demarche ist ein französisches Wort, das ohne deutsche Übersetzung ausschließlich in der Sprache der *Diplomatie* verwendet wird. In einer Demarche lässt eine *Regierung* durch ihren *Diplomat*en eine mündliche oder schriftliche Anfrage bei der Regierung eines anderen *Staat*es stellen. Die Bezeichnung Demarche wird vor allem dann angewendet, wenn in der Anfrage Beschwerden, Warnungen oder Forderungen vorgetragen werden.

Demarkationslinie, eine Demarkation ist eine Abgrenzung. Eine Demarkationslinie ist keine *Staat*sgrenze, sondern nur eine vorläufige Grenzziehung. Sie wird meist nach Kriegen als Abgrenzung zwischen zwei feindlichen Machtbereichen festgelegt. Bis zur Regelung durch einen Friedensvertrag einigen sich beide Seiten, die Demarkationslinie nicht zu überschreiten.

Dementi heißt Widerruf oder Richtigstellung. Dementis können in Zeitungen erscheinen: Eine vorher mit Absicht oder unabsichtlich falsch oder ungenau abgedruckte Nachricht wird richtiggestellt.
Dementis werden auch von *Politik*ern abgegeben: Meist dementieren Politiker Äußerungen, die ihnen von anderen unterstellt wurden. Es kommt auch vor, dass Politiker ihre eigenen Äußerungen dementieren müssen.

Demokratie heißt ‹Herrschaft des *Volkes*›.
Ein Beispiel aus dem Kreis der Familie: Eine sechsköpfige Familie will in den großen Ferien verreisen. Das ist eine Entscheidung, die alle Familienmitglieder betrifft. Wenn die Eltern Ziel und Dauer des Urlaubs nicht allein bestimmen, sondern die Kinder in die Beratung eingeschlossen werden, herrscht Demokratie in der Familie: Die Kinder, für die eine Entscheidung getroffen werden soll, bestimmen die Entscheidung mit. Eine der Grundlagen der Demokratie ist das Stimmrecht der Bürger. Außerdem ist Demokratie durch den Grundsatz der *Mehrheit* gekennzeichnet. Wieder auf die Familie bezogen: Es ist nicht möglich, dem Wunsch jedes Familienmitgliedes gerecht zu werden, die Familie muss sich auf einen Urlaubsort einigen. Der Kinderspruch ‹Mehrzahl siegt, Einzahl fliegt› gilt jedoch in demokratischen *Staat*en und Gruppen nicht. Grundsätzlich hat jede Minderheit die Möglichkeit, bei einer Abstimmung zur Mehrheit zu werden, wenn sie die Mehrheit der Bürger überzeugt, ihre Interessen besser zu vertreten. Deshalb gehört der Schutz der Minderheit, man kann auch sagen die Freiheit für alle, ebenso grundsätzlich zur Demokratie wie das Entscheidungsrecht der Mehrheit.
Die Millionen Einwohner eines Staates sind nicht wie eine Familie in einem Raum zu versammeln. Die Staatsbürger benutzen ihr Stimmrecht, um *Abgeordnete* zu wählen, die sie im *Parlament* vertreten und in ihrem Namen *Gesetze* beschließen. Jeder Bürger hat die Wahl zwischen den Vertretern zweier oder mehrerer Parteien, die unterschiedliche Interessen durchsetzen wollen. Die dritte Grundlage einer Demokratie

ist also die Freiheit der Entscheidung zwischen mehreren Angeboten.

Ein weiteres Merkmal der Demokratie ist die *Gewaltenteilung*. Die gesetzgebende Gewalt, das ist das Parlament, und die ausführende Gewalt, das sind *Regierung* und *Verwaltung*, und die *Rechtsprechung* sind voneinander getrennt und überwachen sich gegenseitig. Die Gewaltenteilung verhindert, dass die Staatsgewalt nur bei einer Person oder einer Gruppe von Personen liegt, die sie unter Umständen missbraucht.

Bedingungen einer Demokratie sind also: Stimmrecht, Mehrheitsbeschluss, Minderheitenschutz, Entscheidungsfreiheit und Gewaltenteilung. Verschiebt sich in einem Staat das Gleichgewicht zwischen diesen Grundsätzen, bis einer oder mehrere verloren gehen, ist es strittig, ob der Staat als Demokratie anzusprechen ist. Es gibt zum Beispiel Staaten, in denen die Entscheidungsfreiheit der Bürger zwischen mehreren Möglichkeiten eingeschränkt oder sogar unmöglich ist – trotzdem bezeichnen sich diese Staaten als Demokratien. Und es gibt Staaten, die sich Demokratien nennen, obwohl der entscheidende Einfluss in diesen Staaten nicht von der Mehrheit ausgeht, sondern von einigen wenigen und in deren Interesse.

Demokratie kann nur verwirklicht werden, wenn alle Bürger im Staat begreifen, dass sie selbst der Staat sind. Demokratie erfordert von jedem Bürger Mitarbeit, Mitverantwortung und die Bereitschaft, über das eigene Wohl hinaus am Wohl der Gemeinschaft mitzuwirken. Nicht alle Menschen sind dazu bereit und fähig.

Siehe auch *parlamentarische Demokratie, repräsentative Demokratie, Räterepublik, Mandat.*

Demonstration, eine Demonstration ist eine ‹öffentliche Kundgebung›. Mit einer Demonstration wollen Menschen andere Menschen auf etwas hinweisen: zum Beispiel auf ein *Gesetz*, das die *Regierung* plant. Eine Demonstration kann für oder gegen dieses Gesetz veranstaltet werden.

Auch Ereignisse in fremden *Staat*en können Anlass zu Demonstrationen sein.

Demonstranten versammeln sich auf großen, belebten Plätzen oder ziehen durch verkehrsreiche Straßen. Mit Sprechchören, Plakaten und Flugzetteln verkünden sie ihre Meinung.

In der *Bundesrepublik Deutschland* hat jeder das *Recht*, allein oder in Gruppen zu demonstrieren. Er muss allerdings bestimmte Gesetze beachten, zum Beispiel das Versammlungsgesetz und die Straßenverkehrsordnung.

Demoskopie heißt Meinungsforschung, Demoskopen sind Meinungsforscher.

Erforscht wird die Meinung der Bürger zu unterschiedlichen Fragen. Eine *Regierung* oder *Partei*en wollen zum Beispiel wissen, wie die Bürger wählen werden.

Meinungsforschungsinstitute werden beauftragt, die Frage an die Bürger zu stellen. Eine bestimmte Anzahl von Personen aus der Bevölkerung wird ausgewählt, weil man unmöglich alle Bürger fragen kann. Diese Gruppe muss einen Querschnitt durch die gesamte Bevölkerung darstellen. Die Befragten vertreten nach Alter, Beruf, Geschlecht, Schulbildung und Glaubensbekenntnis die Gesamtbevölkerung. Man nennt das eine repräsentative Stichprobe oder eine Repräsentativumfrage. Repräsentativ heißt stellvertretend und ‹eine Personenmenge nach Beschaffenheit und Zusammensetzung vertretend›. Die Auswahl der Stichprobe soll ein verkleinertes, aber wirklichkeitstreues Abbild der Gesamtbevölkerung liefern. Das Verfahren, sozusagen das Kleinbild auf das Großbild der gesamten Bevölkerung zu erweitern, heißt Hochrechnung.

denunzieren heißt anzeigen, im engeren Sinne mit der Bedeutung von anschwärzen. Wer einer Person oder einer Behörde eine falsche oder den Sachverhalt entstellende Anzeige macht, um damit einem Menschen zu schaden, der denunziert.
Der Anzeigende ist ein Denunziant, die Anzeige ist eine Denunziation.

Deportation ist die zwangsweise Umsiedlung von Menschen. Man kann Menschen innerhalb ihres Heimatlandes in ein fremdes Gebiet oder aus ihrem Heimatland in ein fremdes Land deportieren. Deportationen werden von *Regierung*en angeordnet und können sich gegen einzelne Menschen, manchmal auch gegen große Menschengruppen richten.

Deputation heißt Abordnung und Ausschuss. Als Bezeichnung für Abordnung wird das Wort heute kaum noch verwendet, meist wird das Wort *Delegation* benutzt.
In einigen Bundesländern werden die *Ausschüsse* Deputationen genannt: das sind Arbeitsgruppen, in denen *Abgeordnete* die *Gesetze* beraten, die anschließend im *Landtag* beschlossen werden. Die Abgeordneten können auch als Deputierte bezeichnet werden.

designieren heißt bezeichnen und ‹für ein Amt vorbestimmen›. Ein designierter *Minister* zum Beispiel ist eine Person, die für das Amt eines Ministers bestimmt worden ist.

Deutschland, ein einheitlicher *Staat* war Deutschland von 1871 bis 1945 als Deutsches Reich. Von 1871 bis 1918 war es ein Kaiserreich, seit 1918 eine *Republik*. Von 1933 bis 1945 herrschte der *Nationalsozialismus* in Deutschland.
1945, nach dem Ende des 2. *Weltkrieg*es, wurde Deutschland in vier Besatzungszonen aufgeteilt. 1949 entstanden zwei deutsche Staaten: die *Bundesrepublik Deutschland* und die *DDR*, die *D*eutsche *D*emokratische *R*epublik. Der Begriff Deutschland war nicht mehr gleichbedeutend mit einem deutschen Staat. 1990 fand die Vereinigung beider Staaten zu einem deutschen Staat statt. Siehe *Vertrag zur deutschen Einheit*.

Deutschland-Vertrag und Pariser Verträge, nach dem Ende des 2. *Weltkrieg*es wurde *Deutschland* 1945 in vier Besatzungszonen und das besondere Gebiet *Berlin* aufgeteilt. Deutschland und Berlin wurden von den Siegermächten USA, Sowjetunion, Großbritannien und Frankreich verwaltet.
Die *Rechte* der drei Westmächte USA, Großbritannien und Frankreich in den von ihnen besetzten Gebieten waren im Besatzungs*statut* niedergelegt.

D

1949 wurde die *Bundesrepublik Deutschland* gegründet: Die drei Westzonen bildeten einen *Staat*. Trotzdem galt das Besatzungsstatut weiter. Es schränkte die *Souveränität* der Bundesrepublik stark ein. Souveränität heißt ‹oberste Staatsgewalt›: Das bedeutet, ein Staat kann über seine inneren und äußeren Angelegenheiten nach eigenem Ermessen entscheiden.
1952 schlossen die Bundesrepublik, USA, Großbritannien und Frankreich den Deutschland- oder General-Vertrag, der das Besatzungsstatut ablösen und der Bundesrepublik Souveränität geben sollte. Dieser Vertrag sollte zusammen mit der *E*uropäischen *V*erteidigungs*g*emeinschaft, EVG, in Kraft treten. Die EVG scheiterte jedoch am Widerstand Frankreichs, und der Deutschland-Vertrag konnte nicht wirksam werden.
1954 unterzeichneten dann die USA, Großbritannien, Frankreich und die Bundesrepublik die Pariser Verträge, in die der Deutschland-Vertrag mit einbezogen wurde. Ein Teil der Pariser Verträge ist das ‹*Protokoll* über die Beendigung des Besatzungsregimes in der Bundesrepublik Deutschland›.
Mit der Unterzeichnung dieses Protokolls erhielt die Bundesrepublik eine eingeschränkte Souveränität: Die USA, Großbritannien und Frankreich verzichteten zwar auf die meisten ihrer *Rechte* als ehemalige Siegermächte, behielten sich jedoch bestimmte Einspruchsrechte vor.

Devisen sind ausländische Zahlungsmittel jeder Art: Wer zum Beispiel aus einem Urlaub in Großbritannien in seine Heimat zurückkommt und 100 Pfund Sterling mitbringt, der verfügt über Devisen. Fachleute verwenden den Begriff Sorten.

Dezentralisation, siehe *Zentralisierung*.

DGB ist die Abkürzung für ‹*D*eutscher *G*ewerkschafts*b*und›, in dem acht Einzelgewerkschaften in der *Bundesrepublik Deutschland* zusammengeschlossen sind.
Die *Gewerkschaften* sind Vereinigungen von Arbeitnehmern, die die Interessen der Arbeitnehmer gegenüber den Arbeitgebern und gegenüber dem *Staat* vertreten.
Der DGB wurde 1949 gegründet, er zählt 2004 rund 7,7 Millionen Mitglieder.
Die einzelnen Gewerkschaften sind nach *Wirtschaft*szweigen oder nach Berufsgruppen unterteilt: Die *Industrie*gewerkschaften Metall; Bergbau, Chemie, Energie; Bauen – Agrar – Umwelt; außerdem die Gewerkschaften ver.di; Transnet; Erziehung und Wissenschaft; Nahrung – Genuss – Gaststätten; Gewerkschaft der Polizei.
Siehe *IG*, *Gewerkschaften*.

Die Grünen sind seit 1992 im Bündnis 90/Die Grünen vertreten. Siehe *Parteien im Bundestag*.

Diktatur, die uneingeschränkte Herrschaft einer Person oder einer Gruppe von Personen über einen *Staat* wird als Diktatur bezeichnet.
In einem diktatorisch regierten Staat müssen alle Menschen tun, was die *Regierung* anordnet. Es gibt keine *Opposition*, das heißt, Gegner der Regierungs-

politik dürfen sich nicht in *Partei*en oder Verbänden zusammenschließen, sie dürfen ihre politische Meinung nicht äußern. Gibt es ein *Parlament*, so dürfen die *Abgeordnete*n dort keine Forderungen stellen, die von der Regierungspolitik abweichen. Es ist unmöglich, die Regierung durch eine *Mehrheit*sabstimmung abzusetzen. Die *Presse* darf nicht schreiben, was sie will, und die Menschen dürfen nicht sagen, was sie wollen. Das bedeutet, die wichtigsten politischen Freiheiten, die Presse- und die Meinungsfreiheit, sind in Diktaturen abgeschafft. In vielen Diktaturen kann die Regierung auch willkürlich Menschen einsperren oder töten lassen. Es ist für die Bürger unmöglich, vor Gericht gegen die Regierung *Recht* zu bekommen. Das bedeutet, die *Rechtsstaat*lichkeit ist aufgehoben.
Diktaturen können errichtet werden, um eine Notlage in einem Staat schnell zu überwinden. Häufig wird jedoch eine als Übergangsordnung geplante Diktatur zu einem Dauerzustand. Diktaturen können auch errichtet werden, um eine bestehende *Gesellschafts-* oder *Wirtschaft*sordnung in einem Staat mit Gewalt zu verteidigen. Oft haben Diktaturen nur diesen einzigen Beweggrund: Eine Gruppe von Personen oder ein Einzelner will uneingeschränkte politische Macht ausüben.

Diktatur des Proletariats, *Diktatur* ist die uneingeschränkte Herrschaft einer Person oder einer Gruppe von Personen über einen *Staat*.
Karl Marx, einer der Wegbereiter des *Kommunismus* im 19. Jahrhundert, bezeichnete als *Proletariat* die Arbeiterklasse: die Menschen in einem Staat, die keine *Produktionsmittel*, das heißt zum Beispiel keine Fabriken und Maschinen, besitzen. Sie müssen daher als sozusagen einzige Ware, über die sie verfügen, ihre Arbeitskraft an die Besitzer der Produktionsmittel verkaufen. Die Besitzer der Produktionsmittel, die Bürger, bezeichnete Marx als *Bourgeoisie*.
Die ‹Diktatur des Proletariats› erwartete Karl Marx als Übergangs- und Vorbereitungszeit zwischen der kapitalistischen und der kommunistischen *Gesellschaft*. In der kapitalistischen Gesellschaft herrscht nach Marx das besitzende Bürgertum über die Arbeiterklasse und beherrscht damit den Staat. In der kommunistischen Gesellschaft sollen alle Menschen nach ihren Fähigkeiten arbeiten und nach ihren Bedürfnissen versorgt werden: eine Gesellschaft, in der es keine *Klassen* mehr geben soll.
Die Diktatur des Proletariats wird nach Marx durch die *Revolution* der Arbeiterklasse gegen die bürgerliche Herrschaft errichtet, das heißt nach einem Umsturz der bestehenden Verhältnisse im Staat.
Siehe *Kommunismus*, *Marxismus*.

Diözese, die Diözese ist dasselbe wie ein Bistum: ein Bezirk der katholischen Kirche, der einem Bischof unterstellt ist.

Diplomat, Diplomatie, die Pflege der Beziehungen von *Staat*en untereinander wird als Diplomatie bezeichnet. Die Diplomatie ist eine bestimmte Form der Außen*politik* eines Staates: Es ist das gewaltlose Verfahren, mit einem Staat zu verkehren und zu verhandeln. In

jedem Staat gehört der diplomatische Dienst zum auswärtigen Dienst und untersteht dem Außen*ministerium.*
Ein Diplomat ist ein höherer Beamter des auswärtigen Dienstes, der im Auftrage seines Staates dessen außenpolitische Interessen wahrnimmt. Er kann Botschafter oder Gesandter bei einem anderen Staat, er kann Abgesandter eines Staates bei einer *international*en *Organisation* sein. Die *Vereinten Nationen* zum Beispiel sind eine internationale Organisation.
CD ist die Abkürzung für ‹*C*orps *D*iplomatique›, das ist französisch und heißt diplomatisches Korps. Alle Angehörigen diplomatischer Vertretungen im Ausland gehören zum diplomatischen Korps. Der Wortführer des diplomatischen Korps in einem Staat ist der Doyen.
Die Begriffe Diplomat, diplomatisch und Diplomatie werden auch im übertragenen Sinn angewendet auf Menschen, die sich auf die Behandlung anderer Menschen gut verstehen und die über eine überzeugende Verhandlungskunst verfügen.
Siehe auch *Exterritorialität, persona (non) grata.*

Direktmandat, siehe *Bundestagswahl.*

Dirigismus, dirigieren heißt lenken und leiten. Dirigismus ist ein Begriff aus der *Wirtschaft.*
Es gibt Eltern, die teilen ihren Kindern ein wöchentliches Taschengeld zu. Gleichzeitig bestimmen sie, was sich die Kinder davon kaufen dürfen. Man könnte das als Dirigismus bezeichnen. Dirigismus in der Wirtschaft bedeutet nämlich, dass der *Staat* die Herstellung und die Preise der Waren bestimmt.
Andere Eltern überlassen es ihren Kindern, wofür sie ihr Taschengeld ausgeben. Nur hin und wieder greifen sie bestimmend ein, weil die Kinder sich zum Beispiel zu viele Süßigkeiten kaufen. Hier könnte man von dirigistischen Maßnahmen sprechen. Dirigistische Maßnahmen in der Wirtschaft sind staatliche Eingriffe in eine sonst freie Wirtschaft. So kann der Staat zum Beispiel für eine gewisse Zeit anordnen, dass weder die Preise noch die Löhne steigen dürfen.
Siehe auch *Marktwirtschaft und Planwirtschaft.*

Disengagement ist ein englisches Wort, das ohne Übersetzung im Deutschen angewendet wird. Im *politisch*en Sprachgebrauch wird der Begriff im Sinne von *militärisch*em Auseinanderrücken benutzt: Um Streitigkeiten zwischen zwei *Staat*en zu vermeiden, werden die Truppen an der gemeinsamen Grenze verringert. Man nennt das auch Truppenverdünnung.
Der Begriff Disengagement wurde insbesondere im Zusammenhang mit den Auseinandersetzungen zwischen den Staaten der *NATO* und des *Warschauer Pakt*s verwendet.
Siehe auch *Ostblock und Westmächte, MBFR, START.*

Diskontsatz, wer Geld bei einer Bank leiht, muss Geld dafür zahlen: Das sind die Zinsen. Die Höhe der Zinsen ist der Zinssatz. Der Diskontsatz ist ein besonderer Zinssatz.
Ein Kaufmann hat kein bares Geld, um eine Ware zu bezahlen. Er nimmt

von dem Lieferanten einen Wechsel an, das ist eine Art Schuldschein. Der Kaufmann verpflichtet sich, das Geld an einem bestimmten Tag an den Lieferanten, den Inhaber des Wechsels, zu zahlen. Diesen Tag nennt man den Fälligkeitstag.
Der Lieferant kann den Wechsel vor dem Fälligkeitstag an eine Bank verkaufen. Die Bank gibt ihm für den Wechsel Geld und zieht einen bestimmten Zinsbetrag ab. Das ist der Diskont. Den Diskont behält die Bank, weil sie auf die Zahlung des Bargelds warten muss bis zum Fälligkeitstag. Dieser Diskont richtet sich nach einem von der Deutschen *Bundesbank* festgelegten Prozentsatz: Dieser Prozentsatz heißt der Diskontsatz.
Die Festsetzung des Diskontsatzes durch die Bundesbank ist maßgebend für den Diskont, den die Banken selbst zahlen müssen, wenn sie sich bei der Bundesbank Geld leihen. Deshalb ist der Diskontsatz die Grundlage für alle Zinssätze, die von den Banken für geliehenes Geld berechnet werden. Ein hoher Diskontsatz macht *Kredit*e, das heißt geliehenes Geld, teurer, ein niedriger Diskontsatz macht Kredite billiger.
Siehe *Bundesbank.*

Diskriminierung bezeichnet eine herabwürdigende und verächtlich machende Behandlung von Menschen. Menschen diskriminieren heißt Menschen abwerten.
Diskriminiert werden Menschen wegen ihrer Rasse, wegen ihrer Religion, wegen ihrer Herkunft oder auch nur, weil sie eine Minderheit in einem Lande sind.
Der Satz: «Du darfst mit dem Jungen nicht spielen, der wohnt doch dahinten in den Blocks ...» ist eine Form von Diskriminierung der Herkunft wegen.
Siehe *Minderheiten, Rassismus, Juden.*

Diskussion heißt Meinungsaustausch, Erörterung oder Aussprache. Wenn eine Gruppe von Menschen diskutiert, dann tauschen die Menschen ihre Meinungen zu einem Problem aus. In einer guten Diskussion lässt jeder jeden zu Worte kommen. In vielen Diskussionen sorgt ein so genannter Diskussionsleiter für einen geregelten Ablauf der Aussprache.

Dissens heißt Meinungsverschiedenheit oder Nichtübereinstimmung.

Dissident heißt Freidenker. Als Dissidenten werden Menschen bezeichnet, die außerhalb einer bestimmten Religion, Glaubensrichtung oder Kirchengemeinschaft stehen.
Im übertragenen Sinn werden auch Menschen als Dissidenten bezeichnet, deren Gedanken und Äußerungen von einer *politisch*en Linie abweichen, die für ihre Anhänger verpflichtend ist.

Doktrin, eine Doktrin ist eine Lehre, auch eine Lehrmeinung. Ein fester Standpunkt, den ein Politiker vertritt und als Richtlinie für eine bestimmte *Politik* der Zukunft aufstellt, wird auch als Doktrin bezeichnet.
Doktrinär heißt ‹auf eine Meinung festgelegt›, wird jedoch meist mit dem abfälligen Nebensinn von engstirnig und einseitig benutzt.
Siehe *Breschnew-Doktrin.*

Dokument, Dokumentation, ein Dokument ist eine Urkunde, ein Beweisstück. Eine Heiratsurkunde beweist, dass zwei Menschen geheiratet haben. Auch Vertragsurkunden werden als Dokumente bezeichnet.

Dokumente sind heute auch alle Unterlagen, die in einer Dokumentation gesammelt sind. In einer Dokumentation werden alle Veröffentlichungen eines Wissensgebietes zusammengefasst: Das sind neben Aufsätzen in Büchern und Zeitschriften auch die Ergebnisse von Fachtagungen, Filme, Fotos, Akten und Briefe. Eine Dokumentation zum Beispiel über die Vorschulerziehung in der *Bundesrepublik Deutschland* soll Studenten und Lehrer möglichst vollständig über dieses Gebiet unterrichten. Ein Dokumentarfilm zeigt im Gegensatz zum Spielfilm nicht eine ausgedachte Handlung, sondern tatsächlich ablaufendes Geschehen. Ein Dokumentarfilm sollte die Wahrheit zeigen. Es ist jedoch auch im Dokumentarfilm möglich, die Wahrheit zu verfälschen: Wichtige Begebenheiten werden weggelassen oder unwichtige betont.

Downing Street ist eine Straße in London, in der sich in Nr. 10 der Sitz des englischen Premier*ministers*, des Regierungschefs, befindet. Downing Street wird oft als Begriff für die englische *Regierung* verwendet.

dpa ist die Abkürzung für ‹Deutsche Presse-Agentur›, die führende Nachrichtenagentur der *Bundesrepublik Deutschland.*

Eine Nachrichtenagentur vermittelt Nachrichten aus aller Welt an Zeitungen, Rundfunk- und Fernsehsender. dpa wurde 1949 von Presseverlagen und Rundfunkanstalten gegründet.

Dreimeilenzone bezeichnet das Gebiet von drei Seemeilen (5,556 km) vor der Küste eines *Staat*es. Die Grenze der Dreimeilenzone war bis vor einigen Jahren die Grenze der meisten Staaten zur offenen See.

1982 erarbeitete die Seerechts*konferenz* der *Vereinten Nationen* den Entwurf einer neuen *international*en Seerechts*konvention.* Die wichtigsten Regelungen der Übereinkunft betreffen die Ausweitung des Hoheitsgebietes auf 12 Seemeilen, die freie Durchfahrt durch Meeresengen und die *Rechte* von Küstenstaaten auf die Ausbeutung von Bodenschätzen unter dem Meeresboden.

Die Übereinkunft konnte erst in Kraft treten, nachdem sie von mindestens 60 Staaten ratifiziert, das heißt, von deren *Parlament*en bestätigt war. 1994 trat das Seerechtsübereinkommen in Kraft, nachdem ihm 138 Staaten beigetreten waren, darunter die *Bundesrepublik Deutschland.*

Drittes Reich, die Bezeichnung ‹Drittes Reich› ist willkürlich aus der Geschichte *Deutschland*s abgeleitet.

Als erstes Reich in Deutschland wird nämlich das Heilige Römische Reich Deutscher *Nation* bezeichnet. Es war ein Kaiserreich und bestand von 962 bis 1806, als Franz II. die Kaiserkrone niederlegte.

Das zweite Reich – auch ein Kaiserreich – wurde 1871 gegründet, es bestand bis 1918.

Als Drittes Reich wird die Zeit von 1933 bis 1945 bezeichnet, in der in

Deutschland die *Diktatur* des Nationalsozialismus herrschte. Eine Diktatur ist eine Gewaltherrschaft eines einzelnen oder einer Gruppe in einem *Staat*. Siehe *Nationalsozialismus*.

Dritte Welt ist ein Begriff, mit dem die *Entwicklungsländer* in Asien, Afrika und Südamerika bezeichnet werden. Siehe *Entwicklungshilfe*, *Entwicklungsländer*, auch *blockfreie Staaten*.

dynamische Rente, siehe *Rente*.

E

Ecklohn, Arbeitnehmer sind in bestimmte Lohngruppen eingeteilt. Die Lohngruppen richten sich nach den Berufskenntnissen der Arbeitnehmer und nach den Anforderungen des Arbeitsplatzes. Es gibt ungelernte Arbeiter, angelernte, qualifizierte, das heißt bewährte angelernte, und es gibt Facharbeiter.
Facharbeiter verfügen über die besseren Kenntnisse und werden daher auch am höchsten bezahlt. Es gibt verschiedene Facharbeitergruppen: Maurer, Schlosser, Dreher, Schweißer und so weiter.
Der Ecklohn ist der tariflich, das heißt vertraglich festgelegte Stundenlohn für eine Gruppe von Facharbeitern, die nach abgeschlossener Ausbildung Berufsanfänger sind. Aus dem Ecklohn lassen sich die Löhne für die anderen Lohngruppen, also die Ungelernten, die Angelernten und die qualifizierten Angelernten, errechnen. Bei Lohnverhandlungen zwischen Arbeitnehmern und Arbeitgebern wird heute vielfach nur noch über die Festsetzung des Ecklohns verhandelt.
Siehe *Tarif*, auch *Gewerkschaften*.

effektiv heißt wirksam und ‹tatsächlich vorhanden›. Effekt heißt Wirkung.

EFTA ist die Abkürzung für ‹*E*uropean *F*ree *T*rade *A*ssociation›, deutsch auch als ‹Kleine Freihandelszone› bezeichnet. Zur EFTA schlossen sich 1960 in Stockholm Großbritannien, Dänemark, Schweden, Norwegen, Österreich, die Schweiz und Portugal zusammen.
EFTA wurde mit dem Ziel gegründet, durch Freihandel zwischen den Mitgliedsstaaten ihre Handelsinteressen gegenüber den *Staat*en zu schützen, die sich in der *E*uropäischen *W*irtschaftsgemeinschaft, EWG, vereinigt hatten. 1957 hatten sich die *Bundesrepublik Deutschland*, Frankreich, Italien, Belgien, Holland und Luxemburg zur EWG zusammengeschlossen. Siehe dazu Europäische Union, *EU*.
Freihandel bedeutet, dass die Ein- und Ausfuhr von Waren frei ist von Verboten und Beschränkungen. Eine Erschwernis im gegenseitigen Handel sind Einfuhrbeschränkungen, eine andere sind Zölle. Zölle sind Geldabgaben, die bei der Einfuhr von Waren aus anderen Ländern gezahlt werden müssen. Die Mitgliedsländer von EFTA beschlossen unter anderem, nach und nach die Zölle abzubauen.
Der kleinen Freihandelszone traten 1970 Island, 1985 Finnland bei.
Von den sieben Gründungsmitgliedern verließen 1973 Großbritannien

und Dänemark, 1986 Portugal die EFTA und traten der *E*uropäischen Gemeinschaft, EG, bei. 1995 wurden Österreich, Finnland und Schweden Mitglieder der Europäischen Union. Im Juni 1994 wurde in Helsinki die Auflösung der EFTA eingeleitet.
Siehe auch *Zoll.*

EG ist die Abkürzung für *E*uropäische Gemeinschaft, siehe *Europäische Union, EU.*

Einigungsvertrag, siehe *Vertrag zur deutschen Einheit.*

Einparteisystem, System heißt ‹geordneter Aufbau›.
In einem *Staat* mit Einparteisystem ist nur eine *Partei* zur *Wahl* für das *Parlament* zugelassen. Diese Partei wird auch als Staatspartei bezeichnet: Sie allein herrscht und räumt den Staatsbürgern, die im Gegensatz zu ihr stehen, keine Vertretung ein. Unter Umständen darf der Wähler aber zwischen mehreren *Kandidat*en, das heißt zwischen mehreren Bewerbern, der Staatspartei entscheiden. Der Wähler kann also frei darüber bestimmen, welche Person ihn im Parlament vertritt. Deshalb ist das Einparteisystem nicht grundsätzlich mit *Demokratie* unvereinbar, zu deren Grundlagen gehört, dass der Bürger die Freiheit der Entscheidung zwischen mehreren Angeboten hat.
In einigen *Volksdemokratie*n gibt es neben der Staatspartei noch andere Parteien: Sie haben jedoch keinen Einfluss, und sie schließen sich bei Wahlen mit der Staatspartei zu *Volksfront*en zusammen. Diese stellen so genannte Einheitslisten für die Wahl auf: Der Wähler hat dann keinen Einfluss darauf, wie viele *Abgeordnete* die einzelnen Parteien in das Parlament entsenden. Die erdrückende Mehrheit der Staatspartei bleibt immer gesichert. Siehe *Zwei- und Mehrparteiensystem.*

EKD ist die Abkürzung für ‹*E*vangelische *K*irche in *D*eutschland›, eine Gemeinschaft, in der die 23 Landeskirchen in der *Bundesrepublik Deutschland* zusammengeschlossen sind. Die Gliederung der evangelischen Kirche in Landeskirchen ist älter als die Gliederung der Bundesrepublik in *Bundesländer.*
Jede Landeskirche wird von einem Bischof vertreten. Der Rat der EKD besteht aus 15 Mitgliedern, von denen 14 Mitglieder von der *Synode* der EKD für die Dauer von sechs Jahren gewählt werden. Die Synode ist eine Art *Parlament.* Der Präses, das heißt der Vorsitzende der Synode ist auch Mitglied des Rates. Der Rat leitet die EKD und vertritt sie nach außen.
Die acht Landeskirchen in der *DDR* schlossen sich 1969 zum ‹*B*und der *E*vangelischen *K*irchen in der DDR›, BEK, zusammen und gehörten damit nicht mehr zur EKD. Nach der Vereinigung der Bundesrepublik und der DDR zu einem *Staat* Bundesrepublik Deutschland hat sich die BEK 1991 aufgelöst; die Landeskirchen in der ehemaligen DDR sind wieder Gliedkirchen der EKD.
Siehe *Synode.*

Élysée-Palast, seit dem Jahre 1878 Sitz des *Präsident*en der Französischen *Republik*, des französischen *Staatsoberhaupt*s.

Emanzipation heißt Verselbständigung, Gleichstellung.
Bei den Römern bedeutete Emanzipation, dass der Sohn aus der väterlichen Gewalt entlassen wurde, es geschah in gegenseitigem Einverständnis.
Heute bedeutet Emanzipation häufig, dass sich Menschen gegen den Willen anderer aus Abhängigkeit befreien, um selbständig zu werden.
In den letzten hundert Jahren haben vor allem die Frauen versucht, sich zu emanzipieren, das heißt sich unabhängig zu machen und gleichberechtigt zu werden. Jahrhundertelang haben sie in der Abhängigkeit von Männern gelebt. Sie durften zum Beispiel nicht wählen und nicht studieren. Außerhalb der Familie hatten sie so gut wie keine *Rechte*. Obwohl heute Frauen vieles erreichen können, was früher für sie unmöglich war, haben sie nach wie vor zum Beispiel in vielen Berufen um ihre volle Anerkennung zu kämpfen.

Embargo ist ein Verbot für die Einfuhr oder Ausfuhr bestimmter Waren.
Ein Embargo wird von der *Regierung* eines oder mehrerer *Staat*en erklärt, um die Zufuhr von Gütern in einen anderen oder in mehrere andere Staaten zu unterbinden.
Ein Verbot für die Ausfuhr von Waffen wird als Waffenembargo bezeichnet. Im Fall eines Krieges oder einer Auseinandersetzung kann ein Staat ein Embargo über die Krieg führenden Staaten verhängen: Er wahrt damit seine *Neutralität*, das heißt seine Unparteilichkeit, oder er verhindert die Stärkung eines der beiden Gegner. Um eine Ausfuhr zu verhindern, werden zum Beispiel in den eigenen Gewässern fremde und eigene Handelsschiffe zurückgehalten.

Emigration, emigrieren heißt auswandern. Emigranten sind Auswanderer, die aus *politisch*en, religiösen oder rassischen Gründen ihre Heimat verlassen. Eine Auswanderung aus diesen Gründen wird als Emigration bezeichnet.

Energiekrise, Energie bedeutet Kraft oder ‹die Fähigkeit, Arbeit zu leisten›.
Krise bedeutet Wende- und Höhepunkt oder Entscheidungssituation, auch Schwierigkeit.
Für Beleuchtung, Raumheizung, Verkehrsmaschinen und *Industrie* wird Energie benötigt, die aus verschiedenen Energiequellen gewonnen werden kann. Energiequellen sind unter anderen Sonne, Wasser, Wind, Ölschiefer, Bitumensand. Die bisher am meisten genutzten Quellen sind Kohle, Erdgas, Erdöl und Atomkraft.
Die Atomkraft ist wegen der bei ihrer Herstellung entstehenden lebensgefährdenden Radioaktivität als Energiegewinnungsmittel für die Zukunft umstritten. Siehe dazu *Kernenergie*.
Die Vorräte der Erde an Kohle, Erdgas und Erdöl sind, wenn auch bei weitem noch nicht erschöpft, so doch begrenzt. Die bisher erschlossenen Ölfelder liegen zu einem großen Teil im Bereich der Länder, die sich zur ‹Organisation Erdöl exportierender Länder›, *OPEC*, zusammengeschlossen haben. Dieser Zusammenschluss ermöglicht den beteiligten Ländern, zum Beispiel durch Erhöhung der Preise für Erdöl, auf alle Länder, die kein Erdöl besitzen, Druck auszuüben.
Der Begriff Energiekrise umfasst also

zwei Bereiche: die Sorge um die Abhängigkeit der Länder ohne Erdöl von den Erdöl besitzenden *Staat*en und die Sorge um die Ausnutzungsmöglichkeiten der bisher nicht genutzten Energiequellen, damit die Versorgung aller Länder mit Energie in der Zukunft gewährleistet ist, auch bei Versiegen der bisher genutzten Quellen.

Engagement ist ein französisches Wort und wird ohne Übersetzung im Deutschen angewendet.
Das Engagement eines Menschen bezeichnet seine innere Beteiligung an einer Sache oder seine Verbundenheit mit einem Menschen. Ein engagierter Mensch setzt sich für eine Sache oder für einen Menschen ein.
Auch ein *Staat* kann sich für etwas engagieren, kann Engagement zeigen. Er kann eine Idee vertreten und verbreiten, er kann einen anderen Staat verteidigen und ihm Beistand in einem Krieg leisten.
Engagement nennt man auch die Anstellung eines Schauspielers oder eines Sängers an einem Theater oder Opernhaus.

Enklave, Exklave, Enklave heißt Einschluss. Exklave heißt Ausschluss.
Eine Enklave ist ein Gebietsteil eines *Staat*es, das rundherum von dem *Staatsgebiet* eines fremden Staates umgeben ist. Der Teil ist eingeschlossen von fremdem Gebiet und räumlich getrennt von dem Staat, zu dem er gehört. Aus der Sicht des Staates, zu dem der Gebietsteil gehört, ist es eine Exklave.
Für Enklaven bestehen häufig besondere Vereinbarungen über den Zugang, über Post, *Währung* und *Zoll*.

Enquête heißt Untersuchung.
Eine Enquête wird von einer *Regierung* oder von einem *Parlament* in Auftrag gegeben. Untersucht werden kann zum Beispiel die Frage, welche Stellung die Frauen im *Staat* haben. Befragt werden sowohl Fachleute als auch die Beteiligten, in diesem Fall Frauen. Zweck einer Enquête ist es, viele einzelne Tatsachen und Meinungen zu einer Frage zu erhalten.

Entmilitarisierung ist der Abbau von *militärisch*en Einrichtungen aller Art: Kriegsschiffe und Kriegsflugzeuge werden zum Beispiel stillgelegt, die Truppen werden aufgelöst, das bedeutet, die Soldaten werden ‹nach Hause› geschickt.
Entmilitarisierung ist Teil einer *Abrüstung*, die auf Grund gegenseitiger Abmachungen vorgenommen oder die dem Verlierer eines Krieges vom Sieger aufgezwungen wird.
Eine entmilitarisierte Zone ist in der Regel ein Grenzgebiet zwischen zwei *Staat*en, das beide Seiten freihalten von Militär. Ein solches Grenzgebiet nennt man auch Pufferzone.
Siehe *MBFR*, *OSZE*.

Entwicklungshilfe, Entwicklungsländer, Entwicklungsländer werden auch unterentwickelte Länder und Länder der *‹Dritten Welt›* genannt: Es sind Länder in Afrika, Asien und Südamerika.
Viele dieser Länder sind ehemalige Kolonien. Eine Kolonie ist ein Land, das nicht von seinen Einwohnern selbst regiert wird, sondern meist von der *Regierung* eines *Staat*es in einem anderen Teil der Welt. Das bedeutet

unter anderem, dass diese Regierung und nicht die Einwohner der Kolonie selbst über die Gewinne bestimmen, die sich aus dem Abbau von Bodenschätzen und den Erträgen der Landwirtschaft ergeben. In den unterentwickelten Ländern leben die meisten Menschen von der Landwirtschaft, die jedoch geringe Erträge liefert. Die Rohstoffe der Entwicklungsländer müssen ausgeführt werden, weil es zu wenig einheimische Industrie gibt. Ziel der Entwicklungshilfe ist es meist, die *wirtschaftlich*en Zustände in den unterentwickelten Ländern zu verbessern. Dabei unterscheidet man Kapitalhilfe und technische Hilfe.

Kapitalhilfe ist jede Art von Unterstützung durch Geld: Das sind einmal Zuschüsse, die nicht zurückgezahlt werden müssen, zum anderen langfristige *Kredit*e, das heißt geliehenes Geld, das nach einiger Zeit zurückgezahlt werden soll. Das Geld wird verwendet, um *Industrie*anlagen zu bauen oder um landwirtschaftliche Erträge zu verbessern.

Technische Hilfe bedeutet, dass Fachleute, wie Krankenschwestern, Ingenieure, Facharbeiter und Lehrer, in die Entwicklungsländer geschickt werden, um die Einheimischen zu beraten und auszubilden.

Entwicklungshilfe leisten fast alle Industriestaaten, die *Europäische Union*, die Weltbank, vor allen die *Vereinten Nationen* über zahlreiche besondere *Organisation*en.

Die *Bundesrepublik Deutschland* gründete 1963 den *D*eutschen *E*ntwicklungs*d*ienst, DED, der Entwicklungshelfer nach Afrika, Asien und Südamerika schickt.

Die von der Bundesrepublik geleistete Entwicklungshilfe betrug 2003 3,7 Milliarden EURO.

Vor allem in den letzten Jahren ist die Entwicklungshilfe umstritten; bezweifelt wird, ob sie wirklich in erster Linie den unterentwickelten Ländern zugute kommt oder ob sie den wirtschaftlichen Interessen der Industrieländer dient. Unter anderem diese Zweifel trugen dazu bei, dass sich 1977 *Minister* der führenden Industrieländer und die von 16 Entwicklungsländern zum so genannten ‹Nord-Süd-Dialog› zusammensetzten. Diese Bezeichnung ergibt sich aus der Lage der beteiligten Länder: Die 30 Industrieländer liegen im Norden, die Entwicklungsländer vorwiegend im Süden der Erdkugel. Ein Dialog ist ein Wechsel- oder ein Zwiegespräch.

In diesem Gespräch kam es jedoch nur in einigen Fragen zu einer Einigung, so zum Beispiel bei der Erhöhung der öffentlichen Entwicklungshilfe durch die Industrieländer.

Um die Verständigung im Nord-Süd-Dialog zu verbessern, wurde im Herbst 1977 eine von den Regierungen unabhängige ‹Nord-Süd-*Kommission*› gegründet, die auch ‹Kommission für internationale Entwicklungsfragen› heißt. Dieser Kommission gehören führende *Politik*er und Wirtschaftsfachleute aus 7 Industrie- und 9 Entwicklungsländern an.

1980 schickte die Kommission einen Bericht an alle Mitgliedsstaaten der Vereinten Nationen, in dem die Kommission unter anderem eine erhebliche Steigerung der öffentlichen Entwicklungshilfe und angemessene Preise für die Erzeugnisse aus den

Entwicklungsländern forderte. Im September 2000 verpflichteten sich die UN-Mitgliedsstaaten in New York unter anderen auf folgende Ziele in der Entwicklungshilfe: die Beseitigung der höchsten Armut und des Hungers; die Verwirklichung einer allgemeinen Grundschulausbildung; die Senkung der Kinder- und Müttersterblichkeitsrate; Bekämpfung der Krankheiten Aids und Malaria; Senkung des Anteils der Menschen, die keinen Zugang zu sauberem Trinkwasser haben, und auf den Aufbau einer weltweiten Partnerschaft der Entwicklungshilfe.

Enzyklika, eine Enzyklika ist ein Rundschreiben des Papstes, das meist an die Bischöfe eines bestimmten Landes oder an alle Bischöfe gerichtet ist. In einer Enzyklika nimmt der Papst zu wichtigen religiösen, *sozial*en oder *politisch*en Fragen Stellung.
Enzykliken werden in der Regel in lateinischer Sprache geschrieben. Sie heißen nach ihren Anfangsworten. Es gibt zum Beispiel die Enzyklika ‹Pacem in terris›, das heißt ‹Frieden in der Welt›.

1. Mai, siehe *Internationale.*

Erststimme, siehe *Bundestagswahl.*

Eskalation heißt ‹stufenweise Steigerung›.
Wenn zum Beispiel ein *Staat* in einem Krieg immer schwerere Waffen einsetzt, nennt man das Eskalation.
Der Begriff wird auch auf die Zuspitzung einer *politisch*en Auseinandersetzung angewendet. Wenn eine anfangs ruhig geführte Erörterung zwischen Personen mit verschiedenen Standpunkten zu einem Streit wird, kann man sagen, sie eskaliert.

Establishment ist ein englisches Wort, das ohne Übersetzung im Deutschen verwendet wird. Der Begriff bezeichnet ganz allgemein diejenigen in einer *Gesellschaft*, die in gesicherten und aller Voraussicht nach ungefährdeten Verhältnissen leben. Sie werden auch als ‹die Etablierten› bezeichnet. Im engeren Sinn sind Menschen und Gruppen gemeint, die in wichtigen Bereichen einer Gesellschaft großen Einfluss haben oder Macht ausüben, zum Beispiel in *Politik* oder *Wirtschaft.*
‹Etablierte *Partei*en› sind solche, die schon lange bestehen, die fest gefügt sind und mit einem hohen Anteil an Wählerstimmen sicher rechnen können.
Für viele junge Menschen ist Establishment auch ein Schlagwort mit abwertender Bedeutung. Sie meinen damit diejenigen, die gegen neue Entwicklungen sind und ungestört das behalten wollen, was sie haben.
Siehe auch *konservativ.*

Etat ist die Bezeichnung für den Haushaltsplan eines Staates: Siehe *Haushaltsplan.*

Euratom ist die Abkürzung für die ‹*Euro*päische *Atom*gemeinschaft›, zu der sich 1958 Belgien, die *Bundesrepublik Deutschland*, Frankreich, Italien, Luxemburg und Holland zusammenschlossen. Euratom, auch EAG, ist eine der drei Europäischen Gemeinschaften.
Ziel von Euratom ist, Forschung und Entwicklung auf dem Gebiet der Atom-

kraft und der Sicherheit vor der schädlichen radioaktiven Strahlung aufeinander abzustimmen und zu fördern.
Man sagt für Atomkraft auch *Kernenergie*: Es ist die Energie, die bei der Spaltung eines Atomkerns frei wird. In der Physik heißt Energie ‹die Fähigkeit, Arbeit zu leisten›. Kernenergie kann genutzt werden, um zum Beispiel in einem Kraftwerk Elektrizität zu erzeugen.
Siehe auch *Kernenergie, nukleare Waffen, Internationale Atomenergie-Organisation, EU.*

EUREKA ist die Abkürzung für ‹*Eu*ropean *Re*search and *C*oordination *A*gency›, eine *Organisation* für europäische Zusammenarbeit in Forschung und Technik.
EUREKA wurde 1985 gegründet. An EUREKA beteiligt sind 2004 33 *Staat*en, darunter die Mitgliedstaaten der *Europäischen Union*, Island, Norwegen, Rumänien, Russische Föderation, Schweiz, Türkei und die Europäische Kommission.
Ziel von EUREKA ist, die Leistungskraft und Wettbewerbsfähigkeit der *Industrie*n in den Mitgliedsländern langfristig zu steigern. Dies soll durch eine gezielte Zusammenarbeit zwischen Unternehmen und Forschungseinrichtungen in den beteiligten Ländern erreicht werden.
EUREKA unterstützt Vorhaben und Planungen unter anderen aus den Fachgebieten Medizin, Biologie, Energie- und Umwelttechnik und Transport.
Die deutsche Mitarbeit in EUREKA liegt in der Verantwortung des Bundes*ministerium*s für Bildung und Forschung.

Europäische Gemeinschaft, EG, war bis 1993 die Bezeichnung für die Europäischen Gemeinschaften, siehe *Europäische Union, EU.*

Europäische Union, EU, ist seit Ende 1993 die Bezeichnung für die Europäischen Gemeinschaften, die bis dahin kurz als EG bezeichnet wurden. Eine Union ist ein Bündnis.
Drei Verträge zu den einzelnen Gemeinschaften stehen am Anfang des Bündnisses, geschlossen zwischen Frankreich, der *Bundesrepublik Deutschland*, Italien, Belgien, Luxemburg und den Niederlanden:
1951 die *E*uropäische *G*emeinschaft für *K*ohle und *S*tahl, EGKS, meist als Montanunion bezeichnet, mit dem Ziel, einen gemeinsamen Markt für Kohle, Stahl und Eisenerz zu schaffen, das heißt ohne Zölle und unter angeglichenen Preisen. Dieser Vertrag endete 2002.
1957 wurde die *E*uropäische *W*irtschafts*g*emeinschaft, EWG, gegründet mit dem Ziel, einen gemeinsamen Markt für Europa zu schaffen.
Im gleichen Jahr gründeten die sechs *Staat*en die *E*uropäische *A*tom*g*emeinschaft, EAG, meist als Euratom bezeichnet, mit dem Ziel der friedlichen Nutzung der *Kernenergie.*
Die beiden 1957 geschlossenen Verträge, die 1958 in Kraft traten, heißen die Römischen Verträge.
1967 wurden EGKS, EWG und EAG unter der Bezeichnung Europäische Gemeinschaften zusammengeschlossen.
1993 schlossen die Europäischen Gemeinschaften in Maastricht in den Niederlanden den Vertrag über die *E*uropäische *U*nion, EU. Seitdem ist die

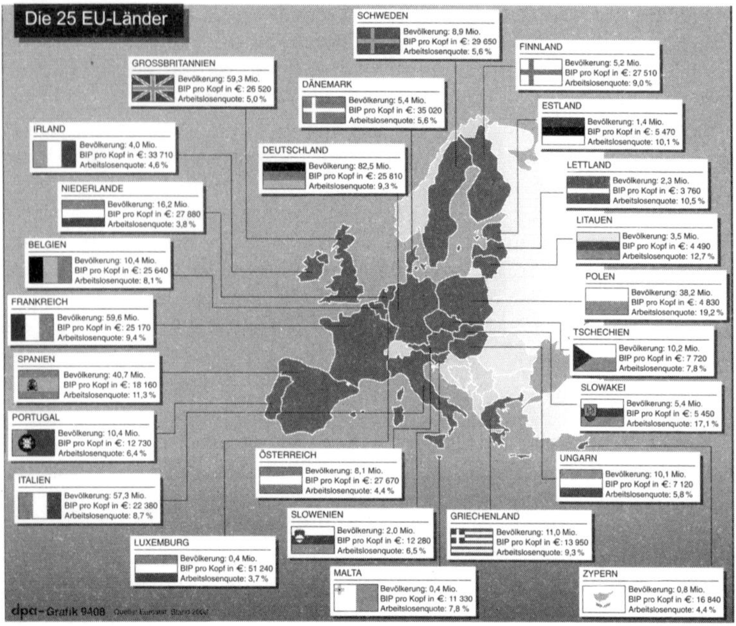

Osterweiterung

EWG in *E*uropäische *G*emeinschaft, EG, umbenannt.

Nach der Osterweiterung der EU am 1. Mai 2004 – bis dahin gehörten ihr nur westeuropäische Staaten an – gehören 25 Staaten zur Europäischen Union, das sind Belgien, Bundesrepublik Deutschland, Dänemark, Estland, Finnland, Frankreich, Griechenland, Großbritannien, Irland, Italien, Lettland, Litauen, Luxemburg, Malta, Niederlande, Österreich, Polen, Portugal, Schweden, Slowakische Republik, Slowenien, Spanien, Tschechische Republik, Ungarn und Zypern.

Mehrere Staaten schlossen sich der EU als assoziierte Mitglieder an. Das bedeutet, diese Staaten haben bestimmte Verbindungen zu der Gemeinschaft, ohne in ihren einzelnen Einrichtungen vertreten zu sein: die Türkei, Rumänien, Bulgarien. Alle diese Staaten sowie Kroatien haben Beitrittsgesuche an die EU gestellt.

Ziel der EU ist ein engerer *wirtschaftlich*er und *politisch*er Zusammenschluss der europäischen Staaten. Ein wichtiger Schritt innerhalb dieser Zielsetzung ist der Vertrag über die Europäische Union, der Vertrag von Maastricht, der Ende 1993 in Kraft trat.

Dieser Vertrag ist die Grundlage für die Wirtschafts- und *Währungs*union in der Europäischen Union, innerhalb deren am 1. Januar 2002 in 12 der Mitgliedsstaaten der EURO als gemeinsame Währung eingeführt wurde: in Belgien, Deutschland, Finnland, Frankreich, Griechenland, Irland, Italien, Luxemburg, Niederlande, Österreich, Portugal und Spanien. Im Vertrag von Maastricht wurde auch die Gründung der *E*uropäischen *Z*entral*b*ank, EZB, beschlossen, die 1998 in Frankfurt am Main eingerichtet wurde.

Gemeinsam mit den Zentralbanken der EU-Staaten verfolgt die EZB vorrangig das Ziel, die Stabilität, das heißt die Beständigkeit der Preise zu gewährleisten. Aufgaben der EZB sind unter anderen, die Geld*politik* der Staaten der EU festzulegen und auszuführen und den reibungslosen Zahlungsverkehr der Staaten untereinander zu fördern. Nur die Europäische Zentralbank genehmigt, wie viel Banknoten in den Mitgliedsstaaten der EU ausgegeben werden und im Umlauf sind.

Im Mittelpunkt der Wirtschaftsunion der europäischen Staaten steht der Europäische Binnenmarkt, der bereits weitgehend verwirklicht wurde.

Ein Binnenmarkt ist ein inländischer Markt, zum Beispiel der Frankreichs oder der Deutschlands. Die Merkmale eines Binnenmarktes – dass jeder Mensch überall und ohne weiteres arbeiten, verreisen, Handel treiben und Geschäfte abschließen kann – gelten auch auf dem europäischen Binnenmarkt. Die Wirtschaftsfachleute sprechen dabei von den vier Freiheiten, nämlich unbegrenzte Freiheit des Personen-, des Waren-, des Dienstleistungs- und des Kapitalverkehrs.

Das heißt unter anderem, dass es keine Grenzkontrollen für Reisende mehr gibt, dass sich ein Zahnarzt aus Lüdenscheid in Nantes niederlässt, dass eine britische Versicherungsgesellschaft ihre Leistungen auch in Madrid anbietet und dass ein Geschäftsmann sein Geld in dem Land anlegt, wo er höhere Zinsen bekommt als zu Hause.

Vieles wurde auf dem Weg zu einem gemeinsamen Binnenmarkt schon erreicht: Ein Großteil der Zölle und Einfuhrbeschränkungen wurde abgebaut, die *Freizügigkeit* der Arbeitnehmer ist gewährleistet, es wird versucht, die Preise in der Landwirtschaft einheitlich zu regeln.

Die Verhandlungen und Beratungen zwischen den Vertretern der einzelnen Staaten in der Gemeinschaft waren und sind oft langwierig und schwierig, weil die gemeinsamen Vorteile eines unbegrenzten Binnenmarktes häufig im Widerspruch stehen zu dem Schutz eigener Interessen.

Für die zehn Staaten, die 2004 Mitglieder der EU wurden, gelten hinsichtlich der Freiheit des Personen-, Waren-, Dienstleistungs- und Kapitalverkehrs unterschiedliche Einschränkungen. Auch der EURO wird nicht sofort Zahlungsmittel in diesen Ländern; die neuen Mitglieder müssen zwei Jahre lang einen festen Wechselkurs ihrer Währung, das heißt ihres Geldes zum EURO einhalten. Der Vertrag von Maastricht bestimmt außerdem den Zusammenschluss der Mitgliedsstaaten in anderen Bereichen, zum Beispiel der Außen- und Sicherheitspolitik und die Zusammenarbeit in der Innen- und *Recht*spolitik.

1999 wurde in Amsterdam ein weiterer Vertrag geschlossen. Unter anderen werden bestimmte Ziele einer gemeinsamen Außen- und Sicherheitspolitik bestimmt, wozu auch die schrittweise Festlegung einer gemeinsamen Verteidigungspolitik gehört.

Im gleichen Vertrag vereinbarten die Mitgliedsstaaten auch die verstärkte Zusammenarbeit von Polizei-, *Zoll-* und *Gerichts*behörden, bei der Verhütung und Bekämpfung von *Rassismus* und Fremdenfeindlichkeit zum Beispiel, von Terrorismus, Menschenhandel, Straftaten an Kindern, Drogen- und Waffenhandel.

Die Mitgliedsländer der EU zählen 2004 über 450 Millionen Einwohner; die EU hatte 2002 einen Anteil von knapp 40 Prozent am Welthandel.

Die drei Europäischen Gemeinschaften in der EU haben unter anderen die folgenden gemeinsamen Einrichtungen: Die Europäische *Kommission*, auch EU-Kommission, besteht seit November 2004 aus 25 Mitgliedern. Sie werden von den *Regierung*en der Mitgliedsstaaten für fünf Jahre ernannt, sind jedoch an Weisungen ihrer Regierungen nicht gebunden. Die Aufgaben der Kommission sind vor allen, Vorschläge für die *Gesetzgebung* der Gemeinschaft auszuarbeiten und die Beschlüsse des EU-Ministerrats auszuführen. Die Kommission erlässt die entsprechenden Verordnungen.

Der Rat der Europäischen Union, auch als EU-*Ministerrat* oder kurz Rat bezeichnet, setzt sich aus 25 *Minister*n der Regierungen der Mitgliedsstaaten zusammen. Die Minister können im Rat die Interessen ihrer Staaten geltend machen. Der Rat erlässt Verordnungen, in der Regel auf Grund von Vorschlägen der Kommission. Verordnungen des Rates gelten in den Mitgliedsstaaten wie *Gesetze*. Der Rat beschließt außerdem Richtlinien, nach denen die einzelnen Mitgliedsstaaten verpflichtet sind, in ihren Ländern bestimmte Gesetze zu erlassen. In bestimmter Reihenfolge führen die Mitgliedsstaaten für jeweils sechs Monate den Vorsitz im Rat.

Die Arbeit des EU-Rates wird durch einen Generalsekretär unterstützt, der vom Rat für jeweils fünf Jahre ernannt wird.

Im *E*uropäischen *R*at, ER, – nicht zu verwechseln mit dem oben genannten EU-Ministerrat – treten die Staats- und Regierungschefs der Mitgliedsstaaten zu Gipfel*konferenz*en zusammen, auf denen Beschlüsse zu grundsätzlichen Fragen der EU gefasst werden.

Das Europäische *Parlament*, EP, wird seit 1979 alle fünf Jahre unmittelbar von den Bürgern der Mitgliedsländer gewählt; es besteht 2004 aus 732 *Abgeordnete*n. Das Europäische Parlament beaufsichtigt Rat und Kommission. Es hat das *Recht*, Abänderungen zu Vorschlägen der Kommission einzubringen; seine Befugnisse in der Gesetzgebung wurden im Laufe der Zeit erweitert und gestärkt. Der Rat muss die Zustimmung des Parlaments einholen, wenn wichtige internationale Abkommen wie zum Beispiel Beitrittsabkommen verhandelt werden oder in einem Mitgliedsstaat eine schwerwiegende und anhaltende Verletzung der *Menschenrechte* und Grundfreiheiten festgestellt wird.

Zwei weitere gemeinsame Einrichtungen der EU sind der Europäische Gerichtshof, der vor allem zuständig ist für Streitigkeiten zwischen den Mitgliedsstaaten, und der Europäische Rechnungshof, der alle Einnahmen und Ausgaben der EU überprüft.

Eine besondere Einrichtung der Europäischen Union ist der EU-Konvent.

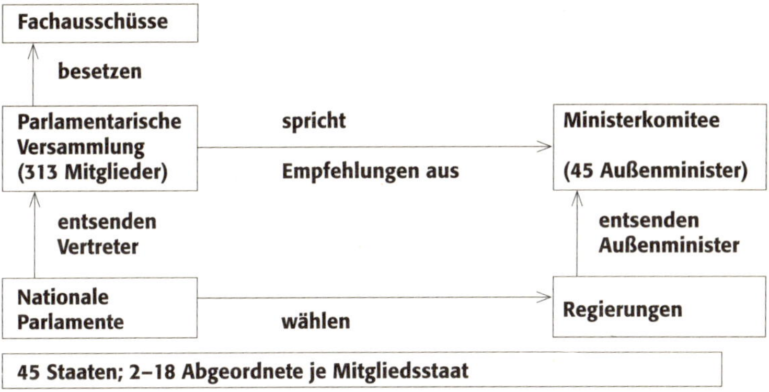

Der Aufbau des Europarats

Ein Konvent ist eine Versammlung. Der EU-Konvent trat im Februar 2002 zum ersten Mal zusammen, um eine *Verfassung* für Europa zu erarbeiten. Eine Verfassung ist die Grundordnung eines Staates, in diesem Fall einer Staatengemeinschaft. Diese Verfassung soll vor allem die Handlungsfähigkeit der EU verbessern und den Handel innerhalb der EU sowie die Tätigkeiten ihrer Einrichtungen transparenter, das heißt durchschaubarer machen. 2003 legte der Konvent den Entwurf für die geplante Verfassung vor. 2004 stimmten die Staats- und Regierungschefs ihr zu; sie muss in den einzelnen Staaten der EU in den Parlamenten oder in Volksabstimmungen ratifiziert, das heißt bestätigt werden.
Die englische Bezeichnung für EU ist ‹*E*uropean *U*nion›, die französische ist ‹*U*nion *E*uropéenne›.
Siehe *Ostblock und Westmächte*, auch *RGW*, *Warschauer Pakt*, *NATO*.

Europäische Zentralbank (EZB) siehe *Europäische Union*.

Europäischer Binnenmarkt, siehe *Europäische Union, EU*.

Europa-Parlament, Europäisches Parlament, siehe *Europäische Union*.

Europarat, 1949 wurde in London der Europarat gegründet, ein Zusammenschluss von zehn west- und nordeuropäischen *Staat*en. 2004 gehören 45 Staaten zum Europarat. Die *Bundesrepublik Deutschland* ist seit 1951 Mitglied des Rates.
Infolge der grundlegenden *politisch*en Veränderungen in der ehemaligen Sowjetunion und den Staaten Osteuropas sind seit 1990 auch zahlreiche osteuropäische Staaten Mitglieder des Europarates, unter anderen Ungarn, Polen, Bulgarien, Rumänien, Russland, Lettland und Kroatien.
Ziel des Europarates ist, alle gleichgesinnten Völker Europas dauerhaft zusammenzuschließen. Gemeinsam soll der Gedanke der *Demokratie* gesichert, europäische *Kultur* gewahrt und die Zusammenarbeit in *wirtschaftlich*en,

sozialen, wissenschaftlichen und rechtlichen Angelegenheiten gefördert werden.
Der Europarat hat bisher 189 wichtige *Konvention*en, das sind Übereinkünfte, getroffen, unter anderen auf den Gebieten der *Menschenrechte*, des Umwelt- und *Datenschutz*es und der *Minderheiten.* Die bekannteste Konvention ist die «Europäische Konvention zum Schutz der Menschenrechte und Grundfreiheiten» von 1950. Werden diese *Rechte* verletzt, können Bürger der Mitgliedsstaaten zunächst die «Europäische *Kommission* für Menschenrechte» und dann den «Europäischen Gerichtshof für Menschenrechte» anrufen.
Siehe *Ostblock und Westmächte.*

Evakuierung ist die Räumung einer Stadt oder eines Gebietes von der Bevölkerung. Evakuierungen werden meist aus Sicherheitsgründen vorgenommen: Wenn zum Beispiel in einem bestimmten Gebiet eine Überschwemmung bevorsteht oder einer Stadt eine Bombardierung droht, werden vor allem Kinder, Frauen und alte Menschen aus den betroffenen Gebieten entfernt, das heißt evakuiert.

Evolution heißt ‹stetige Entwicklung›. Angewendet auf das Zusammenleben der Menschen bedeutet Evolution, dass die Verhältnisse, unter denen Menschen in einem *Staat* zusammen leben, allmählich und ohne Gewalt verändert werden.
Im Gegensatz dazu steht die *Revolution*: Es ist die plötzliche Umwälzung der *politisch*en Verhältnisse, die in den meisten Fällen mit Gewalt vor sich geht.

EWG, siehe *Europäische Union, EU.*

Exekution ist eine Hinrichtung, die Vollstreckung eines Todesurteils.

Exekutive, exekutiv heißt ausführend. Als Exekutive wird in einem *Staat* die ausführende oder vollziehende Gewalt bezeichnet, das sind die *Regierung* und die *Verwaltung.*
Die Regierung ist die Leitung eines Staates. Sie leitet den Staat mit Hilfe der Verwaltung, das sind Ministerien und andere Behörden, wie Finanzämter und die Polizei. Die Exekutive in einem Staat ist zu unterscheiden von der *Legislative*, das ist die *Gesetzgebung*, und von der richterlichen Gewalt, das sind die *Gerichte.*
Siehe *Gewaltenteilung.*

Exil ist ein unfreiwilliger Aufenthalt im Ausland. Wer im Exil lebt, ist aus seinem Heimatland vertrieben oder verbannt worden, oder er ist aus seiner Heimat geflüchtet.

Existenzminimum, Existenz heißt Dasein und Lebensunterhalt. Minimum heißt Mindestmaß. Das Existenzminimum erlaubt einem Menschen, sein Leben zu erhalten, es verbietet ihm Ausgaben, die über die zum Leben notwendigen Bedürfnisse hinausgehen.

Exklave, siehe *Enklave.*

Expansion heißt Ausdehnung oder Ausbreitung. Expansiv heißt ‹sich ausdehnend›.

Experte heißt Sachverständiger. Ein

Experte zum Beispiel auf dem Gebiet der Vorschulerziehung kann ein Lehrer sein, der neben seinem Wissen über Schulerziehung über besondere Kenntnisse in der vorschulischen Erziehung verfügt.

Export ist die Ausfuhr von Waren ins Ausland. Aus der *Bundesrepublik Deutschland* werden zum Beispiel Maschinen, chemische Erzeugnisse, Eisen und Stahl exportiert, das heißt ausgeführt.
Siehe auch *Import.*

exterritorial heißt so viel wie ‹ausgenommen vom *Staatsgebiet*› und ‹weitgehend nicht den inländischen *Gesetz*en unterworfen›.
Exterritorial sind ausländische *Diplomat*en und ihre Angehörigen, ihre Wohnungen und Amtsräume, das heißt die Botschaftsgebäude. Das bedeutet, Diplomaten können nicht verhaftet werden, ihre Wohnungen und Amtsräume dürfen von der Polizei des Gastlandes nicht betreten oder durchsucht werden.

Extremist, extrem heißt äußerst, ‹am äußersten Punkt› und übertrieben. Ein Extremist ist ein Mensch, der keine Zugeständnisse macht oder der übertriebene Forderungen stellt.

Extremistenerlass, als Extremisten-, Ministerpräsidenten- oder auch Radikalenerlass wird ein Beschluss der *Ministerpräsident*en der *Bundesländer* und des *Bundeskanzler*s vom Januar 1972 bezeichnet.
Ein Extremist ist ein Mensch, der keine Zugeständnisse macht oder der übertriebene Forderungen stellt. *Radikal* heißt ‹an die Wurzel gehend›, auch gründlich und unbedingt. Der Extremistenerlass besagt, dass kein Bewerber in den *öffentlichen Dienst* übernommen und kein Beamter behalten werden sollte, der – wie es heißt – ‹verfassungsfeindliche Aktivitäten entwickelt›. Das kann zum Beispiel bedeuten, dass Studenten, deren Tätigkeit in einer *politischen* Gruppe oder *Partei* gegen das *Grundgesetz* verstößt, nicht Lehrer oder Richter werden können. Der Erlass richtet sich gegen Mitglieder *links- und rechts*radikaler Parteien. Seine Auslegung und Anwendung durch die Behörden der einzelnen Bundesländer ist uneinheitlich.
Das Grundgesetz ist die *Verfassung* der *Bundesrepublik Deutschland.* Eine Verfassung bestimmt unter anderem, welche Rechte jeder Bürger hat, welche Aufgaben und Befugnisse *Parlament* und *Regierung* haben und wie sie aufgebaut sind.

F

Fanatismus, fanatisch heißt eifernd oder unduldsam.
Ein Fanatiker setzt sich für eine Sache rücksichtslos ein, er ist ein Eiferer. Fanatisieren heißt aufhetzen und ‹zu blindgläubigem Handeln treiben›. Fanatismus ist ‹leidenschaftlicher, blinder Eifer› oder Besessenheit.

Faschismus war zuerst die Bezeichnung für eine *politische* Bewegung in Italien, die von Benito Mussolini begründet wurde. Er übernahm 1922 die

Macht und errichtete eine *Diktatur*. Mussolini und seine faschistische *Partei* herrschten mit uneingeschränkter Gewalt. 1943 wurde Mussolini gestürzt. Unter *Neo*faschisten versteht man Anhänger des Faschismus in Italien nach der Zeit Mussolinis.

Seit der Herrschaft des Faschismus in Italien ist Faschismus überall auf der Welt die Bezeichnung für eine bestimmte politische Haltung oder Bewegung. Folgende Merkmale unter anderen kennzeichnen den Faschismus:

Die Führung der Bewegung liegt bei einer Person oder Gruppe, die keinen Widerspruch duldet. Übernimmt eine solche Bewegung die *Regierung*, errichtet sie eine Diktatur. Gehorsam des *Volk*es wird dann notfalls mit Gewalt erzwungen.

Nationalistische Gefühle werden entfacht, das bedeutet, die Menschen werden aufgewiegelt, Eigenschaften und Errungenschaften des eigenen Volkes zu überschätzen und andere Völker gering zu achten.

Der Faschismus ist bestrebt, Herrschaft über andere *Staat*en auszuüben. Eine der Voraussetzungen für eine solche Vorherrschaft ist das *Militär*. Im Faschismus genießen Militär und militärähnliche *Organisation*en besondere Vorrechte.

Faschistoid ist ein Schlagwort, es heißt ‹mit Gedanken oder Plänen des Faschismus durchsetzt›.

Siehe auch *Nationalsozialismus*.

FDGB ist die Abkürzung für den ‹*F*reien *D*eutschen *G*ewerkschafts*b*und›, in dem 15 Industriegewerkschaften in der ehemaligen *DDR* zusammengeschlossen waren.

Anders als der *DGB*, der *D*eutsche *G*ewerkschafts*b*und in der *Bundesrepublik Deutschland*, stellte der FDGB keine unabhängige Vertretung der Interessen der Arbeitnehmer in der DDR dar: Er setzte vor allen die Ziele der *SED*, der *S*ozialistischen *E*inheitspartei *D*eutschlands, durch. Nur im Rahmen dieser Ziele trat er für die Wünsche der Arbeitnehmer ein. Der FDGB war damit ein verlängerter Arm der *Partei* und der *Regierung* in der DDR.

Der FDGB hat sich im September 1990 aufgelöst, ein Teil seiner Mitglieder trat in die Einzel*gewerkschaften* des DGB ein.

Siehe *Gewerkschaften*.

FDJ ist die Abkürzung für ‹*F*reie *D*eutsche *J*ugend›, das war die größte Jugendorganisation in der ehemaligen *DDR*. Eine *Organisation* ist ein ‹Zusammenschluss von Menschen zur Bewältigung einer Aufgabe›.

Die FDJ wurde 1946 gegründet, sie zählte etwa zwei Millionen Mitglieder. Das bedeutete, dass in der DDR mehr als 60 Prozent aller Jugendlichen zwischen 14 und 25 Jahren in der FDJ waren. Die Kinderorganisation in der DDR hieß ‹Pionierorganisation Ernst Thälmann›, in ihr waren rund 90 Prozent der Kinder zwischen 6 und 14 Jahre Mitglieder. Während sich die Kinderorganisation 1990 auflöste, besteht die FDJ unter der neuen Bezeichnung fdj weiter.

Siehe auch *SED*.

FDP, siehe *Parteien im Bundestag*.

Finanzen heißt Geldwesen, Geldbesitz und Vermögensverhältnisse. Finanziell heißt geldlich, finanzie-

ren heißt ‹eine geldliche Grundlage schaffen›.
Wenn in einer Familie oder in einem *Staat* die Finanzen nicht in Ordnung sind, dann ist zu wenig oder kein Geld vorhanden.
Das Wort Finanzen wird hauptsächlich für die öffentlichen Finanzen verwendet, das sind die Einnahmen und Ausgaben eines Staates. Die Entscheidung über die öffentlichen Finanzen hat in erster Linie das *Parlament*: Dort wird beschlossen, wie viel *Steuern* der einzelne Bürger zahlen muss und welche Ausgaben damit finanziert werden.
Die Verwaltung der öffentlichen Finanzen ist Aufgabe der Finanzbehörden, das sind in der *Bundesrepublik Deutschland* das Bundes*ministerium* der Finanzen, die Finanzämter und die *Zoll*ämter.
Als Finanzausgleich wird in der Bundesrepublik die Aufteilung der Steuern auf Bund, Länder und Gemeinden bezeichnet, Änderungen dieser Aufteilung ergeben immer schwierige Verhandlungen zwischen der *Bundesregierung* und den *Regierung*en der *Bundesländer.*
Es gibt auch den Finanzausgleich zwischen Bundesländern: Ein reiches Bundesland wie zum Beispiel Nordrhein-Westfalen gewährt unter Umständen leistungsschwachen Ländern finanzielle Unterstützung.
Das Recht von Bund und Ländern, Steuern festzulegen und Ausgaben zu bestimmen, nennt man Finanzhoheit.
Siehe *Bund und Länder.*

Fiskus heißt Staatskasse oder Staatsvermögen.
Im weiteren Sinn bezeichnet man auch den *Staat* als Fiskus, nämlich als den Besitzer des staatlichen Vermögens.
Siehe auch *öffentliche Hand.*

flexible Altersgrenze, siehe *Rente.*

Föderalismus, eine Föderation ist ein Bund von *Staat*en, zum Beispiel ein *Bundesstaat.*
Ein Bundesstaat ist eine Vereinigung von selbständigen Gliedstaaten zu einem Bund. Die *Regierung* des Bundes übernimmt für die einzelnen Gliedstaaten bestimmte Aufgaben und *Rechte.*
Föderativ heißt bundesstaatlich. Föderalismus bezeichnet einen bestimmten Aufbau eines Bundesstaates: Die Gliedstaaten behalten viele Aufgaben, die sie selbständig und in eigener Verantwortung erledigen. Der Föderalismus berücksichtigt also weitgehend ihre Eigenarten und Bedürfnisse. Im Gegensatz dazu gibt es Einheitsstaaten: Sie werden von einem Zentrum, das heißt von einer Mitte, aus regiert.
Die *Bundesrepublik Deutschland* ist ein Bundesstaat. Sie besteht aus 16 *Bundesländern* und ist nach dem Grundsatz des Föderalismus aufgebaut.
Siehe *Bund und Länder*, auch *Bundesrat, Zentralismus.*

Fraktion ist die Vereinigung von *Abgeordneten* in einem *Parlament*, die derselben *Partei* angehören.
Die Abgeordneten der im *Bundestag* vertretenen Parteien bilden die Bundestagsfraktionen. Der Bundestag ist das Parlament, das heißt die *Volks*vertretung der *Bundesrepublik Deutschland.*
Für den Bundestag und für die *Landtage* bestimmen *Geschäftsordnung*en, wie viele Abgeordnete zur Bildung einer

eigenen Fraktion erforderlich sind. Eine starke Fraktion zählt viele, eine schwache Fraktion wenige Abgeordnete. Die Stärke einer Fraktion ist unter anderem dafür maßgeblich, wie viele Sitze ihr in den *Ausschüssen* und wie viele Redner ihr in Debatten zustehen. Eine Debatte ist ein Meinungsaustausch. In den Parlamentsdebatten werden *Gesetze* erörtert und beraten, über die die Abgeordneten anschließend abstimmen.
Die Meinungen über ein Gesetz können sowohl bei den Parteien als auch bei den einzelnen Abgeordneten unterschiedlich sein. Eine Partei hat jedoch nur dann Macht, wenn sie im Widerstreit mit anderen Parteien mit einem festen Standpunkt auftreten kann. Es wird also von den Mitgliedern einer Fraktion erwartet, dass sie sich der Entscheidung der *Mehrheit* in der Fraktion unterwerfen. Man nennt das Fraktionsdisziplin. Disziplin heißt Zucht und Ordnung.
In der Bundesrepublik darf jedoch kein Abgeordneter zur Fraktionsdisziplin gezwungen werden. Ein so genannter Fraktionszwang ist im *Grundgesetz* der Bundesrepublik verboten.
Die Parteien haben allerdings Möglichkeiten, Abgeordnete, die sich häufig widersetzen, einflusslos zu machen: Sie erhalten keine entscheidenden Aufgaben mehr, sie werden nicht mehr zur *Wahl* gestellt oder im äußersten Fall aus der Partei ausgeschlossen. In diesen Fällen kann von einer Art Fraktionszwang gesprochen werden.
Siehe *Ausschüsse*, auch *Bundestagsabgeordnete*, *Bundestagswahl*.

freie Marktwirtschaft, siehe *Marktwirtschaft und Planwirtschaft*.

Freischärler, siehe *Partisan*.

Freistaat ist das deutsche Wort für *Republik*. Republiken sind *Staat*en, in denen kein Kaiser oder König regiert, die also keine *Monarchien* sind.

Freizügigkeit ist das *Recht*, seinen Aufenthaltsort und seinen Wohnsitz selbst zu bestimmen.
Die Freizügigkeit gehört in der *Bundesrepublik Deutschland* zu den *Grundrechte*n eines jeden Bürgers.

Fünf-Prozent-Klausel, siehe *Bundestagswahl*.

Fundamentalisten, Fundament heißt Grundlage, auch Grundbegriff; fundamental heißt grundlegend, auch hauptsächlich.
In Religionsgemeinschaften sind Fundamentalisten die entschiedenen Vertreter der ursprünglich festgelegten Glaubensgrundsätze. Wie sich das menschliche Zusammenleben aufgrund wissenschaftlicher und technischer Erkenntnisse entwickelt hat, ist für sie unerheblich. Einhaltung und Anwendung der Gebote und Verbote ihrer Glaubenslehre ist ihr wichtigstes und einziges Anliegen. Unduldsam und eifernd, auch unter Einsatz von Gewalt verlangen sie von ihren Anhängern unbedingten Gehorsam, verfolgen sie Andersdenkende und Gegner.
Abgeleitet von der Haltung der Fundamentalisten in Religionsgemeinschaften, können auch in *Partei*en Mitglieder, die unnachgiebig und rücksichtslos eine bestimmte Zielsetzung verfolgen, als Fundamentalisten bezeichnet werden.

Funktionär, Funktion heißt Aufgabe, Zweck und Leistung.
Ein Funktionär ist ein Mitglied mit bestimmten Aufgaben zum Beispiel in einer *Partei*, einer Gewerkschaft oder in einem Verein. Funktionäre werden entweder von den anderen Mitgliedern gewählt oder vom Vorstand eingesetzt.

G

G-7/G-8 Gruppe der Sieben/Gruppe der Acht ist die Bezeichnung für die sieben wichtigsten *Industrie*staaten der Welt, das sind Frankreich, Großbritannien, Italien, Japan, Kanada, die USA und die *Bundesrepublik Deutschland.* Die seit 1975 jährlich stattfindenden Treffen der G-7 werden als Weltwirtschaftsgipfel bezeichnet.
Seit 1994 nimmt auch Russland als gleichberechtigter Partner an den *politisch*en Beratungen der G-7 teil; 1998 wurde das Treffen offiziell, das heißt amtlich auf die Gruppe der Acht erweitert.

GATT ist die Abkürzung für ‹General Agreement on Tariffs and Trade›, das heißt «Allgemeines Zoll- und Handelsabkommen».
Siehe *WTO.*

Gegenrevolution, siehe *Revolution.*

Geheimdienste, aus dem Wort geht hervor, dass ein wesentlicher Teil der Arbeit der Geheimdienste den meisten Menschen verborgen bleibt. Geheimdienste werden als Nachrichtendienste bezeichnet: Sie sammeln *politisch*e, *wirtschaftlich*e, technische und *militärisch*e Nachrichten aus anderen Staaten, die man dort geheim halten möchte, und geben sie weiter an die eigenen *Regierungen.*
Meist unterstehen Geheimdienste unmittelbar dem Chef der Regierung: Sie sind keiner oder nur einer begrenzten Aufsicht durch die *Parlament*e, das heißt durch die *Volk*svertretungen, unterworfen.
Es gibt Geheimdienste, die nur Auslandsnachrichtendienste sind. Andere versehen auch einen Inlandsnachrichtendienst, das bedeutet, Sie arbeiten auch im eigenen Land: Sie sammeln Nachrichten zum Beispiel über Personen in *Partei*en und politischen Gruppen, von denen angenommen wird, dass ihre Absichten und Ziele gegen die *Verfassung* oder gegen die Regierung gerichtet sind.
Eine Verfassung enthält Regeln über den inneren Aufbau eines Staates und seine Vertretung nach außen.
Die Geheimdienste der *Bundesrepublik Deutschland* sind der *B*undes*n*achrichten*d*ienst, BND, der *M*ilitärische *A*bschirm*d*ienst, MAD, und das Bundesamt für *Verfassungsschutz.* Der BND ist ein Auslandsnachrichtendienst.
Der Geheimdienst der ehemaligen *DDR* hieß *S*taats*s*icherheits*d*ienst, *SSD.* In der Umgangssprache wurde er Stasi genannt.
Der amerikanische Geheimdienst heißt *C*entral *I*ntelligence *A*gency, CIA; der englische heißt Secret Service; der Geheimdienst in der ehemaligen Sowjetunion hieß *Komitee* für Staatssicherheit, KGB; der französische Geheimdienst ist die Sûreté.

Generalstreik, siehe *Streik.*

Genfer Konvention, eine *Konvention* ist im *politisch*en Sprachgebrauch eine Übereinkunft, die mehrere *Staat*en treffen. 1864 wurde die Genfer Konvention geschlossen: Mehrere Staaten legten fest, wie Verwundete, Kriegsgefangene, schiffbrüchige Seeleute und die Zivilbevölkerung im Kriege behandelt und geschützt werden sollen.
Die Genfer Konvention ist im Laufe der Jahre durch andere Genfer Abkommen erweitert worden, es wird daher oft von ‹den Genfer Konventionen› gesprochen. Das *Internationale* Rote Kreuz sorgt dafür, dass die Genfer Konventionen eingehalten werden.

Genossenschaft, eine Genossenschaft ist eine Vereinigung, die den Zweck hat, das *wirtschaftliche* Fortkommen ihrer Mitglieder durch einen gemeinschaftlichen Geschäftsbetrieb zu fördern.
In der *Bundesrepublik Deutschland* regeln rechtliche Bestimmungen, wie man sich zu einer Genossenschaft zusammenschließt: Zum Beispiel muss eine Genossenschaft von wenigstens sieben Mitgliedern gegründet werden.
Zehn Landwirte zum Beispiel gründen eine Genossenschaft: Gemeinsam kaufen sie Saatgut und Maschinen ein, gemeinsam planen sie, wie sie die Felder bestellen. Sie verkaufen ihre Erzeugnisse gemeinsam, sie teilen Gewinn und Verlust aus dem Geschäft.
Je nach der gemeinsamen Tätigkeit gibt es verschiedene Arten von Genossenschaften, unter anderen Bezugsgenossenschaften, die gemeinsam etwas einkaufen;
Absatzgenossenschaften, die gemeinsam etwas verkaufen;
Nutzungsgenossenschaften, die zum Beispiel gemeinsam Maschinen benutzen;
*Kredit*genossenschaften, die zum Beispiel gemeinsam Bankgeschäfte ausführen.

Gerichte, neben der gesetzgebenden und der ausführenden Gewalt ist die *Rechtsprechung* die dritte Gewalt in einem *Staat*. Die Rechtsprechung wird von den Gerichten ausgeübt. Die Gerichte, man sagt auch die Gerichtsbarkeit, gehören zur Rechtspflege in einem Staat.
Das Wort Gericht hat zwei Bedeutungen. Ein Gericht ist einmal ein Gerichtsgebäude, es ist zum anderen ein Spruchkörper, das sind ein oder mehrere Richter, die *Recht* sprechen.
In der *Bundesrepublik Deutschland* gibt es ordentliche und besondere Gerichte. Zur ordentlichen Gerichtsbarkeit gehören die Amtsgerichte, die Landgerichte, die Oberlandesgerichte und der *B*undes*g*erichts*h*of, BGH. Diese Gerichte entscheiden über Strafsachen, das sind zum Beispiel Diebstahl und Mord, und sie entscheiden über Zivilsachen, das sind zum Beispiel Streitigkeiten über Mietverträge und die Rückzahlung von Schulden. Es hängt bei Zivilsachen von der Höhe des Streitwertes und bei Strafsachen von der Bedeutung des Vergehens oder Verbrechens ab, vor welchem der ordentlichen Gerichte ein Fall verhandelt wird. Leichter Diebstahl zum Beispiel wird vor den Amtsgerichten verhandelt, Fälle von *Hochverrat* oder von *Landesverrat* kommen vor die Oberlandesgerichte.
An Amtsgerichten können Schöffengerichte zusammentreten; sie bestehen

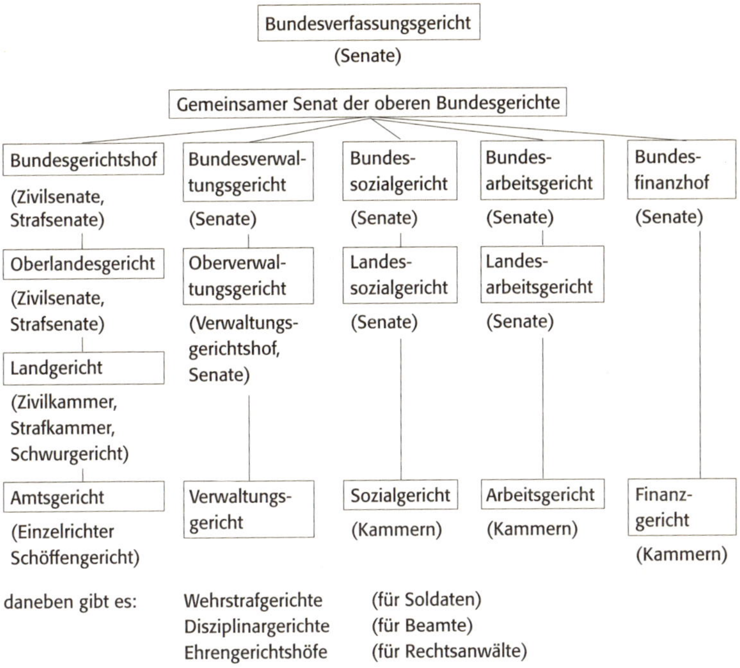

Die Zweige der Gerichtsbarkeit und ihre Instanzen
(Aus: W. Hilligen: «Sehen – beurteilen – handeln». Frankfurt am Main [7]1973, Hirschgraben-Verlag)

aus einem oder zwei Amtsrichtern und zwei Schöffen. Schöffen sind Laienrichter: unbescholtene Bürger, die nicht Rechtswissenschaft studiert haben, die aber das gleiche Stimmrecht bei der Urteilsfindung haben wie die Richter. Schöffen werden für jeweils zwei Jahre von den Gemeinde*parlament*en gewählt. Schwere Verbrechen werden an Landgerichten von den Schwurgerichten verhandelt. Schwurgerichte bestehen aus drei Berufsrichtern und sechs Laienrichtern, die hier Geschworene heißen.
Landgerichte sind in verschiedene Kammern unterteilt, jede *Kammer* ist ein Gericht für sich, das mit mehreren Richtern besetzt ist. Man nennt sie Kollegialgericht. Die Kollegialgerichte an Oberlandesgerichten und beim Bundesgerichtshof heißen *Senate.*
Der Bundesgerichtshof ist das höchste ordentliche Gericht in der Bundesrepublik. Die Richter heißen hier Bundesrichter.
Ein Bürger, der entweder selbst klagt oder der als Angeklagter oder Beklagter vor Gericht geht, kann den *Instanz*enweg gehen. Das bedeutet, er kann, wenn er mit der Entscheidung eines Gerichts

nicht einverstanden ist, bei einem höheren Gericht *Rechtsmittel* einlegen. Rechtsmittel sind zum Beispiel die Berufung und die Revision. Verhandlungen in zweiter Instanz sind in der Regel Berufungsverhandlungen, in dritter Instanz Revisionsverhandlungen.
Revision bedeutet die ‹Anrufung eines höheren Gerichtes zur nochmaligen Entscheidung einer Rechtsfrage›. Bei einer Revision wird überprüft, ob bei der vorangegangenen Urteilsfindung eine fehlerhafte Gesetzesanwendung oder Verfahrensmängel stattgefunden haben. Dabei werden die von dem vorherigen Gericht zugrunde gelegten Tatsachen nicht nochmals geprüft.
Den Instanzenweg gibt es auch an den besonderen Gerichten. Besondere Gerichte sind alle *Verwaltungs-*, Arbeits-, *Sozial-* und Finanzgerichte. Wer zum Beispiel meint, ungerechtfertigt gekündigt worden zu sein, wendet sich an ein Arbeitsgericht, wer dagegen ist, dass in seiner Straße eine Fabrik gebaut wird, kann vor einem Verwaltungsgericht klagen. Ein Sozialgericht entscheidet, ob eine Rente, ein Finanzgericht, ob eine Steuer richtig bemessen worden ist. Letzte Instanz sind auch für die besonderen Gerichte die obersten Gerichtshöfe: Bundesverwaltungs-, Bundesarbeits-, Bundessozial- und Bundesfinanzgericht.

Gesandter, siehe *Diplomat.*

Geschäftsordnung heißt die Zusammenfassung aller Regeln, nach denen Mitglieder von *Parlament*en, *Gericht*en oder Vereinigungen verfahren und handeln.
Die Geschäftsordnung eines Parlaments, das heißt einer *Volk*svertretung, regelt vor allem, wie bei Abstimmungen, Beratungen und *Wahl*en verfahren werden soll. So besagt die Geschäftsordnung des *Bundestag*es unter anderem, dass der Bundestag beschlussfähig ist, wenn mehr als die Hälfte seiner Mitglieder anwesend ist. Beschlussfähig heißt, dass eine Versammlung in der Lage ist, über etwas zu beschließen.
Der Bundestag, der *Bundesrat* und die *Bundesregierung* geben sich ihre Geschäftsordnung selbst. Das bedeutet, sie beschließen darüber mit *Mehrheit.*

Gesellschaft bezeichnet eine Gemeinschaft von Menschen, die zusammen leben oder die an einer gemeinsamen Aufgabe zusammen arbeiten. Eine Gesellschaft kann sehr viele Menschen umfassen – man spricht sogar von der Weltgesellschaft und meint damit alle Menschen –, sie kann auch nur einige wenige Menschen umfassen. Eine literarische Gesellschaft zum Beispiel besteht aus einigen Menschen, die gemeinsam die Werke eines Dichters lesen und erforschen. Die Gesellschaft eines *Staat*es besteht aus der Gesamtheit der Menschen, die in einer bestimmten Ordnung und auf einem begrenzten Gebiet zusammen leben.
Die Gesellschaft kann in primäre und sekundäre Gruppen gegliedert werden. Primäre sind ursprüngliche Gruppen: Familien, Nachbarschaften und Freundschaften zum Beispiel. Sekundäre, das heißt nachgeordnete Gruppen, entstehen durch gemeinsame Interessen und eine gemeinsame Überzeugung: *Partei*en, *Gewerkschaften*, kirchliche Gemeinden zum Beispiel und der Staat.

Die Gesellschaft eines Staates ist gekennzeichnet durch seine geschichtliche Entwicklung, durch die Art, wie er regiert wird, wie weit seine *Industrie* entwickelt ist und durch die Arbeits- und Verdienstmöglichkeiten der Menschen. Die einzelnen Interessengruppen in der Gesellschaft eines Staates stehen in einer Wechselbeziehung zueinander: In ihren Auffassungen und Absichten befinden sie sich sowohl in einem Wettbewerb als auch in einem Gegensatz. Der Wettstreit zwischen den unterschiedlichen Gruppen ist in einer pluralistischen Gesellschaft vielfältig und lebhaft. Pluralistisch heißt ‹aus verschiedenen Gruppen zusammengesetzt›. Eine pluralistische Gesellschaftsordnung ist durch eine Vielzahl von Gruppen gekennzeichnet, die sich frei bilden und untereinander messen können. Alle *Gesetze*, die das Leben der Menschen in einer Gesellschaft regeln, werden von den Gruppen ständig erörtert und geprüft.

Einen Wettstreit unterschiedlicher Interessengruppen gibt es dagegen in einer *totalitär*en Gesellschaftsordnung nicht: Alle Menschen sind hier ein und derselben Ordnung unterworfen, die von der *Regierung* bestimmt und überwacht wird. Totalitär heißt ‹das Ganze umfassend›.

Die Unterscheidung zwischen pluralistischer und totalitärer Gesellschaftsordnung ist ebenso grundsätzlich wie die nach ihren *Wirtschaft*sordnungen. In diesem Sinne spricht man von einer kapitalistischen oder *sozialistisch*en Gesellschaft. Siehe dazu *Kapitalismus*, *Sozialismus*.

Die Wissenschaft von der Gesellschaft ist die Soziologie: Sie untersucht den Aufbau der Gesamtgesellschaft, den Aufbau und die Aufgaben der Gruppen und deren Beziehungen untereinander und zur Gesamtgesellschaft.

Gesetz, wenn Menschen zusammen leben, werden Regeln notwendig, um Auseinandersetzungen und Streitigkeiten zu vermeiden oder um sie beizulegen. Daraus ergeben sich Gebote und Verbote, von denen viele in fast allen *Staat*en in Form von Gesetzen zusammengefasst werden. Die Gesetze sind für jeden Menschen im Staat verbindlich, das bedeutet, jeder soll sie einhalten.

In der *Bundesrepublik Deutschland* werden die Gesetze vom *Bundestag*, dem *Parlament* der Bundesrepublik, unter Mitwirkung des *Bundesrat*es beschlossen.

Das wichtigste Gesetz ist in allen Staaten die *Verfassung*: Sie enthält Regeln über den inneren Aufbau eines Staates und seine Vertretung nach außen.

Siehe *Gesetzgebung*, auch *Recht*, *Norm*.

Gesetzesinitiative, Initiative heißt ‹erster Schritt› und Unternehmungsgeist. *Gesetz*esinitiative bedeutet, Gesetzesvorlagen in einem *Parlament* einzubringen. Ein Parlament ist eine *Volks*vertretung. Gesetzesvorlagen sind Entwürfe für neue Gesetze und für die Änderung oder die Aufhebung von bestehenden Gesetzen.

Das *Recht* zur Gesetzesinitiative haben in der *Bundesrepublik Deutschland* die *Bundesregierung*, der *Bundesrat* und der *Bundestag*.

Es kann jedoch kein *Abgeordneter* im Bundestag allein eine Gesetzesvorlage einbringen, das kann nur eine *Fraktion*

G

oder eine Gruppe von mindestens 31 Abgeordneten, die einer oder verschiedenen Fraktionen angehören. Eine Fraktion ist die Vereinigung von Abgeordneten in einem Parlament, die derselben *Partei* angehören.
Siehe *Gesetzgebung.*

Gesetzgebung hat zwei Bedeutungen: Es ist einmal die Zuständigkeit, Gesetze zu geben, zum Zweiten ist es der Weg, auf dem ein *Gesetz* zustande kommt. Zum Ersten siehe *Bundestag* und *Bundesrat.*

Der regelmäßige Weg, auf dem in der *Bundesrepublik Deutschland* ein Bundesgesetz entsteht, beginnt mit einem Gesetzentwurf. Ein Gesetzentwurf kann von der *Bundesregierung,* vom Bundesrat oder von Mitgliedern des Bundestages eingebracht werden.

Ein Entwurf der Bundesregierung muss zunächst dem Bundesrat, der Vertretung der *Bundesländer,* vorgelegt werden. Der Bundesrat nimmt dazu Stellung und leitet den Entwurf weiter an den Bundestag.

Gesetzentwürfe von Mitgliedern des Bundestages, also von den *Volks*vertretern der Bundesrepublik, bedürfen der Unterschrift von mindestens 31 Bundestagsabgeordneten.

Der Gesetzentwurf, man sagt auch die Gesetzesvorlage, wird vom Bundestag in seinen *Ausschüssen* beraten. Dann wird über die Vorlage im *Plenum* des Bundestages abgestimmt. Danach wird der Gesetzbeschluss dem Bundesrat zugeleitet. Stimmt der Bundesrat dem Gesetz zu, wird es vom *Bundespräsidenten,* von dem zuständigen *Minister* und dem *Bundeskanzler* unterzeichnet. Ein Gesetz tritt in Kraft, wenn der Bundespräsident es im *Bundesgesetzblatt* verkündet.

Der Zustimmung des Bundesrates bedürfen alle Gesetze, die die *Verwaltung* der Bundesländer betreffen, außerdem Gesetze, die das *Grundgesetz* ändern, und Gesetze, die Verträge mit anderen *Staat*en enthalten. Gegen alle anderen Gesetze kann der Bundesrat Einspruch erheben, der aber vom Bundestag zurückgewiesen werden kann.

Bei Nichtzustimmung und bei Einspruch des Bundesrates kann der Vermittlungsausschuss angerufen werden. Dieser Ausschuss besteht aus Mitgliedern des Bundestages und des Bundesrates. Das umstrittene Gesetz wird im Vermittlungsausschuss beraten. Können sich die Ausschussmitglieder nicht einigen, kann der Bundesrat erneut Einspruch erheben, ohne ihn zu begründen. Diesen Einspruch wiederum kann der Bundestag überstimmen: Das Gesetz wird beschlossen.

Man bezeichnet den Bundestag und den Bundesrat auch als gesetzgebende Körperschaften.
Siehe auch *Lesung, Ausschüsse.*

Gesetzgebungskompetenz ist die Zuständigkeit auf dem Gebiet der *Gesetzgebung.* Diese Zuständigkeit ist in der *Bundesrepublik Deutschland* auf den Bund und auf die Länder verteilt. Es gibt vier Formen der Gesetzgebung:

1. Die ausschließliche Gesetzgebung des Bundes: Zur Gesetzgebung zum Beispiel über die Verteidigung der Bundesrepublik hat der Bund das alleinige *Recht.*

2. Gesetzgebung der Länder: Die Länder haben das Recht der Gesetzgebung auf den Gebieten, auf denen für den

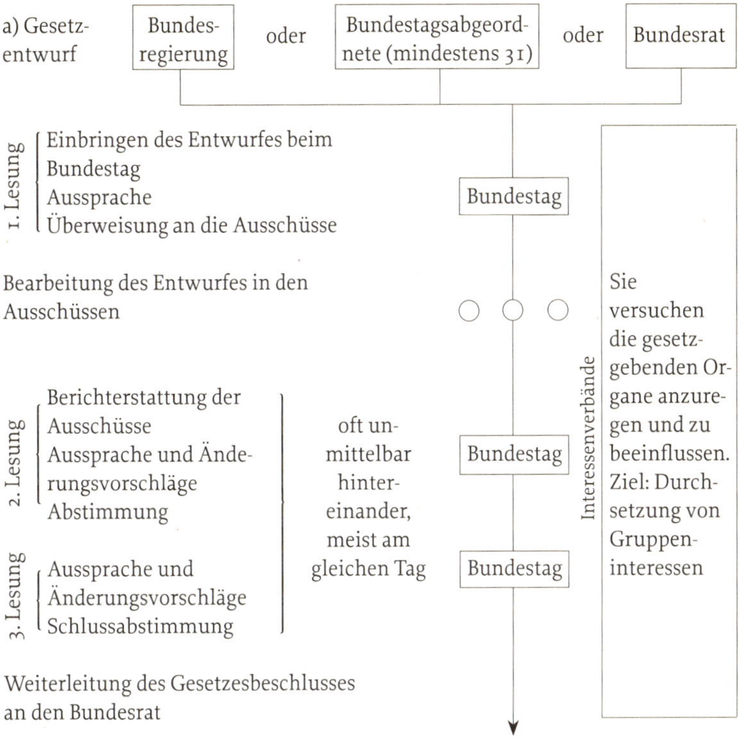

Weg eines Gesetzentwurfs durch den Bundestag
(Aus: G. A. Süss: «Grundzüge der Sozialkunde». Frankfurt am Main [9]1972, Verlag Moritz Diesterweg)

Bund keine Befugnis zur Gesetzgebung begründet ist; das betrifft zum Beispiel *Gesetze* über das Bildungswesen.
3. Die konkurrierende Gesetzgebung: die *Landtage*, die *Volks*vertretungen in den Ländern, beschließen Gesetze, solange der Bund keinen Gebrauch von seinem Recht macht, selbst Gesetze zu geben. Dieses Recht hat der Bund zum Beispiel, wenn ein Gesetz eines Bundeslandes die Interessen anderer *Bundesländer* beeinträchtigt.
4. Die Rahmenvorschriften: Der Bund kann auf bestimmten Gebieten Vorschriften erlassen, nach denen sich die Länder richten müssen. Diese Vorschriften können zum Beispiel das *Presse*wesen und den Naturschutz betreffen. Die Rahmenvorschriften werden häufig als Rahmengesetze bezeichnet. Siehe *Bund und Länder*.

Gesetz- und Verordnungsblatt, *Gesetze*, die zum Beispiel der *Landtag* von

Nordrhein-Westfalen beschlossen hat, und Verordnungen der Landes*regierung* werden im Gesetz- und Verordnungsblatt des Landes Nordrhein-Westfalen verkündet. Alle Gesetze und Verordnungen der *Bundesländer* treten in Kraft, wenn sie in dem Gesetz- und Verordnungsblatt des jeweiligen Bundeslandes verkündet worden sind.
Siehe auch *Bundesgesetzblatt.*

Gestapo ist die Abkürzung für ‹*Ge*heime *Sta*ats*po*lizei›, die geheime, *politische* Polizei während der Zeit der nationalsozialistischen Regierung 1933 bis 1945. Mit schrankenloser Macht und bedingungsloser, willkürlich angewandter Gewalt verfolgte die Gestapo Gegner der *Regierung.*
Von Gestapomethoden spricht man noch heute, wenn man eine menschlich entwürdigende Behandlung oder ungesetzliche Übergriffe von Behörden auf Privatpersonen verdeutlichen will.
Siehe *Nationalsozialismus.*

Getto, auch Ghetto, früher waren Gettos abgeschlossene Stadtteile, in denen *Juden* zuerst freiwillig, später zwangsweise wohnten.
Heute werden mit Gettos Wohngebiete bezeichnet, in denen *Minderheiten* einer Bevölkerung, zum Beispiel Ausländer, wohnen.

Gewaltenteilung heißt, dass die *Staatsgewalt* aufgeteilt ist und nicht in der Hand einer einzelnen Person oder einer Gruppe von Personen liegt, die sie unter Umständen missbraucht.
Die Staatsgewalt ist
die gesetzgebende Gewalt oder die Gesetzgebung, auch *Legislative* genannt;
die ausführende Gewalt, das sind *Regierung und Verwaltung*, auch *Exekutive* genannt;
und die *Rechtsprechung*, auch *Judikative* genannt.
Bei einer Teilung der Gewalten werden drei Organe gebildet, das heißt drei Teile einer Gemeinschaft, die voneinander unabhängig sind und sich gegenseitig überwachen sollen:
Die Gesetzgebung liegt bei dem *Parlament*, das heißt bei der Vertretung des *Volk*es;
ausführende Gewalt haben die Regierung und die Verwaltung;
die Rechtsprechung liegt bei den *Gericht*en.
Die Gewaltenteilung ist eine der Grundlagen der *Demokratie.*
Siehe *Bundestag*, *Bundesrat*, *Bundesregierung*, *Gerichte*, auch *Inkompatibilität.*

Gewerkschaften sind Vereinigungen von Arbeitnehmern, die die Interessen der Arbeitnehmer gegenüber den Arbeitgebern und gegenüber dem *Staat* vertreten. In der *Bundesrepublik Deutschland* sind acht Einzelgewerkschaften, in denen Arbeiter, Angestellte und Beamte nach *Industrie*zweigen und *Wirtschafts*bereichen zusammengeschlossen sind, im *DGB*, dem *D*eutschen *G*ewerkschafts*b*und, vereinigt. Der DGB zählt nach einer Erhebung von 2002 rund 7,7 Millionen Mitglieder. Neben dem DGB gibt es den *D*eutschen *B*eamten*b*und, DBB, und den *C*hristlichen *G*ewerkschafts*b*und, CGB.
Die ersten Gewerkschaften entstanden als Arbeitervereine zu Beginn des 19. Jahrhunderts in England. In *Deutschland* schlossen sich um die Mitte des 19. Jahrhunderts zuerst die

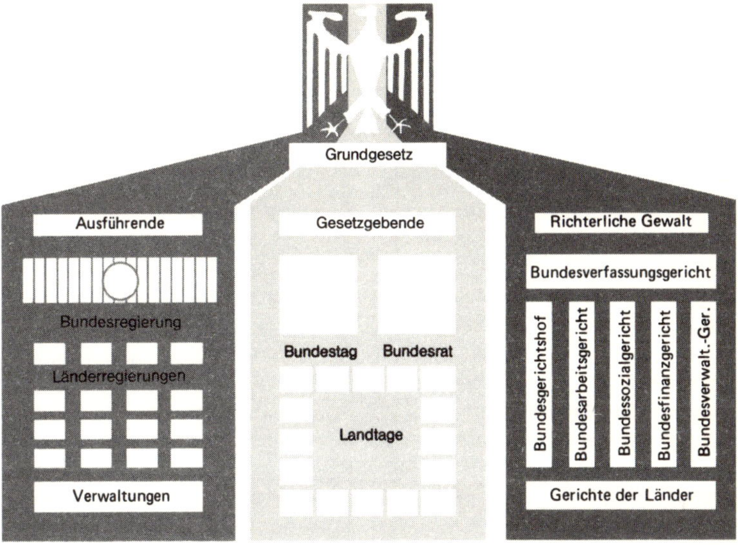

Nach diesem Schema sind die drei Gewalten geteilt

Buchdrucker und die Zigarrenarbeiter zusammen. Damals kämpften die Arbeitervercine vor allem für kürzere Arbeitszeiten, höhere Löhne und bessere Arbeitsbedingungen für die Arbeitnehmer. Die plötzliche Umstellung der Handwerksbetriebe auf die Herstellung mit Maschinen hatte zur Folge, dass viele Menschen vom Land in die Städte zogen. Sie meinten, in den Fabriken mehr Geld verdienen zu können. Sie arbeiteten für sehr niedrige Löhne bis zu sechzehn Stunden täglich und gerieten mehr und mehr ins Elend.
Siehe dazu *Arbeiterbewegung*.

Noch heute ist die Regelung der Lohn- und Arbeitsbedingungen für die Arbeitnehmer wichtigste Aufgabe der Gewerkschaften. Außerdem setzen sie sich dafür ein, dass die Berufsausbildung verbessert wird und dass die Arbeitnehmer in die Lage kommen, Geld zu sparen und so Vermögen zu bilden. Nachdem sehr viele der gewerkschaftlichen Ziele erreicht worden sind, setzen sich die Gewerkschaften heute vor allem für eine Neuordnung der Arbeitszeiten ein.
Siehe auch *Tarif*.

Glasnost und Perestroika sind russische Wörter. Glasnost heißt Offenheit, Öffentlichkeit; Perestroika heißt Umwandlung, Umbau.

Die Begriffe Glasnost und Perestroika sind eng verbunden mit dem Namen Michail Gorbatschow. Er wurde 1985 zum *Partei*chef der sowjetischen kommunistischen Partei gewählt, von 1989 bis 1991 war er Staatspräsident der Sowjetunion.

Glasnost und Perestroika kennzeich-

neten die Bestrebungen, die kommunistisch regierte Sowjetunion in ihrem gesellschaftlichen, *wirtschaftlich*en und staatlichen Aufbau grundlegend zu verändern. So wurde zum Beispiel der *Presse* mehr Offenheit in der Meinungsäußerung, den Bürgern mehr Mitsprache bei *politisch*en Entscheidungen zugestanden. In der Wirtschaft wurde versucht, den Aufbau der vom *Staat* gelenkten *Planwirtschaft* den Grundsätzen der *Marktwirtschaft* anzunähern. Die so eingeleitete Umgestaltung der bestehenden Verhältnisse führte 1991 zur Auflösung der Sowjetunion.
Siehe *Ostblock und Westmächte*, auch *Marktwirtschaft und Planwirtschaft, Kommunismus, OSZE.*

Globalisierung, global bedeutet ‹auf die gesamte Erdoberfläche bezüglich›, weltumspannend, umfassend.
Globalisierung ist ein Schlagwort und wird meist im Zusammenhang mit dem Begriff *Wirtschaft* benutzt. Globalisierung der Wirtschaft bedeutet, dass die Wirtschaftsbeziehungen der *Staat*en untereinander weltweit enger werden, mehr miteinander verflochten sind und damit stärker voneinander abhängen. Daraus können sich für die einzelnen Staaten große Vorteile, aber auch Nachteile ergeben.
Siehe *WTO, OECD.*

Golfstaaten ist eine zusammenfassende Bezeichnung für die *Staat*en, die um den Persischen Golf liegen: Bahrain, Irak, Iran, Katar, Kuwait, Oman, Saudi-Arabien und die Vereinigten Arabischen Emirate.
Seit 1981 besteht im so genannten Golf-*Kooperation*srat eine Zusammenarbeit auf *wirtschaft*lichem, *politisch*em, *militärisch*em und kulturellem Gebiet zwischen Bahrain, Katar, Kuwait, Oman, Saudi-Arabien und den Vereinigten Arabischen Emiraten.
Siehe auch *OPEC.*

Greenpeace ist eine der größten Umweltschutz*organisation*en der Welt, sie wurde 1970 gegründet. Greenpeace weist mit Aufsehen erregenden Unternehmungen auf die fortschreitende Gefährdung der Natur hin. Damit will sie das Bewusstsein der Menschen für ihre Umwelt stärken und so die weitere Zerstörung der Lebensgrundlagen von Menschen, Tieren und Pflanzen verhindern.
1988 zum Beispiel versuchten Greenpeace-Schiffe und -Schlauchboote mehrfach, die Weiterfahrt von Verklappungsschiffen zu stoppen. Sie sollten gehindert werden, ihren *Industrie*abfall in die Nordsee auszuschütten, man sagt auch zu verklappen. Solche und ähnliche Aktionen unternimmt Greenpeace, oftmals unter Lebensgefahr für die Beteiligten, um so immer wieder die Aufmerksamkeit der Öffentlichkeit und der *Presse* zu erregen.
Mit Nachdruck weist die Organisation auf die Verschmutzung der Flüsse und Meere hin, auf die Luftverschmutzung, auf die Ausrottung von Tierarten, auf die Gefahren der Beseitigung von Atommüll. Siehe dazu *Kernenergie.*
Greenpeace führt die Unternehmungen auf der Grundlage sorgfältiger wissenschaftlicher Prüfungen durch. Die Organisation hat zum Beispiel als einziger nichtstaatlicher Verband eine Forschungsstation in der durch Umweltzerstörungen gefährdeten Ant-

arktis, das ist das Land- und Meeresgebiet um den Südpol.
Greenpeace hat bei vielen *internationalen* Organisationen, so auch bei den *Vereinten Nationen*, einen Beobachter*status*, das bedeutet, die Greenpeace-Mitarbeiter können an bestimmten Sitzungen teilnehmen.
Greenpeace hat Büros in 40 Ländern. Viele der Mitarbeiter sind Fachleute unterschiedlicher Wissensgebiete. Geld für ihre Arbeit erhält die Organisation ausschließlich aus Mitgliedsbeiträgen und Spenden.
Siehe *Ökologie*.

Gremium, in einem Gremium kommen Menschen zusammen, um in kleinem Kreis Fragen zu beraten, die für einen größeren Kreis von Menschen wichtig sind. Ein Gremium ist ein Ausschuss.
Siehe auch *Ausschüsse*.

große Koalition, siehe *Koalition*.

große und kleine Anfrage, der *Bundestag* setzt sich zusammen aus den *Volks*vertretern der *Bundesrepublik Deutschland*, den *Bundestagsabgeordneten*. Er ist das *Parlament* der Bundesrepublik.
Der Bundestag hat das *Recht*, Fragen an die *Bundesregierung* zu stellen. Dieses Interpellationsrecht gehört zu den Rechten und Pflichten des Bundestages, die Arbeit der *Regierung* zu beaufsichtigen und zu überwachen. Interpellation heißt Einspruch und ‹Zwischenfrage aus dem Parlament›.
Die große Anfrage muss schriftlich gestellt und von mindestens 31 *Abgeordneten* unterzeichnet sein. Sie wird von der Bundesregierung schriftlich beantwortet. Eine Aussprache über die Frage und ihre Beantwortung muss stattfinden, wenn mindestens 31 Bundestagsabgeordnete dies verlangen.
Auch die kleine Anfrage muss von mindestens 31 Abgeordneten unterzeichnet sein. Sie wird von der Bundesregierung schriftlich beantwortet. Eine Aussprache findet nicht statt.
Außerdem gibt es im Bundestag die Fragestunde. Sie dauert eine Zeitstunde und findet an jedem Sitzungstag statt. Jeder einzelne Abgeordnete kann Fragen stellen, die vorher schriftlich eingereicht werden müssen. Die Fragen werden mündlich von dem zuständigen *Minister* oder seinem *Staatssekretär* beantwortet. Alle Abgeordneten können mündliche Zusatzfragen stellen.

Grundgesetz ist die Bezeichnung für die *Verfassung* der *Bundesrepublik Deutschland*. Eine Verfassung ist die meist in einer Urkunde schriftlich niedergelegte Grundordnung eines *Staat*es. Sie bestimmt unter anderem, welche *Rechte* jeder Bürger hat, welche Aufgaben und Befugnisse *Parlament* und *Regierung* haben und wie sie aufgebaut sind.
Das Grundgesetz wurde 1948 vom *Parlamentarischen Rat* ausgearbeitet, es trat im Mai 1949 in Kraft. Das Grundgesetz ist in elf Abschnitte unterteilt:
I. Die *Grundrechte*; II. Der *Bund und die Länder*; III. Der *Bundestag*; IV. Der *Bundesrat*; IVa. Gemeinsamer Ausschuss; V. Der *Bundespräsident*; VI. Die *Bundesregierung*; VII. Die *Gesetzgebung* des Bundes; VIII. Die Ausführung der Bundes*gesetze* und die Bundes*verwaltung*;

G

VIIIa. Gemeinschaftsaufgaben; IX. Die *Rechtsprechung*; X. Das Finanzwesen; Xa. Verteidigungsfall; XI. Übergangs- und Schlussbestimmungen.

Artikel 1 des ersten Abschnittes bestimmt, dass sich die Bundesrepublik Deutschland und das deutsche Volk zu den *Menschenrechten* bekennen. Sie sind die Grundlage jeder menschlichen Gemeinschaft, des Friedens und der Gerechtigkeit in der Welt. Sie dürfen nicht verletzt oder einem Menschen genommen werden. Darüber wacht ein besonderes Gericht, das *Bundesverfassungsgericht*.

Das Grundgesetz legt weiter fest:

Die Bundesrepublik ist ein *Bundesstaat*, der aus 16 Ländern besteht, die in bestimmten Bereichen selbständig sind.

Das *Volk* der Bundesrepublik wählt *Abgeordnete*, die als Vertreter des Volkes den Bundestag bilden. Die *Bundestagsabgeordneten* beschließen Gesetze und beaufsichtigen die Bundesregierung. Das bedeutet, die Bundesrepublik ist eine *repräsentative Demokratie*.

Die Gründung von *Partei*en ist frei. Die Parteien sind ein notwendiger Bestandteil im Zusammenleben der Menschen der Bundesrepublik: sie geben den Bürgern die Möglichkeit, ihre Interessen und ihren Willen durchzusetzen.

Die Bundesrepublik ist ein *sozialer Rechtsstaat*. Das bedeutet zum Beispiel, sie schützt das Privateigentum, das jedoch auch dem Wohl der Gemeinschaft dienen muss.

Gesetzgebung, Regierung und Rechtsprechung sind voneinander unabhängig und sollen sich gegenseitig überwachen. Das bedeutet, in der Bundesrepublik herrscht der Grundsatz der *Gewaltenteilung*.

Am 3. Oktober 1990 wurde die Vereinigung der Bundesrepublik Deutschland mit der *D*eutschen *D*emokratischen *R*epublik, *DDR*, zu einem deutschen Staat Bundesrepublik Deutschland vollzogen. Mit der Vereinigung trat das Grundgesetz auch in den fünf neuen *Bundesländer*n und im Ostteil *Berlin*s in Kraft.

Das Grundgesetz musste unter anderem wegen voraussehbarer Übergangsschwierigkeiten in mehreren Artikeln ergänzt oder geändert werden. Diese Änderungen und Ergänzungen sind im *Vertrag zur deutschen Einheit* festgelegt. Der Vertrag, der auch als Einigungsvertrag bezeichnet wird, bestimmt zum Beispiel die Neufassung des Artikels 146 über die Geltungsdauer des Grundgesetzes: ‹Dieses Grundgesetz, das nach Vollendung der Einheit und Freiheit Deutschlands für das gesamte deutsche Volk gilt, verliert seine Gültigkeit an dem Tage, an dem eine Verfassung in Kraft tritt, die von dem deutschen Volk in freier Entscheidung beschlossen worden ist.›

Siehe dazu *Vertrag zur deutschen Einheit*.

Grundrechte, als Grundrechte werden die *Menschenrechte* und Bürgerrechte bezeichnet, die jedem Bürger der *Bundesrepublik Deutschland* im *Grundgesetz* zugesichert sind.

Das Grundgesetz ist die *Verfassung* der Bundesrepublik: Es bestimmt unter anderem, welche *Rechte* jeder Bürger hat und welche Aufgaben und Befugnisse *Regierung* und *Parlament* haben.

Menschenrechte sind die Rechte, die jedem Menschen in der Bundesrepublik zustehen, gleichgültig, ob er deutscher

Staatsangehöriger ist oder nicht: zum Beispiel das Recht auf menschliche Würde, das Recht auf freie Entfaltung der Persönlichkeit und persönliche Freiheit und das Recht, seine Meinung frei zu äußern.
Bürgerrechte sind die Rechte, die nur Deutschen zustehen: zum Beispiel das Recht, Vereinigungen zu bilden, das Recht, Beruf, Arbeitsplatz und Ausbildungsstätte frei zu wählen, und das Recht, seinen Wohnsitz zu bestimmen. Die Grundrechte schützen jeden einzelnen Menschen gegen Ansprüche und Übergriffe der *Staatsgewalt*. Sie schützen damit auch die Ordnung der Gemeinschaft aller Menschen in einem *Staat*. Die Staatsgewalt ist in allen Handlungen und Entscheidungen an die Grundrechte gebunden. Die Staatsgewalt setzt sich zusammen aus der *Gesetzgebung*, der ausführenden Gewalt und der *Rechtsprechung*.

Grundvertrag, vier Jahre nach dem Ende des 2. *Weltkrieg*es wurden 1949 in Deutschland zwei deutsche Staaten gegründet: die *B*undes*r*epublik *D*eutschland, die BRD, und die *DDR*, die *D*eutsche *D*emokratische *R*epublik. Beide Staaten hatten seit ihrer Gründung ein gespanntes Verhältnis zueinander: Grund dafür war vor allem die sehr unterschiedliche Ordnung des menschlichen Zusammenlebens in beiden Staaten. Die Bundesrepublik schloss sich dem westlichen Bündnis an, die DDR dem östlichen. Siehe dazu *Ostblock und Westmächte*. 1972 schlossen die DDR und die Bundesrepublik den Grundvertrag, in dem sie sich verpflichteten, die Gleichberechtigung beider Staaten anzuerkennen. Sie legten fest, dass jeder der beiden Staaten die Unabhängigkeit und Selbständigkeit des anderen achtet. Ziel des Grundvertrages war, die Gegensätze zwischen den beiden Staaten abzubauen, das Verhältnis zueinander zu entspannen und Sicherheit und Zusammenarbeit in Europa zu fördern.
Siehe *Einigungsvertrag*, auch *Berlin-Abkommen*, *Ostverträge*.

GST ist die Abkürzung für ‹*G*esellschaft für *S*port und *T*echnik›, eine *Organisation* in der ehemaligen *DDR*. Die GST hatte die Aufgabe, die so genannten Werktätigen und vor allem die Jugendlichen vor*militärisch* auszubilden: Die Mitglieder lernten Schießen, Segel- und Motorflug, Fallschirmspringen, erste Hilfe und Ähnliches.

Guerilla ist spanisch und heißt ‹kleiner Krieg›. Guerillas oder Guerilleros heißen die Kämpfer, die einen solchen Krieg führen.
Guerillas bilden bewaffnete Gruppen, sie gehören nicht zu den ordnungsgemäßen Streitkräften eines Landes. Sie kämpften früher hauptsächlich nach einem Krieg gegen die Truppen, die ihr Land besetzt hielten.
Heute wird die Bezeichnung Guerillas auf beinahe alle Untergrundkämpfer angewandt, gleichgültig, wofür oder wogegen sie kämpfen. Der Begriff Guerillas wird heute sowohl für Freiheitskämpfer als auch für *Terroristen* verwendet.
Siehe auch *Partisan*.

GUS ist die Abkürzung für *G*emeinschaft *U*nabhängiger *S*taaten; GUS ist ein Staatenbund.
In der Sowjetunion begannen etwa

1986 grundlegende *politische* Veränderungen, die 1991 zur Auflösung der Sowjetunion führten. Die einzelnen *Republik*en der Sowjetunion wurden zu selbständigen *Staat*en.
Zur GUS schlossen sich ab 1991 Russland, die Ukraine, Armenien, Aserbaidschan, Georgien, Kasachstan, Kirgisistan, Moldau, Tadschikistan, Turkmenien, Usbekistan und Weißrussland zusammen. In diesem Staatenbund ist Russland, genauer bezeichnet als die Russische Föderation, der größte Staat. Russland besteht aus 23 Teilrepubliken.
Siehe auch *Ostblock und Westmächte.*

H

Hammelsprung nennt man eine Art der Abstimmung im *Bundestag*, dem *Parlament* der *Bundesrepublik Deutschland*: Sie wird angewendet, wenn das Ergebnis einer Abstimmung durch Handheben, Aufstehen oder Sitzenbleiben nicht klar ersichtlich ist.
Für den Hammelsprung verlassen alle *Abgeordnete*n den Sitzungssaal. Die Türen werden geschlossen, bis auf drei. Durch diese drei Türen müssen die Abgeordneten den Saal wieder betreten. Die eine Tür bedeutet ‹Ja›, die zweite ‹Nein› und die dritte ‹Enthaltung›. Enthaltung bedeutet, dass sich ein Abgeordneter weder für ‹Ja› noch für ‹Nein› entscheiden kann: Er enthält sich der Stimme.

Haushaltsplan, die Aufstellung der Einnahmen und Ausgaben eines *Staates* nennt man den Haushaltsplan, den Etat, das Budget oder kurz den Haushalt.
Die Einnahmen eines Staates stammen hauptsächlich aus den verschiedenen *Steuern*, die jeder Bürger und jeder Betrieb zahlen muss. Ausgaben hat ein Staat, weil er zum Beispiel Straßen und Wohnungen baut, weil er Beamte und Soldaten bezahlen muss, weil er Schulen und Universitäten einrichtet.
Der Haushaltsplan wird in der Regel für ein Jahr aufgestellt, und zwar von der *Regierung*. Er wird dem *Parlament*, das heißt der *Volk*svertretung, vorgelegt. Eines der wichtigsten *Rechte* eines Parlaments ist es, den Haushaltsplan zu bewilligen. Man nennt dieses Recht das Haushaltsbewilligungs- oder das Etatrecht. Die Pläne und Ziele einer Regierung kommen im Haushaltsplan deutlich zum Ausdruck: Es ist abzulesen, wofür und wie viel Geld die Regierung ausgeben will.
In den Haushaltsdebatten erörtern die *Abgeordnete*n und die Vertreter der Regierung, ob zum Beispiel mehr Geld für die Verteidigung des Staates oder für Forschung und Bildung ausgegeben werden soll.
In der *Bundesrepublik Deutschland* gibt es den Haushaltsplan des Bundes, es gibt die Haushaltspläne der *Bundesländer* und die der einzelnen Gemeinden.
Siehe *Bund und Länder, Finanzen.*

Hausse, siehe *Börse.*

Hearing ist die Anhörung von Fachleuten, zum Beispiel durch einen Ausschuss des *Bundestag*es. Ein Ausschuss ist eine kleine Arbeitsgruppe, die sich aus sachverständigen *Abgeordnete*n der im Bundestag vertretenen

*Partei*en zusammensetzt. Aufgabe der Ausschussmitglieder ist es, *Gesetz*e zu beraten, die im Bundestag beschlossen werden sollen.
Der Verkehrsausschuss zum Beispiel berät Gesetze, die den Verkehr betreffen. Um eine Frage der Verkehrsplanung genau zu untersuchen, kann der Ausschuss Fachleute zu einem Hearing einladen: zum Beispiel Wissenschaftler, Straßenbauingenieure oder Vertreter von Automobilklubs. Die Ausschussmitglieder hören die Fachleute an und kommen so zu einem besseren Urteil über ein geplantes Gesetz.
Hearings, die auch als öffentliche Anhörungen bezeichnet werden, sind im Gegensatz zu den üblichen Ausschusssitzungen oft öffentlich: Auch wer nicht zum Bundestag gehört, darf dann daran teilnehmen.
Siehe *Ausschüsse.*

Hegemonie heißt Führung und Vorherrschaft, auch ‹Macht über andere›. Ein *Staat* kann *wirtschaftlich* oder *militärisch* stärker sein als andere Staaten. Er kann seine Stärke benutzen, andere Staaten zu beeinflussen und zu überwachen. Nutzt er seine Überlegenheit so aus, spricht man von der Hegemonie dieses Staates, der auch als Hegemonialmacht bezeichnet wird.

Hierarchie heißt Rangordnung. Ursprünglich wurde der Begriff nur auf die Rangordnung in der katholischen Kirche angewandt: Ein Bischof steht höher im Rang als ein Priester und hat daher mehr Macht.
Heute wird der Begriff Hierarchie auf jede Rangordnung angewendet, in der die Befehlsgewalt von oben nach unten verläuft. Hierarchische Ordnungen bestehen überall dort, wo oben Befehle erteilt werden, denen unten gehorcht werden muss.

Hirtenbrief nennt man in der katholischen Kirche das Rundschreiben eines Bischofs über wichtige kirchliche Fragen. Hirtenbriefe sind an die Gläubigen gerichtet und werden in der Regel von der Kanzel verlesen.

HO ist die Abkürzung für *H*andels*o*rganisation, in der die meisten Einzelhandelsgeschäfte und beinahe alle Gaststätten in der ehemaligen *DDR* zusammengefasst waren.
Eine *Organisation* ist eine Einrichtung, die nach einem bestimmten Plan aufgebaut oder gegliedert ist.
Die HO befand sich im Eigentum des *Staat*es, sie wurde vom Staat geleitet. Das bedeutete, die einzelnen Geschäfte und Gaststätten kauften ihre Waren nicht selbst ein, sondern wurden nach einem einheitlichen Plan beliefert; insbesondere bestimmte der Staat, was mit den Gewinnen geschah.

Hochverrat, der Versuch, die bestehende Ordnung in einem *Staat* mit Gewalt zu verändern, ist Hochverrat und wird schwer bestraft.
Siehe auch *Landesverrat.*

Hoheitsrechte, die Hoheitsrechte eines *Staat*es sind die *Rechte*, die ihm erlauben, in bestimmten Bereichen zu entscheiden und zu handeln, ohne dass sich ein anderer Staat einmischen darf: zum Beispiel das Recht, sich *Gesetz*e zu geben, oder das Recht, Richter einzusetzen, damit die Gesetze gewahrt werden. Siehe auch *Staatsgewalt, Souveränität.*

Holocaust ist ein griechisches Wort, das im Deutschen mit Brandopfer übersetzt wird. Als Holocaust wird die Ermordung von Millionen europäischer *Juden* durch die Nationalsozialisten bezeichnet.
Siehe *Nationalsozialismus, Weltkrieg.*

Hospitant bezeichnet eine Person, die als Gast zum Beispiel an einer Unterrichtsstunde in einer Schule oder an einer Vorlesung an einer Hochschule teilnimmt. Ein Hospitant ist ein Gasthörer. Auch ein *Abgeordnete*r, der nicht als Mitglied, sondern als Gast in eine *Fraktion* aufgenommen wird, heißt Hospitant.

humanitär heißt menschenfreundlich und wohltätig. Wer humanitär handelt, versucht das Wohl seiner Mitmenschen zu fördern und zu verbessern. Krankenhäuser und Altersheime zum Beispiel sind humanitäre Einrichtungen.

I

IAEO, siehe *Internationale Atomenergie-Organisation.*

Ideologie, Ideologien sind zusammenhängende Vorstellungen und Urteile. *Politisch*e Ideologien betreffen das Zusammenleben der Menschen. Der Zusammenhang von Vorstellungen und Urteilen in einer politischen Ideologie geht von der jeweils tatsächlichen Ordnung aus, in der Menschen leben. Ideologien sind deshalb fast immer parteiisch: Sie rufen entweder die Mitmenschen auf, die bestehende Ordnung zu verteidigen, oder sie predigen eine neue Ordnung, die den Sturz der alten voraussetzt. Die Ideologien decken einen Schleier über die Schwächen der bestehenden oder der erwünschten Ordnung, sie heben ihre Stärken hervor.
Eine Ideologie der kapitalistischen *Gesellschaft* ist zum Beispiel, dass der Wettbewerb in der Gesellschaft und in der *Wirtschaft* Fortschritt für alle Menschen in dieser Gesellschaft bedeutet.
Eine Ideologie der kommunistischen Gesellschaft ist, dass alle Menschen in dieser Gesellschaft die gleichen *Rechte* und das gleiche Ansehen haben werden. Ideologien sind Waffen im Kampf widerstreitender Parteien: Jede Seite benutzt sie, um zu zeigen, dass sie besser ist als die andere.
Siehe auch *Kapitalismus, Kommunismus.*

IG ist die Abkürzung für *I*ndustrie*g*ewerkschaft. In der *Bundesrepublik Deutschland* gibt es drei Industriegewerkschaften: IG Metall; IG Bergbau, Chemie, Energie; IG Bauen – Agrar – Umwelt. In den *Industrie*gewerkschaften haben sich die Arbeitnehmer nach Industriezweigen zusammengeschlossen, gleichgültig, welche Berufe sie im Einzelnen haben. So gehören zum Beispiel der IG Metall, der größten Industriegewerkschaft mit rund drei Millionen Mitgliedern, nicht nur Metallarbeiter an, sondern auch Sattler, Transport- und Bauarbeiter, die im Metallgewerbe tätig sind.

Die Industriegewerkschaften gehören dem *DGB*, dem *D*eutschen *G*ewerkschafts*b*und, an.
Siehe auch *Gewerkschaften.*

illegal heißt ungesetzlich. Illegale Maßnahmen entsprechen nicht den geltenden *Gesetz*en.
Siehe auch *legal.*

Image heißt Persönlichkeitsbild. Das Wort wird meist benutzt in der Bedeutung ‹vorgefasstes, fest umrissenes Vorstellungsbild›.
In der Vorstellung der meisten Menschen ist ein Arzt zum Beispiel ein gelehrter und geduldiger Mensch, der für seine Patienten immer den richtigen Rat weiß. Viele Menschen haben also eine fest umrissene Vorstellung vom Arzt.
Das Image eines Politikers ist durch Vertrauenswürdigkeit, Sachlichkeit und Liebe zum *Volk* gekennzeichnet: so soll ein Politiker sein, den die Bürger wählen. Vor und während der *Wahl*kämpfe sind Werbefachleute, Fotografen und Psychologen oft eifrig bemüht, das Image dieses oder jenes *Kandidat*en so zurechtzumachen, dass er der Vorstellung der Bürger entspricht. Das bedeutet, das Image eines Menschen muss nicht immer seiner wirklichen Persönlichkeit entsprechen.

immigrieren heißt einwandern, ein Immigrant ist ein Einwanderer. Das Gegenteil von immigrieren ist emigrieren und heißt auswandern.

Immunität, immun heißt unempfindlich und geschützt. Immunität heißt Unempfindlichkeit.
Immunität in der *Politik* heißt ‹Schutz der *Abgeordnete*n vor Strafverfolgung›. Hat ein Abgeordneter eine strafbare Handlung begangen, kann er nicht verhaftet oder angeklagt werden. Erst muss das *Parlament* seine Immunität aufheben, das heißt die Genehmigung zur Anklage oder Verhaftung geben. Wird ein Abgeordneter allerdings auf frischer Tat gefasst, kann er sofort festgenommen werden, aber auch nachträglich muss die Immunität noch aufgehoben werden.
Das Vorrecht der Immunität, das Parlamentarier in vielen *Staat*en genießen, hat seinen Grund: Man will verhindern, dass die Abgeordneten unter Umständen wegen angeblicher Straftaten in eine Untersuchung verwickelt werden und ihre Aufgaben als *Volk*svertreter nicht erfüllen können.
Immunität genießen die Abgeordneten im *Bundestag* und in den *Landtag*en.

Imperialismus, das lateinische Verb imperare heißt befehlen.
Ein Imperium ist ein Herrschaftsbereich, in dem die Befehle des Herrschers befolgt werden.
Imperialismus ist das Streben eines *Staat*es nach Großmachtstellung oder Weltmacht. Imperialistisch ist ein Staat, der seine Macht über den eigenen Staat hinaus auf andere Staaten erweitern will.

Import ist die Einfuhr von Waren aus dem Ausland. Spanische Orangen zum Beispiel, Fotoapparate aus Japan oder Holz aus Schweden werden in die *Bundesrepublik Deutschland* importiert, das heißt eingeführt.
Siehe auch *Export.*

Indemnität bedeutet ‹Lossprechung von der Verantwortlichkeit›. In der *Politik* wird der Begriff Indemnität auf *Abgeordnete* angewandt: Sie dürfen zu keiner Zeit wegen einer im *Parlament* gemachten Äußerung oder Abstimmung verfolgt werden.
Das Vorrecht der Indemnität hat einen Grund: Die Abgeordneten sollen die Möglichkeit haben, ihre Ansichten frei und deutlich zu äußern.
Die Abgeordneten können jedoch für alles, was sie in Privatgesprächen sagen, und für verleumderische Beleidigungen zur Verantwortung gezogen werden. Verleumderische Beleidigungen sind unwahre Behauptungen über einen Menschen, die ihn verächtlich machen.
Indemnität genießen die Abgeordneten im *Bundestag* und in den *Landtag*en.

Indiz heißt Anzeichen und ‹Tatsache, aus der man einen Schluss zieht›.
Ein bisher aufmerksamer Schüler arbeitet auf einmal nachlässig, passt nicht auf und ist müde. Dieses Verhalten kann ein Indiz dafür sein, dass er krank ist oder ganz einfach zu wenig schläft.
Von Indizienbeweisen wird bei Gerichtsurteilen gesprochen: Sie stützen sich auf mehrere Tatsachen, die den Schluss zulassen, dass der Angeklagte eine bestimmte Tat begangen hat.

Indoktrination, eine *Doktrin* ist eine Lehre, auch eine Lehrmeinung. Indoktrination ist eine ‹Beeinflussung im Sinne einer bestimmten Lehre›. Von Indoktrination spricht man vor allem, wenn Vertreter einer bestimmten *politisch*en Richtung andere Menschen einseitig in ihrem Sinne beeinflussen.

Industrie ist die Bezeichnung für den Wirtschaftszweig, in dem Waren aller Art mit Hilfe von Maschinen hergestellt werden. *Wirtschaft* ist alles, was Menschen eingerichtet haben und tun, um ihren Bedarf an Gütern zu decken.
Die wichtigsten Zweige der Industrie sind
die Grundstoffindustrie: Sie erzeugt zum Beispiel Stahl;
die Produktionsgüterindustrie: Sie erzeugt Maschinen, mit denen entweder wieder Maschinen oder Verbrauchsgüter hergestellt werden;
die Konsumgüterindustrie: Sie erzeugt Verbrauchsgüter, wie Schuhe, Spielzeug und Staubsauger.
Produktion heißt Erzeugung, Konsum heißt Verbrauch.
Als industrielle *Revolution* wird der plötzliche Übergang von Handwerksbetrieben zur maschinellen Erzeugung in Großbetrieben bezeichnet, der etwa zu Anfang des 19. Jahrhunderts begann.
Industriestaaten sind *Staat*en, deren Wirtschaft durch die industrielle Herstellung bestimmt ist. Im Unterschied dazu gibt es *Agrar*staaten: Hier wird hauptsächlich Landwirtschaft betrieben. Die *Bundesrepublik Deutschland* ist ein Industriestaat.

Inflation heißt Geldentwertung. Inflation herrscht, wenn die Verbraucher für die gleiche Menge Geld weniger kaufen können, weil die Waren teurer geworden sind. Erfolgt die Preissteigerung langsam, nennt man das schleichende Inflation, erfolgt sie schneller,

spricht man von galoppierender Inflation.
Inflation in unterschiedlichem Ausmaß gibt es in den letzten Jahren in fast allen *Staat*en mit freier *Marktwirtschaft*. Deshalb bemühen sich *Wirtschafts*fachleute seit langem, die Gründe dafür herauszufinden. Sie haben festgestellt, dass bei Inflationen die Geldmenge stärker steigt als die Menge der erzeugten Güter und Dienstleistungen. Dienstleistungen sind zum Beispiel Leistungen der Transportbetriebe und der Gaststätten.
Es gibt bei einer Inflation mehr Geld als Waren, und die Preise steigen. Die Ursachen für die Vergrößerung der Geldmenge kann man aber nur in Einzelfällen erkennen: zum Beispiel in einem Staat, der Krieg führt und das Geld für Waffen und Ausrüstung nicht durch eine Erhöhung der *Steuern*, sondern durch Drucken von Geldscheinen aufbringt. Einleuchtende Gründe für die weltweite Inflation der Gegenwart gibt es jedoch nicht. Die *Regierung*en versuchen die Vergrößerung der Geldmenge zu verhindern. Sie versuchen auch manchmal durch gesetzliche Vorschriften, wie zum Beispiel einen Lohn- und Preisstop, das Steigen der Preise anzuhalten. Sicher wirkende Maßnahmen gegen die Inflation hat man aber bisher noch nicht gefunden.

Information ist eine Nachricht oder eine Auskunft.
Informationspflicht ist die Pflicht, Auskunft zu erteilen. Die Bundes*minister* haben zum Beispiel die Pflicht, dem *Bundeskanzler* Auskunft über ihre Arbeit zu geben.
Informationsrecht ist das *Recht*, Auskunft zu verlangen. Die *Bundestagsabgeordnete*n haben zum Beispiel das Recht, von der *Bundesregierung* Auskunft über deren Arbeit zu verlangen.
Ein Informant ist ein Mensch, der Auskunft gibt. Im heute üblichen Sprachgebrauch wird mit Informant ein Überbringer von geheimen Nachrichten bezeichnet.

Infrastruktur, Infra- wird als Vorsilbe benutzt und heißt unterhalb. Struktur heißt Aufbau oder Gliederung. Eine Infrastruktur ist also ein Unterbau.
Wenn von der Infrastruktur eines Landes gesprochen wird, sind damit alle Einrichtungen gemeint, die ermöglichen, dass die Menschen zusammen leben und zusammen arbeiten. Zur Infrastruktur gehören alle Verbindungswege: Das sind Straßen, Schienen, Kanäle, Flugplätze – kurz das Verkehrsnetz. Zu den Verbindungswegen gehören auch die Rohrleitungen für Wasser und Abwasser, für Gas und Strom – kurz das Versorgungsnetz. Auch die Nachrichtenverbindungen wie Telefon, Rundfunk- und Fernsehstationen und das Internet zählen dazu. Alle Einrichtungen, die der Bildung, der Gesundheit und der Erholung dienen, gehören auch zur Infrastruktur: Das sind zum Beispiel Schulen, Universitäten, Krankenhäuser, Schwimmbäder, Museen und Theater.

Initiative heißt ‹erster Schritt›, Unternehmungsgeist und Entschlusskraft.
Jan hat seit Monaten Streit mit seinem Klassenkameraden Sven. Eines Tages ergreift er die Initiative, das heißt, er unternimmt den ersten Schritt, sich mit Sven zu versöhnen.

Auch Bürger können Initiative entwickeln: Sie können sich zusammenfinden, um zum Beispiel die Einrichtung von Spielplätzen in ihrem Wohnbezirk zu verlangen. Sie schreiben entsprechende Briefe an die *Verwaltung* der Stadt, sie sammeln Unterschriften gleich gesinnter Bürger. Oft gelingt es einer solchen Gruppe, in der Öffentlichkeit und in der *Presse* Zustimmung zu finden, sodass ihr Vorhaben von den *Volk*svertretern in den *Parlament*en oder von den Verwaltungsbehörden aufgegriffen wird. Den Unternehmungsgeist von Bürgern, die für sich und andere Bürger etwas erreichen wollen, nennt man Bürgerinitiative.
Siehe auch *Gesetzesinitiative.*

Inkompatibilität, inkompatibel heißt unverträglich und unvereinbar. Es gibt zum Beispiel Arzneimittel, die nicht miteinander eingenommen werden dürfen: Sie sind inkompatibel. Inkompatibilität heißt Unverträglichkeit und Unvereinbarkeit.
In der *Politik* besagt Inkompatibilität, dass die drei *Staatsgewalt*en *Legislative,* das ist die gesetzgebende Gewalt, *Exekutive,* das ist die ausführende Gewalt, und *Rechtsprechung* personell voneinander getrennt sein müssen. Das bedeutet, dass ein *Staatssekretär* zum Beispiel – er gehört zur Exekutive – und auch ein Richter – er gehört zur Rechtsprechung – nicht gleichzeitig *Abgeordnete* – sie gehören zur Legislative – sein dürfen. Sie würden anderenfalls ihre eigene Tätigkeit überwachen müssen. Hohe Beamte und Richter treten aus diesem Grund in den Ruhestand, wenn sie Abgeordnete werden.
Es gibt einige Ausnahmen: So dürfen zum Beispiel in der *Bundesrepublik Deutschland* Bundes*minister* gleichzeitig *Bundestagsabgeordnete* sein.
Siehe auch *Gewaltenteilung.*

Instanz ist eine zuständige Stelle, besonders bei Behörden der *Verwaltung* und der Gerichtsbarkeit. Es gibt untere, mittlere und obere Instanzen: In der Gerichtsbarkeit ist ein Amtsgericht zum Beispiel eine untere, ein Oberlandesgericht eine obere Instanz.
Der Instanzenweg, auch Dienstweg genannt, ist der Weg zum Beispiel einer Beschwerde von einer zuständigen Behörde zu der nächsthöheren.

Institution, eine Einrichtung, der bestimmte Aufgaben im *Staat* übertragen sind, wird als Institution bezeichnet. Die Institution Schule regelt Erziehung und Ausbildung. Institutionen sind auch *Gerichte, Partei*en, *Gewerkschaften* und die *Sozialversicherung.*
Instituieren heißt einrichten und errichten.

Integration, integrieren heißt ‹sich zusammenschließen› und ‹ein neues Teil in eine bestehende Gruppe einbeziehen›. Integration heißt Zusammenschluss und Einbeziehung.
Ein neuer Schüler kommt in die Klasse. Nach anfänglichen Schwierigkeiten auf beiden Seiten wird sich herausstellen, ob einerseits die Klassengemeinschaft den ‹Neuen› aufnimmt und ob sich andererseits der Neue in die Gemeinschaft einfügt. Dieser Vorgang kann begünstigt werden, wenn der Neue zum Beispiel über gute Fähigkeiten im Handballspiel verfügt und so die Klassenmannschaft bereichert.

Hat der Neue keine Geschwister, kann auch das ein günstiger Umstand sein: Er braucht dann die Gemeinschaft der Klasse besonders. Nach einer gewissen Zeit gehört der Neue dazu – er ist eingegliedert, er ist integriert.
*Staat*en können sich zu *wirtschaftlich*en, *militärisch*en oder *politisch*en Einheiten integrieren. Die Schwierigkeiten auf dem Wege zu einer Integration sind am Beispiel der *Europäischen Union, EU,* zu beobachten.

Integrität, integer heißt unbescholten, unbestechlich und unverletzt. Die Integrität eines Menschen ist seine Unbescholtenheit und Unbestechlichkeit.
Die Integrität eines *Staat*es ist die Unverletzlichkeit seines *Staatsgebiet*es.

Interessenverbände, Interessenvertreter, Interesse heißt Anteilnahme, Beachtung und Nutzen, Vorteil.
Ein Klassensprecher zum Beispiel vertritt die Interessen seiner Mitschüler, ein Rechtsanwalt die seines Klienten, das heißt die seines Auftraggebers, die Bürger in einer Bürgerinitiative die ihrer Mitbürger. Klassensprecher, Rechtsanwälte und Bürgerinitiativen sind also Interessenvertreter.
Zu Interessenverbänden schließen sich Menschen in einer *Gesellschaft* zusammen, um ihre Absichten und Auffassungen gegenüber der *Regierung* oder gegenüber anderen Interessengruppen wirkungsvoller vertreten zu können. Arbeitgeberverbände und *Gewerkschaften,* das sind Arbeitnehmerverbände, sind zwei der wichtigsten Interessenverbände in der *Bundesrepublik Deutschland.*
Siehe auch *Tarif, Lobby.*

Interim heißt Zwischenzeit und wird meist im Sinne einer ‹vorläufigen Regelung› benutzt.
Öfter verwendet wird das Wort Interimslösung: Das ist eine zwischenzeitliche Lösung eines Problems, bevor eine endgültige Lösung gefunden ist.

intern heißt ‹nur die eigenen Verhältnisse angehend› und innerhalb. Die interne Angelegenheit einer Familie, einer Schule oder eines *Staat*es ist eine Angelegenheit, die nur diese Familie, diese Schule oder diesen Staat betrifft.

inter-, international, inter- wird als Vorsilbe benutzt und heißt zwischen. Inter- kennzeichnet eine bestimmte Gemeinsamkeit zwischen zwei oder mehreren verschiedenen Partnern.
International heißt zwischenstaatlich, ‹mehrere *Staat*en betreffend›, oder ‹über die Grenzen der *Nation* hinausgehend›.
Ein internationales Abkommen, zum Beispiel über die Preise im Luftverkehr, regelt ein bestimmtes Problem, das mehrere Staaten gemeinsam haben und über das sie sich miteinander verständigen.

Internationale war ursprünglich die Kurzform für ‹Internationale Arbeiterassoziation›.
International heißt ‹über die Grenzen eines Staates hinausgehend›, eine Assoziation ist ein Zusammenschluss.
Innerhalb der *Arbeiterbewegung* Europas und Amerikas waren die Führer der Arbeitervereinigungen in den einzelnen Ländern bemüht, ihre Gruppen mit denen anderer Länder zusammenzuschließen. So entstand 1864 in Lon-

don die I. Internationale, die bis 1876 bestand.

Die II. Internationale wurde 1889 in Paris gegründet, ihr gehörten die sozialdemokratischen *Partei*en der damaligen Zeit an. Sie kämpften zum Beispiel für den Achtstundentag, das heißt für eine Arbeitszeit von acht Stunden täglich. Eine Kundgebung im Jahre 1890 wurde zur Grundlage für die Feiern am 1. Mai in vielen Ländern.

Nach dem 2. *Weltkrieg* wurde die II. Internationale, die sich 1914 aufgelöst hatte, 1951 als ‹*Sozialistisch*e Internationale› wiederbegründet; ihr gehören sozialdemokratische Parteien aus 34 Staaten an, darunter die *SPD.*

Die III. Internationale wurde 1919 in Moskau als Zusammenschluss der kommunistischen Parteien gegründet. Sie wurde abgekürzt als Komintern bezeichnet. Innerhalb der Komintern setzte sich die Kommunistische Partei der Sowjetunion als führende Partei durch. 1943 wurde die Komintern aufgelöst.

Die IV. Internationale von 1938 erlangte keine Bedeutung.

‹Die Internationale› ist der Name eines Kampfliedes der Arbeiterbewegung, es stammt aus dem Jahre 1871.

Siehe auch *Kommunismus, Arbeiterbewegung.*

Internationale Atomenergie-Organisation, IAEO, 1956 schlossen sich 81 *Staat*en zur *I*nternationalen *A*tom*e*nergie-*O*rganisation zusammen. 2004 sind in der IAEO 136 Staaten vertreten. Die Aufgaben der Internationalen Atomenergie-*Organisation* sind, die friedliche Nutzung der Atomkraft zu überwachen und ihren Missbrauch zu *militärisch*en Zwecken zu verhindern. Die IAEO vergibt Forschungs- und Entwicklungsaufträge und sorgt dafür, dass die wissenschaftlichen Erfahrungen in den Mitgliedsländern ausgetauscht werden.

1986 beschloss die IAEO ein Frühwarn*system* der Staaten untereinander sowie gegenseitige Hilfeleistung nach Atomunfällen.

Man sagt für Atomkraft auch *Kernenergie*: Es ist die Energie, die bei der Spaltung eines Atomkerns frei wird. In der Physik heißt Energie ‹die Fähigkeit, Arbeit zu leisten›. Kernenergie kann genutzt werden, um zum Beispiel in einem Kraftwerk Elektrizität zu erzeugen.

Die englische Bezeichnung für die IAEO ist *I*nternational *A*tomic *E*nergy *A*gency, IAEA.

Siehe *Atomwaffensperrvertrag,* auch *Kernenergie, nukleare Waffen, EURATOM.*

Internationaler Gerichtshof, der *Internationale* Gerichtshof ist eine Einrichtung der *Vereinten Nationen.* Er entscheidet Streitfälle zwischen Mitgliedsstaaten der Vereinten Nationen, die ihm von den beteiligten *Staat*en übertragen werden.

Der Gerichtshof hat seinen Sitz in Den Haag in den Niederlanden. Er besteht aus 15 Richtern, die aus verschiedenen Staaten stammen müssen. Sie werden von der Vollversammlung und vom *Sicherheitsrat* der Vereinten Nationen auf neun Jahre gewählt.

Internationaler Währungsfonds (IWF), er wird auch als Weltwährungsfonds oder englisch als *I*nternational

*M*onetary *F*ound (IMF) bezeichnet. Der Weltwährungsfonds wurde 1945 als Einrichtung der *Vereinten Nationen* gegründet. Es gehören ihm 2004 184 Staaten an, die *Bundesrepublik Deutschland* seit 1952.

Die im Weltwährungsfonds zusammengeschlossenen Staaten haben sich zur Aufgabe gestellt, den Handel auf der Welt zu erleichtern. Um das zu erreichen, beschlossen sie, ihre *Währung*en, das heißt ihre Zahlungsmittel, aufeinander abzustimmen. So wurde möglich, dass heute zum Beispiel EURO ohne Schwierigkeiten gegen amerikanische Dollar eingetauscht werden können.

Die Mitgliedsstaaten des IWF zahlen Geld in einen gemeinsamen Fonds. Ein Fonds ist ein verfügbarer Geldvorrat. Aus diesem Fonds kann ein Mitgliedsland unterstützt werden, das vorübergehend in Schwierigkeiten gerät. Das bedeutet zum Beispiel: Ein Land, das aus einem anderen Land mehr Waren einführte, als es dorthin ausführte, und nun Schulden hat, bekommt aus dem Fonds Geld geliehen.

In jährlich stattfindenden Beratungen mit den Mitgliedsstaaten untersucht und überprüft der IWF die Entwicklung der *Wirtschaft* in den einzelnen Ländern und beurteilt deren Auswirkungen auf die Zahlungskraft des jeweiligen Staates. Zweimal im Jahr begutachtet der IWF die Weltwirtschaftslage.

1961 gründeten die zehn wichtigsten *Industrie*länder im Weltwährungsfonds den so genannten Zehnerklub: USA, Großbritannien, Frankreich, Italien, Japan, Kanada, Niederlande, Belgien, Schweden und die Bundesrepublik. Der Zehnerklub wurde geschaffen, um die Aufgaben des IWF verstärkt und gezielt zu erfüllen.

internieren heißt ‹in Gewahrsam halten› und ‹in Haft nehmen›. Internierung heißt Verwahrung.

In Internierungslagern werden Menschen in Gewahrsam gehalten: In einem Krieg kann die *Regierung* eines Staates die Menschen internieren, die Bürger eines feindlichen Staates sind.

In einigen Staaten gibt es Internierungen auch in Friedenszeiten: Interniert werden Menschen, die in ihren Auffassungen und Handlungen im Gegensatz zu der Regierung des Staates stehen.

Interpretation heißt Erklärung und Deutung. Interpretiert, das heißt erklärt oder gedeutet werden Texte, das können Verträge, Bücher oder *Gesetz*e sein. Auch Kunstwerke, mündliche Äußerungen und das Verhalten von Menschen können interpretiert werden.

Intervention heißt Einmischung und Vermittlung.

Greift ein *Staat* in die inneren Angelegenheiten eines anderen Staates ein, bezeichnet man das als Intervention oder Einmischung.

Intervention heißt dann Vermittlung, wenn sich ein unbeteiligter Staat in eine Auseinandersetzung zweier anderer Staaten einmischt, um den Streit beizulegen. Man sagt in einem solchen Fall auch, eine Regierung interveniert, das heißt, sie vermittelt.

Invasion heißt ‹das Eindringen›, im Besonderen ‹der Einfall feindlicher Truppen in fremdes Gebiet›.

Investition, ein Lebensmittelhändler vergrößert seinen Laden und baut ihn um in ein Selbstbedienungsgeschäft: Dafür gibt er Geld aus. Er investiert, das heißt, er legt Geld an.
Eine Investition ist eine Geldanlage in Sachgütern, man sagt auch Kapitalanlage. Investitionen dienen dazu, Altes zu erhalten oder Neues anzuschaffen, um damit zu arbeiten oder etwas herzustellen und um dadurch im Wettbewerb bestehen zu können. Der Kaufmann erweitert seinen Laden, der Bauunternehmer kauft einen Kran, der Bäckermeister eine Knetmaschine.
Auch ein *Staat* investiert: Er legt zum Beispiel Geld an für den Bau von Straßen, Krankenhäusern und Schulen. Derartige Investitionen dienen dem Gemeinwohl: Sie bringen Nutzen für alle.

irrelevant heißt unerheblich, belanglos oder unwichtig.

Isolationismus, ein Mensch oder ein *Staat*, der sich isoliert, sondert sich ab von den anderen. Isolation heißt Absonderung und Vereinsamung.
Als Isolationismus bezeichnet man das Bestreben eines Staates, sich völlig auf seine eigenen Angelegenheiten zu beschränken und zum Beispiel keine Bündnisse mit anderen Staaten einzugehen.

ITAR-TASS, früher TASS, ist die staatliche Nachrichtenagentur Russlands; sie wird von der *Regierung* beaufsichtigt. Eine Nachrichtenagentur vermittelt Nachrichten aus aller Welt an Zeitungen, Rundfunk- und Fernsehanstalten.

J

Joint Venture ist ein englischer Begriff, der ohne Übersetzung im Deutschen angewendet wird.
Joint Venture ist die Bezeichnung für ein Gemeinschaftsunternehmen, meist für gemeinsame Vorhaben in der Groß*industrie*. Bei einem solchen gemeinsamen Unternehmen bringt jeder Geschäftspartner das ein, was der andere nicht in gleichem Maße besitzt. In der Regel geht es um die Kapitalbeteiligung: Jeder Partner bringt 50 Prozent des benötigten Kapitals, das heißt des Geldes, in die Unternehmung ein. Hat nur einer von den beiden Geld, kann der Partner andere Werte zur Verfügung stellen: Bei der Gründung eines Hotels zum Beispiel gibt der eine das Geld, der andere das Grundstück und die Arbeitskräfte.
Von Joint Venture wird auch gesprochen, wenn sich Unternehmen aus verschiedenen *Staat*en vorübergehend zusammenschließen, um ein gemeinsames Vorhaben auszuführen.

Juden sind Angehörige der jüdischen Glaubensgemeinschaft und Angehörige des jüdischen *Volk*es.
Nach der Zerstörung ihres Reiches in Palästina im 1. Jahrhundert nach Christus wanderten sehr viele Juden aus. Etwa vom 9. Jahrhundert an lebten sie in den meisten europäischen Ländern. Sie blieben in abgesonderten Gruppen, weil sie die Eigenarten ihrer Religion und ihrer Lebensweise behalten wollten. So entstanden vor allem in den Städten die *Gettos*, die Judenviertel, in denen Juden zuerst freiwillig, später jedoch gezwungen lebten.

In einigen Ländern und während kurzer Zeiten genossen die Juden Vorrechte. In den meisten Ländern wurden sie jedoch wegen ihrer Religion und der damit verbundenen fremdartigen Gebräuche verspottet und verachtet, oft verfolgt.
So war es Juden während des Mittelalters in *Deutschland* verboten, ein Handwerk zu erlernen. Sie wurden daher vor allem im Handel und in Geldgeschäften tätig. In Spanien kam es 1391 zu einer ersten Judenverfolgung, die von der Kirche und von der *Regierung* geduldet wurde.
Gegen Ende des 18. Jahrhunderts setzte sich bei den Völkern Europas die Auffassung durch, dass alle Menschen vor dem *Gesetz* gleich sind und als Bürger eines *Staat*es die gleichen *Rechte* haben. In den meisten Staaten wurden nun auch die Juden gleichberechtigte Staatsbürger: Sie wurden Deutsche, Spanier, Franzosen. Gegen die Gleichberechtigung der Juden lehnten sich in einigen Staaten vor allem die Kleinbürger auf. Sie empfanden Neid und Missgunst gegen die Juden, die nun in vielen Lebensbereichen erfolgreich waren. In Russland kam es mit Billigung des Zaren 1881 und in den folgenden Jahren zu *Pogrom*en: Juden wurden misshandelt, von ihrem Besitz vertrieben und getötet. In anderen europäischen Staaten wurde eine Rassenlehre erfunden, die wissenschaftlich unhaltbar ist: Juden seien eine minderwertige Rasse. Diese Rassenlehre hatte in Deutschland in der Zeit des *Nationalsozialismus* 1933 bis 1945 ungeheuerliche Auswirkungen: Die Judenverfolgungen erreichten hier ein bis dahin nicht gekanntes Ausmaß. Millionen europäischer Juden wurden in den *Konzentrationslager*n umgebracht. Die Zahl der Juden in Europa sank durch die Massenmorde der Nationalsozialisten von ursprünglich 10 Millionen im Jahr 1939 auf 4,2 Millionen am Ende des 2. *Weltkrieg*es.
Während der Verfolgungen in Russland und Deutschland waren viele Juden aus Europa nach Palästina geflüchtet. 1948 wurde in Palästina der Staat Israel als jüdischer Staat gegründet. Die jüdischen Staatsangehörigen heißen Israelis. Siehe dazu *Nahost-Konflikt*, *Zionismus*.
Das Wort Antisemitismus bezeichnet eine feindselige und oft hasserfüllte Einstellung und Haltung gegen Juden. Auch heute noch gibt es Staaten, in denen Juden nicht das gleiche Ansehen genießen wie die anderen Staatsbürger.

Julis ist die Abkürzung für Junge Liberale. Siehe *Junge Liberale*.

Junge Liberale heißt die Nachwuchs*organisation* der FDP. Die Jungen Liberalen gründeten sich 1948 als Jungliberale, sie nannten sich einige Jahre Jungdemokraten. Abgekürzt nennen sich die Jungen Liberalen Julis. Mitglieder der Jungen Liberalen müssen nicht Mitglieder der FDP sein.
Siehe *Parteien im Bundestag*.

Junge Union (JU), die Junge Union, JU, ist die Nachwuchs*organisation* der *CDU*. Mitglieder der Jungen Union müssen nicht Mitglieder der CDU sein.
Siehe *Parteien im Bundestag*.

Jungsozialisten, siehe Jusos.

J

Junktim, ein *Staat* will mit einem anderen Staat ein Abkommen über den gegenseitigen Luftverkehr schließen. Beide einigen sich aber nur unter der Bedingung, dass mit diesem Vertrag auch ein anderer verbindlich wird, zum Beispiel ein Handelsabkommen. Das nennt man ein Junktim: die Verknüpfung von zwei oder mehreren voneinander unabhängigen Forderungen, Verträgen oder *Gesetz*en.

Junta ist spanisch und heißt Vereinigung und Ausschuss. Eine Junta besteht aus einer Gruppe von Personen, die nach erfolgreichem Widerstand gegen eine *Regierung* selbst die Regierung übernimmt. Eine Militärjunta setzt sich aus Offizieren zusammen.

juristische und natürliche Person, jede Einzelperson, zum Beispiel Herr Schulz oder Frau Müller, ist eine natürliche Person. Jede natürliche Person ist von Geburt an rechtsfähig: Sie ist fähig, *Rechte* und Pflichten zu tragen. Ein sechsjähriges Kind zum Beispiel hat das Recht, erzogen zu werden, und die Pflicht, in die Schule zu gehen.
Die juristische Person ist eine Vereinigung von Personen, man bezeichnet sie auch als rechtsfähige Körperschaft. Die juristische Person, das kann eine Gemeinde sein oder eine Krankenkasse, hat die gleichen Eigenschaften wie die natürliche Person: Sie ist rechtsfähig, nachdem sie gegründet und in ein amtliches Verzeichnis eingetragen worden ist.

Jusos ist die Abkürzung für *Ju*ng*so*zialisten, das ist die 1945 gegründete Nachwuchs*organisation* der *SPD.* Bis zum Alter von 35 Jahren sind alle Mitglieder der *SPD* Jungsozialisten, kurz Jusos genannt.
Siehe *Parteien im Bundestag.*

Justiz heißt Gerichtswesen und ‹staatliche Rechtspflege›. Das Gerichtswesen eines *Staat*es umfasst alle *Gerichte.* Unter Rechtspflege ist alles zu verstehen, was vor allem Richter, Staatsanwälte, Beamte der Gerichtsbehörden und Rechtsanwälte tun. Zur Rechtspflege gehört also sowohl die Eintragung eines Grundstücks ins Grundbuch als auch die Verteidigung eines wegen Diebstahls Angeklagten.
Siehe auch *Gerichte.*

K

Kabinett heißt die *Regierung* eines Staates. In der *Bundesrepublik Deutschland* heißt das Kabinett Bundeskabinett. Es besteht aus dem *Bundeskanzler* und den Bundes*ministern.*

Kader stammt aus der Sprache des *Militär*s und bezeichnet den Stammbestand einer Truppe. Das sind vor allem die Offiziere und Unteroffiziere, die die Soldaten ausbilden und führen.
In kommunistischen *Partei*en und *Staaten* wird der Begriff in gleichem Sinn angewendet: Hier sind Kader von der Partei geschulte Führungskräfte, die zum Beispiel in Betrieben, Universitäten und in der öffentlichen *Verwaltung* die Ziele der Partei durchsetzen.
Siehe *Kommunismus.*

Kammer ist ein Begriff, der auf verschiedenen Gebieten angewendet wird. An *Gericht*en, zum Beispiel an Landgerichten, gibt es Kammern: Sie bilden jede ein Gericht für sich, das nicht nur mit einem, sondern mit mehreren Richtern besetzt ist. Eine Strafkammer an einem Landgericht verhandelt Strafsachen, wie Diebstahl oder Betrug.
In vielen *Staat*en wird die Vertretung des *Volk*es, das *Parlament*, als Kammer bezeichnet.
Kammer ist schließlich die Bezeichnung für die Vertretung eines Berufsstandes: Es gibt zum Beispiel Handwerkskammern. Eine der Aufgaben einer Handwerkskammer ist es, die Interessen der Betriebe des Handwerks zu fördern.

Kampagne, früher wurde ein Feldzug in einem Krieg als Kampagne bezeichnet.
Heute spricht man von einer Werbe- oder von einer *Wahl*kampagne. In beiden Fällen wird eine Zeit lang jede Art von Einflussnahme auf den Verbraucher oder auf den Wähler aufgeboten, um auf ein Erzeugnis oder auf einen *Kandidat*en aufmerksam zu machen. Bezogen auf unsere Zeit sind diese Kampagnen auch Feldzüge – wenn nicht gegen, so doch für etwas oder für jemanden.

Kandidat heißt Bewerber; kandidieren heißt sich bewerben; eine Kandidatur ist eine Bewerbung.
Kandidieren kann jemand für ein öffentliches Amt, zum Beispiel für einen Sitz im *Parlament*.

Kanzleramt, siehe *Bundeskanzler*.

Kapitalismus, Kapital ist Vermögen. Vermögen in Grundstücken, Maschinen oder Fabrikgebäuden wird als Anlagekapital bezeichnet. Vermögen in Geld und Wertpapieren, in Rohstoffen und Fertigwaren ist Betriebskapital.
Kapitalismus bezeichnet eine *Wirtschaft*sordnung, in der sich das Kapital im Besitz einzelner Eigentümer befindet, während zahlreiche andere Menschen für sie arbeiten. Das bedeutet, die Arbeiter besitzen weder Anlage- noch Betriebskapital. Sie müssen deshalb als sozusagen einzige Ware, über die sie verfügen, ihre Arbeitskraft an die Kapitaleigentümer verkaufen. Die Kapitaleigentümer sind bemüht, ihr Kapital so zu verwerten, dass sie immer mehr Vermögen gewinnen.
Die kapitalistische Wirtschaftsordnung begann sich gegen Ende des 19. Jahrhunderts stark zu entwickeln, als sich die Bürger aus der Vorherrschaft des Adels befreiten. Vor allem in Frankreich, England und Holland setzte sich eine neue Auffassung durch: Das Individuum, das heißt der einzelne Mensch, müsse sich ungehindert und frei entfalten können. Freiheit und Wohlstand des Einzelnen würden auch Freiheit und Wohlstand für die Gemeinschaft bringen.
Die Freiheit des Einzelnen wurde auch in der Wirtschaft verwirklicht. Die vermögenden Bürger konnten über ihr Eigentum unbehindert verfügen. Nicht gebremst durch Eingriffe des *Staat*es entwickelte sich eine Wirtschaft der freien Unternehmer. Die Wirtschaft nahm, zuerst in England, einen großen Aufschwung. Viele Unternehmer wa-

K

ren jedoch weit mehr an ihrem eigenen Gewinn interessiert als an der Freiheit und dem Wohlstand aller Menschen in der Gemeinschaft. Die *Industrie*arbeiter vor allem lebten in erbärmlichen Verhältnissen.

Auch heute ist in Staaten mit kapitalistischer Wirtschaftsordnung das Eigentum an Kapital überwiegend in privaten Händen. An die Stelle des Einzelunternehmers von früher traten jedoch in immer stärkerem Maße Kapitalgesellschaften, in die mehrere Personen ihr Vermögen als Gesellschafter einbringen. Auch der Staat tritt im modernen Kapitalismus als Eigentümer von Kapital und als wirtschaftlicher Unternehmer auf. Jedoch besitzt und betreibt er in der Regel Dienstleistungsunternehmen, wie zum Beispiel Wasserwerke und Verkehrsbetriebe.

Gegenüber den Kapitaleigentümern vertreten die *Gewerkschaften* die Interessen der Arbeitnehmer. Hauptaufgabe der Gewerkschaften ist, möglichst hohe Löhne und gute Arbeitsbedingungen durchzusetzen.

Innerhalb der Entwicklung des Kapitalismus werden drei Zeitabschnitte unterschieden: der Frühkapitalismus vom 16. bis zur Mitte des 19. Jahrhunderts; der Hochkapitalismus bis zum 1. *Weltkrieg* und der Spätkapitalismus seit dem Ende des 1. Weltkrieges.

*Monopol*kapitalismus bezeichnet eine bestimmte Entwicklung im Hochkapitalismus: Im Wettbewerb werden kleinere und schwächere Unternehmen durch größere und stärkere verdrängt. Monopol heißt ‹alleinige Herrschaft› oder ‹marktbeherrschende Stellung›.

Die kapitalistische Wirtschaftsordnung steht im Gegensatz zur *sozialistisch*en Wirtschaftsordnung. In einer sozialistischen Wirtschaftsordnung ist das Kapital nicht mehr Privateigentum, sondern es ist im Besitz der Gemeinschaft. Das Gemeinwohl und der Gewinn für alle Menschen in der *Gesellschaft* soll Vorrang haben vor dem Gewinn und dem Wohlstand einzelner Personen.

Siehe *Sozialismus*, auch *Liberalismus*, *Marktwirtschaft und Planwirtschaft*, *Arbeiterbewegung*.

Kapitulation, wer kapituliert, ergibt sich. Eine Kapitulation ist eine Unterwerfung unter eine stärkere Macht.

Meist wird der Begriff Kapitulation auf eine *militärisch*e Unterwerfung unter einen überlegenen Gegner angewendet. Es gibt Kapitulationen unter bestimmten zwischen den Gegnern ausgehandelten Bedingungen, es gibt auch die bedingungslose Kapitulation.

Kartell, Kartelle werden von Unternehmen der gleichen Branche, das heißt des gleichen *Wirtschaft*szweiges, gebildet. Die Firmen einigen sich zum Beispiel, ihre Erzeugnisse zu einem gleich hohen Preis anzubieten. Auch wenn die Kosten für die Herstellung einer Ware sinken, können dann die einzelnen Firmen den Warenpreis nicht senken.

Auch über die Qualität, das heißt die Beschaffenheit der Waren, können sich Kartellfirmen absprechen: Sie stellen die Waren nicht immer so haltbar her, wie sie könnten. Derartige Absprachen sind in der *Bundesrepublik Deutschland* durch das Kartell*gesetz* verboten. Doch können bestimmte Vereinbarungen zulässig sein oder erlaubt werden,

wenn sie zum Beispiel der *Rationalisierung*, das heißt der zweckmäßigen Vereinfachung von Arbeitsvorgängen, dienen. Da das Kartellgesetz von den Firmen immer wieder umgangen wird, hat das Bundeskartellamt die Aufgabe, Übertretungen des Gesetzes zu verhindern.
Siehe *Marktwirtschaft und Planwirtschaft.*

Kernenergie, ein Atom ist ein kleinstes, dem Auge nicht sichtbares Teil eines chemischen Grundstoffes. Eisen zum Beispiel und Uran sind chemische Grundstoffe.
Das Atom hat einen Kern. Durch die Spaltung von Atomkernen des Grundstoffes Uran werden eine große Wärmeenergiemenge und Strahlung frei. Uran gehört zu den Kernbrennstoffen, das heißt zu den radioaktiven Stoffen, die sich spalten lassen und somit zur Energiegewinnung eingesetzt werden können.
Die Wärmeenergie wird zum Antrieb von Stromerzeugern in Elektrizitätswerken benutzt. In der Physik heißt Energie ‹die Fähigkeit, Arbeit zu leisten›.
Der Vorgang der Spaltung läuft in Atombomben in gleicher Weise, jedoch außerordentlich schnell und daher mit verheerender Explosionswirkung ab.
Die Spaltung von Atomkernen zum Zweck der Wärmeenergiegewinnung findet in einem Kernreaktor statt. Ein Reaktor ist eine Einrichtung, in der chemische und physikalische Vorgänge ablaufen.
Der Kernreaktor ist der Wärme erzeugende Teil eines Atom- oder Kernkraftwerkes, zu dem außerdem eine Dampfturbine und ein Stromerzeuger gehören. Ein Reaktor kann mit einer Brennstoffladung des Grundstoffes Uran in Form von Brennstäben etwa zwei Jahre betrieben werden.
Bei der Kernspaltung entsteht außer der Wärmeenergie der so genannte radioaktive Abfall, auch ‹Atommüll› genannt: Das sind radioaktive Spaltprodukte, zum Beispiel radioaktives Jod, Caesium, Plutonium. Die von den Spaltprodukten ausgehenden Strahlen können für Menschen, Tiere und Pflanzen schädlich bis tödlich sein. Man spricht von der Radioaktivität der Spaltprodukte, die Strahlen werden Kernstrahlen genannt.
Nach zwei Jahren werden die Brennstäbe als ‹abgebrannt› bezeichnet. Sie können einer Wiederaufbereitungsanlage zugeführt werden. Hier werden das bei der Spaltung entstandene Plutonium und das nicht verbrauchte Uran von den radioaktiven Spaltprodukten abgetrennt, um erneut verwendet zu werden. Bis zu ihrer Wiederaufarbeitung können die abgebrannten Brennstäbe für einen begrenzten Zeitraum in einem Zwischenlager aufbewahrt werden.
Die radioaktiven Spaltprodukte, die nicht mehr zu verwerten sind, ihre gefährliche Strahlung aber über sehr lange Zeit behalten, werden in ein Endlager für radioaktive Abfälle, auch ‹Atommülldeponie› genannt, verbracht. Dazu müssen sie fest umschlossen werden, zum Beispiel durch geschmolzenes, dann erstarrendes Glas. Als Lager können Hohlräume in 700–1000 Meter tiefen Salzlagern benutzt werden, wie es zum Beispiel in der *Bundesrepublik Deutschland* geplant ist.

Eine andere Möglichkeit, abgebrannte Brennstäbe sicher zu verwahren, ist die, sie direkt, also ohne chemische Aufarbeitung, in ein Endlager zu verbringen. Es gibt zurzeit in der Bundesrepublik noch kein betriebsbereites Endlager.

Einrichtungen, in denen radioaktive Abfälle für eine Endlagerung verarbeitet werden, heißen Konditionierungsanlagen.

Erst nach mehr als 10 000 Jahren ist die Radioaktivität der Abfälle auf ein ungefährliches Maß abgeklungen.

In einem Brutreaktor, auch ‹Schneller Brüter› genannt, kann in 10–20 Jahren so viel Plutonium erzeugt werden, man sagt auch ‹erbrütet werden›, wie notwendig ist, um einen zweiten Brutreaktor zu betreiben.

Die Anwendung der Atomenergie zur Stromerzeugung ist umstritten wegen der damit verbundenen Strahlungsgefährdung. Nach Ansicht vieler Fachleute besteht bei dem normalen Betrieb eines Kernkraftwerks eine außerordentlich geringe Gesundheitsgefährdung für die Bevölkerung. Einen so genannten kerntechnischen Unfall können auch die Fachleute nicht ausschließen. Durch *Gesetz*e ist Vorsorge getroffen: Jeder Betreiber eines *K*ern*k*raft*w*erks, KKW, muss, bevor das KKW in Betrieb geht, eine staatliche Genehmigung einholen. Um diese zu erhalten, müssen die Sicherheitsvorkehrungen für einen Unfall nachgewiesen werden.

Die *Bundesrepublik Deutschland* erließ mehrere Gesetze und Verordnungen zum Schutz der Bevölkerung vor Strahlenschäden; 2002 trat ein Gesetz zum Ausstieg aus der Atomenergienutzung in Kraft. Siehe auch *nukleare Waffen, Atomwaffensperrvertrag, Euratom.*

Klassen, soweit man die Geschichte der Menschen zurückverfolgen kann, haben in großen *Gesellschaft*en und *Staat*en immer bestimmte Gruppen und Schichten bestanden. Sie unterscheiden sich nach Besitz, Art der Arbeit, Erziehung und Einfluss, das heißt Macht in der Gesellschaft. Es gab immer herrschende und beherrschte Schichten.

Vom Mittelalter bis gegen Ende des vergangenen Jahrhunderts nannten sich diese Gruppen Stände und grenzten sich deutlich voneinander ab, zum Beispiel als Adel, Bauern und Bürger der Städte. Auch heute noch spricht man in Einzelfällen von Berufsständen, zum Beispiel bei den Ärzten oder Beamten.

Man spricht statt von Schichten oder Ständen von Klassen, wenn die Gruppen in der menschlichen Gesellschaft nach ihrer Stellung zu den *Produktionsmittel*n angeordnet sind. Produktionsmittel sind Mittel und Werkzeuge, mit denen Güter erzeugt werden. Die Einteilung in Klassen geht auf Karl Marx, einen Wegbereiter des *Kommunismus* im 19. Jahrhundert, zurück: Wer über die wichtigsten Produktionsmittel einer bestimmten Zeit verfügt, ist die herrschende Klasse. Im Mittelalter, als überwiegend Nahrungsmittel erzeugt wurden und deshalb der Boden das wichtigste Produktionsmittel war, herrschte der Adel. Ihm gehörte das Land. Als später, besonders nach 1800, die Herstellung von Waren in den Fabriken immer wichtiger wurde, löste das Bürgertum den Adel als herrschen-

de Klasse ab. Die meisten Fabriken gehörten den Bürgern.
Nach der Lehre von Marx beherrscht die *Bourgeoisie*, das ist die Klasse des Bürgertums, das *Proletariat*, das ist die Arbeiterklasse. Erst nach einer Übergangszeit, die Karl Marx als die ‹Diktatur des Proletariats› bezeichnete, würde es eine Gesellschaft ohne Klassen und damit auch ohne den Gegensatz von Herrschenden und Beherrschten geben.
Siehe *Marxismus*.

Klausel heißt Einschränkung und Nebenbestimmung.
Sondervereinbarungen in Verträgen nennt man Klauseln. Sie sind oft kleiner gedruckt als der Haupttext. Besonders in Kauf- und Mietverträgen sollten die vorgedruckten Klauseln beachtet werden, weil sie häufig Nachteile für den enthalten, der den Vertragstext und damit die Klauseln nicht entworfen hat.

kleine Anfrage, siehe *große und kleine Anfrage*.

Kleine Freihandelszone, siehe *EFTA*.

kleine Koalition, siehe *Koalition*.

Klerikalismus, Klerus, jeder Priester der katholischen Kirche, auch der Papst, ist ein Kleriker, das heißt ein Geistlicher. Alle Kleriker zusammen bilden den Klerus.
Klerikal heißt ‹den Klerus betreffend›. Der Begriff Klerikalismus kennzeichnet eine *Politik*, die den Einfluss der katholischen Kirche in vielen Lebensbereichen erhalten und möglichst steigern will. Die Bezeichnung Klerikalismus haben Gegner dieser Politik geprägt.

Koalition heißt Bündnis und Zusammenschluss, koalieren heißt ‹sich verbünden›.
Zu Koalitionen können sich Personen, *Partei*en und *Staat*en verbinden. Als große Koalition wird das auf begrenzte Zeit abgeschlossene Bündnis zweier großer Parteien bezeichnet, die zusammen die *Regierung* bilden. Verbinden sich eine große und eine kleinere Partei, wird von einer kleinen Koalition gesprochen.
Die Koalitionsfreiheit ist das *Recht*, Vereinigungen zu bilden. In der *Bundesrepublik Deutschland* ist das Recht der Vereinigungsfreiheit allen Bürgern im *Grundgesetz* zugesichert: Jeder darf eine Vereinigung gründen oder einer bestehenden beitreten, um zum Beispiel bessere Arbeitsbedingungen durchzusetzen oder die Interessen einer Berufsgruppe zu vertreten. So sind unter anderen Vereinigungen die *Gewerkschaften* und die Arbeitgeberverbände auf dem Recht der Koalitionsfreiheit begründet.

Kodifikation, codex ist lateinisch und heißt das Buch.
Wenn zum Beispiel in der *Bundesrepublik Deutschland* alle geltenden *Gesetze* eines Sachgebietes in einem Gesetzbuch zusammengefasst werden, nennt man das eine Kodifikation oder Kodifizierung.
Das Tätigkeitswort zu Kodifikation ist kodifizieren.

Koexistenz, Existenz heißt Dasein, man spricht von der Existenz eines Menschen oder einer Firma. Koexistenz heißt Nebeneinanderbestehen. Der Begriff der ‹friedlichen Koexistenz› wurde insbesondere verwendet, wenn von dem Verhältnis der *Staat*en der NATO und denen des *Warschauer Pakt*s gesprochen wurde.
Siehe *Ostblock und Westmächte*, auch *Kapitalismus, Kommunismus.*

Kollektiv, Kollektivierung, das Eigenschaftswort kollektiv heißt zusammen, gemeinschaftlich. Eine Kollektivarbeit ist eine gemeinsame Arbeit, eine Gruppenarbeit. Das Kollektiv ist die Gruppe von Menschen, die zusammen arbeitet. Der Begriff Kollektiv stammt aus dem kommunistischen Sprachgebrauch. In *sozialistisch*en *Staat*en, in denen die Ziele des Kommunismus für das Zusammenleben der Menschen verwirklicht werden sollen, sind Kollektive Arbeits- und Erziehungseinheiten: in Schulen zum Beispiel Lernkollektive, in denen Schüler gemeinsam Hausaufgaben lösen.
Auch Kollektivierung ist ein kommunistischer Begriff. Kollektivierung bedeutet, dass der landwirtschaftliche Besitz Einzelner in das Eigentum einer Gemeinschaft umgewandelt wird, und zwar der Gemeinschaft, die zusammen arbeitet. In der ehemaligen *Sowjet*union hießen diese *Genossenschaft*en Kolchosen; daneben gab es Staatsgüter, sie hießen Sowchosen. In der ehemaligen *DDR* gab es die *L*andwirtschaftlichen *P*roduktions*g*enossenchaften, *LPG*. Sowohl in der DDR als auch in der Sowjetunion erfolgte die Kollektivierung in der Landwirtschaft unter Anwendung von Zwang gegenüber den einzelnen Bauern.
Siehe auch *Kommunismus.*

Kolonialismus heißt ‹das Streben nach Kolonien›. Eine Kolonie ist ein Land, das nicht von seinen Einwohnern selbst regiert wird, sondern meist von der *Regierung* eines *Staat*es in einem anderen Teil der Welt. Das bedeutet unter anderem, dass diese Regierung und nicht die Einwohner der Kolonie selbst über die Gewinne bestimmen, die sich aus dem Abbau von Bodenschätzen und den Erträgen der Landwirtschaft ergeben.
Seit dem 16. Jahrhundert eroberten einige europäische Staaten, unter anderen Spanien, Portugal, England, Frankreich und Russland, viele Kolonien in Amerika, Asien und Afrika. Im 19. Jahrhundert wurde auch das Deutsche Reich Kolonialmacht. Die meisten dieser Kolonien sind heute selbständige Staaten geworden.
Als *Neo*-Kolonialismus bezeichnet man heute das Bestreben eines Staates, von ihm abhängige Völker *wirtschaftlich* auszunutzen und in Abhängigkeit zu halten.

Kombinat, mehrere einzelne *Industrie*betriebe, die unter einer Leitung zusammengefasst waren, nannte man in der ehemaligen *DDR* ein Kombinat.
In einem Fischkombinat waren zum Beispiel alle Betriebe zusammengefasst, die mit der Fischerei und mit der Fischverarbeitung zu tun hatten: Das reichte vom Fischfang bis zur Herstellung von Fischmehl. Neben dieser Form des Kombinats, in der Haupt- und Nebenfertigung vereinigt waren,

gab es noch andere Kombinatsbildungen. Kombinate bestanden vor allem in der Eisen- und Stahlindustrie, in der Braunkohlenindustrie und in der chemischen Industrie.
Auch in der ehemaligen Sowjetunion wurden Zusammenschließungen von Industriebetrieben als Kombinate bezeichnet.

Komitee heißt Ausschuss: Die Belegschaft eines Betriebes zum Beispiel kann aus ihrer Mitte ein Komitee bilden, das ein Fest vorbereiten soll.
Mitglieder eines Komitees sind immer von einem größeren Kreis von Menschen beauftragt, eine besondere Frage zu untersuchen oder eine besondere Arbeit für alle zu erledigen.
Siehe auch *Kommission*.

Kommentar, die Bemerkungen, die eine Lehrerin unter einen Aufsatz schreibt, sind ein Kommentar zu diesem Aufsatz: Ein Kommentar ist eine persönliche Meinung, die man schriftlich oder mündlich äußern kann.
Kommentare können zu *Gesetz*en, zu Büchern, Kunstwerken und zu *politisch*en Ereignissen gegeben werden.

Kommission, die Elternversammlung an einer Schule zum Beispiel kann eine Kommission bilden, die das Problem der zunehmenden Gewalttätigkeit von Schülern untersuchen soll: Aus dem Kreis aller Eltern werden einige ausgewählt und beauftragt, alle Fragen zu dem Problem zusammenzutragen und zu erörtern.
Die Ergebnisse der Arbeit dieser Kommission werden der Elternversammlung vorgetragen.
Eine Kommission ist ein ‹Ausschuss von Beauftragten›.

kommunal heißt ‹die Gemeinde betreffend›, eine *Kommune* ist eine Gemeinde.
In der *Bundesrepublik Deutschland* gibt es Stadtgemeinden, wie zum Beispiel die Stadt Köln, und es gibt Landgemeinden, wie zum Beispiel die Ortschaft Lütjenburg.
In Kommunalwahlen wählen die Einwohner einer Gemeinde ihre Vertreter für das Gemeinde*parlament*: Die *Volks*vertretung in Gemeinden kann eine Stadtverordnetenversammlung oder ein Gemeinderat sein. Kommunalwahlen finden alle vier oder alle sechs Jahre statt.
Die ausführende Gewalt, das ist die *Regierung*, liegt in einer Stadtgemeinde bei einem Oberbürgermeister oder Bürgermeister und den Stadträten, in einer Landgemeinde bei einem Bürgermeister und den Gemeinderäten.
Eine Gemeinde ist das unterste Gemeinwesen in einem *Staat*, das das *Recht* hat, sich selbst zu verwalten. Alle Aufgaben, für die nicht der Bund oder die *Bundesländer* zuständig sind, werden von den Gemeinden in eigener Verantwortung ausgeführt: unter anderen die Gesundheitspflege und der Naturschutz.
Eine Gemeinde hat eine *Verfassung*, das ist eine schriftlich niedergelegte Grundordnung über das Zusammenleben der Menschen in einer Gemeinde. Sie wird als Kommunalverfassung oder als Gemeindeordnung bezeichnet.
Gemeinden schließen sich zu Vereinigungen zusammen, in denen Vertreter der einzelnen Gemeinden ihre Erfah-

rungen austauschen und auswerten. Das sind die kommunalen Spitzenverbände: der Deutsche Städtetag, der Deutsche Landkreistag, der Deutsche Städtebund und der Deutsche Gemeindetag.
Siehe auch *Bund und Länder, Magistrat.*

Kommune heißt Gemeinde, insbesondere werden Dörfer und Städte als Kommunen bezeichnet.
Die Pariser Kommune oder die Kommune von Paris bezeichnet in der Geschichte Frankreichs die kurze Herrschaft des *sozialistisch*en Gemeinderats von Paris im Jahre 1871.
In den Jahren um 1970 bezeichneten sich auch Wohngemeinschaften junger Leute eine Zeit lang als Kommunen.
Siehe auch *kommunal.*

Kommunikation heißt Mitteilung, auch Verbindung oder Zusammenhang. Gute Kommunikation zwischen Lehrern und Schülern bedeutet, dass Lehrer und Schüler sich verstehen und gut zusammenarbeiten. Gemeinsam lösen sie Probleme, die beide Seiten betreffen. Jeder erfährt von jedem wichtige Neuigkeiten und Veränderungen.
Wichtigstes Mittel der Kommunikation der Menschen untereinander ist die Sprache, sie gilt als Kommunikationsträger. Funk, Film, Fernsehen und Internet gelten als Kommunikationsmittel: Sie vermitteln und verbreiten Nachrichten aus aller Welt in alle Welt und verbinden so die Menschen untereinander. Auch Bücher, Zeitungen und Zeitschriften sind als Mittel der Kommunikation zu verstehen.

Kommuniqué ist ein französisches Wort und wird ohne Übersetzung im Deutschen angewendet. Ein Kommuniqué ist eine Mitteilung, die von einer *Regierung* veröffentlicht wird. Ein Kommuniqué kann zum Beispiel das Ergebnis von Verhandlungen enthalten, die eine Regierung mit der Regierung eines anderen *Staat*es geführt hat.

Kommunismus, es ist ein alter Traum der Menschen, dass es keine Reichen und Armen, keine Herren und Knechte geben soll. Das Ziel des Kommunismus ist es, diesen Traum zu verwirklichen.
Die Vorstellung von einer kommunistischen *Gesellschaft* baut unter anderen auf folgenden Gedanken auf: Die unterschiedliche Bewertung geistiger und körperlicher Arbeit soll entfallen; Mann und Frau sollen gleichberechtigt sein; die Kinder sollen von der Gemeinschaft erzogen werden; es sollen so viele Waren hergestellt werden, dass jeder Mensch seine Bedürfnisse befriedigen kann, gleichgültig, welche Arbeit er leistet; das Geld soll überflüssig werden; die Menschen sollen in der Lage sein, ihr Zusammenleben aus Einsicht und ohne Zwang zu ordnen; es soll keine Herrschaftsordnung mehr geben.
Zwei Voraussetzungen unter anderen müssen erfüllt sein, damit eine solche Gesellschaft verwirklicht werden kann: Alle Menschen müssen gleich gut unterrichtet und ausgebildet werden, alle Menschen müssen Arbeit als ihr erstes Lebensbedürfnis anerkennen.
Zu den bedeutendsten Wegbereitern des Kommunismus seit Beginn des 19. Jahrhunderts gehören Karl Marx und Friedrich Engels. Sie forderten als Voraussetzung für den Kommunismus,

das Privateigentum an Kapital, das heißt das private Vermögen an Grund und Boden, Maschinen und Fabriken und anderen *Produktionsmitteln* abzuschaffen. So soll der *Kapitalismus*, in dem die Produktionsmittel im Besitz weniger sind, überwunden werden. Dieses Ziel sei erreicht, wenn die Allgemeinheit, das heißt die Gemeinschaft aller Menschen, die Herstellung der Güter bestimme und für eine gerechte Verteilung sorge.

Die Entwicklung zur kommunistischen Gesellschaft soll schrittweise erfolgen: Auf der ersten Stufe wird eine ‹*Diktatur des Proletariats*› errichtet, das bedeutet, nach einer siegreichen *Revolution* herrscht die Arbeiterklasse, also das *Proletariat. Diktatur* bedeutet die uneingeschränkte Herrschaft einer Person oder einer Gruppe über einen *Staat.* Aufgabe der herrschenden Arbeiterklasse sei der Aufbau des *Sozialismus*, der die Übergangsstufe zur kommunistischen Gesellschaft sei, in der es keine *Klassen* mehr geben soll.

Nach den Vorstellungen von Marx und Engels könne die proletarische Revolution zur Überwindung des Kapitalismus gewaltsam, aber unter Umständen auch friedlich erfolgen. Friedliche Revolution würde bedeuten, dass die Arbeiterklasse eine *Mehrheit* im *Parlament*, das heißt in der *Volks*vertretung eines Staates, erringen und dadurch ohne Gewalt die *Regierung* übernehmen könnte.

Marxismus, Leninismus, Trotzkismus, Stalinismus und Titoismus sind Richtungen innerhalb des Kommunismus, die nach kommunistischen Führern benannt sind. Ihre Meinungen darüber, wie der Kommunismus erreicht werden kann und wie die Übergangsordnungen aufzubauen sind, weichen zum Teil erheblich voneinander ab. Im Namen Lenins fordern viele Kommunisten, dass der Staat und die *Wirtschaft* straff von einer Stelle aus, man sagt zentralistisch, gelenkt werden müssen. Tito hat eine eigene *Verwaltung* der Arbeiter in den Fabriken erlaubt.

Trotzki konnte sich den Sieg des Sozialismus als Vorstufe zum Kommunismus nur auf der ganzen Welt gleichzeitig vorstellen. Stalin dagegen hielt den Aufbau des Sozialismus in nur einem Land für möglich. Um den Kommunismus in der Sowjetunion durchzusetzen, führte er die Enteignung von Privateigentum an Maschinen, Fabriken und Grund und Boden unter Zwang durch. Die uneingeschränkte Führungsrolle im Staat übertrug er anfangs der kommunistischen *Partei*, später sich selbst. Gewaltsam wurden persönliche Freiheit und *politisch*e Rechte des einzelnen unterdrückt. Stalins Ziel war der Aufbau der Sowjetunion zur kommunistischen Weltmacht. Stalinismus wurde zum Begriff für die Durchsetzung der kommunistischen Ideen mit Mitteln der Diktatur.

Bestrebungen sozialistischer Staaten, den Aufbau einer kommunistischen Gesellschaft aus den Gegebenheiten des eigenen Landes zu entwickeln, ohne Vorgaben, Richtlinien oder gewaltsame Einmischung durch die Sowjetunion oder andere sozialistische Staaten, wurde als Nationalkommunismus bezeichnet.

In fast allen Ländern gibt es kommunistische Parteien und Gruppen. Einig sind sich alle Kommunisten in der Vorstellung, dass der Kommunismus

K

auf der ganzen Welt verwirklicht sein sollte.
Siehe auch *Volksdemokratie, Marktwirtschaft und Planwirtschaft, Ostblock und Westmächte.*

Kommunistisches Manifest, ein *Manifest* ist eine öffentliche Erklärung. Das kommunistische Manifest wurde 1848 von Karl Marx und Friedrich Engels verfasst. Es enthält in einfacher und deutlicher Sprache die Grundsätze des *Kommunismus.* Das Manifest ruft zum Klassenkampf des *Proletariats* gegen die *Bourgeoisie* auf, das heißt zum Kampf der besitzlosen Arbeiter gegen die vermögenden Bürger. Das Manifest sagt den Sieg der Arbeiterklasse voraus und schließt mit den Worten: «Proletarier aller Länder, vereinigt euch!»
Das Kommunistische Manifest wurde zur Grundlage für die Arbeit der kommunistischen und *sozialistischen* *Parteien* in ganz Europa. Es ist in rund fünfzig Sprachen übersetzt worden.
Siehe auch *Klassen, Diktatur des Proletariats.*

Kompetenz heißt Berechtigung und Zuständigkeit.
Die Zuständigkeit der Melde-, Pass- und Ausweisbehörden zum Beispiel, einen Personalausweis auszustellen, oder die Berechtigung eines Klassenlehrers, die Leistungen eines Schülers zu beurteilen, bezeichnet man als Kompetenz.
Als Richtlinienkompetenz wird die Berechtigung des *Bundeskanzlers* bezeichnet, die Richtlinien der *Politik* zu bestimmen.

Kompromiss, die Tochter möchte am Sonnabend um ein Uhr nachts nach Hause kommen. Die Eltern sagen, sie müsse um elf Uhr daheim sein. Beide Seiten haben also unterschiedliche Meinungen. Sie reden eine Zeit lang darüber und einigen sich: Die Tochter kommt um zwölf Uhr nach Hause. Diese Einigung ist ein Kompromiss.
Jede Vereinbarung zwischen Menschen oder *Staat*en, die durch ein gewisses Nachgeben auf beiden Seiten erreicht wird, nennt man Kompromiss.

Konferenz, eine Konferenz ist eine Sitzung oder eine Besprechung. Konferieren heißt besprechen oder beraten.
Eine Gipfelkonferenz ist das Treffen der Regierungschefs zweier oder mehrerer *Staat*en. Ein Regierungschef leitet die *Regierung* seines Landes.

Konfession heißt Bekenntnis. Das, woran ein Christ glaubt und wozu er sich bekennt, ist sein Glaubensbekenntnis, seine Konfession.
Als Konfessionen werden auch die verschiedenen Glaubensgemeinschaften bezeichnet, vor allem die beiden großen christlichen: die katholische und die evangelische.
Konfessionelle Fragen können den Glauben eines einzelnen Menschen oder im weiteren Sinne die Glaubensgemeinschaften, also die Kirchen, betreffen.
Konfessions- oder Bekenntnisschulen sind Schulen, in denen Lehrer und Schüler dem gleichen Glaubensbekenntnis angehören.

Konflikt, einen Streit, in dem unterschiedliche Ansichten aufeinander prallen, nennt man auch einen Konflikt.

Menschen, auch *Staat*en können in einen Konflikt geraten.
Ein Mensch kann auch mit sich selbst in Konflikt kommen: Er befindet sich in einem Zwiespalt oder in einem Widerstreit mit sich. Er weiß nicht, wie er sich entscheiden soll.

konform heißt einig und ‹übereinstimmend im Denken›.
Wird von der Konformität, das heißt von der Übereinstimmung einer Gruppe von Menschen, gesprochen, ist gemeint, diese Menschen sind gleichgerichtet. Jeder Einzelne hat sich der Gruppe angepasst.
Der einzelne Mensch kann sich aus freiem Willen konform verhalten, die Gruppe kann aber auch einen Druck auf ihn ausüben. Grenzt das Bemühen des Einzelnen, sich konform zu verhalten, an Unterwerfung, so spricht man von konformistischem Verhalten.
Als Nonkonformisten bezeichnet man einen Menschen, der sich ungern oder gar nicht anpasst.

Konfrontation heißt Gegenüberstellung, konfrontieren heißt gegenüberstellen.
Wenn einem Angeklagten vor Gericht ein Zeuge gegenübergestellt wird, nennt man das eine Konfrontation.
Es gibt aber auch die Konfrontation mit Tatsachen: Ein Vater wird zum Beispiel mit der Tatsache konfrontiert, dass sein Sohn einen Automaten geknackt hat.

Kongress, ein Kongress kann zum Beispiel die Zusammenkunft aller führenden Fachleute auf dem Gebiet der Orchideenzucht sein. Das wäre ein Kongress der Orchideenzüchter.
Als ‹der Kongress› wird das *Parlament* der USA bezeichnet.

Konjunktur, Konjunkturpolitik, Konjunktur wird heute manchmal als Aufschwung, als *Wirtschaft*sblüte oder als ‹günstige Wirtschaftslage› verstanden. Allgemein bedeutet Konjunktur das Auf und Ab einer wirtschaftlichen Entwicklung.
Wirtschaft ist alles, was Menschen eingerichtet haben und tun, um ihren Bedarf an Gütern zu decken.
Es hat sich herausgestellt, dass die Wirtschaft, also Herstellung und Verkauf von Waren und Dienstleistungen, unregelmäßig verläuft. Dienstleistungen sind zum Beispiel die Leistungen von Verkehrsbetrieben und Banken. Abwechselnd gibt es in der Herstellung und im Verkauf eine rasche Zunahme und eine Abschwächung, manchmal sogar Rückgänge. Diese Schwankungen folgen aufeinander wie Wellen, sie können mehrere Jahre dauern.
Den Höhepunkt einer guten Wirtschaftslage nennt man Hochkonjunktur, den Tiefstand einer Abwärtsbewegung die Depression oder die Talsohle. Dazwischen liegen Aufschwung und Abschwung. Den Abschwung bezeichnet man auch als *Rezession.*
In einer Zeit der Hochkonjunktur ist die Beschäftigungsrate hoch, es gibt wenige Arbeitslose. Die Wirtschaft hat viele Aufträge. Es wird viel Geld in *Investition*en angelegt, das heißt, viel Geld wird für Neuanschaffungen ausgegeben. Häufig steigen dann auch die Preise. In einer Zeit der Depression entsteht Arbeitslosigkeit, Waren werden

nicht verkauft, Investitionen nicht gemacht.

Mit Konjunktur*politik* bezeichnet man alle Bemühungen, die Schwankungen in der Konjunktur vorauszusehen und abzufangen. Konjunkturpolitik will erreichen, dass sich die Wirtschaft eines Staates möglichst störungsfrei entwickelt: Alle Menschen sollen Arbeit haben, und die Preise sollen nicht zu sehr in die Höhe gehen.

In der *Bundesrepublik Deutschland* wird Konjunkturpolitik von der *Bundesregierung* und von der *Bundesbank* geplant und ausgeführt.

Siehe *Abwertung und Aufwertung*, auch *Marktwirtschaft und Planwirtschaft*.

Konkordat heißt der Vertrag zwischen der katholischen Kirche und einem *Staat*. Ein Konkordat kann zum Beispiel festlegen, dass alle Katholiken in einem Staat ihren Glauben unbehindert ausüben dürfen. Unter vielen anderen werden auch Abmachungen über den Religionsunterricht getroffen.

Abkommen, die ein Staat mit anderen Religionsgemeinschaften schließt, heißen Kirchenverträge.

Siehe auch *Vatikan*.

Konsens heißt Einwilligung, Genehmigung oder Übereinstimmung. Heute wird das Wort Konsens vor allem benutzt, wenn mehrere Menschen oder *Staat*en in einer Frage oder in einem Vertrag Übereinstimmung erzielen.

konservativ heißt ‹am Alten festhaltend› oder ‹auf Erhaltung des Überlieferten bedacht›.

Bevor konservative Menschen neue Vorstellungen annehmen, prüfen sie, ob das Alte sich bewährt hat und ob das Neue damit in Einklang zu bringen ist.

Konservative sind oft Anhänger konservativer *Partei*en. Konservative Parteien neigen dazu, die bestehenden Zustände in einem *Staat* zu erhalten und zu bewahren. Sie stehen daher oft im Gegensatz zu fortschrittlichen Parteien, die um neue und ihrer Überzeugung nach notwendige Entwicklungen im Staat bemüht sind.

Die *politisch*e Einstellung, sich an überlieferten Einrichtungen und Vorstellungen in einer *Gesellschaft* auszurichten, wird als Konservatismus oder auch Konservativismus bezeichnet.

Konstellation nennt man das Zusammentreffen bestimmter Umstände. Eine Konstellation kann günstig oder ungünstig sein.

Eine günstige Konstellation ist es zum Beispiel, wenn der 24. Dezember auf einen Mittwoch oder Donnerstag fällt: Zusammen mit den darauf folgenden Weihnachtsfeiertagen ergibt sich so eine Reihe von arbeitsfreien Tagen.

konstituieren heißt gründen und einsetzen. Sich konstituieren heißt ‹zusammentreten, um ein *Programm*, insbesondere, um eine *Verfassung* auszuarbeiten›.

konstruktives Misstrauensvotum, siehe *Misstrauensvotum*.

Konsulat heißt die Dienststelle eines Konsuls, auch Amtssitz genannt. Ein Konsul ist ein Beamter, der in größeren ausländischen Städten unter anderem

die Interessen seiner Landsleute vertritt. Außerdem erteilt er zum Beispiel Genehmigungen zur Einreise oder Durchreise in seinen *Staat*. Eine solche Erlaubnis heißt *Visum*.
CC ist die Abkürzung für ‹Corps Consulaire›, das heißt konsularisches Korps: Es ist die Gesamtheit aller in einem Staat tätigen ausländischen Konsuln.

Konsultation heißt Befragung und Beratung. Es gibt die Konsultation bei einem Arzt: Der Kranke befragt den Arzt, der Arzt berät den Kranken.
Auch die Beratungen von *Politik*ern werden manchmal als Konsultationen bezeichnet.

Konsum heißt Verbrauch; ein Konsument ist ein Verbraucher.

Konterrevolution, siehe *Revolution*.

Kontingent heißt Anteil und Beitrag. Meist hat Kontingent die Bedeutung von Pflichtanteil: Ein Truppenkontingent ist zum Beispiel der Anteil an Truppen, den ein *Staat* innerhalb eines Bündnisses mit anderen Staaten stellen muss.
Kontingent hat außerdem die Bedeutung von begrenzter Menge: Ein Warenhaus kauft zum Beispiel ein Kontingent modischer Strümpfe ein. Das ist eine begrenzte Warenmenge, von der die Einkäufer meinen, sie verkaufen zu können.

Kontinuität heißt Stetigkeit und ‹lückenloser Zusammenhang›. Kontinuierlich heißt fortlaufend, stetig oder unaufhörlich.

Kontrollrat, nach dem Ende des 2. *Weltkrieg*es 1945 war *Deutschland* von den Truppen der Siegermächte USA, Sowjetunion, Großbritannien und Frankreich besetzt und in vier Besatzungszonen aufgeteilt. *Berlin* war entsprechend in vier Sektoren geteilt. Die oberste *Regierung*sgewalt übten die Siegermächte aus: für Deutschland durch den Kontrollrat, für Berlin durch die *Alliierte* Kommandantur, die dem Kontrollrat unterstand. Kontrollrat und Kommandantur waren mit Vertretern der vier Mächte besetzt, die ihre Beschlüsse einstimmig fassen mussten. Der Kontrollrat erließ die Kontrollrats*gesetze*, nach denen das Zusammenleben der Menschen im besiegten Deutschland geregelt wurde.
In immer stärkerem Maße kam es jedoch zu Auseinandersetzungen zwischen den Vertretern der USA, Großbritanniens und Frankreichs auf der einen Seite und dem Vertreter der Sowjetunion. 1948 verließ die Sowjetunion den Kontrollrat, der dadurch seine Aufgaben nicht mehr wahrnehmen konnte.
Siehe *Ostblock und Westmächte, Berlin-Abkommen*.

Kontroverse ist die Bezeichnung für eine Auseinandersetzung um ein strittiges Problem.
In der Erörterung um eine allgemeine Geschwindigkeitsbegrenzung zeigt sich, dass Autofahrer, Automobilhersteller und Fachleute des Umweltschutzes dazu unterschiedliche Meinungen haben. Die Frage ist kontrovers, das heißt, sie ist strittig. Geraten Autofahrer, Umweltschützer und Automobilhersteller über diese Frage in eine Aus-

einandersetzung, kann man diese eine Kontroverse nennen.

Konvention ist in der *Politik* eine Übereinkunft, die mehrere Staaten treffen. Siehe *Genfer Konvention.*
Konvention im menschlichen Zusammenleben heißt Schicklichkeit. Konvention ist auch hier eine Übereinkunft: Die Menschen einigen sich über ihr Benehmen. Konventionell heißt herkömmlich oder förmlich.

konventionelle Waffen, konventionell heißt herkömmlich oder förmlich.
Konventionelle oder herkömmliche Waffen sind zum Beispiel Säbel und Gewehre, Panzer und Flugzeuge. Im Gegensatz dazu gibt es die *nukleare*n *Waffen.*
Siehe auch *ABC-Waffen.*

Konvertierbarkeit, auch Konvertibilität, heißt Austauschbarkeit. Der Begriff wird meist im Zusammenhang mit der Austauschbarkeit von *Währungen* benutzt.
Freie Konvertierbarkeit bedeutet, dass die Währung eines *Staat*es jederzeit und in jeder Menge gegen die Währung eines anderen Staates ausgetauscht werden kann. So können zum Beispiel US-Dollar jederzeit gegen EURO eingetauscht werden.
Siehe auch *Abwertung und Aufwertung.*

Konzentrationslager (KZ) sind Lager, in denen Menschen ohne Urteil durch ein Gericht gefangen gehalten werden.
Der Begriff ist besonders bekannt und berüchtigt seit der Zeit des *Nationalsozialismus* in *Deutschland* 1933–1945: In großer Zahl waren während dieser Zeit Konzentrationslager eingerichtet worden, um *politisch*e Gegner und vor allem *Juden* gefangen zu halten, zu misshandeln und zu Millionen zu töten.
Siehe *Nationalsozialismus.*

Konzept heißt Plan, Entwurf oder ‹erste Fassung›. Einen Entwurf zu einer Rede nennt man ein Konzept.
Eine Konzeption ist ein ‹schöpferischer Einfall›: der schöpferische Einfall eines Künstlers zu einem Werk, der eines Wissenschaftlers zu einer Arbeit oder der eines *Politik*ers zur Verständigung unter den Völkern.

Konzern, wenn sich mehrere große Betriebe oder Unternehmen unter einer einheitlichen Leitung zusammenschließen, entsteht ein Konzern. Die Konzernleitung wird als die Mutter, die einzelnen Betriebe werden als die Töchter bezeichnet. In einem Konzern bleiben die Tochterunternehmen zwar rechtlich selbständig, sie werden jedoch von der Muttergesellschaft *wirtschaftlich* beherrscht. Das bedeutet, die Töchter können Verträge abschließen, zum Beispiel einen Mietvertrag über eine Werkhalle. Dagegen bestimmt zum Beispiel häufig die Muttergesellschaft, zu welchen Preisen die Töchter ihre Erzeugnisse anbieten und in welcher Weise sie ihre Gewinne verwenden.
Ein multinationaler Konzern ist ein Konzern, der Tochterbetriebe in mehreren Ländern hat. Damit kann ein Multi, wie man auch sagt, viele Vorteile ausnutzen: Er kann zum Beispiel dort produzieren, das heißt herstellen,

wo die Löhne niedrig sind. Wenn multinationale Konzerne groß genug sind, können sie auch die Preise ihrer Waren *international* bestimmen. Große Multis werden deshalb häufig kritisch betrachtet. Hinzu kommt, dass ihre Überwachung durch ein einzelnes Land so gut wie ausgeschlossen ist, weil dessen *Gesetze* nur für das Land selbst Gültigkeit haben.

konzertierte Aktion, der Begriff bezeichnet gemeinsame und aufeinander abgestimmte Handlungen. Im engeren Sinne kennzeichnet die konzertierte Aktion alle Bemühungen der *Bundesregierung*, der Arbeitgeber- und der Arbeitnehmerverbände, Probleme der *wirtschaftlich*en Entwicklung in der *Bundesrepublik Deutschland* gemeinsam zu lösen. Das kann sich zum Beispiel darin äußern, dass die *Gewerkschaften* als Vertreter der Arbeitnehmer während einer bestimmten Zeit auf Lohnforderungen verzichten oder sie einschränken, die Bundesregierung gleichzeitig den Unternehmern empfiehlt, für eine bestimmte Zeit die Preise nicht zu erhöhen.

Konzil, ein Konzil ist eine Versammlung, im Besonderen eine Versammlung katholischer Bischöfe.
Die katholischen Konzilien werden vom Papst einberufen. Das letzte große *Vatikan*ische Konzil, das von 1962 bis 1965 stattfand, befasste sich unter anderem mit Fragen des Glaubens und mit dem Verhältnis der katholischen Kirche zu Nicht-Katholiken.

Kooperation heißt Zusammenarbeit. Kooperativ heißt zusammenwirkend.

Koordination heißt so viel wie ‹Abstimmen auf ein gemeinsames Vorgehen›.
Eine Kleinstadt will ein öffentliches Schwimmbad bauen. Der Standort für das Bad ist ausgesucht, Geld für den Bau ist vorhanden. Trotzdem sind viele technische Fragen zu klären: Die Baubehörde muss zum Beispiel Forderungen erfüllen, die vom Gesundheitsamt gestellt werden. Damit der Bau des Schwimmbads zügig vorangeht, muss genau festgelegt werden, welche Arbeiten zuerst ausgeführt werden, damit andere daran anschließen können. Die Behörden müssen ihre Planung koordinieren, das heißt, sie müssen sich untereinander abstimmen. Koordination nennt man die Abstimmung vor allem der Behörden untereinander.

Korruption heißt Bestechung und Bestechlichkeit.
Schornsteinfegermeister Müller bietet dem Klassenlehrer seiner Tochter an, ihm Schornstein und Heizkessel in seinem Haus umsonst zu reinigen. Dafür möge der Lehrer der Tochter eine bessere Zensur in Deutsch geben, als sie eigentlich verdient.
Herr Müller versucht, den Lehrer zu korrumpieren, das heißt zu bestechen. Geht der Lehrer auf den Vorschlag ein, ist er korrupt, das heißt bestechlich. Das unsaubere Geschäft, nämlich kostenlose Reinigung gegen gute Zensur, nennt man Korruption.

Kredit, Familie Schulz will sich ein eigenes Haus bauen, das gesparte Geld reicht jedoch für den Bau nicht aus. Herr Schulz nimmt bei seiner Bank einen Kredit auf, das heißt, er leiht sich

für eine bestimmte Zeit Geld, das er zurückzahlen muss. Ein Kredit ist Geld, das geliehen wird. Die Bank ist der Kreditgeber oder Gläubiger, Herr Schulz der Kreditnehmer oder Schuldner.
Für das Geld, das ihm die Bank leiht, muss Herr Schulz Geld zahlen: Das sind die Zinsen. Man sagt auch, der Kredit wird verzinst. Die Höhe der Zinsen wird als der Zinssatz bezeichnet.
Unter dem Begriff Kredit*politik* sind alle Maßnahmen zu verstehen, die in einem *Staat* die Aufnahme von Krediten erleichtern oder erschweren. Eine Maßnahme ist, dass die Zinsen für geliehenes Geld herab- oder heraufgesetzt werden. Das bedeutet, dass geliehenes Geld billiger oder teurer wird.
Der Zinssatz, nach dem sich alle Zinssätze an den Banken der *Bundesrepublik Deutschland* richten, ist der *Diskontsatz.*

Kreml ist der Name der Moskauer Burg. Sie war Sitz der *Regierung* der ehemaligen Sowjetunion. Heute ist der Kreml Sitz der Regierung Russlands, genauer der Russischen Föderation.
Siehe *GUS*, auch *Föderalismus.*

Kriegsverbrechen, das Kriegsrecht ist Teil des *Völkerrechts*, das die Beziehungen der *Staat*en untereinander regelt. Das Kriegsrecht besteht aus einer Anzahl von Verträgen, die bei verschiedenen Anlässen entstanden und von jeweils verschiedenen Staaten abgeschlossen wurden. Die bedeutsamsten dieser Verträge sind die Haager Landkriegsordnung von 1907 und die vier *Genfer Konvention*en von 1949.
Das Kriegsrecht regelt unter anderem, in welcher Art und Weise ein Krieg geführt werden darf, es regelt außerdem die Beziehungen Krieg führender Staaten zu neutralen, das heißt unbeteiligten Staaten.
Wer einen Angriffskrieg plant oder durchführt, wer als Angehöriger eines Krieg führenden Staates Geiseln festnimmt, Kriegsgefangene erschießt oder die Zivilbevölkerung grausam behandelt, begeht Kriegsverbrechen.
Die wichtigste und bekannteste öffentliche Verhandlung und Verurteilung von Kriegsverbrechen waren die Nürnberger Prozesse 1945–1946 nach dem 2. *Weltkrieg.* Ein *international*er Gerichtshof mit Richtern und Anklägern aus Frankreich, Großbritannien, den USA und der Sowjetunion verurteilte in Nürnberg *Minister*, hohe Offiziere und *Partei*führer, die führende Stellungen in der nationalsozialistischen *Regierung* in *Deutschland* eingenommen hatten. Wegen schwerer Kriegsverbrechen wurden sie zum Tode oder zu hohen Gefängnisstrafen verurteilt.
Siehe *Nationalsozialismus.*

KSZE ist die Abkürzung für ‹*K*onferenz für *S*icherheit und *Z*usammenarbeit in *E*uropa›, auch Europäische Sicherheits*konferenz* genannt.
Siehe *OSZE.*

Kultur, das Wort Kultur heißt ursprünglich ‹Pflege des Bodens durch den Bauern›. Menschliche Kultur beginnt also, wenn Menschen den Boden bearbeiten und ausnutzen, wenn sie Häuser bauen und das Feuer zu ihren Zwecken verwenden, wenn sie Werkzeuge erfinden und Tiere zähmen. Sie verwandeln die Naturlandschaft in eine Kulturlandschaft.

Im Laufe der Jahrhunderte verfeinern sich die Lebensäußerungen der Menschen, vor allem in den Städten. Kultur wird zur Bildung: Aus der einfachen Umgangssprache entwickelt sich die Sprache der Literatur, der Künste und der Wissenschaften.
Für die kulturellen Angelegenheiten ist in einem *Staat* der Kultus*minister* zuständig. Er befasst sich unter anderem mit dem Erziehungs- und Bildungswesen, mit Kunst und Wissenschaft, den Religionsgemeinschaften und der Heimatpflege.
Zur Kultur gehören auch die Fortschritte der *Zivilisation*, die weitgehend von technischen Erfindungen bestimmt ist.

Kuratorium heißt Aufsichtsbehörde. Museen zum Beispiel, Universitäten und Wohlfahrtsverbände haben an ihrer Spitze Kuratorien. Sie wachen unter anderem darüber, dass das zur Verfügung stehende Geld zweckmäßig verwendet wird und dass die Ziele der Einrichtungen verwirklicht werden.

Kurie, eine Kirche ist nicht nur ein Gebäude. Jede große christliche Gemeinschaft wird Kirche genannt.
Die Kurie umfasst alle kirchlichen Behörden, mit deren Hilfe der Papst die gesamte katholische Kirche leitet. Ihre genaue Bezeichnung ist: Römische Kurie oder Curia Romana.

L

Landesliste, siehe *Bundestagswahl.*

Landesverrat begeht, wer ein Staatsgeheimnis an eine fremde *Regierung* verrät und dadurch den eigenen *Staat* gefährdet.
Verrat begeht auch, wer das Staatsgeheimnis vorsätzlich an einen Unbefugten gelangen lässt oder es öffentlich bekannt macht und dadurch vorsätzlich den Staat gefährdet.
Staatsgeheimnis sind alle Pläne, die vor fremden Staaten geheim gehalten werden sollen, zum Beispiel Einzelheiten über die Ausrüstung des *Militärs* für den Fall einer Verteidigung.
Wie in anderen Staaten wird Landesverrat auch in der *Bundesrepublik Deutschland* schwer bestraft.

Landflucht, seit dem letzten Jahrhundert sind in fast allen Städten Fabriken gebaut worden. Dadurch haben sich viele neue Berufe ergeben. Mehr Arbeitskräfte wurden notwendig. Auf dem Lande wurden gleichzeitig durch den Einsatz von Maschinen, wie zum Beispiel Mähdreschern und Melkmaschinen, immer weniger Arbeitskräfte gebraucht. Das veranlasste und veranlasst noch immer viele Menschen auf dem Lande, ihre Arbeitsplätze dort zu verlassen und in die Stadt zu ziehen. Sie erhoffen höheren Verdienst, geregelte Arbeitszeit, bessere Ausbildung und Weiterbildung. Diese Bewegung der Menschen vom Land in die Stadt nennt man Landflucht.
Siehe auch *Industrie.*

Landtag, die *Bundesrepublik Deutschland* ist ein *Bundesstaat*, sie besteht aus 16 Ländern.
Es gibt die übergeordnete *Bundesregierung* und die Landes*regierungen*.

L

Die Bundesregierung vertritt die allen gemeinsamen Interessen, die Landesregierungen in den 16 *Bundesländer*n vertreten jeweils die Interessen ihres Landes.
Die *Volk*svertretung der Bundesrepublik ist der *Bundestag*, die Volksvertretungen der Länder, also ihre *Parlamente*, sind die Landtage. Ihre *Abgeordnete*n heißen Landtagsabgeordnete. Sie beschließen die *Gesetze*, die ihre Länder betreffen, zum Beispiel Gesetze über das Schulwesen. Sie kontrollieren, das heißt, sie überwachen die Landesregierungen. Sie wählen den *Ministerpräsident*en, den Chef ihrer Regierung. In Berlin heißt die Volksvertretung Abgeordnetenhaus, in den Stadtstaaten Bremen und Hamburg sind es die Bürgerschaften.
Siehe *Bund und Länder*.

Lastenausgleich, viele Menschen in *Deutschland* haben durch den 2. *Weltkrieg* große Verluste an Vermögen und Besitz erlitten. Als Folge von Kriegshandlungen, Flucht und Vertreibung war ihr Eigentum zerstört, oder sie hatten es zurückgelassen.
Es gab auch Menschen, die nicht viel oder gar nichts verloren hatten.
Der Begriff Lastenausgleich bezeichnet den Ausgleich der Schäden. Die Geschädigten erhielten Geld, das der weniger geschädigte Teil der Bevölkerung der *Bundesrepublik Deutschland* in Form von besonderen *Steuern* aufgebracht hat.

Lebensstandard, spricht man von einem niedrigen Lebensstandard, ist gemeint, dass nur die einfachen Bedürfnisse der Menschen befriedigt werden können: Nahrung, Wohnung, Kleidung.
Ein hoher Lebensstandard befriedigt zusätzliche Lebensbedürfnisse und Wünsche: Vergnügen, Freizeit, Reisen, Körper- und Gesundheitspflege.
Der Lebensstandard bezeichnet das Maß, in dem Menschen ihre Lebensbedürfnisse befriedigen können. Er ist abhängig davon, wie viel sie verdienen und wie viel Arbeit sie aufwenden müssen, um die verschiedenen Waren kaufen zu können.

legal, Legalität, Legalität heißt Gesetzmäßigkeit; legal heißt gesetzlich, ‹dem *Gesetz* entsprechend›. Wer legal handelt, handelt den Gesetzen entsprechend.
Legalität des Handelns ist ein Begriff, der unterschiedlich auf den einzelnen Bürger und auf die *Staatsgewalt* angewendet wird.
Der einzelne Bürger zum Beispiel verhält sich legal, wenn er tut, was ihm das Gesetz vorschreibt oder gestattet. Ein 14-Jähriger, der am Religionsunterricht in der Schule teilnimmt, handelt ebenso legal wie sein Klassenkamerad, der das nicht tut: Das Gesetz gibt ausdrücklich jedem Jugendlichen ab 14 Jahren das *Recht*, über die Teilnahme am Religionsunterricht selbst zu entscheiden. Ein Schüler verhält sich aber nicht mehr legal, wenn er die Schule schwänzt: Das Gesetz schreibt die Schulpflicht vor.
Der einzelne Bürger verhält sich auch dann legal, wenn er etwas tut, wozu die Gesetze gar nichts sagen: singen zum Beispiel, spazieren gehen oder küssen.
Die Staatsgewalt dagegen – das sind die gesetzgebende Gewalt, die ausfüh-

rende Gewalt und die *Rechtsprechung* – hat nicht wie jeder einzelne die Freiheit, alles zu tun, was nicht ausdrücklich verboten ist. *Verwaltungs*behörden zum Beispiel – sie gehören zur ausführenden Gewalt – müssen tun, was das Gesetz ihnen vorschreibt, und dürfen nur das tun, was das Gesetz ihnen gestattet. Man nennt das den Grundsatz der Gesetzmäßigkeit der Verwaltung.
Siehe *Rechtsstaat*, auch *Norm*.

Legislative, legislativ heißt gesetzgebend.
Als Legislative wird in einem *Staat* die gesetzgebende Gewalt bezeichnet. In der *Bundesrepublik Deutschland* ist das der *Bundestag*, das *Parlament* der Bundesrepublik. Außerdem wirkt der *Bundesrat*, die Vertretung der *Bundesländer*, bei der Gesetzgebung mit.
Die Legislative in einem Staat ist zu unterscheiden von der *Exekutive*, das sind die *Regierung* und die *Verwaltung*, und von der *Rechtsprechung*.
Siehe *Gesetzgebung*, *Gewaltenteilung*.

Legislaturperiode, die Legislaturperiode und die *Wahlperiode* umfassen denselben Zeitraum: in der *Bundesrepublik Deutschland* vier Jahre. Es ist der Zeitraum, für den *Abgeordnete* gewählt werden, um unter anderem Gesetze zu beraten und zu beschließen.
Abgeordnete sind gewählte Vertreter des *Volk*es. Legislatur heißt *Gesetzgebung*. Periode heißt Zeitraum. Die Legislaturperiode ist der Gesetzgebungszeitraum.
Siehe auch *Wahlperiode*, *Wahl*.

legitim heißt rechtmäßig, ‹gesetzlich anerkannt›.
Wenn sich ein Lehrling, der noch nicht 18 Jahre alt ist, beschwert, dass er oft mehr als acht Stunden am Tag arbeiten muss, ist das eine legitime Beschwerde. Sein Anspruch, nicht länger als acht Stunden arbeiten zu müssen, ist im Jugendarbeitsschutzgesetz anerkannt.

Legitimation heißt Anerkennung, Beglaubigung und Vollmacht.
Ein *Diplomat*, zum Beispiel ein Botschafter, hat die Legitimation, für sein Land zu verhandeln: Er ist bevollmächtigt, seinen *Staat* im Ausland zu vertreten.
Außerdem ist eine Legitimation eine schriftliche Bestätigung: Ein Führerschein zum Beispiel bestätigt, dass sein Inhaber ein Auto lenken darf.
Sich legitimieren heißt ‹sich ausweisen› und ‹eine schriftliche Bestätigung vorzeigen›.

Lesung nennt man die Beratung über *Gesetz*e im Parlament. Im *Bundestag* der *Bundesrepublik Deutschland* finden in der Regel drei Lesungen statt.
Erste Lesung: Das geplante Gesetz wird begründet. Die *Abgeordnete*n, die Vertreter des *Volk*es, äußern ihre unterschiedlichen Ansichten. Man nennt das eine Bundestags*debatte*.
Anschließend wird der Gesetzentwurf an einen oder mehrere *Ausschüsse* gegeben. In den Ausschüssen beraten sachverständige Abgeordnete über die vorgelegten Entwürfe.
Zweite Lesung: Mitglieder der Ausschüsse berichten dem Parlament über die Ergebnisse ihrer Prüfung und schlagen Änderungen vor. Es wird erneut beraten und abgestimmt.
Dritte Lesung: Das Gesetz liegt in der

veränderten Fassung allen Abgeordneten schriftlich vor. Die letzte Aussprache findet statt. Im Anschluss daran wird endgültig abgestimmt. Stimmt die Mehrheit der Abgeordneten für das Gesetz, ist es beschlossen, man sagt auch verabschiedet.
Siehe *Gesetzgebung*, *Ausschüsse*.

Liberalismus, der Liberalismus ist eine Lehre über das Zusammenleben der Menschen, über den Aufbau ihrer *Gesellschaft* und *Staat*en und über den Aufbau ihrer *Wirtschaft*.
Im Mittelpunkt des Liberalismus steht der Gedanke der Freiheit des einzelnen Menschen und der Gleichheit aller Menschen vor dem *Gesetz* und in der Gemeinschaft. Seine Anhänger sind davon überzeugt, dass die freie Entfaltung der Persönlichkeit jedes einzelnen Menschen auch Freiheit und Wohlergehen für die Gemeinschaft bedeuten wird.
Der Liberalismus entwickelte sich im 18. Jahrhundert, als sich das Bürgertum aus der Vorherrschaft des Adels und der Geistlichkeit zu befreien begann.
Während des 19. Jahrhunderts hatte der Liberalismus entscheidenden Einfluss auf große Veränderungen im Leben der Menschen und im Aufbau ihrer Staaten. In fast allen Staaten West- und Mitteleuropas erhielten die Bürger das *Wahl*recht: Seitdem wählen sie *Abgeordnete*, die in den *Parlament*en stellvertretend für das *Volk Gesetz*e beschließen. Auch die Forderung nach einer *Verfassung*, in der der Aufbau des Staates und die *Rechte* des Bürgers festgelegt sind, wurde in vielen Staaten verwirklicht. In vielen Verfassungen wurde die *Gewaltenteilung* bestimmt: *Parlament*, *Regierung* und *Gerichte*, also gesetzgebende, ausführende und rechtsprechende Gewalt, sollen voneinander unabhängig sein und sich gegenseitig überwachen. Gewaltenteilung bedeutet die Einschränkung der Gewalt des Staates gegenüber dem Bürger, sie bedeutet Sicherheit für die Freiheit des Einzelnen.
Dieser Gedanke von der Freiheit des Einzelnen setzte sich auch in der Wirtschaft durch: Ungehindert durch Eingriffe des Staates entwickelte sich ein freies Unternehmertum. Siehe dazu *Kapitalismus*.
Die Vertreter des Liberalismus im 19. Jahrhundert waren die liberalen *Partei*en, die oft auch den Namen Fortschrittspartei führten. Die Gedanken des Liberalismus wurden von vielen Parteien aufgenommen.
Siehe auch *Menschenrechte*.

links und rechts sind Bezeichnungen, die für *politisch*e Ansichten und Standpunkte gebräuchlich sind. Sie sind nicht genau und werden sehr unterschiedlich ausgelegt und verwendet.
Im französischen *Parlament* von 1789 saßen links vom Vorsitzenden die Radikalen, die eine grundlegende Veränderung des *Staat*es anstrebten. Rechts saßen die Gemäßigten, die nur langsam oder gar nichts verändern wollten. Für Parlamente der Gegenwart trifft diese Sitzordnung nur noch manchmal zu. Unter rechts versteht man im Allgemeinen: eine zurückhaltende, eher ablehnende Haltung gegenüber Veränderungen im Staat und in der *Gesellschaft*; eine hohe Einschätzung des eigenen *Volk*es im Vergleich mit an-

deren Völkern; die Anerkennung der alten Ordnung, die häufig schon dem Gedanken an Veränderungen vorgezogen wird. Rechtsextremismus bedeutet eine Steigerung dieser Einstellung: Die Bürger sollen sich der Führung ihres Staates unterordnen, sie sollen ruhig und gehorsam ihre Pflicht tun, ohne ihre Meinung zu äußern.
Unter links versteht man im Allgemeinen: Bestrebungen, die die bestehenden Verhältnisse im Staat und in der Gesellschaft verändern wollen. Als wichtige Voraussetzung dafür gilt die Mitarbeit der Bürger in allen Bereichen, zum Beispiel in den Betrieben, Universitäten und Schulen.
Linksextremismus bedeutet die Steigerung dieser Einstellung: Die bestehenden Verhältnisse sollen gewaltsam verändert werden, ohne dass vorher eine neue Ordnung eindeutig beschrieben wird.
Als rechte *Partei*en werden die *konservativ*en und *national*en Parteien bezeichnet, als linke die kommunistischen und *sozialistisch*en Parteien.
In allen großen Parteien gibt es sogenannte linke oder rechte Flügel. In einer linken Partei zum Beispiel gibt es einen rechten Flügel: Seine Mitglieder wollen weniger Veränderung als die Mehrzahl der Parteimitglieder. Es gibt auch einen linken Flügel: Seinen Mitgliedern werden die angestrebten Veränderungen zu langsam und nicht weitgehend genug vorangetrieben.
Man könnte demnach sagen, dass es in den großen Parteien rechte Linke und linke Rechte gibt. Bevor man also in Gesprächen Menschen und Ansichten in rechts oder links einteilt, sollten die Gesprächsteilnehmer klären, wo ihr gemeinsamer Ausgangspunkt ist und wo der Einzelne, rechts oder links, steht.
Siehe auch *Politik, Liberalismus, Kommunismus, Sozialismus, Kapitalismus.*

Liquidität, liquid oder liquide heißt flüssig, im übertragenen Sinne auch zahlungsfähig.
‹Die Firma ist liquide› heißt ‹Die Firma ist zahlungsfähig: Sie hat Geld flüssig, also jederzeit zur Verfügung›.
Die Liquidität ist die Fähigkeit eines Betriebes, einer Bank, eines *Staat*es, Zahlungsverpflichtungen pünktlich nachzukommen.

Lobby, viele *Gesetz*e, die im *Parlament* von den *Abgeordnete*n beraten und beschlossen werden, betreffen verschiedene Interessengruppen: Gesetze über den Wohnungsbau zum Beispiel betreffen einerseits die Mieter und andererseits die Vermieter von Wohnungen.
Derartige Interessengruppen bezeichnet man als Lobby, wenn ihre Vertreter versuchen, Beamte oder Abgeordnete im Sinne ihrer Interessengruppen zu beeinflussen. Die Vertreter solcher Interessengruppen nennt man Lobbyisten.
Die Gespräche der Lobbyisten mit den Abgeordneten finden manchmal in der Wandelhalle des Parlamentsgebäudes statt, die englisch ‹lobby› heißt. Abgeleitet von diesem Wort gibt es in mehreren europäischen Sprachen den Begriff Lobby für bestimmte Interessengruppen.

Lohn-Preis-Spirale bedeutet: Wenn die Arbeiter höhere Löhne bekommen, erhöhen die Hersteller der Waren, also

die Unternehmer, die Preise. Sie tun das, um die höheren Löhne bezahlen und gleichzeitig ihre Gewinne behalten zu können. Daraufhin fordern die Arbeiter wieder höhere Löhne, weil die Waren teurer geworden sind: Die Spirale steigt.
Ebenso gut könnte man von einer Preis-Lohn-Spirale sprechen: Wenn die Preise der Waren steigen, fordern die Arbeiter höhere Löhne. Sie tun das, um die erhöhten Preise bezahlen und im gleichen Umfang wie vorher einkaufen zu können: Die Spirale steigt.
Siehe auch *Konjunktur*.

Loyalität, loyal heißt gesetzestreu, regierungstreu und redlich.
Es wird zum Beispiel von der Loyalität der Beamten gesprochen. Gemeint ist ihre ‹Treue zur *Regierung*›, auch ihre Zuverlässigkeit.

LPG ist die Abkürzung für *L*andwirtschaftliche *P*roduktions*g*enossenschaft.
Produktion heißt Herstellung, Erzeugung. Eine *Genossenschaft* ist eine Vereinigung, die den Zweck hat, das *wirtschaftlich*e Fortkommen ihrer Mitglieder durch einen gemeinschaftlichen Geschäftsbetrieb zu fördern.
LPG war eine Einrichtung in der ehemaligen *DDR*: Bauern und Landarbeiter brachten ihren Besitz an Land, Vieh und Werkzeugen entweder freiwillig oder unter dem Druck staatlicher Eingriffe in eine Produktionsgenossenschaft ein. Sie bewirtschafteten das Land gemeinsam, das heißt im *Kollektiv*. Sie teilten den Gewinn, den sie erwirtschafteten, nach den Vorschriften des *Staat*es.
Es gab verschiedene Stufen der LPG. Auf der ersten Stufe hatten die Beteiligten noch Eigentum, zum Beispiel ihr Vieh. Auf der dritten Stufe war alles, bis auf den persönlichen Haushalt, in das Eigentum der Genossenschaft übergegangen.
In der ehemaligen DDR entfielen 1989 fünfundneunzig Prozent der landwirtschaftlich genutzten Fläche auf die LPG.
Auch nach der Vereinigung der DDR mit der *Bundesrepublik Deutschland* zu einem deutschen Staat am 3. Oktober 1990 bestanden LPG auf dem Gebiet der ehemaligen DDR zum Teil weiter, bis zu der Entscheidung, wie jeweils ihre Auflösung oder Umwandlung abgewickelt werden konnte. Seit Ende 1991 gibt es keine LPG mehr.

M

Magazin heißt Vorratshaus. Der Begriff wird auch für Zeitschriften, Rundfunk- und Fernsehsendungen benutzt, die eine Mischung aus Unterhaltung und Berichten über *Politik* und das Tagesgeschehen sind.

Magistrat ist in einigen Städten der *Bundesrepublik Deutschland* die Bezeichnung für die oberste *Verwaltung*sbehörde. Ein Magistrat besteht aus einem Bürgermeister oder Oberbürgermeister und mehreren Stadträten. Wie *Minister* haben die Stadträte eigene Aufgabenbereiche, man sagt auch Dezernate, zum Beispiel für das Schulwesen und für den Verkehr.
Der Magistrat wird von dem Gemeinde-

parlament gewählt, das ist die von den Bürgern einer Stadt gewählte *Volks*vertretung. Ein Gemeindeparlament wird alle vier bis sechs Jahre gewählt.
Siehe auch *kommunal.*

Majorität ist die *Mehrheit*, also eine an Zahl größere Gruppe.

Management, managen heißt leiten, auch ‹geschickt bewerkstelligen›. Ein Mann, der zum Beispiel ein *Industrie*unternehmen oder mehrere Kaufhäuser leitet, ist ein Manager. Er ist nicht Eigentümer des Betriebes, er ist einer der leitenden Angestellten. Er hat die Verantwortung dafür, dass der Betrieb mit dem größtmöglichen Gewinn arbeitet.
Gibt es mehrere leitende Angestellte in einem großen Unternehmen, bilden alle zusammen das Management.
Auch die Betreuer von Künstlern und Sportlern bezeichnet man als Manager. Sie handeln zum Beispiel Verträge und Termine aus.

Mandat heißt Auftrag.
Der Begriff bezeichnet vor allem den Auftrag der Wähler an ihre *Abgeordneten*: Der Abgeordnete, das heißt der *Volks*vertreter, soll im *Parlament* Gesetze beschließen und die *Regierung* beaufsichtigen.
Ein Abgeordneter kann ein imperatives oder ein freies Mandat erhalten.
Das imperative, das heißt das gebundene Mandat bedeutet: Der Beauftragte ist verpflichtet, nur nach den Weisungen der Gruppe zu handeln, von der er gewählt ist.
Das freie Mandat bedeutet: Der Beauftragte ist ermächtigt, nach seinem eigenen Wissen und Gewissen zu handeln, ohne an Weisungen von Wählern oder *Partei*en gebunden zu sein. Die Abgeordneten in der *Bundesrepublik Deutschland* erhalten von ihren Wählern ein freies Mandat.
Siehe *Fraktion.*

Manifest, ein Manifest ist eine öffentliche Erklärung politischer Grundsätze und Absichten.
Das bekannteste ist das *Kommunistische Manifest.*

Manipulation heißt Handhabung, Kunstgriff und Machenschaft.
Kinder mögen Süßigkeiten. Eine Firma bringt Päckchen mit Kaugummis auf den Markt, denen Sammelbilder beigelegt sind. Die Sammelbilder sind nach den Interessen der Kinder ausgesucht: Technik, Sport und Raumfahrt. Nach Abnahme von hundert Päckchen erhalten die Kinder ein Sammelalbum kostenlos. Viele Kinder werden nur noch diese Kaugummis kaufen, weil sie gern Bilder sammeln. Jedes Kind will möglichst als erstes ein volles Album besitzen.
Das ist eine beliebte Form der Manipulation: Geschickt nutzt eine Firma kindliche Interessen und Wünsche aus und veranlasst die Kinder damit, ihr Erzeugnis zu kaufen.
Nicht nur Werbung ist Manipulation, sondern jede Art einseitiger Beeinflussung, die ein gewünschtes Verhalten herbeiführen soll.

Marktwirtschaft und Planwirtschaft, mit *Wirtschaft* bezeichnet man alles, was Menschen eingerichtet haben und tun, um ihren Bedarf zu decken. Zum Bedarf gehören viele Dinge, zum Beispiel Nahrungsmittel, Kleidung, Wohnungen, Spielsachen.

Jeder einzelne Mensch ist an der Wirtschaft in unterschiedlicher Weise beteiligt: Er arbeitet und stellt Güter her, er bekommt dafür Geld und kauft für dieses Geld das, was er braucht. Da es aber Millionen von Menschen, viele Tausende von Betrieben und Millionen von unterschiedlichen Gütern gibt, müssen der Bedarf und die Produktion, das heißt die Herstellung, in einem *Staat* aufeinander abgestimmt werden. Dafür gibt es verschiedene Möglichkeiten. Die Art und Weise der Abstimmung nennt man Wirtschaftsordnung. Gegensätzliche Formen der Wirtschaftsordnung sind die freie Marktwirtschaft und die zentrale Planwirtschaft.

In der freien Marktwirtschaft geht man davon aus, dass sich die Wirtschaft sozusagen von allein regelt. Die Verbraucher wollen Waren kaufen, und die Hersteller wollen verkaufen. Ist eine Ware knapp, steigt der Preis, und der Hersteller macht hohe Gewinne. Sofort werden andere Unternehmer dieselbe Ware herstellen. Bald ist genug davon vorhanden, und der Preis geht zurück. Gibt es eine Ware im Überfluss, sinkt der Preis, der Hersteller kann nichts mehr daran verdienen. Also wird er seine Ware verändern, verbessern oder durch Werbung bei den Verbrauchern neue Wünsche wecken. So erfolgt die Abstimmung von Bedarf und Produktion – man sagt auch, von Angebot und Nachfrage – durch den Preis und dadurch, dass jeder verdienen will. Das alles geht natürlich nicht reibungslos. Wenn sich zum Beispiel viele Unternehmer falsche Vorstellungen über die Wünsche der Verbraucher gemacht haben, kann es zu Arbeitslosigkeit und großen Schwierigkeiten für die Wirtschaft kommen. Gegen die Marktwirtschaft wird eingewendet, dass sie in der reinen Form auf Gewinnstreben beruht und dass die *sozial* schwachen Gruppen in einer *Gesellschaft* benachteiligt werden. Es hat sich auch herausgestellt, dass die Abstimmung von Angebot und Nachfrage dann nicht mehr wie gewünscht ineinander greift, wenn ein Unternehmer es erreicht hat, dass er allein den Markt beherrscht. Siehe dazu *Monopol*.

Das Gegenteil der freien Marktwirtschaft ist die zentrale Planwirtschaft. In ihr werden die wichtigsten wirtschaftlichen Vorgänge im Voraus festgelegt. Eine zentrale Stelle rechnet aus, welche Güter in welcher Menge wahrscheinlich gebraucht werden. Danach wird ein Plan ausgearbeitet. Dieser Plan ist verbindlich für die Produktion und die Verteilung der Waren. Der Spielraum der Betriebe für eigene Entscheidungen, zum Beispiel welche Güter sie herstellen und zu welchem Zeitpunkt, ist nur gering.

Auch in dieser Wirtschaftsordnung gibt es Nachteile: Je weiter die Wirtschaft entwickelt ist, desto schwieriger wird es, die Nachfrage richtig einzuschätzen und die Wünsche der Verbraucher zu erfüllen.

In der Planwirtschaft hat sich außerdem herausgestellt, dass die ausschließliche Planung durch den Staat zum Aufbau einer mächtigen und unbeweglichen *Bürokratie* führt. Bürokratie ist die Herrschaft von Beamten und Behörden. Die Erfahrung hat gezeigt,

dass bei der zentralen Planwirtschaft viele wichtige Bereiche der Wirtschaft, wie zum Beispiel die Versorgung mit Verbrauchsgütern, der technische Fortschritt oder der Ausbau der *Infrastruktur* vernachlässigt werden. Zur Infrastruktur gehören die Verbindungs- und Versorgungswege, also zum Beispiel Straßen, Schienen, Rohrleitungen oder das Telefonnetz.
Eine Voraussetzung für die zentrale Planwirtschaft ist, dass alle *Produktionsmittel,* das sind vor allem Fabriken, Maschinen und Rohstoffe, dem *Staat* gehören. Gehören sie ihm nicht, gibt es nämlich Schwierigkeiten bei der Plandurchführung. In der zentralen Planwirtschaft bestimmt der Staat allein die Preise und die Höhe der Einkommen.
In der freien Marktwirtschaft dagegen sind die Produktionsmittel Privateigentum. Die Höhe der Preise wird – wie bereits erklärt – durch Angebot und Nachfrage bestimmt. Die Höhe der Einkommen der Arbeitnehmer wird durch freie Verhandlungen zwischen Unternehmern und *Gewerkschaften* festgelegt. Die Gewerkschaften vertreten die Interessen der Arbeitnehmer.
Da beide Arten der Wirtschaftsordnung neben Vorteilen auch Nachteile haben, wird in einigen Staaten versucht, gemischte Formen zu entwickeln, das heißt Marktwirtschaft und Planwirtschaft zu verbinden.
Die Wirtschaftsordnung der *Bundesrepublik Deutschland* ist die Marktwirtschaft. Man nennt sie ‹soziale Marktwirtschaft›, weil das freie Spiel zwischen Angebot und Nachfrage nicht allein der Entscheidung der Hersteller und der Verbraucher überlassen bleibt. Der Staat gibt zusätzlich Regeln, zum Beispiel *Gesetz*e für die *sozial*e Sicherheit der Menschen und für den Wettbewerb der Unternehmer.
Die Wirtschaftsordnung der ehemaligen *DDR* war die zentrale Planwirtschaft, man nannte sie dort ‹*sozialistisch*e Planwirtschaft›.
Siehe auch *Kapitalismus, Sozialismus, Tarif, Kartell, Liberalismus.*

Marshallplan, nach dem 2. *Weltkrieg* waren große Teile Europas zerstört: *Industrie*betriebe, Verkehrswege, die Städte, die Häfen. Um den *wirtschaftlich*en Wiederaufbau zu fördern, entwickelte der amerikanische Außen*minister* Marshall den nach ihm benannten Marshallplan: Lebensmittel, Geld und Rohstoffe im Wert von 12,4 Milliarden Dollar wurden nach Europa geschickt.
Um den Marshallplan ausführen zu können, wurden verschiedene Einrichtungen geschaffen: zum Beispiel ein *Komitee,* das das ‹Europäische Wiederaufbauprogramm› ausarbeitete, das ‹*E*uropean *R*ecovery *P*rogram›, abgekürzt ERP.
Das Programm wurde von sechzehn westeuropäischen *Staat*en angenommen; Die Sowjetunion und die mit ihr verbundenen Staaten lehnten die Hilfe ab.
Unter ERP-Mitteln versteht man alle Mittel des Marshallplans, mit deren Hilfe die Wirtschaft in den westeuropäischen Ländern, auch in der *Bundesrepublik Deutschland,* wieder aufgebaut wurde.
Die Bundesrepublik erhielt von den USA insgesamt knapp 3,3 Milliarden Dollar aus ERP-Mitteln. Davon hat sie laut Vereinbarung rund 1,1 Milliarden

M

Dollar zurückgezahlt. Die restlichen 2,2 Milliarden Dollar mussten nicht zurückgezahlt werden.
Eine weitere Einrichtung zur Ausführung des Marshallplans war die OEEC, die ‹*Organisation* für europäische wirtschaftliche Zusammenarbeit›. Nach Erfüllung des Marshallplans wurde sie in die OECD umgewandelt, das heißt ‹*O*rganization for *E*conomic *C*operation and *D*evelopment›, deutsch ‹Organisation für wirtschaftliche Zusammenarbeit und Entwicklung›. Ihre Hauptaufgabe ist, die wirtschaftliche Zusammenarbeit in Europa zu fördern und die *Entwicklungshilfe* der Mitgliedsstaaten an unterentwickelte Länder in Asien, Afrika und Südamerika untereinander abzustimmen. Der OECD gehören 2004 30 Mitgliedsstaaten an. Das sind unter anderen Australien, Frankreich, Großbritannien, Italien, Japan, Kanada, Polen, die USA und die Bundesrepublik Deutschland.
Siehe auch *Ostblock und Westmächte.*

Marxismus, Karl Marx und Friedrich Engels haben in der Mitte des 19. Jahrhunderts ihre Anschauungen und Erkenntnisse über die menschliche *Gesellschaft* in vielen Schriften niedergelegt. Dazu gehören das ‹*Kommunistische Manifest*›, das 1848 erschien, und ‹Das Kapital›. Marx und Engels beschreiben, wie sich die menschliche Gesellschaft bis zum 19. Jahrhundert entwickelt hat. Sie legen dar, warum diese Entwicklung ihrer Meinung nach so verlaufen musste und wie sich die menschliche Gesellschaft ihrer Ansicht nach entwickeln wird.
Zu den grundsätzlichen Ansichten von Marx gehört, dass es in der Geschichte der Menschheit immer Kämpfe zwischen *Klassen* gegeben hat: Die Besitzlosen wurden von den Besitzenden unterdrückt. Immer hat sich die unterdrückte Klasse in einer *Revolution* gegen ihre Unterdrücker aufgelehnt, um sich dann selbst zur herrschenden Klasse zu erheben. Zuletzt hat sich gegen Ende des 18. Jahrhunderts das Bürgertum gegen die Vorherrschaft des Adels und der Geistlichkeit aufgelehnt: Das Bürgertum hatte genügend Kapital, das heißt Vermögen an Grund und Boden und Fabriken, in seinen Besitz gebracht, um den Adel an *wirtschaftlich*er Macht zu überflügeln. In den bürgerlichen *Industrie*unternehmen entstand das *Proletariat*, das heißt die Klasse der besitzlosen Arbeiter, die von den besitzenden Bürgern unterdrückt wurde. Nach Ansicht von Karl Marx wird sich die Arbeiterklasse gegen das Bürgertum erheben, und sie wird den bisherigen Ablauf der Geschichte unterbrechen. Sie wird eine Gesellschaft verwirklichen, in der es keine Unterdrücker und keine Klassen mehr geben soll: die kommunistische Gesellschaft.
Die Zeit des Übergangs, in der sich die Menschen von den alten Denkgewohnheiten des Bürgertums lösen müssen, wird als Zeitraum der ‹*Diktatur des Proletariats*› bezeichnet. In dieser Zeit wird die Arbeiterklasse herrschen müssen, um mit Hilfe ihrer *Partei* die menschliche Gesellschaft neu zu ordnen und die Menschen für die kommunistische Gesellschaft zu erziehen.
In den Begriff Marxismus, wie er heute benutzt wird, sind die Überlegungen anderer Menschen einbezogen, die die Erkenntnisse von Marx und

Engels ergänzten und veränderten. Der Marxismus begreift sich selbst als Wissenschaft, als ‹wissenschaftlichen *Sozialismus*›.
Der Marxismus ist die Grundlage aller kommunistischen Parteien. Immer wieder ist er Anlass zu Auseinandersetzungen über den Aufbau der menschlichen Gesellschaft.
Siehe *Kommunismus, Sozialismus, Kapitalismus, Liberalismus.*

Massaker, von einem Massaker spricht man, wenn Menschen grausam und hinterhältig ermordet werden. Ein Massaker ist ein Blutbad, ein Gemetzel. Massakrieren heißt niedermetzeln, misshandeln.

Massenmedien vermitteln Millionen von Menschen Nachrichten, Wissen und Unterhaltung. Rundfunk und Fernsehen, Zeitungen und Zeitschriften sind Massenmedien.
Medien sind Mittler oder Vermittler. Die Einzahl heißt das Medium.
Siehe *Presse.*

MBFR ist die Abkürzung für ‹*M*utual and *B*alanced *F*orces *R*eduction›, das heißt ‹beiderseitige ausgewogene Truppenverminderung›.
1968 gaben die *NATO*-Staaten eine öffentliche Erklärung ab, wie sie sich einen gegenseitigen Truppenabbau der NATO-Staaten und der *Staat*en des *Warschauer Pakt*es vorstellen.
Die NATO ist das Verteidigungsbündnis der USA mit Kanada und westeuropäischen Staaten sowie Griechenland und der Türkei. Der Warschauer Pakt war das Verteidigungsbündnis der Sowjetunion mit den Staaten Osteuropas.
1973 fanden erste geheime Verhandlungen in Wien statt, an denen 12 Staaten der NATO und 7 Staaten des Warschauer Paktes teilnahmen. In den folgenden Jahren gab es zahlreiche Verhandlungen, in denen übereinstimmende und gegensätzliche Standpunkte erörtert wurden. 1989 wurden diese Gespräche ohne Vertragsabschluss beendet.
Im Rahmen der ‹*O*rganisation für *S*icherheit und *Z*usammenarbeit in *E*uropa›, OSZE, werden Abrüstungsverhandlungen weitergeführt. Siehe dazu OSZE.
Siehe auch *nukleare Waffen, ABC-Waffen.*

MdB ist die Abkürzung für ‹*M*itglied *d*es Deutschen *B*undestages›.
Siehe *Bundestagsabgeordnete.*

MdL ist die Abkürzung für ‹*M*itglied *d*es *L*andtages›.
Siehe *Landtag.*

Mehrheit, die Mehrheit ist der größere Teil.
Ist von Mehrheit bei Abstimmungen, zum Beispiel im *Parlament*, die Rede, ist der größere Teil der *Abgeordnete*n gemeint. Sie stimmen mit ja oder nein, oder sie enthalten sich der Stimme.
Es gibt verschiedene Arten von Mehrheiten bei Abstimmungen: Eine Stimme mehr für eine Person oder einen Vorschlag ergibt die einfache Mehrheit. Relative Mehrheit bedeutet, dass bei einer Abstimmung über mehr als zwei Vorschläge oder Personen der gewählt ist, der die meisten Stimmen erhalten hat.
Qualifizierte Mehrheit bedeutet, dass

zum Beispiel zwei Drittel aller Stimmen für eine Person oder einen Vorschlag erforderlich sind.
Absolute Mehrheit bedeutet, mehr als die Hälfte oder mehr als alle anderen Stimmen zusammen sind für eine Person oder einen Vorschlag erforderlich. Bei der Wahl des *Bundespräsidenten* oder des *Bundeskanzlers* zum Beispiel ist die absolute Mehrheit erforderlich.
Soll die *Verfassung* der *Bundesrepublik Deutschland*, das *Grundgesetz*, verändert werden, ist eine Zweidrittelmehrheit erforderlich. Eine Verfassung bestimmt das Zusammenleben der Menschen in einem *Staat*.

Mehrheitswahl ist immer eine *Wahl* von Personen. Die *Mehrheit* der abgegebenen Stimmen entscheidet, wer die Wahl gewonnen hat: 30 Kinder einer Klasse wählen ihren Klassensprecher. Die drei *Kandidat*en, das heißt Bewerber, sind Tina, Jan und Stefan. Jan bekommt 12, Tina 10 und Stefan 8 Stimmen. Haben die Kinder vor der Wahl eine relative Mehrheitswahl verabredet, erhält Jan das Amt: Bei der relativen Mehrheitswahl ist nämlich der Bewerber gewählt, der die meisten Stimmen erhält. Haben die Kinder eine absolute Mehrheitswahl verabredet, müssen sie noch einmal wählen, weil kein Bewerber mehr als die Hälfte der Stimmen erhalten hat, wie es notwendig wäre: Sie müssen entweder noch einmal zwischen allen drei Kandidaten wählen oder nur zwischen den ersten beiden, also zwischen Jan und Tina. Man nennt das eine Stichwahl.
Siehe auch *Verhältniswahl*.

Mehrparteiensystem, siehe *Zwei- und Mehrparteiensystem*.

Memorandum, ein Memorandum ist eine Denkschrift.
Professoren der Chemie, Physik und Medizin zum Beispiel verfassen für eine *Regierung* ein Schriftstück über Umweltschutz. Dieses Schriftstück oder Gutachten kann als Memorandum bezeichnet werden.
Die Fachleute wollen erreichen, dass die Regierung den Inhalt des Memorandums zur Kenntnis nimmt und danach handelt.

Menschenrechte sind *Rechte*, die jedem Menschen zustehen. Zu den Menschenrechten gehören unter anderen das Recht auf persönliche Freiheit, auf körperliche Unversehrtheit, auf Glaubens- und Meinungsfreiheit, auf die Gleichheit aller Menschen vor dem *Gesetz*, auf die Gleichberechtigung von Mann und Frau.
Persönliche Freiheit bedeutet, dass jeder Mensch arbeiten, wohnen und leben kann, wo und wie er will, solange er anderen Menschen nicht Schaden zufügt. Körperliche Unversehrtheit bedeutet, dass Menschen nicht gefoltert, geschlagen und misshandelt werden dürfen.
Die Menschenrechte sind unantastbar und unverlierbar, das bedeutet, kein Mensch und keine *Regierung* darf einem Menschen diese Rechte absprechen. Sie sollen die Würde des Menschen schützen.
Im Laufe der Geschichte sind die Menschenrechte mehrfach verkündet worden: in der amerikanischen ‹Bill of Rights› 1776, in der ‹Erklärung der

Menschen- und Bürgerrechte› 1789 in Frankreich, zuletzt in der ‹Allgemeinen Erklärung der Menschenrechte› 1948 durch die *Vereinten Nationen* und in der ‹Konvention zum Schutze der Menschenrechte und Grundfreiheiten› 1950 durch den *Europarat*.
Die *Verfassungen* vieler Staaten sichern in Form der *Grundrechte* ihren Bürgern die Menschenrechte zu. Trotzdem wird immer wieder gegen die Menschenrechte verstoßen.
In einer Verfassung wird das Zusammenleben der Menschen in einem Staat geregelt.
Siehe *Grundgesetz*.

Militär, militärisch, Militär ist ein Sammelbegriff für die Soldaten und die Streitkräfte eines *Staates*. Die Streitkräfte sind unterteilt in Heer, Luftwaffe und Marine.
Soldaten sind Mannschaften, Unteroffiziere und Offiziere.
Militärisch heißt ‹das Militär betreffend›, soldatisch oder kriegerisch. Militärische Aktionen sind also kriegerische Handlungen.
Die militärische Ausbildung ist die Ausbildung zum Soldaten.
Siehe auch *NATO*, *Warschauer Pakt*.

militant heißt kämpferisch, streitbar.

Militarismus, der Begriff kennzeichnet das ‹Vorherrschen *militärisch*er Einflüsse in einem *Staat*›. Das bedeutet, dass in einem Staat der Aufbau der Streitkräfte und die Ausgaben dafür Vorrang haben vor allen anderen Aufgaben des Staates.
Als Militaristen bezeichnet man Menschen, die soldatischen Gehorsam auch im bürgerlichen Leben für notwendig halten. Soldatischer Gehorsam ist innerhalb militärischer Bereiche eine Notwendigkeit: Ein Befehl muss zuverlässig und vor allem sofort ausgeführt werden.
Militaristisch heißt ‹im Sinne des Militarismus›.

Miliz ist die Bezeichnung für bewaffnete Kampfeinheiten, deren Mitglieder *militärisch* ausgebildet sind.

Minderheiten, die Minderheit ist eine an Zahl kleinere Gruppe. Minderheiten sind Gruppen, die sich freiwillig oder gezwungen von der *Mehrheit* der Bevölkerung unterscheiden: durch ihre Religion zum Beispiel, durch ihre Zugehörigkeit zu einem anderen *Volk*, durch ihre Ansichten über *Politik*.
In vielen Staaten sind Minderheiten durch *Gesetze* geschützt. In Dänemark zum Beispiel bilden die Deutschen eine *national*e Minderheit. Sie dürfen ihre Kinder auf deutsche Schulen schicken, und sie dürfen deutsche Zeitungen drucken.
Religiöse Minderheiten dürfen in den meisten Staaten ungehindert ihre Religion ausüben.
Politische Minderheiten dürfen in vielen Staaten ihre Ansichten verbreiten und *Partei*en gründen.
Trotz der Gesetze, die sie schützen sollen, werden überall auf der Welt Minderheiten benachteiligt, verachtet, auch durch seelische oder körperliche Misshandlungen unter Druck gesetzt oder vertrieben.
Siehe auch *Rassismus*.

Minister heißt ursprünglich Diener. Heute bezeichnet man die Mitglieder einer *Regierung* als Minister. Die Regierung ist die Leitung eines *Staat*es, sie besteht aus dem Regierungschef und den Ministern.

In der Regel leiten *Minister* ein *Ministerium*. Minister ohne *Ressort*, das heißt ohne einen bestimmten Aufgabenbereich, stehen für besondere Aufgaben zur Verfügung. Man nennt sie auch ‹Minister ohne Portefeuille›. Portefeuille heißt Geschäftsbereich, Arbeitsbereich.

Es gibt keine bestimmte Berufsausbildung oder ein besonderes Studium für das Amt des Ministers. Wer beispielsweise in der *Bundesrepublik Deutschland* in seiner *Partei* erfolgreich gearbeitet hat und zum *Abgeordnete*n gewählt wurde, kann auch zum Minister berufen werden. Es gehört zu den Ausnahmen, dass ein Fachmann zum Beispiel aus der *Wirtschaft* oder der Wissenschaft, der nicht Mitglied des *Parlament*s ist, ein Ministeramt übernimmt. Für die Ernennung zum Minister ist also häufig nicht das Fachwissen ausschlaggebend. Von Bedeutung ist vielmehr die Fähigkeit, die Absichten der Regierung in dem jeweiligen Arbeitsbereich durchsetzen zu können. So ist es möglich, dass ein Minister nacheinander oder gleichzeitig verschiedene Ministerien leiten kann.

In den Ministerien stehen den Ministern Beamte und andere Fachleute beratend zur Seite, die meistens unabhängig von den *Wahl*en längere Zeit in ihrem Amt bleiben.

Ein Minister ist kein Beamter auf Lebenszeit, er hat ein *politisch*es Amt. Wenn er das Vertrauen des Regierungschefs oder seiner Partei verliert, muss er damit rechnen, dass er sein Amt zurückgeben muss.

Die Bundesminister in der Bundesrepublik werden auf Vorschlag des *Bundeskanzler*s vom *Bundespräsident*en ernannt. Sie schwören einen *Amtseid*, wenn sie ihr Amt übernehmen.

Das Ministeramt endet in der Bundesrepublik, wenn ein neuer *Bundestag* zusammentritt, also in der Regel alle vier Jahre; durch Tod, Rücktritt oder Entlassung des Ministers; durch den Tod oder Rücktritt des Bundeskanzlers; wenn der Bundeskanzler auf Grund des konstruktiven *Misstrauensvotum*s zurücktreten muss.

Siehe auch *Bundesregierung*, *Staatssekretär*.

Ministerium heißt in einem *Staat* eine ‹oberste *Verwaltung*sbehörde mit einem bestimmten Aufgabenbereich›. Das Gesundheitswesen zum Beispiel ist ein Aufgabenbereich mit einem dazugehörigen Fachministerium, auch *Ressort*ministerium genannt.

Die fünf traditionellen, das heißt herkömmlichen und seit dem letzten Jahrhundert üblichen Ministerien sind die des Auswärtigen, des Innern, der Verteidigung, der *Finanzen*, der *Justiz*. Darüber hinaus haben alle Staaten Ministerien mit unterschiedlichen Aufgaben eingerichtet, die sich nach den Bedürfnissen und Verhältnissen des jeweiligen Staates richten.

In der *Bundesrepublik Deutschland* gibt es 2004 folgende Ministerien: das Bundeskanzleramt; das Auswärtige Amt; die Ministerien des Innern; der Justiz; der Finanzen; der Verteidigung; die Ministerien für *Wirtschaft* und Arbeit; für

Verbraucherschutz, Ernährung und Landwirtschaft; für Familie, Senioren, Frauen und Jugend; für Gesundheit und *sozial*e Sicherung; für Verkehr, Bau- und Wohnungswesen; für Umwelt, Naturschutz und Reaktorsicherheit; für Bildung und Forschung; für wirtschaftliche Zusammenarbeit und Entwicklung. Jedes Ministerium wird von einem *Minister* geleitet.

Ministerpräsident ist der Vorsitzende, der Chef einer *Regierung*. Die Regierung ist die Leitung eines *Staat*es.
In Großbritannien und Frankreich nennt man den Vorsitzenden der Regierung Premier*minister*. Der Regierungschef der *Bundesrepublik Deutschland* heißt *Bundeskanzler*.
Die Regierungschefs der 16 *Bundesländer* der Bundesrepublik werden Ministerpräsidenten genannt. In den Ländern Hamburg und Bremen, die man auch Stadtstaaten nennt, heißen sie ‹Erster Bürgermeister›, in Berlin ‹Regierender Bürgermeister›.
Ministerpräsidenten werden in der Regel von dem jeweiligen *Parlament* gewählt.
Siehe auch *Bundesländer*.

Ministerrat, *Minister* sind Mitglieder einer *Regierung*. Die Regierung ist die Leitung eines *Staat*es.
Eine Regierung kann auch als Ministerrat bezeichnet werden, so zum Beispiel in Frankreich.
Auch Vereinigungen von Staaten können Ministerräte bilden. In der *Europäisch*en *Union, EU*, zum Beispiel gibt es einen Ministerrat, der aus Ministern der Mitgliedsstaaten gebildet wird.

Minorität ist die *Minderheit*, also eine an Zahl kleinere Gruppe.

Mission, eine Mission kann eine Gruppe von Menschen sein, eine Handelsmission zum Beispiel, die ins Ausland reist, um über *Wirtschaft*sfragen zu verhandeln.
Eine Mission kann auch der ‹Auftrag selbst› sein, zum Beispiel der Auftrag, zu verhandeln.
Im Sprachgebrauch der christlichen Kirchen betreffen die Begriffe Mission, missionieren und Missionar den Auftrag, Menschen zum christlichen Glauben zu bekehren.

Misstrauensvotum, das Misstraucns*votum* ist ‹eine Stimmabgabe, die das Misstrauen ausspricht›.
Meint ein *Parlament*, dass eine *Regierung* ihre Arbeit nicht gut oder nicht richtig tut, dann kann es ein Misstrauensvotum abgeben: Einem *Minister* oder einer Regierung wird das Vertrauen entzogen. Der Minister oder die Regierung müssen zurücktreten.
In der *Bundesrepublik Deutschland* ist ein Misstrauensvotum gegen einen Bundes*minister* oder die *Bundesregierung* nicht möglich. Es gibt nur das ‹konstruktive Misstrauensvotum›, das sich gegen den *Bundeskanzler* richtet. Konstruktiv heißt aufbauend.
Das konstruktive Misstrauensvotum bedeutet: Dem Bundeskanzler kann das Vertrauen nur entzogen werden, wenn gleichzeitig dafür gesorgt ist, dass ein neuer Bundeskanzler gewählt wird. Der *Bundestag* muss also in ein und derselben Abstimmung mit der *Mehrheit* seiner Mitglieder dem bisherigen Kanzler das Misstrauen aus-

M

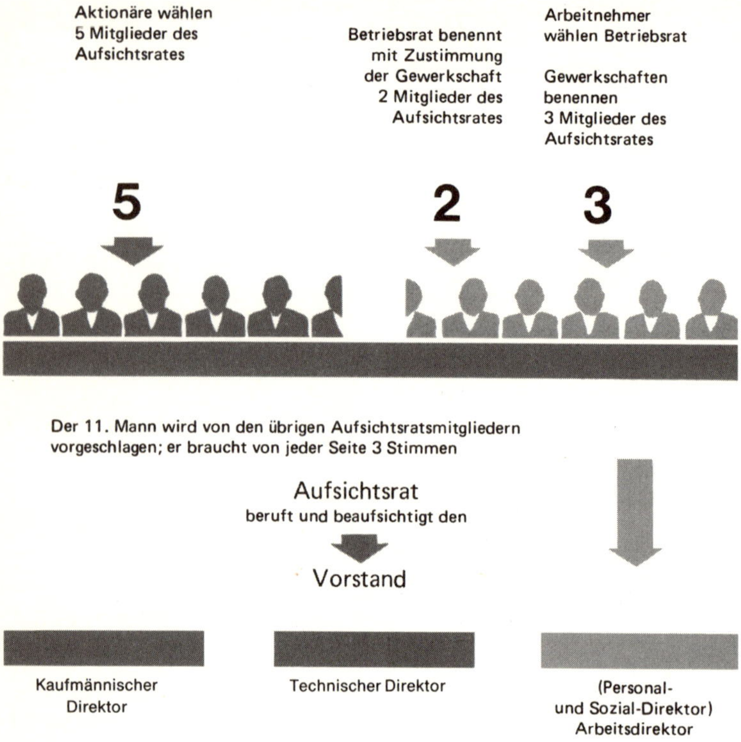

Mitbestimmung in der Montanindustrie
(Aus: L. Helbig: «Politik im Aufriss». Band 1, Frankfurt am Main 1973, Verlag Moritz Diesterweg)

sprechen und den neuen Kanzler wählen.

Damit wird verhindert, dass sich im Parlament lediglich Mehrheiten finden, um Regierungen zu stürzen, und so ein Zeitraum entsteht, in dem es keine Regierung gibt.

Mitbestimmung in großen Betrieben bedeutet, dass die Arbeitnehmer an der Leitung des Betriebes mitbestimmend teilnehmen: Die Unternehmer können zum Beispiel nicht allein über die Verwendung der Gewinne oder über Veränderungen im Betrieb entscheiden. Veränderungen im Betrieb können Entlassungen oder neue Verfahren der Herstellung sein.

Das Mitbestimmungs*recht* regelt die Form der Mitbestimmung in der *Bundesrepublik Deutschland.* Für die Arbeitnehmer des Bergbaus und der Eisen- und Stahl*industrie* ist die pari-

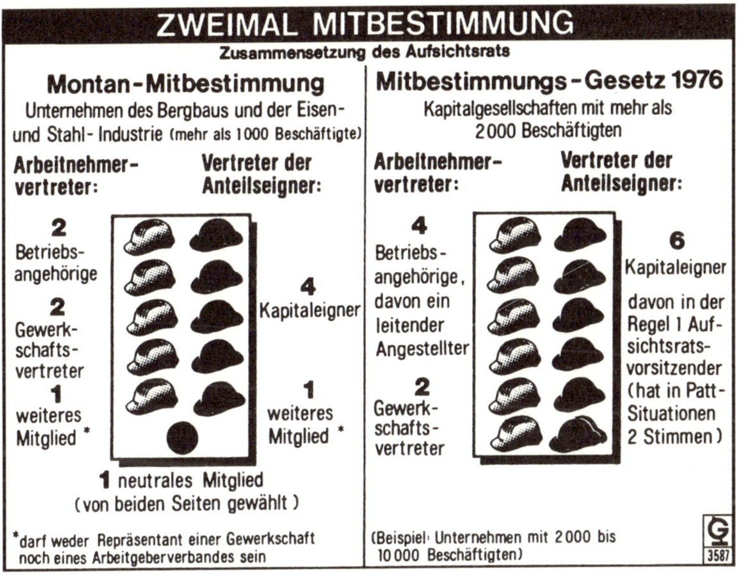

tätische, das heißt gleichberechtigte Mitbestimmung weitgehend durch *Gesetze* von 1951 und 1956 verwirklicht. Andere Gesetze, vor allem das Betriebsverfassungsgesetz von 1972, regeln die Mitbestimmung für die Arbeitnehmer anderer Unternehmen in eingeschränkter Form.

Besondere Bedeutung für die Arbeitnehmer hat die Mitbestimmung in den Aufsichtsräten von *Aktiengesellschaften*: Fast alle wesentlichen Entscheidungen über die Führung des Unternehmens und seine Entwicklung kann der Vorstand, das ist die Leitung des Betriebes, nicht ohne den Aufsichtsrat treffen. Die Mitglieder des Aufsichtsrates werden zum Teil von den Aktionären, das heißt von den Eigentümern des Unternehmens, und zum Teil von den Arbeitnehmern des Unternehmens gewählt.

Das Mitbestimmungsgesetz von 1976 legt fest, dass in den Aufsichtsräten von Unternehmen mit über 2000 Beschäftigten 50 Prozent der Mitglieder von den Arbeitnehmern gestellt werden. Das Gesetz bestimmt allerdings auch, dass bei Stimmengleichheit die Entscheidung bei der Arbeitgeberseite liegt. Daher fordern die Gewerkschaften nach wie vor eine uneingeschränkte Parität, das heißt Gleichberechtigung.

Siehe auch *Betriebsrat*.

Mittelstand ist die Bezeichnung für eine Gruppe der Bevölkerung. Die Menschen dieser Gruppe sind nicht arm und nicht sehr reich, sie leben sozusagen zwischen den Armen und den Reichen. Sie haben mittlere oder auch höhere Einkommen und leben ohne

M

größere Geldsorgen. Häufig können sie Vermögen bilden: Sie bauen Häuser oder legen Sparkonten an.

Zum Mittelstand gehören die Inhaber mittelgroßer Betriebe der *Industrie*, des Handels und des Handwerks, Landwirte, Beamte und Angestellte. Außerdem gehören dazu die Angehörigen freier Berufe, das sind zum Beispiel Ärzte, Rechtsanwälte und Künstler.

Es gibt *Staat*en, die einen so genannten breiten Mittelstand haben, wie zum Beispiel die *Bundesrepublik Deutschland*. Es gibt Staaten, in denen nur ein geringer Teil der Bevölkerung dem Mittelstand angehört, zum Beispiel in Südamerika. Dort ist der Gegensatz zwischen den Armen und den Reichen besonders groß.

mobilisieren, Mobilität, mobil heißt beweglich. Mobilisieren heißt ‹etwas in Bewegung setzen›.

Kräfte oder Geld können für einen bestimmten Zweck mobilisiert werden, zum Beispiel für die Hilfe nach einem Bergwerksunglück.

Mobilität heißt Beweglichkeit und ist unter anderem ein Begriff aus der Bevölkerungs*statistik*: Das Statistische Bundesamt zählt die Bevölkerung und stellt fest, wie viele Menschen in welchem Zeitraum umgezogen sind. Man gewinnt so einen Überblick über die Mobilität der Bevölkerung, der als Unterlage für Planungen des Wohnungs- und Städtebaus dienen kann.

Die Mobilmachung ist die Vorbereitung eines *Staat*es auf einen Krieg: Unter anderem werden Truppen in Bewegung gesetzt oder, wie man auch sagt, mobil gemacht.

Modalitäten sind die Einzelheiten eines Vertrages zum Beispiel zwischen zwei *Staat*en.

modifizieren heißt einschränken oder abändern. Eine Modifikation oder Modifizierung ist die Abänderung oder Einschränkung zum Beispiel eines Vertrages.

Modus vivendi heißt so viel wie ‹eine Art zu leben›.

Zwei Familien benutzen zum Beispiel gemeinsam ein Badezimmer. Dabei kommt es immer wieder zu Streitigkeiten. Endlich treffen sie eine Übereinkunft, welche Familie wann das Bad benutzt. Das ist eine Abmachung nach dem Modus vivendi – eine für beide Seiten erträgliche Art, miteinander zu leben.

Genauso können *Staat*en Abmachungen treffen, in denen sie sich über eine erträgliche Art, miteinander oder nebeneinander zu leben, verständigen. Eine solche Abmachung muss nicht auf lange Dauer gültig sein, sie kann später durch einen Vertrag ersetzt werden.

Monarchie ist die ‹Herrschaft eines Einzelnen›, die Herrschaft eines Kaisers, eines Königs oder eines Fürsten.

Früher hatten die Monarchen, das heißt die Herrscher, in der Regel absolute, das heißt uneingeschränkte Macht: Was sie bestimmten, musste geschehen.

Heute gibt es in Europa nur noch wenige Monarchien: Belgien, Dänemark, Großbritannien, Niederlande, Norwegen, Schweden, Spanien, Liechtenstein, Luxemburg, Monaco. Alle sind parlamentarische Monarchien: Die

Macht liegt nicht bei dem König oder Fürsten, sondern bei den Vertretungen des Volkes, den *Parlament*en. Das bestimmt die Konstitution, das ist die *Verfassung* eines *Staat*es. Sie legt unter anderem fest, welche *Rechte* jeder Bürger hat und welche Aufgaben und Befugnisse Parlament, *Regierung* und *Rechtsprechung* haben. Die Monarchen haben in der Regel nur noch die Aufgabe, ihr Land zu repräsentieren. Repräsentieren heißt vertreten, auch ‹würdig vertreten›.
In einigen außereuropäischen Staaten haben die Monarchen auch heute noch sehr große Machtbefugnisse.

Monitor heißt Aufseher.
Benutzt wird das Wort für Kontrollgeräte der Fernsehanstalten. Ein Monitor ist ein kleiner Fernsehapparat, der es zum Beispiel dem Nachrichtensprecher ermöglicht, das Bild zu sehen, zu dem er den Text spricht.

Monopol bedeutet Vorrecht, ‹alleiniger Anspruch›, ‹alleinige Macht›, auch so viel wie ‹Beherrschung des Warenmarktes›.
Ein Fabrikbesitzer zum Beispiel kauft alle Fabriken auf, die eine bestimmte Maschine herstellen. Jetzt verkauft er allein die Maschine, er kann bestimmen, was sie kosten soll. Hält er seine Ware zurück, wird sie knapp, und die Verbraucher müssen mehr bezahlen. Der Fabrikbesitzer beherrscht den Markt: Er hat das Monopol für die Maschine.
Reine Monopole sind selten. Häufiger sind monopolähnliche Vereinigungen, in denen Herstellung oder Verkauf zwar nicht in einer Hand, aber doch in den Händen weniger Unternehmer sind. Monopolähnliche Vereinigungen werden auch als Oligopole bezeichnet. Siehe *Kartell.*

Montanunion, siehe *Europäische Union, EU,* auch *supranational.*

Moskauer Vertrag, siehe *Ostverträge.*

Münchener Abkommen, das nationalsozialistische *Deutschland*, Großbritannien, Frankreich und Italien schlossen 1938 in München das Münchener Abkommen: Sie vereinbarten, die Tschechoslowakei solle das Sudetenland, in dem etwa drei Millionen Deutsche lebten, an Deutschland abtreten.
Die Tschechoslowakei, die bei den Münchener Verhandlungen nicht vertreten war, gab dem Drängen Großbritanniens und Frankreichs nach, die hofften, so einen Krieg zu verhindern: Die Tschechoslowakei trat das Sudetenland ab.
Diese *Politik* der Beschwichtigung, die auch als Appeasementpolitik bezeichnet wird, konnte jedoch das nationalsozialistische Deutschland nicht zu einem dauerhaften Frieden veranlassen: 1939 brach durch den Einmarsch deutscher Truppen in Polen der 2. *Weltkrieg* aus. Schon während des Krieges und danach erklärten Großbritannien, Italien und Frankreich das Münchener Abkommen für ungültig. Das bedeutet vor allem, dass das Sudetenland zur Tschechoslowakei gehörte und gehört. Nach langwierigen Verhandlungen mit der Tschechoslowakei erklärte 1973 auch die *Bundesrepublik Deutschland* das Abkommen für nichtig.

M

1993 gründeten sich aus der Tschechoslowakei zwei *Staat*en, die Tschechische *Republik*, auch als Tschechien bezeichnet, und die Slowakei. Das frühere Sudetenland gehört zur Tschechischen Republik.

multilateral, siehe bilateral.

N

Nahost-Konflikt ist die Bezeichnung für die Auseinandersetzung zwischen Israel und den arabischen *Staat*en im Nahen Osten.
Bis zum Jahr 70 unserer Zeitrechnung hatten die *Juden* in Palästina einen eigenen Staat. Dieser Staat wurde von den Römern zerstört. Viele Juden verließen das Land und lebten später in fast allen Ländern Europas, Nordafrikas und Kleinasiens. Fast überall wurden sie als Außenseiter angesehen, oft verfolgt und verjagt. Ende des 19., Anfang des 20. Jahrhunderts verstärkte sich bei vielen Juden der Wunsch, wieder einen eigenen Staat Palästina zu errichten. Etwa zur gleichen Zeit entwickelten die Araber die Vorstellung, die arabischen Staaten zu einem großen arabischen Reich zu vereinen. Die Bewohner Palästinas waren in der Mehrzahl keine Juden mehr, sie hatten den islamischen oder christlichen Glauben angenommen, sprachen arabisch und empfanden sich als einen Teil der arabischen *Nation*.
Im 1. *Weltkrieg* wurde Palästina, das zu der Zeit unter türkischer Herrschaft stand, von Großbritannien erobert. Der *Völkerbund* beauftragte Großbritannien, Palästina als Mandat, das bedeutet treuhänderisch, zu verwalten. 1923 wurde Transjordanien – heute Jordanien – vom Mandatsgebiet abgetrennt. Der Völkerbund war eine Vereinigung von Staaten, die sich nach dem 1. Weltkrieg das Ziel gesetzt hatten, Streitigkeiten untereinander friedlich zu lösen.
Während seiner Mandatszeit gestattete Großbritannien vielen Juden, nach Palästina einzuwandern. Die englische *Regierung* hatte sich nämlich während des 1. Weltkrieges verpflichtet, den Juden eine Heimat in Palästina zu ermöglichen. Die Juden verstanden darunter die Errichtung eines jüdischen Staates. Die Araber bekämpften diesen Plan erbittert. 1929 kam es zu blutigen Ausschreitungen gegen die Juden.
In dem andauernden Streit wurden nach dem 2. Weltkrieg, 1939–1945, die *Vereinte*n *Nationen* als Schiedsrichter angerufen: Sie beschlossen 1947, Palästina zwischen Juden und Arabern zu teilen. Die Juden stimmten zu, die Araber lehnten entschieden ab.
Im Mai 1948 endete die Mandatszeit Großbritanniens in Palästina. Die Engländer verließen das Land. Sofort danach verkündeten die Juden die Gründung des Staates Israel. Die Araber erkannten diesen Staat nicht an und forderten seine Beseitigung.
Die Armeen der benachbarten arabischen Staaten griffen Israel an. Der Krieg endete 1949. Rund 850 000 Araber flohen aus Israel. In den angrenzenden arabischen Staaten entstanden große Lager mit Palästina-Flüchtlingen, die große Probleme für die Aufnahmeländer darstellten. Die Palästina-Araber führten einen dauernden

Kleinkrieg, auch als *Guerilla* bezeichnet, gegen Israel.
1964 wurde die ‹Palästinensische Befreiungsfront›, englisch ‹*P*alestine *L*iberation *O*rganization›, PLO, gegründet. Mit den ihr angeschlossenen Guerilla-Verbänden steht die PLO unter dem Schutz und dem Einfluss der arabischen Staaten.
Ziel der PLO ist die Errichtung eines eigenen Staates für die Palästinenser, den es bis heute nicht gibt.
Der *politisch*e Einfluss der PLO wechselte. Ihre politischen Vertreter sind in manchen Staaten als *Diplomat*en anerkannt. 1974 wurden der PLO gewisse Vertretungsrechte vor den Vereinten Nationen zuerkannt.
Die tief greifenden Spannungen zwischen Israel und den benachbarten arabischen Staaten führten 1956, 1967 und 1973 zu kriegerischen Auseinandersetzungen. In dem so genannten Sechs-Tage-Krieg 1967 besetzte Israel ägyptisches, jordanisches und syrisches Gebiet. Die Kriege wurden stets durch einen Waffenstillstand, nicht durch einen Friedensschluss beendet.
1977 begannen zwischen Israel und Ägypten Verhandlungen über einen Friedensvertrag, der sowohl von den meisten arabischen Staaten als auch in Israel von *radikal*en *Minderheit*en erbittert bekämpft wurde.
1979 wurde unter Beteiligung der USA ein Friedensvertrag zwischen Ägypten und Israel abgeschlossen.
Die auf den Vertrag aufbauenden Verhandlungen zwischen den beiden Ländern wurden durch unterschiedliche politische Ereignisse immer wieder gestört.
1981 annektierte Israel den von ihm

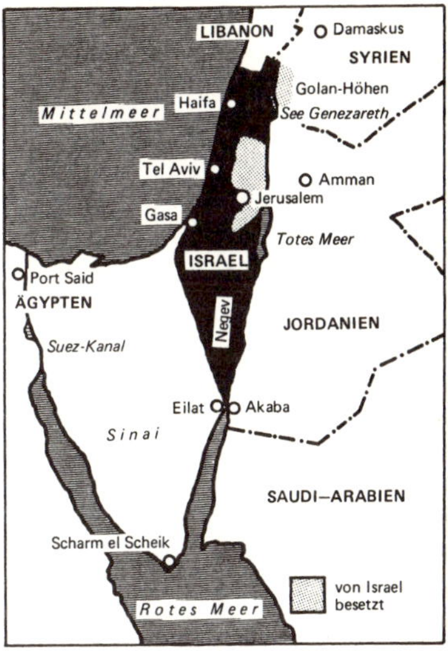

Israel und Nachbargebiete
(31. 6. 1984)

besetzten syrischen Teil der Golan-Höhen: Von der Mehrheit der israelischen Volksvertretung, der Knesseth, war beschlossen worden, das syrische Gebiet dem Staat Israel einzugliedern. Die Vollversammlung der Vereinten Nationen erklärte dies und im weiteren Israels *Politik* der Besiedlung in den seit 1967 besetzten Gebieten als Verstoß gegen das *Völkerrecht.*
Im April 1982 gab Israel, entsprechend den Vereinbarungen des Friedensvertrages von 1979, den Restteil des von ihm besetzten Sinai an Ägypten zurück.
Im August 1982 erzwang Israel durch den Einmarsch in den Libanon den Abzug der im libanesischen Bürgerkrieg kämpfenden PLO-Verbände in andere arabische Länder. 1985 verließen die

Truppen Israels den Libanon wieder. Sie hielten einen Sicherheitsstreifen an der Südgrenze besetzt.

Seit 1988 sind die Palästinenser in den von Israel besetzten Gebieten Westjordanland und Gaza im Aufstand, der von den arabischen Staaten unter anderem mit Geld unterstützt wird. Die Araber bezeichnen den Aufstand als Intifada.

Im September 1993 wurden nach schwierigen, lange Zeit geheimen Verhandlungen zwischen Israel und der PLO Dokumente, das heißt Schriftstücke, über die gegenseitige Anerkennung unterschrieben: Die PLO anerkennt den Staat Israel, Israel anerkennt die PLO als Vertreterin des palästinensischen Volkes.

1994 und 1995 unterzeichneten Israel und die PLO ein Abkommen über eine Teil*autonomie* der Palästinenser im Gazastreifen und im Westjordanland: Aufgaben der israelischen *Militär*- und *Zivil*verwaltung wurden nach 27 Jahren israelischer Besetzung von den Palästinensern übernommen. Autonomie heißt Unabhängigkeit.

Die beiden Abkommen stoßen sowohl bei einem Teil der israelischen als auch der palästinensischen Bevölkerung aus unterschiedlichen Gründen auf entschiedenen Widerstand. Auf beiden Seiten kommt es zu Angriffen mit allen Mitteln der Gewalt. Die Tötung Unbeteiligter wird in Kauf genommen.

Der seit 1948 zwischen Israel und Jordanien herrschende Kriegszustand wurde im Juli 1994 durch eine gemeinsam unterzeichnete Erklärung beendet.

Zwischen Israel und den Palästinensern wird um die Lösung der Zwei-Staaten-Frage erbittert gerungen.

Nation, national, Nationalismus, der Begriff Nation wird unterschiedlich verwendet. Im allgemeinen bezeichnet das Wort eine Gruppe von Menschen, die sich durch eine gemeinsame *politisch*e und kulturelle Vergangenheit zusammengehörig fühlt; das bedeutet, sie haben unter anderem eine gemeinsame Sprache, Religion, Heimat oder Geschichte.

National heißt ‹die Nation betreffend, zur Nation gehörend›, auch vaterländisch.

Oft bildet eine Nation einen *Staat*. Es ist jedoch auch möglich, dass eine Nation zwei oder mehrere Staaten bildet. Bis 1990 lebten zum Beispiel Menschen einer Nation in der *Bundesrepublik Deutschland* und in der *DDR*, der *D*eutschen *D*emokratischen *R*epublik. Andererseits können Menschen verschiedener Sprachen und Kultur in einem Staat zusammen leben: In der Schweiz sind Deutsche, Franzosen, Italiener und Rätoromanen gleichberechtigte Bürger. Sie bilden die Schweizer Staats-Nation. Die Deutsch-Schweizer gehören trotzdem gleichzeitig der deutschen Kultur-Nation an. Daraus müssen keine *politisch*en Auseinandersetzungen entstehen.

Der Begriff Nationalismus ist gekennzeichnet durch die Ansprüche, die eine Nation gegenüber anderen Nationen erhebt: den Anspruch zum Beispiel auf ein gesichertes, abgegrenztes *Staatsgebiet* und den Anspruch darauf, die eigenen Interessen weitgehend durchzusetzen.

Nationalismus führt zu Krieg und Unterdrückung, wenn diese Ansprüche übersteigert werden und mit den Ansprüchen anderer Nationen so hart

zusammenstoßen, dass kein Ausgleich mehr möglich ist.
Siehe auch *Faschismus, Chauvinismus.*

Nationale Front, die *SED*, die Sozialistische *E*inheitspartei *D*eutschlands, war die herrschende *Partei* in der ehemaligen *DDR*. Sie war eine kommunistische Partei.
Es gab noch vier andere Parteien in der ehemaligen DDR: die CDU (Christlich-*D*emokratische *U*nion Deutschlands), die LDPD (*L*iberal-*D*emokratische *P*artei Deutschlands), die NDPD (*N*ational-*D*emokratische *P*artei *D*eutschlands) und die DBD (*D*emokratische *B*auernpartei *D*eutschlands). Den Zusammenschluss aller Parteien unter der Führung der SED bezeichnete man als Nationale Front. In der Nationalen Front hatten sich alle Parteien auf die Ziele der SED festgelegt und die Mittel gebilligt, mit denen sie durchgesetzt werden sollten. Der Nationalen Front hatten sich außerdem die Massen*organisation*en angeschlossen, zum Beispiel der ‹*F*reie *D*eutsche *G*ewerkschafts*b*und›, FDGB, und die ‹*F*reie *D*eutsche *J*ugend›, FDJ. Alle Massenorganisationen hatten die Führung durch die SED schriftlich anerkannt.
Die Nationale Front stellte die so genannten Einheitslisten für die *Wahl*en zur *Volkskammer*, der *Volk*svertretung der ehemaligen DDR, auf. Bei der Aufstellung der Einheitslisten wurden alle *Kandidat*en, das heißt alle Bewerber, ausgeschaltet, die nicht die Absichten und Ziele der DDR verfolgten.
Siehe auch *Kommunismus, Volksfront.*

Nationalismus, siehe *Nation.*

Nationalität ist die Bezeichnung für die *Staatsangehörigkeit.*

Nationalkommunismus, siehe *Kommunismus.*

Nationalsozialismus war der Name, den sich eine *politisch*e Bewegung nach dem 1. *Weltkrieg* in *Deutschland* gab. Unter der Führung Adolf Hitlers kam sie 1933 an die Macht, löste den 2. Weltkrieg aus und brach am Ende dieses Krieges 1945 zusammen.
In dem Namen Nationalsozialismus steckt der Anspruch, die Ziele des *Nationalismus* und des *Sozialismus* miteinander zu verbinden: zum einen Dienst und Hingabe an den eigenen *Staat*, zum anderen Ausgleich der Unterschiede zwischen Reichen und Armen.
In seinem Buch ‹Mein Kampf› verkündete Hitler: Alle Deutschen in Europa sollen in einem großdeutschen Reich vereint leben; sie sollen die Vorherrschaft über andere Staaten und Völker erringen; das deutsche *Volk* soll von einem Führer geführt werden, in strenger Ordnung von oben nach unten. Zu dieser Führung des Volkes durch einen Führer bekannten sich die Nationalsozialisten in bewusster Ablehnung der *Demokratie*, in der das Volk selbst oder seine Vertreter in *Parlament*en das Zusammenleben der Menschen im Staat bestimmen.
Die Ziele der Bewegung sollten mit Hilfe der NSDAP, der *N*ational*s*ozialistischen *D*eutschen *A*rbeiter*p*artei, durchgesetzt werden. Die *Partei* fand ihre Mitglieder nicht nur unter den Arbeitern, sondern in allen Schichten und Berufen. In ihrem Partei*programm* von 1920 versprach die NSDAP die Auf-

hebung des *Versailler Vertrag*es. Der Versailler Vertrag war der Friedensvertrag, der nach Beendigung des 1. Weltkrieges den Deutschen unter anderem hohe Schadenersatzleistungen an die Sieger auferlegte. Die nahezu unerfüllbaren Forderungen führten dazu, dass sich in der Bevölkerung Unzufriedenheit über die Belastungen ausbreitete.

Außerdem verkündete die NSDAP in dem Parteiprogramm, dass die deutschen *Juden* nicht mehr als deutsche Staatsbürger anerkannt werden sollten. Hitler machte sie für alle Missstände in der *Wirtschaft*, *Gesellschaft* und *Kultur* verantwortlich. Er bezeichnete sie als minderwertig, das deutsche Volk aber als eine Herrenrasse, dessen Aufgabe es sei, über minderwertige Völker, wie zum Beispiel auch die Slawen, zu herrschen. Siehe dazu *Rassismus*.

1933 errang die NSDAP, die sich mit anderen nationalistischen Parteien verbündet hatte, eine knappe Mehrheit bei den *Wahl*en für das Parlament: Hitler wurde Chef der *Regierung*. Er selbst sprach von Machtergreifung und ließ erkennen, dass er nicht gewillt sei, diese Macht im Staat wieder abzugeben oder mit anderen zu teilen. In dem so genannten Ermächtigungs*gesetz* übertrug das Parlament der Regierung unter Hitler weitreichende Vollmachten, die für alle sichtbar das Ende der Demokratie bedeuteten. Damit war damals die Mehrheit des deutschen Volkes einverstanden.

Mit Hilfe der Parteigruppen SA, *S*turm*a*bteilung, und SS, *S*chutz*s*taffel, festigten die Nationalsozialisten ihre Macht in Deutschland. Politische Gegner, vor allem die Mitglieder der sozialdemokratischen und kommunistischen Parteien, wurden von der *Gestapo*, der *Ge*heimen *Sta*ats*po*lizei, verfolgt. Ohne Gerichtsurteil konnten sie in *Konzentrationslager*n eingesperrt werden. Tausende von politischen Gegnern und Millionen von Juden wurden umgebracht.

Alle Parteien wurden verboten, die NSDAP wurde die einzige Partei im Staat. Unter dem Leitspruch ‹Führer befiehl, wir folgen› wurden Jungen und Mädchen zu *militärisch*er Disziplin erzogen, notfalls auch gegen den Willen der Eltern.

Ab 1938 bedrohte Hitler die Nachbarstaaten Deutschlands. Ohne Krieg konnte er Österreich und die Tschechoslowakei dem Deutschen Reich anschließen. 1939 jedoch löste der Einmarsch deutscher Truppen in Polen den 2. Weltkrieg aus, in dem Großbritannien, Frankreich, die USA und die Sowjetunion als Hauptgegner des Nationalsozialismus Verbündete gegen Deutschland waren.

Mehrfach regte sich in Deutschland während des Krieges Widerstand gegen Hitler. Aber alle Anschläge, auch der hoher Offiziere im Juli 1944, scheiterten. 1945, kurz vor dem Ende des Krieges, beging Hitler Selbstmord. Die Wehrmacht kapitulierte, das heißt ergab sich bedingungslos. Die nationalsozialistische Regierung wurde von den Siegern aufgelöst, die NSDAP verboten. Einige führende Nationalsozialisten kamen wegen *Kriegsverbrechen* vor *Gerichte* der Siegerstaaten.

Als Abkürzung für Nationalsozialisten sprachen Anhänger und Gegner der Bewegung von ‹Nazis›. Der Begriff Entnazifizierung umfasst Maßnahmen und Untersuchungen, mit denen nach 1945

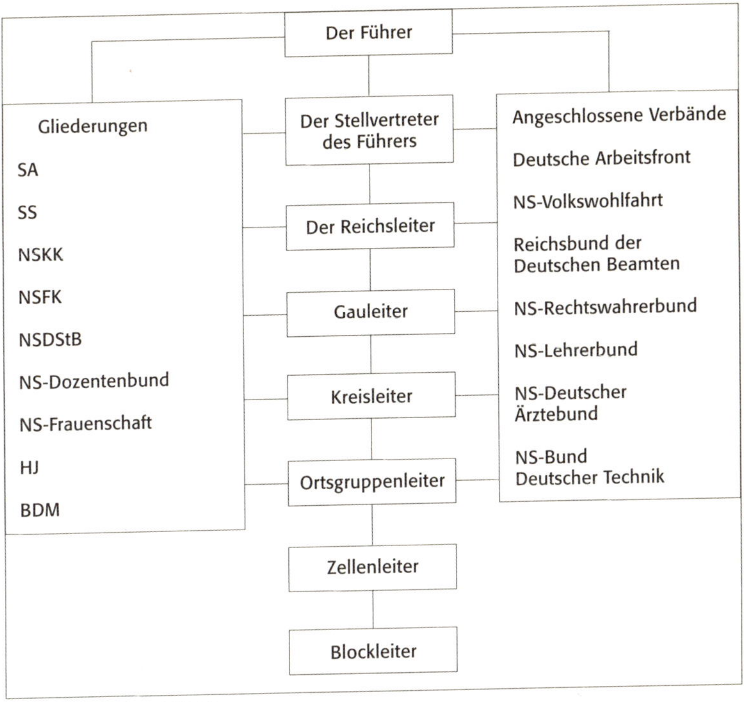

Der Aufbau der NSDAP
SA = Sturmabteilung; SS = Schutzstaffel; NSKK = Nationalsozialistisches Kraftfahrerkorps; NSFK = Nationalsozialistisches Fliegerkorps; NSDStB = Nationalsozialistischer Deutscher Studenten Bund; NS = Nationalsozialistische(r); HJ = Hitlerjugend; BDM = Bund Deutscher Mädel)
(Aus: «Politik im 20. Jahrhundert». Herausgegeben von H.-H. Hartwich, Braunschweig 1964, Georg Westermann Verlag)

verhindert werden sollte, dass ehemalige Nazis weiterhin in wichtigen Ämtern des Staates tätig würden.
Der Begriff *Neo*nazismus bezeichnet das Wiederaufleben bestimmter nationalsozialistischer Vorstellungen nach 1945, besonders den Ruf nach straffer, politischer Führung von oben nach unten und einseitiger Hervorhebung nationaler Interessen. Keine politische Gruppe jedoch, die diese Vorstellungen in ihr Programm aufgenommen hatte, erlangte bisher in der *Bundesrepublik Deutschland* Bedeutung.
Neonazis, einzeln oder in Gruppen, bekennen sich aber in der Öffentlichkeit immer häufiger zu nationalsozialistischen Ansichten. Es kommt zu Ausschreitungen gegen jüdische Einrichtungen, zu rüden, oft gewalttätigen Angriffen gegen Ausländer und Behinderte, nach den verbrecherischen Behauptungen der Nationalsozialisten minderwertige Menschen.

Die Schrecken des Nationalsozialismus sind in Deutschland, vor allem aber im Ausland nicht vergessen.
Siehe *Faschismus*, auch *Diktatur*, *Einparteisystem*.

NATO ist die Abkürzung für ‹*N*orth *A*tlantic *T*reaty *O*rganization›, auch Atlantikpakt oder Nordatlantikpakt genannt. Die NATO ist ein Verteidigungsbündnis, das 1949 in Washington in den USA für die Dauer von 20 Jahren geschlossen wurde. Ab 1960 konnte der Vertrag jährlich von den Mitgliedern gekündigt werden.
Die NATO hat 2004 26 Mitglieder: Belgien, Dänemark, *Bundesrepublik Deutschland*, Frankreich, Griechenland, Großbritannien, Island, Italien, Kanada, Luxemburg, Niederlande, Norwegen, Portugal, Spanien, Türkei und die USA; im Zuge der so bezeichneten NATO-Osterweiterung 1999 wurden Polen, die Tschechische Republik und Ungarn Mitglieder der NATO. Im März 2004 wurden die baltischen Staaten Estland, Lettland und Litauen, die Balkanstaaten Bulgarien, Rumänien und die Slowakei und Slowenien Mitglieder der NATO.
Alle Mitglieder des Bündnisses haben sich zu gegenseitiger Hilfe verpflichtet, falls einer von ihnen mit Waffengewalt angegriffen wird. Die Mitglieder versuchen, ihre *Wirtschafts-* und Außen*politik* aufeinander abzustimmen.
Die wichtigste Arbeitsgruppe der NATO ist der Nordatlantikrat, auch NATO-Rat genannt. Im NATO-Rat sind die *Regierung*en der beteiligten Länder gleichberechtigt vertreten.
Alle NATO-Staaten legen schon im Frieden fest, welche und wie viele Truppen sie im Falle eines Angriffs dem Oberbefehl der NATO unterstellen. Zur Abstimmung von Verteidigungsvorbereitungen bestehen bereits im Frieden auf unterschiedlichen Ebenen Leitungsstäbe, denen Vertreter der beteiligten *Staat*en angehören.
Ausnahmebedingungen gibt es für Island, Frankreich und Spanien. Island hat keine eigenen Truppen und stellt Stützpunkte, zum Beispiel Flugplätze, zur Verfügung. Frankreich zog sich 1966 aus den NATO-Kommandostäben zurück, blieb aber Mitglied des Paktes. Die spanischen Streitkräfte unterstehen im Verteidigungsfall nicht zwangsläufig dem Oberbefehl der NATO.
Nach dem im Oktober 1990 vollzogenen Beitritt der *DDR* zur Bundesrepublik Deutschland bleibt die Bundesrepublik Mitglied der NATO. Die Mitgliedschaft der ehemaligen DDR im *Warschauer Pakt*, dem Verteidigungsbündnis Osteuropas, war bereits im September 1990 erloschen. 1991 wurde der Warschauer Pakt aufgelöst.
Im Mai 1997 erklärten die NATO und Russland, sich nicht mehr als Gegner zu sehen und gemeinsam einen dauerhaften Frieden anzustreben. Diese Erklärung wurde 2002 durch den NATO-Russland-Rat ergänzt, in dem Russland eine weitgehend gleichwertige Partnerschaft im Kreis der NATO-Staaten erhält; allerdings hat Russland kein *Veto*-Recht gegen die Entscheidungen der NATO. Siehe dazu *Ostblock*, *Westmächte*, *OSZE*, auch *Zwei-plus-vier-Vertrag*.
Eine andere Einrichtung der NATO ist der Euro-Atlantische-Partnerschaftsrat, der im Mai 1997 von den Außenministern der NATO-Staaten mit den Außen-

ministern von 27 anderen Staaten gegründet wurde. Die 27 Staaten sind 23 mittel- und osteuropäische sowie die vier bündnisfreien Staaten Schweden, Finnland, Österreich und die Schweiz. Der Rat hat unter anderen die Aufgabe, die Zusammenarbeit in den Bereichen europäische Sicherheit, Friedenseinsätze, Rüstung, Katastrophenhilfe neu zu ordnen.

natürliche Person, siehe *juristische Person.*

Naturalisation heißt Einbürgerung. Grundsätzlich kann jeder Mensch in jedem *Staat* um Einbürgerung, das heißt um Verleihung der *Staatsangehörigkeit*, bitten.
Um naturalisierter Staatsbürger eines Landes zu werden, muss man bestimmte Bedingungen erfüllen, die in den einzelnen Staaten unterschiedlich sind. Voraussetzungen für eine Einbürgerung in die *Bundesrepublik Deutschland* sind unter anderen: Man muss etwa zehn Jahre in der Bundesrepublik gelebt haben; man muss unbescholten, das heißt nicht vorbestraft sein; man muss imstande sein, sich selbst zu ernähren.

Nazi ist eine Abkürzung für Nationalsozialist.
Siehe *Nationalsozialismus.*

Neo- als Vorsilbe bedeutet Neu-, Jung-. Man spricht zum Beispiel von Neofaschismus und Neonazismus. Siehe *Faschismus* und *Nationalsozialismus.*

Neutralität, Neutralisierung, neutral heißt unparteiisch, unbeteiligt. Neutralität ist die Unparteilichkeit in einem Streit. Das Wort bedeutet im Besonderen, dass ein *Staat* sich nicht an einer bewaffneten Auseinandersetzung anderer Staaten beteiligt.
Wenn ein Staat seine Neutralität erklärt, geht er Verpflichtungen ein. Er darf unter anderem keinen der Krieg führenden Staaten mit Waffen beliefern.
Neutralisierung ist dauernde Neutralität. Neutralisierte Staaten verpflichten sich, auch im Frieden keine *militärisch*en Bündnisse zu schließen; also Bündnisse, die sie zu Waffenhilfe verpflichten.
Ein neutraler Staat ist zum Beispiel seit 1845 die Schweiz.

nominieren heißt benennen, ‹namentlich vorschlagen›. Nominierung heißt Benennung, Ernennung. Die Nominierung für eine *Wahl* ist die Benennung eines *Kandidaten*, das heißt eines Bewerbers.
Die Nominierung zum Schuldirektor ist die Ernennung zum Schuldirektor.

Nordatlantikpakt, siehe *NATO.*

Norm, Normenkontrolle, heißt Regel, Richtschnur, auch *Rechtssatz.*
Normen sind Maßstäbe, nach denen Verhalten als gut oder schlecht, als tragbar oder untragbar, bezeichnet wird. Am bekanntesten sind die Rechtsnormen: Nach ihnen wird das Verhalten einzelner Bürger oder des Staates als *legal* oder *illegal*, das heißt als gesetzlich oder ungesetzlich, beurteilt.
Rechtsnormen sind nach einer Rangfolge geordnet: Höchste Norm in der *Bundesrepublik Deutschland* ist das *Grundge-*

setz, die *Verfassung* der Bundesrepublik. Gegen sie darf kein *Gesetz* und keine Verordnung verstoßen, kein *Parlament* darf ein Gesetz verabschieden, das im Widerspruch zum Grundgesetz steht. Wird ein solches Gesetz dennoch beschlossen, kann das *Bundesverfassungsgericht* angerufen werden, das dieses Gesetz im Wege der so genannten Normenkontrolle für nichtig erklären würde. Rangfolge der Rechtsnormen bedeutet also, dass alle Normen mit den ihnen übergeordneten Normen in Einklang stehen müssen.

In einem *Bundesstaat*, wie zum Beispiel der Bundesrepublik, gibt es eine weitere Rangfolge: Die Parlamente der *Bundesländer* können nur Gesetze beschließen, die mit den vom *Bundestag* beschlossenen Gesetzen übereinstimmen.

Von den Rechtsnormen sind neben anderen die so genannten gesellschaftlichen Normen zu unterscheiden: Sie können in der gesamten *Gesellschaft* gelten oder nur in einzelnen gesellschaftlichen Gruppen.

Gesellschaftliche Normen regeln, was man tut oder nicht tut, obgleich die Rechtsnormen darüber nichts aussagen: Man ist zum Beispiel höflich, man versucht vorwärtszukommen. Gesellschaftliche Normen bestimmen also, welche Verhaltensweisen Anerkennung finden. Manchmal weichen Normen, die in einzelnen Gruppen gelten, von den allgemein anerkannten gesellschaftlichen Normen ab.

Siehe auch *Gesetzgebungskompetenz, Normung.*

Normung, *Norm* heißt Regel, Richtschnur, auch *Recht*ssatz. Normen heißt ‹einheitlich festsetzen›, ‹nach einer Einheitsform bilden›.

Normung heißt ‹einheitliche Gestaltung›.

Es gibt die so genannte *wirtschaftliche* Norm, das ist die Vereinheitlichung von Maß, Beschaffenheit, Herstellungsart und Bezeichnung industrieller Erzeugnisse. DIN ist die Bezeichnung für die Arbeit des «*D*eutschen *I*nstituts für *N*ormung». Unter dieser Bezeichnung wurden durch das Institut mit der Beteiligung von Fachleuten unter anderem aus der deutschen *Wirtschaft*, aus dem Handel, der Wissenschaft, der technischen Überwachung rund 27 000 Normen festgelegt.

Güter und Ersatzteile, die nach der Norm hergestellt werden, sind immer gleich beschaffen und passen zusammen. Zum Beispiel passen die Stecker in die Steckdosen.

Note, Notifikation, eine schriftliche Mitteilung, die die *Regierung* eines *Staates* einer anderen Regierung macht, ist eine Note. Die Übergabe einer Note an eine Regierung nennt man Notifikation. Wenn die schriftliche Mitteilung beantwortet wird, findet ein Notenwechsel statt.

Notifizieren heißt bekannt geben, benachrichtigen.

Es gibt außerdem folgende Bedeutungen des Wortes Note: Banknote = Geldschein; Note = musikalisches Schriftzeichen; Note = Bewertung im Schulzeugnis.

Notstand, Notstandsgesetze, unmittelbar drohende Gefahr für Leib und Leben eines Menschen bedeutet persönlicher Notstand.

Allgemeiner Notstand bedeutet Gefahr für die Allgemeinheit, insbesondere für einen *Staat.* Notstand für einen Staat besteht im Kriegsfall und in den Spannungszeiten, die einem Krieg vorausgehen, außerdem im Falle innerer Unruhen oder bei Naturkatastrophen, wie zum Beispiel Erdbeben oder Überschwemmungen.

In fast allen Staaten gibt es gesetzliche Regelungen für den Fall eines allgemeinen Notstandes. Die *Bundesrepublik Deutschland* ergänzte 1968 das *Grundgesetz* durch Notstands*artikel.* Das Grundgesetz ist die *Verfassung* der Bundesrepublik. Es bestimmt unter anderem die *Rechte* der Bürger und die Aufgaben der *Regierung* und des *Parlament*es.

Für den Verteidigungsfall legt zum Beispiel Artikel 12a des Grundgesetzes fest, dass die Berufsfreiheit eingeschränkt werden kann. Die Bürger können zu Aufgaben herangezogen werden, die für die Verteidigung notwendig erscheinen. Die Aufgabe, *Gesetze* zu geben, übernimmt laut Art. 115a im Verteidigungsfall für den *Bundestag* und den *Bundesrat* ein gemeinsamer Ausschuss. Das gilt für den Fall, dass der Bundestag nicht zusammentreten kann oder nicht beschlussfähig ist. Der gemeinsame Ausschuss besteht zu zwei Dritteln aus Mitgliedern des Bundestages, zu einem Drittel aus Mitgliedern des Bundesrates. Die von dem Ausschuss erlassenen Gesetze dürfen weder das Grundgesetz ändern noch außer Anwendung setzen, sie können vom Bundestag mit Zustimmung des Bundesrates jederzeit wieder aufgehoben werden.

Für den Fall von *Spionage* und von inneren Unruhen, die einen Umsturz befürchten lassen, schränkt der Artikel 10 das Brief-, Post- und Fernmeldegeheimnis ein. Laut Artikel 9 zählen *Streiks* und Arbeitskämpfe nicht zu inneren Unruhen.

Die Aufgabe der *Bundeswehr* ist die Verteidigung der Bundesrepublik gegen Feinde von außen. Nach Artikel 35 darf die Bundeswehr bei Unglücksfällen, wie zum Beispiel Bergwerksunglücke und Naturkatastrophen, auch im Innern der Bundesrepublik eingesetzt werden, außerdem gegen ‹organisierte und *militärisch* bewaffnete Aufständische›.

Weitere Bestimmungen über den allgemeinen Notstand enthalten die Artikel 11, 20 und 91 des Grundgesetzes.

So genannte einfache Notstandsgesetze gab es schon vor 1968. Sie betreffen die Bereiche *Wirtschaft,* Verkehr, Ernährung und Wasser und ermöglichen Maßnahmen der Regierung, die im Spannungsfall die Versorgung der Bevölkerung sicherstellen.

Novelle, in der *Gesetzgebung* gibt es die Möglichkeit, ein *Gesetz* durch einen abändernden oder ergänzenden Nachtrag zu novellieren, das heißt zu verändern. Einen solchen Nachtrag nennt man Novelle.

Als Novelle wird auch eine dichterische Erzählung bezeichnet.

NSDAP ist die Abkürzung für *N*ationalsozialistische *D*eutsche *A*rbeiter*p*artei. Siehe *Nationalsozialismus.*

nukleare Waffen, nucleus ist lateinisch und heißt Kern. Nuklear heißt ‹den Kern betreffend›, gemeint ist der Atomkern.

Ein Atom ist ein kleinstes, dem Auge nicht sichtbares Teil eines chemischen Grundstoffes: Eisen zum Beispiel ist ein chemischer Grundstoff.

Das Atom hat einen Kern: Durch die Spaltung oder Verschmelzung von Atomkernen wird eine große Energiemenge frei, deren Sprengwirkung bei den Atomwaffen ausgenutzt wird. Bei der Spaltung oder Verschmelzung entstehen gleichzeitig Strahlen, die schädlich bis tödlich sind für Menschen, Tiere und Pflanzen. Man nennt diese Strahlen ‹radioaktive Strahlen›.

Die zerstörerische Sprengwirkung und die tödlichen Strahlen der Kernspaltung und der Kernverschmelzung werden mit der Herstellung von so genannten nuklearen Waffen für den Krieg ausgenutzt.

Bisher gibt es keine Waffe, deren Zerstörungskraft man mit der von nuklearen Waffen, auch Kernwaffen genannt, vergleichen kann.

Siehe auch *Atomwaffensperrvertrag, Euratom, Kernenergie, START.*

Nulltarif, ein *Tarif* ist der ‹festgesetzte Preis für eine Leistung›, zum Beispiel für die Leistung eines Verkehrsbetriebes, der auf einer bestimmten Strecke in Bussen oder Straßenbahnen Fahrgäste befördert.

Nulltarif bedeutet, dass der Preis für eine bestimmte Leistung nicht von den Benutzern, sondern von der Allgemeinheit bezahlt wird.

Numerus clausus, ist ein lateinischer Begriff und heißt die ‹geschlossene Zahl›.

Der Numerus clausus bezeichnet die Beschränkungen von Zulassungen zu einigen Berufen, insbesondere die Beschränkung von Zulassungen zum Studium an den Universitäten und Hochschulen.

Nuntius, siehe *Vatikan.*

NVA ist die Abkürzung für *N*ationale *V*olks*a*rmee, das waren die Streitkräfte der ehemaligen DDR.

O

OAS ist die Abkürzung für ‹*O*rganization of *A*merican *S*tates›. Zur OAS gehören fast alle nord-, mittel- und südamerikanischen *Staaten*; insgesamt hat die OAS 2004 35 Mitglieder.

Die OAS ist eine Vereinigung, die 1948 in Bogotá gegründet wurde, der Hauptstadt Kolumbiens in Südamerika.

Die Ziele der Vereinigung sind unter anderen: Streitfragen untereinander friedlich zu lösen und mögliche Angriffe anderer Staaten gemeinsam abzuwehren.

OAU, siehe AU.

oberste Bundesbehörden, oberste Bundesorgane, oberste Bundesbehörden sind alle Bundesministerien, das Bundespräsidialamt, das *Bundeskanzleramt* und der Bundesrechnungshof. Die obersten Bundesorgane sind der *Bundestag*, der *Bundesrat*, der *Bundespräsident* und die *Bundesregierung.*

Organ heißt eigentlich Werkzeug, davon ausgehend wird das Wort in verschiedenen Bedeutungen verwendet. In Verbindung mit dem Begriff Bundesorgan bedeutet es Beauftragter oder ‹Gruppe von Beauftragten›. In Verbindung mit dem Begriff Presseorgan bedeutet es Sprachrohr. *Parteien* zum Beispiel und *Gewerkschaften* verfügen über eigene Presseorgane.

Obstruktion heißt Widerstand, Verhinderung. Bei *Parlaments*sitzungen spricht man von Obstruktion, wenn eine *Partei* versucht, den vorgesehenen Ablauf einer Sitzung zu verhindern. Lange Reden zum Beispiel sind ein Mittel der Obstruktion.

Oder-Neiße-Linie war die Bezeichnung für den Verlauf der Westgrenze Polens bis zu ihrer endgültigen Anerkennung 1990.
Großbritannien, die USA und die Sowjetunion schlossen 1945 nach dem Ende des 2. *Weltkrieges* das *Potsdamer Abkommen.* In dem Abkommen wurde unter anderem festgelegt, dass Polen für seine während des 2. Weltkrieges an die Sowjetunion verlorenen Gebiete entschädigt werden sollte. Polen wurden die deutschen Gebiete östlich der Oder und der Neiße als *Verwaltungs*gebiete zugesprochen. Bis zu einer endgültigen Regelung in einem Friedensvertrag sollte die Westgrenze Polens entlang dieser beiden Flüsse verlaufen. Die vorläufige Grenzziehung erhielt den Namen Oder-Neiße-Linie.
1950 erkannte die *DDR* die Grenzlinie als *Staats*grenze an. 1972 bestätigte die *Bundesrepublik Deutschland* diese Westgrenze Polens. 1990, nach der Vereinigung der Bundesrepublik Deutschland und der DDR zu einem Staat, unterzeichneten Polen und die Bundesrepublik einen Vertrag über die endgültige Anerkennung der Staatsgrenze zwischen Polen und Deutschland.
Siehe auch *Ostblock und Westmächte, Zwei-plus-vier-Vertrag.*

OECD ist die Abkürzung für ‹*O*rganization for *E*conomic *C*ooperation and *D*evelopment, das heißt ‹Organisation für wirtschaftliche Zusammenarbeit und Entwicklung›.
Siehe Marshallplan.

öffentliche Hand, der Satz «Dafür muss die öffentliche Hand sorgen» bedeutet, dass der Staat für etwas bezahlen soll: zum Beispiel für den Bau von Straßen oder Kinderspielplätzen.
In der *Bundesrepublik Deutschland* sind die öffentliche Hand die Bundesrepublik, man sagt kurz der Bund, und die *Bundesländer* sowie die Stadt- und Landgemeinden.
Siehe auch *Bund und Länder.*

öffentlicher Dienst, der Feuerwehrmann zum Beispiel ist ein Angehöriger des öffentlichen Dienstes. Alle Behörden und Dienststellen des Bundes, der *Bundesländer* und der Gemeinden gehören zum öffentlichen Dienst, das sind zum Beispiel Ministerien, Finanzämter oder alle Einrichtungen der Feuerwehr.

öffentliches Recht, das Recht in der *Bundesrepublik Deutschland* ist unterteilt in: öffentliches Recht und *Privatrecht.*
Das öffentliche Recht regelt das Verhältnis des einzelnen Menschen zum *Staat* und zu dessen Einrichtungen. Es regelt außerdem das Verhältnis der staatlichen Einrichtungen zueinander.

Zum öffentlichen Recht gehören im Wesentlichen:

1. Das Staatsrecht: Das wichtigste *Gesetz* des Staatsrechts ist das *Grundgesetz*, das ist die *Verfassung* der Bundesrepublik. In der Verfassung, gegen die kein anderes Gesetz verstoßen darf, sind die *Grundrechte* der Bürger aufgeführt, unter anderen das Recht der Meinungsfreiheit und das Recht der Freiheit der Berufswahl. Außerdem regelt das Grundgesetz das Verhältnis zwischen *Bund und Ländern* und zwischen *Parlament, Regierung* und *Rechtsprechung*.

2. Das *Verwaltungs*recht: Es regelt die Befugnisse der staatlichen Behörden gegenüber den Bürgern. Hierher gehören zum Beispiel Polizeirecht, Baurecht und Schulrecht.

3. Das *Prozess*recht: Es regelt die Verfahren, in denen Ansprüche vor Gericht geltend gemacht werden können.

4. Das Strafrecht: Es enthält die Rechts*normen*, das heißt die Rechtssätze, deren Verletzung staatliche Strafe nach sich zieht, und es bestimmt die zulässigen Strafen.

Siehe *Recht, Völkerrecht*.

Ökologie war ursprünglich nur die Wissenschaft von den Beziehungen der Lebewesen zu ihrer Umwelt. Heute versteht man darunter vor allem die Lehre von den Wechselbeziehungen zwischen den Menschen, der Natur und der gesamten Umwelt.

Die Ökologie erforscht unter anderem die Voraussetzungen, die notwendig sind, damit Menschen in ihrer Umwelt unter für sie günstigen Bedingungen wohnen, arbeiten und sich erholen können. Die Umweltbedingungen können beeinträchtigt werden zum Beispiel durch Lärm, Wasserverschmutzung oder Luftvergiftung. Die Ökologie liefert also Grundlagen für die Arbeit des Umweltschutzes.

Der Umweltschutz umfasst Regelungen und Einrichtungen, die verhüten sollen, dass die Umwelt des Menschen geschädigt oder zerstört wird: *Industrie*abwässer, Autoabgase und Düngemittel zum Beispiel können die Gewässer, die Luft und den Boden vergiften.

In der *Bundesrepublik Deutschland* gibt es seit 1972 *Gesetze* zum Umweltschutz, dazu gehören Bestimmungen über Abfallbeseitigung, Luftreinhaltung und Lärmbekämpfung.

Ökonomie heißt *Wirtschaft*, auch Wirtschaftslehre.

Mit Wirtschaft bezeichnet man alles, was Menschen eingerichtet haben und tun, um ihren Bedarf an Gütern zu decken.

Ökonomie heißt auch Wirtschaftlichkeit. Ökonomisch heißt wirtschaftlich, auch sparsam.

Ökumene heißt ‹die bewohnte Erde›, auch ‹die gesamte Christenheit›.

Ökumenisch heißt weltumspannend, ‹die ganze bewohnte Erde betreffend›. Die Begriffe werden vor allem in kirchlichem Zusammenhang benutzt.

Offensive, offensiv heißt angreifend oder zumindest angriffslustig. Eine Offensive ist ein Angriff. Beide Begriffe werden meist in Berichten über Kriege verwendet.

offiziell hat vielerlei Bedeutungen: amtlich, öffentlich, verbürgt, beglaubigt und feierlich, förmlich.

Drei Beispiele:
Sie geben ihre Verlobung offiziell bekannt heißt, sie geben ihre Verlobung öffentlich bekannt.
Der offizielle Neujahrsempfang des *Bundespräsidenten* ist der förmliche Neujahrsempfang des Bundespräsidenten.
Eine offizielle Mitteilung der *Bundesregierung* ist eine amtliche, eine verbürgte Mitteilung der Bundesregierung: Die Bundesregierung steht dafür ein, dass die Mitteilung wahr ist.
Eine offiziöse Mitteilung dagegen ist eine Meldung, für deren Wahrheit sich niemand verbürgt. Man muss also abwarten, ob sie bestätigt wird oder – wie in manchen Fällen – sich als Gerücht herausstellt. Offiziös heißt halbamtlich, nicht verbürgt.

Okkupation, wenn die Truppen eines *Staates* das Gebiet eines anderen Staates okkupieren, das heißt besetzen, spricht man von einer Okkupation, das heißt Besetzung.

Oligarchie heißt ‹Herrschaft von Wenigen›. Oligarchie bezeichnet die Machtausübung einer kleinen Führungsgruppe, sei es in Verbänden und *Parteien* oder auch in einem *Staat*. Die Herrschaft einer solchen Führungsgruppe wird möglich, wenn zum Beispiel Parteimitglieder oder Staatsbürger ihre *Rechte*, mitzubestimmen und Einfluss zu nehmen, nicht ausnutzen. Die Oligarchie kann die Vorstufe zu einer *Diktatur* sein, das ist die uneingeschränkte Herrschaft einer Person.

OPEC ist die Abkürzung für ‹*O*rganization of *P*etroleum *E*xporting *C*ountries›, das heißt ‹*Organisation* Erdöl exportierender Länder›.
Mitglieder sind: Algerien, Indonesien, Irak, Iran, Katar, Kuwait, Libyen, Nigeria, Saudi-Arabien, Vereinigte Arabische Emirate, Venezuela.
Der Zusammenschluss erfolgte 1960 in Wien mit dem Ziel, die Interessen der Erdöl-Förderländer gemeinsam zu vertreten. An den Beschlüssen, die die Organisation trifft, sind nicht immer alle Mitglieds*staaten* beteiligt.

Opportunismus ist das ‹Handeln nach Zweckmäßigkeit; die Anpassung an die gegebenen Verhältnisse›.
Herr Kramer zum Beispiel ist Angestellter und hofft, in nächster Zeit eine besser bezahlte Stellung in seiner Firma zu bekommen. Herr Kramer vertritt seinen Kollegen gegenüber nachdrücklich die Meinung, dass jeder Angestellte Mitglied der Gewerkschaft sein müsse. Eine Gewerkschaft vertritt die Interessen der Arbeitnehmer gegenüber den Arbeitgebern.
Der Inhaber des Betriebes, in dem Herr Kramer arbeitet, ist gegen die Mitgliedschaft seiner Angestellten in einer Gewerkschaft. Ihm gegenüber vertritt Herr Kramer nicht seine eigene Meinung, weil er fürchtet, dann die besser bezahlte Stellung nicht zu bekommen.
Herr Kramer ist ein Opportunist: Ein Mensch, der sich, wenn er es für nützlich hält, bereitwillig der jeweiligen Lage anpasst.
Opportun heißt zweckmäßig, angebracht.

Opposition heißt Gegensatz, Widerspruch und Widerstand.
In *parlamentarischen Demokratien*, das

heißt in *Staaten*, in denen *Abgeordnete* stellvertretend für das Volk im *Parlament Gesetze* beschließen und die *Regierung* beaufsichtigen, wird die Regierung häufig von der stärksten *Partei* gebildet. Es können sich auch zwei oder mehrere Parteien zu einer *Koalition*, das heißt zu einem Bündnis, zusammenschließen, um gemeinsam die Regierung zu bilden. Alle Parteien, die nicht an der Regierung beteiligt sind, bilden ‹die Opposition›. Sie sind Oppositionsparteien.

In einer *Demokratie* hat die Opposition zwei entscheidende Aufgaben: Sie soll die Regierung ständig überwachen und sie kritisieren, wenn sie ihre Pläne für falsch hält; sie soll eigene Pläne entwickeln und vortragen. Erfüllt eine Opposition diese Aufgaben, kann sie die *Politik* der Regierung beeinflussen. Gleichzeitig nimmt sie Einfluss auf die Bürger: Sie unterstützt sie, sich eine Meinung zu bilden und ihren Willen zu äußern. Überzeugen die Vorschläge der Opposition die *Mehrheit* der Wähler, kann sie bei einer nächsten *Wahl* die meisten Stimmen gewinnen: Sie bildet die Regierung und versucht, die Interessen und den Willen ihrer Wähler durchzusetzen. Die bisherige Regierungspartei geht in die Opposition.

Eine Opposition, die ihre Aufgaben wahrnimmt, schützt die Demokratie. Sie kann verhindern, dass die Gruppen in der Bevölkerung, die mit der Regierung unzufrieden sind, den Staat mit Gewalt verändern. Sie kann verhindern, dass die Regierung diktatorische, das heißt uneingeschränkte Macht ausübt. Gruppen, die im Gegensatz zu einer Regierung stehen und nicht im Parlament vertreten sind, bezeichnet man als außerparlamentarische Opposition.

Option heißt ‹freie Wahl› oder ‹freier Wille›.

In *politisch*-geschichtlichem Zusammenhang angewendet, bedeutet Option ‹die Entscheidung für einen bestimmten *Staat* und die entsprechende *Staatsangehörigkeit*›. Nach verlorenen Kriegen in der Vergangenheit musste in der Regel der besiegte Staat Land an den Sieger abtreten. Häufig wurde den Einwohnern des abgetretenen Gebietes die freie Entscheidung darüber zugebilligt, ob sie die Staatsangehörigkeit des Siegers annehmen oder ihre alte behalten wollten. Diese Möglichkeit ist eine Option.

Diejenigen, die sich für die alte Staatsangehörigkeit entschieden, mussten meist das abgetretene Gebiet verlassen.

Organisation, eine Organisation ist ein Zusammenschluss von Personen, von Gruppen oder von *Staat*en, die eine gemeinsame Aufgabe bewältigen wollen. Die Ziele können sehr unterschiedlich sein. Jeder Verein zum Beispiel und jede *Partei* ist eine Organisation. Die *Vereinten Nationen* sind eine Organisation von Staaten.

Organisieren heißt ‹planmäßig ordnen, gestalten›. Organisation in einem Betrieb bedeutet, dass der Arbeitsablauf planmäßig geordnet wird, um Leerlauf zu vermeiden und um in möglichst kurzer Zeit möglichst viel herzustellen.

Ostblock und Westmächte, die mächtigsten Gegner *Deutschland*s im

2. *Weltkrieg* 1939–1945 waren Großbritannien, die USA und die Sowjetunion. Ihr gemeinsames Ziel war, den *Nationalsozialismus* in Deutschland zu vernichten.
Schon bald nach Ende des Krieges war zu erkennen, dass die Einigkeit der Kriegsverbündeten im Frieden nicht zu erhalten war. Die Interessen der USA und der Sowjetunion waren zu unterschiedlich. Ihre *Wirtschaft*sordnungen, der Aufbau ihrer *Staat*en und die Ziele ihrer Außen*politik* waren zu verschieden. Der Versuch, das besetzte Deutschland gemeinsam zu verwalten, scheiterte. Die widerstreitenden Interessen der beiden Großmächte ließen eine Einigung auch über die neue Ordnung in Deutschland nicht zu. Deutschland wurde gespalten.
Die Sowjetunion trat ab 1948 dafür ein, dass in den von ihr beeinflussten Staaten eine *Gesellschaft*sordnung nach dem Vorbild der Sowjetunion eingeführt wird: eine Gesellschaft, in der die *Produktionsmittel*, das sind vor allem Maschinen, Fabriken und Rohstoffe, Eigentum der Gemeinschaft sind; eine Gesellschaft, die unter der Führung der kommunistischen Partei die Verwirklichung des *Kommunismus* anstrebt.
Die USA traten für eine Gesellschaft ein, in der die Produktionsmittel privates Eigentum bleiben sollen, als Grundlage für eine freie, vom Staat unbeeinflusste Wirtschaft; eine Gesellschaft, in der die Bürger – oder stellvertretend für sie die *Abgeordneten* in den *Parlamenten* – das Zusammenleben der Menschen nach den Grundsätzen der *parlamentarischen Demokratie* bestimmen.
Beide Staaten waren bemüht, möglichst viele Völker in ihren Einflussbereich zu ziehen. Es bildeten sich zwei Blöcke: Die Sowjetunion und ihre Verbündeten wurden als Ostblock bezeichnet, die USA mit ihren Verbündeten als Westmächte.
Innerhalb der beiden Blöcke schlossen die Staaten Wirtschaftsbündnisse miteinander, um das eigene Bündnis wirtschaftlich zu stärken. Das Wirtschaftsbündnis des Ostblocks hieß ‹*R*at für *g*egenseitige *W*irtschaftshilfe›, *RGW*, auch COMECON genannt; es wurde 1949 gegründet. Die Wirtschaft wurde in allen Staaten des Bündnisses zentralistisch, das heißt von einer Stelle aus gelenkt. Auf westlicher Seite wurde 1957 die ‹*E*uropäische *W*irtschafts*g*emeinschaft›, *EWG*, gegründet, die später zur ‹*E*uropäischen *G*emeinschaft›, *EG*, – seit 1993 *Europäische Union, EU*, erweitert wurde. Die Wirtschaftsordnungen der westlichen Staaten beruhen auf der Grundlage der Marktwirtschaft. Siehe dazu *Marktwirtschaft und Planwirtschaft*.
Innerhalb der beiden Blöcke schlossen die Staaten *Militär*bündnisse miteinander mit der Begründung, einen möglichen Angriff der anderen Seite abwehren zu können. Das Militärbündnis der Westmächte, die *NATO*, wurde 1949 geschlossen, das des Ostblocks, der *Warschauer Pakt*, 1955.
Die Zeit zwischen 1947 und 1962 wird als die Zeit des ‹Kalten Krieges› bezeichnet: Beide Blöcke beschuldigten sich gegenseitig der Kriegsabsicht. Jede Seite behauptete von der anderen, dass sie die Menschen in ihrem Teil der Welt unterdrücke. Nach 1962 bemühten sich die USA und die Sowjetunion, ihr Verhältnis zueinander in ‹friedli-

cher *Koexistenz*› zu entspannen und zu verbessern. Die Entspannung war immer wieder gefährdet, unter anderem durch die Bemühungen der beiden Blöcke, Einfluss auf die übrigen Staaten der Welt zu nehmen, und durch Uneinigkeiten in Fragen der Rüstung und *Abrüstung*.

In allen Staaten des Ostblocks war der Führungsanspruch der jeweiligen *k*ommunistischen *P*artei, *KP*, des Landes festgeschrieben, und die Vormachtstellung der Sowjetunion wurde von den *Regierung*en der Staaten Osteuropas anerkannt. Bestrebungen nach *politisch*en Veränderungen in einigen Staaten des Ostblocks wurden von der Sowjetunion unter anderem mit dem Einsatz von Panzern und Soldaten unterdrückt, zum Beispiel 1956 in Ungarn und 1968 unter Beteiligung anderer Ostblockstaaten in der Tschechoslowakei.

Seit 1981 kam es zu unterschiedlichen Zeiten und mit wechselndem Nachdruck in den einzelnen Staaten zu stärkerem Widerstand der Bevölkerung. Die meist gewaltlosen Auflehnungen vor allem gegen die Bevormundung durch die kommunistische Partei und der wirtschaftliche Zusammenbruch in allen Ländern leiteten weitreichende Veränderungen in den Staaten des Ostblocks ein.

Ende 1989 / Anfang 1990 kam es in den Staaten Osteuropas zu einschneidenden politischen Umwandlungen: Zum Beispiel wurden die Vorherrschaft der kommunistischen Partei in den Ländern beendet und freie *Wahl*en ermöglicht; wirtschaftliche Maßnahmen nach Grundsätzen der Marktwirtschaft wurden eingeleitet.

Der Warschauer Pakt und der RGW wurden im Sommer 1991 aufgelöst. Der Beitritt der *DDR* zur *Bundesrepublik Deutschland* wurde mit Billigung der Siegermächte des 2. Weltkrieges, Sowjetunion, USA, Großbritannien und Frankreich, im Oktober 1990 vollzogen.

Die Sowjetunion hörte Ende 1991 auf zu bestehen, die meisten Republiken wurden selbständige Staaten.

Siehe *GUS*, *Zwei-plus-vier-Vertrag*, auch *Kommunismus*, *Sozialismus*, *Kapitalismus*, *OSZE*, *START*, *Berlin*.

Ostverträge, der 2. *Weltkrieg* begann 1939 mit dem Einmarsch deutscher Truppen in Polen. 1941 griff *Deutschland* die Sowjetunion an. 1945 war der Krieg zu Ende. Deutschland kapitulierte, das heißt, ergab sich bedingungslos. Polen und große Teile der Sowjetunion waren verwüstet. Zwanzig Millionen Russen und sechs Millionen Polen waren im Krieg gefallen oder von den Deutschen ermordet worden.

Die Entwicklung nach dem Krieg führte zur Bildung zweier deutscher Staaten, der *Bundesrepublik Deutschland* und der *DDR*, der *D*eutschen *D*emokratischen *R*epublik. Die Beziehungen zwischen der Bundesrepublik einerseits und Polen und der Sowjetunion andererseits blieben nahezu zwanzig Jahre gespannt. Nachdem 1955 eine erste Annäherung zwischen der Sowjetunion und der Bundesrepublik stattfand, leiteten 1969 Gespräche der drei Staaten eine deutliche Verbesserung ihrer Beziehungen ein. Ergebnis dieser Gespräche waren der Moskauer Vertrag mit der Sowjetunion und der Warschauer Vertrag mit Polen, zusammengefasst unter der Bezeichnung Ostverträge. Der Moskauer Vertrag sichert einen gegenseitigen Verzicht auf Gewalt bei strittigen Fragen zu. Die *Politik* beider Staaten soll der Sicherung des Friedens auf der Welt dienen. Die in Europa bestehenden Grenzen werden als unverletzlich anerkannt.

Der Warschauer Vertrag bekräftigt, dass die bestehenden Grenzen unverletzlich sind und dass keiner der Staaten Gebietsansprüche an den anderen hat.

Beide Verträge wurden 1970 unterzeichnet und 1972 vom *Bundestag*, der *Volks*vertretung der Bundesrepublik, ratifiziert, das heißt bestätigt.

Siehe *Oder-Neiße-Linie.*

OSZE ist die Abkürzung für ‹Organisation für Sicherheit und Zusammenarbeit in Europa›. Die *OSZE* ging 1995 aus der *KSZE*, der ‹Konferenz für Sicherheit und Zusammenarbeit in Europa›, hervor.

Die ‹Organisation für Sicherheit und Zusammenarbeit in Europa› hat 55 Mitglieder, das sind fast alle west- und osteuropäischen *Staat*en sowie die USA und Kanada.

Seit der ersten Gesprächsrunde 1973 in Finnlands Hauptstadt Helsinki hat sich die KSZE in mehreren Folgekonferenzen fortgesetzt. Die KSZE berät Fragen der Sicherheit in Europa, *humanitäre* Angelegenheiten, die Zusammenarbeit der Staaten in den Bereichen *Wirtschaft*, Wissenschaft, *Kultur* und Umweltschutz. Mit zunehmender Betonung ist die *Abrüstung* konventioneller Waffen Gegenstand von Verhandlungen. Konventionelle oder herkömmliche Waffen sind unter anderem Gewehre, Panzer oder Flugzeuge.

Die Konferenzen und die sich aus ihnen ergebenden Erörterungen der Sachverständigen zu Einzelfragen erstrecken sich über Monate und Jahre. Jede der Konferenzen wird mit einem Schluss*dokument* beendet, zu dessen Veröffentlichung die Außen*minister* oder *Regierung*schefs der beteiligten Staaten zusammenkommen.

Bevor 1973 die erste KSZE zusammentrat, hatten die im *Warschauer Pakt* zusammengeschlossenen Staaten Sowjetunion, Tschechoslowakei, Polen, Bulgarien, Rumänien, Ungarn und die *DDR* alle europäischen Staaten zu einer solchen Konferenz aufgefordert. Drei Jahre später vereinbarten die USA und die Sowjetunion, dass eine solche Konferenz stattfinden, aber sorgfältig vorbereitet werden sollte. Im Juni 1973 trat die erste ‹Konferenz über Sicherheit und Zusammenarbeit in Europa› zusammen, die 1975 mit der Unterzeichnung der so genannten Schlussakte von Helsinki beendet wurde. In ihr vereinbarten die 35 Teilnehmerstaaten unter anderem die Unverletzlichkeit der Staatsgrenzen, das Verbot der Nichteinmischung in innere Angelegenheiten sowie die Gleichberechtigung und das *Selbstbestimmungsrecht* der Völker anzuerkennen. Als tragender Grundsatz wurde die Achtung der *Menschenrechte* und Grundfreiheiten herausgestellt, zum Beispiel des Rechts auf persönliche Freiheit oder des Rechts auf Glaubens- und Meinungsfreiheit.

Die erste Folgekonferenz der KSZE 1978 in Belgrad erzielte außer der erneuten Verpflichtung auf die Schlussakte von Helsinki keine Fortschritte.

Auf der 2. Folgekonferenz, die von 1980 bis 1983 in Madrid stattfand, beschlossen die Teilnehmerstaaten, eine ‹*K*onferenz über *V*ertrauensbildende *M*aßnahmen und *A*brüstung in *E*uropa›, *KVAE*, einzuberufen. Die KVAE trat zum ersten Mal im Januar 1984 in Stockholm zusammen, im September 1986 vereinbarten die 35 Teilnehmerstaaten als einen ersten Schritt gegenseitigen Vertrauens, dass *militärische* Übungen angekündigt und zur Beobachtung durch andere Staaten freigegeben werden sollen.

Das 3. Folgetreffen der KSZE in Wien dauerte von 1987 bis 1989, es fand seinen Abschluss in einem dreitägigen Treffen der Außenminister. In dem über 100 Seiten langen Schlussdokument einigten sich die Teilnehmerstaaten unter anderem darauf, dass jeder Mensch das *Recht* auf *Freizügigkeit* und freie Wahl des Aufenthaltsortes innerhalb der Grenzen eines jeden Staates habe, dass jeder Mensch aus jedem Land, darunter auch aus seinem eigenen ausreisen und uneingeschränkt in sein Land zurückkehren könne.

Im November 1990 fand in Paris eine Gipfelkonferenz der KSZE statt, ein Treffen der Regierungschefs der Teilnehmerstaaten. Zu Beginn des Treffens erklärten die 22 Mitgliedsstaaten der *NATO* und des Warschauer Pakts den ‹Kalten Krieg› für beendet, sie bezeichnen sich fortan nicht mehr als Gegner und verzichten außer zur Selbstverteidigung auf die Anwendung von Gewalt. Als Zeit des Kalten Krieges werden die Jahre zwischen 1947 und 1962 bezeichnet, als sich die Staaten des *Ostblock*s und die der Westmächte gegenseitig der Kriegsabsicht beschuldigten. Die 22 Regierungschefs unterzeichneten in Paris das bisher umfassendste Abrüstungsabkommen auf dem Gebiet der *konventionellen Waffen.*

Mit den Verhandlungen über Abrüstung innerhalb der ‹Konferenz über Vertrauensbildende Maßnahmen und Abrüstung in Europa› ist die anfängliche Zielsetzung der KSZE beträchtlich erweitert worden. Die Beratungen der KSZE umfassen damit alle Fragen, die in den Beziehungen zwischen den Staaten West- und Osteuropas wichtig sind. Dazu gehören auch die schwierigen Aufgaben, die sich aus den *politischen* und wirtschaftlichen Veränderungen in den Staaten Osteuropas ergeben.

Die vierte Folgekonferenz der KSZE fand 1992 in Helsinki statt. Hier wurde unter anderem beschlossen, dass in Zukunft alle *Abrüstung*smaßnahmen in Europa und Gespräche über weitere Bestimmungen zur Vertrauensbildung und zur Verhütung von Streitigkeiten unter dem Dach der KSZE stattfinden sollten. Die Teilnehmerstaaten einigten sich außerdem darauf, dass die KSZE eine auf Europa bezogene Einrichtung der *Vereinten Nationen* würde. Das bedeutet, dass die KSZE selbständig so genannte friedensbewahrende Unternehmungen in Zusammenarbeit zum Beispiel mit der *NATO*, der *WEU* oder der *Europäischen Union, EU*, durchführen darf. Zwangsmaßnahmen in Form militärischer, das heißt kriegerischer Einsätze mit dem Ziel, Frieden zu stiften, kann jedoch weiterhin nur der UNO-*Sicherheitsrat* beschließen.

Auf einem Gipfeltreffen der KSZE im Dezember 1994 in Budapest wurde die Umbenennung von KSZE in OSZE zum 1. Januar 1995 beschlossen.

Vor allem mit dem Ziel, Auseinandersetzungen zwischen den Mitgliedsstaaten friedlich zu lösen, setzt die OSZE die Arbeit der KSZE fort.
Siehe *Ostblock* und *Westmächte*, *NATO*, *Europäische Union*, auch *MBFR*.

P

Pakt, ein Pakt ist ein Vertrag, ein Bündnis zwischen zwei oder mehreren *Staat*en.

Pan- als Vorsilbe bedeutet Ganz-, All-, Gesamt-.
Es gibt so genannte Pan-Bewegungen, das sind Einigungsbewegungen von *Staat*en- oder Völkergruppen.
Die Anhänger der Paneuropa-Bewegung zum Beispiel sehen als Ziel die ‹Vereinigten Staaten von Europa›.

Panorama heißt Rundblick, Ausblick.

Paragraph, ein Paragraph ist ein nummerierter Abschnitt, zum Beispiel in *Gesetz*en, Gesetzbüchern, Verträgen.
Das Jugendarbeitsschutzgesetz zum Beispiel enthält 72 Paragraphen. Jeder Paragraph enthält jeweils eine Bestimmung des Gesetzes.
Das Zeichen für Paragraph sieht so aus: §.

paraphieren heißt abzeichnen im Sinne von unterschreiben. Abgeleitet ist der Begriff von dem Wort Paraphe. Die Paraphe ist der Namenszug, im Besonderen der abgekürzte Namenszug oder ein Zeichen dafür.
Die Paraphierung ist das Abzeichnen des Entwurfes einer Vereinbarung zwischen *Staat*en. Oft wird jede einzelne Seite des Entwurfes abgezeichnet.
Zum gültigen Vertrag wird diese Vereinbarung erst, wenn die fertige Vertragsurkunde unterzeichnet wird, oder sogar erst durch die *Ratifikation*. Siehe dazu *Ratifikation*.

Pariser Verträge, siehe *Deutschland-Vertrag*.

Parität heißt Gleichstellung und Gleichberechtigung. Paritätisch heißt gleichgestellt, gleichberechtigt.
Paritätische *Mitbestimmung* bedeutet gleichberechtigte Mitbestimmung von Arbeitnehmern und Arbeitgebern bei wichtigen Entscheidungen für ihre Betriebe, zum Beispiel über die Verwendung der Gewinne oder über Entlassungen.

Parlament, ein Parlament ist die ‹Vertretung des *Volk*es›.
Das älteste Parlament in der europäischen Geschichte ist das englische: Schon im Mittelalter vertrat es das Volk gegenüber dem König.
Ein Parlament wird von *Abgeordneten* gebildet. Die Bürger eines *Staat*es wählen sie aus ihrer Mitte, in der Regel benennen Parteien die *Kandidaten*, das heißt die Bewerber für dieses Amt. Die gewählten Abgeordneten, man nennt sie auch Parlamentarier, sollen die Interessen des ganzen Volkes im Parlament vertreten, nicht allein die ihres *Wahl*kreises oder ihrer Wähler.
Ein Parlament hat die Aufgabe, *Gesetze* zu beschließen und die *Regierung*, das heißt die Leitung des Staates, zu

beaufsichtigen. Die Kontrolle über die Regierung übt ein Parlament vor allem durch die jährliche Bewilligung *des Haushaltsplanes* aus: Er enthält, wie viel Geld die Regierung durch *Steuern* einnimmt und wie viel Geld sie für die verschiedenen Aufgaben ausgibt.
In vielen Staaten, wie in der *Bundesrepublik Deutschland*, wählt das Parlament den Chef der Regierung: Er ist dann von dem Vertrauen und der Zustimmung der *Mehrheit* der Abgeordneten abhängig.
Parlamente bestehen in der Regel aus so vielen Abgeordneten, dass sie *Ausschüsse* bilden müssen, das sind kleinere Arbeitsgruppen. In ihnen wird wichtige Vorarbeit geleistet für die Entscheidungen des gesamten Parlamentes.
Die Zuständigkeiten der Parlamente sind in den verschiedenen Staaten unterschiedlich geregelt.
Das Parlament der Bundesrepublik Deutschland ist der ‹Deutsche *Bundestag*›.
Siehe auch *parlamentarische Demokratie*, *Einparteisystem*.

parlamentarische Demokratie, *Demokratie* heißt ‹Herrschaft des Volkes›. In einem großen *Staat* kann das *Volk* nicht direkt, das heißt unmittelbar, herrschen. Es wählt deshalb Vertreter in ein *Parlament*, die stellvertretend für das Volk die *Gesetze* beschließen.
Unter parlamentarischer Demokratie versteht man eine Staatsform, in der die *Regierung*, das ist die Leitung eines Staates, vom Parlament gewählt wird und deshalb auch vom Parlament abgewählt werden kann. Die parlamentarische Demokratie ist also eine Staatsform, in der dem Parlament, der gesetzgebenden Gewalt, eine hervorgehobene Stellung zugewiesen ist. Diese Gliederung, dass nämlich in einem Staat ein Parlament das Gegengewicht zur Regierung bilden soll, wird auch als Parlamentarismus bezeichnet. Die *Bundesrepublik Deutschland* zum Beispiel ist eine parlamentarische Demokratie.
Anders ist es in einer Präsidialdemokratie: In ihr kann die Regierung nicht vom Parlament abgewählt werden. Der *Präsident*, der *Staatsoberhaupt* und Chef der Regierung in einer Person ist, wird vom Volk direkt oder durch vom Volk bestimmte Wahlmänner gewählt. Die USA zum Beispiel sind eine präsidiale Demokratie, in der der Präsident eine starke Stellung gegenüber der gesetzgebenden Gewalt des Parlamentes hat.
Siehe auch *repräsentative Demokratie*.

Parlamentarischer Rat, das *Grundgesetz*, das ist die *Verfassung* der *Bundesrepublik Deutschland*, wurde von dem 1948 dafür gebildeten Parlamentarischen Rat ausgearbeitet. Eine Verfassung bestimmt das Zusammenleben der Menschen in einem Staat.
Der Parlamentarische Rat setzte sich aus 65 *Abgeordneten* zusammen, die in den *Landtag*en der westdeutschen Länder gewählt worden waren.
Der vom Parlamentarischen Rat geschaffene Verfassungsentwurf wurde mit Ausnahme Bayerns von den Länder*parlament*en angenommen und als Grundgesetz für die Bundesrepublik Deutschland am 23. Mai 1949 verkündet.
Siehe auch *Bundesrepublik Deutschland*, *Grundgesetz*.

Parole, Truppen im Krieg oder bei einer *militärisch*en Übung erhalten jeden Tag eine neue Parole, das heißt ein neues Kenn- oder Losungswort. Kennt der Soldat die Parole, gibt er zu erkennen, dass er nicht zum Feind gehört.
Eine Parole kann auch ein Leit- oder Wahlspruch sein. *Partei*en zum Beispiel stellen während eines *Wahl*kampfes Parolen auf: Kurz und einprägsam verkünden sie ihre Ziele.

Partei, in einer Partei finden sich Menschen mit gleichen Interessen und gemeinsamen *politisch*en Absichten zusammen: Sie wollen die Ordnung ihres *Staat*es beeinflussen oder bestimmen. Ihre Ziele und Absichten geben sie in ihren Partei*programm*en bekannt.
Jede Partei versucht, so groß und einflussreich wie möglich zu werden, um allein oder in Zusammenarbeit mit anderen Parteien ihre Ziele durchzusetzen. In fast allen Staaten wird der Aufbau des Staates und seine *Politik* von den Parteien beeinflusst. Auch in der *Bundesrepublik Deutschland* wirken die Parteien an der politischen Willensbildung des *Volk*es mit, das bedeutet, sie geben den Bürgern die Möglichkeit, ihre Interessen und ihren Willen durchzusetzen. In der Regel werden Mitglieder von Parteien als *Abgeordnete* für das *Parlament* gewählt: Sie beschließen stellvertretend für das Volk die *Gesetze*.
Die größte Versammlung jeder Partei ist der Parteitag: Er findet in der Regel einmal im Jahr statt und dauert mehrere Tage. Teilnehmer sind gewählte Delegierte, das heißt Abgesandte aus allen Teilen des Landes. Diese Vertreter der so genannten unteren Gruppen sind unter anderem bevollmächtigt, die Mitglieder für den Vorstand der Partei zu wählen, der die wichtigsten Aufgaben der Partei übernimmt.
Je reger die Mitarbeit in den unteren Gruppierungen einer Partei ist, umso geringer ist die Gefahr, dass der Parteivorstand allein über die Ziele und Maßnahmen seiner Partei entscheidet.
Die Ausgaben der Partei, zum Beispiel für Mitarbeiter, Büros, Werbung und *Wahl*kämpfe, werden zum größten Teil aus Mitgliedsbeiträgen und Spenden bezahlt. In der Bundesrepublik wird ein Teil der Ausgaben für die Wahlkämpfe aus Steuermitteln ersetzt. In der Bundesrepublik Deutschland gibt es 2002 etwa 60 Millionen wahlberechtigte Staatsbürger, knapp zwei Millionen sind Mitglieder der Parteien.
Siehe auch *Einparteisystem, Zwei- und Mehrparteiensystem, Bundestagswahl.*

Parteien im Bundestag, die Vertreter aller *Partei*en in der *Bundesrepublik Deutschland* erklären, das Beste für die Bürger erreichen zu wollen. Nur der Vergleich zwischen den einzelnen Parteien kann daher mehr Klarheit für jeden Bürger ergeben. Zeitungen, Rundfunk, Fernsehen und Internet bieten die Möglichkeit, die verkündeten Ziele der Parteien, deren Verwirklichung und die dafür eingesetzten Mittel zu beobachten. Die Darstellung der Parteien ist hier auf einen kurzen Überblick beschränkt:

Bündnis 90 / Die Grünen
ist die Bezeichnung für ein Parteienbündnis: 1992 schloss sich die Partei Die Grünen mit dem Bündnis 90, einer Vereinigung von fünf eigenständigen

Bürgerbewegungen in der ehemaligen *DDR*, zusammen.
Die Grünen in den westdeutschen *Bundesländern* wurden in früheren Jahren auch als Grüne Liste, GL, bezeichnet. Im Januar 1980 gründeten sich die Grünen als Partei, entstanden aus dem Zusammenschluss vieler Bürger*initiativen* und alternativer Listen in den einzelnen Bundesländern:
Bürgerinitiativen nennt man Gruppierungen von Bürgern, die gemeinsam etwas unternehmen, um für sich und andere etwas zu erreichen. Alternativ heißt wahlweise oder abwechselnd; alternative Liste, kurz AL genannt, waren parteiähnliche Interessenvertretungen vorwiegend junger Menschen. Sie verstanden sich in ihren *Programm*en und in ihrer *Organisation* als Wahlmöglichkeit im Gegensatz zu den seit langem im *Bundestag* vertretenen Parteien.
Bündnis 90 setzte sich zunächst zusammen aus dem ‹Neuen Forum›, ‹Demokratie jetzt› und ‹Initiative für Frieden und Menschenrechte›; für die erste gesamtdeutsche *Bundestagswahl* 1990, daher der Name, schloss Bündnis 90 ein Wahlbündnis mit dem ‹Unabhängigen Frauenverband› und den ostdeutschen Landesverbänden der Grünen.
Bündnis 90 / Die Grünen setzt sich vor allem dafür ein, dass die Natur vor Schädigung und Zerstörung geschützt werden soll. Sie kämpft gegen eine weitere Verwendung von *Kernenergie*, gegen Atomwaffen und Aufrüstung. Sie tritt ein für eine unmittelbare Beteiligung der Bürger an politischen Entscheidungen, sie kämpft entschieden gegen eine Ausgrenzung von Ausländern. Bündnis 90 / Die Grünen unterscheidet sich in zwei Punkten von den anderen im Bundestag vertretenen Parteien: Die Hälfte aller wichtigen Ämter in der Partei und ihrer *Abgeordneten*sitze besetzt die Partei mit Frauen; es wird in der Partei eine Trennung von Amt und *Mandat* verwirklicht, das heißt, wer als Grüner ein Amt in der Partei innehat, kann nicht Abgeordneter sein.
Bündnis 90 / Die Grünen erhielt bei der Bundestagswahl am 22. September 2002 8,6 Prozent der Wählerstimmen, die Partei hat 55 Sitze im Bundestag. Wie in der vorangegangenen Legislaturperiode bildete die SPD eine Regierungskoalition mit Bündnis 90 / Die Grünen.
Bündnis 90 / Die Grünen zählt rund 50 000 Mitglieder.
Wer mehr über Bündnis 90 / Die Grünen wissen möchte, kann sich an deren Bundesgeschäftsstelle wenden, Platz vor dem Neuen Tor 1, 10115 Berlin.

CDU

ist die Abkürzung für ‹Christlich-Demokratische Union Deutschlands›. Nach dem Ende des 2. *Weltkrieg*s 1945 wurden in vielen Gemeinden *Deutschland*s Gruppen christlich-demokratisch gesinnter Bürger beider Glaubensbekenntnisse gebildet, die größten und wichtigsten Vereinigungen in *Berlin* und Köln: Die einzelnen Parteigruppen in den *Bundesländern* schlossen sich 1950 zur Bundespartei CDU zusammen.
Während die CDU im ‹Ahlener Programm› 1947 noch für die *Sozialisierung*, das heißt die Vergesellschaftung, des Bergbaus und der Stahl*industrie* eintrat, forderte sie 1949 in den ‹Düsseldorfer Leitsätzen› und 1960 in der ‹Grundsatzentschließung von Karls-

Parteien im Bundestag

ruhe› die soziale *Marktwirtschaft* und Eigentum für alle. Nach Auffassung der CDU fördert die *sozial*e Marktwirtschaft das private Eigentum, sie gewährleistet, dass die *wirtschaftlichen* Erträge gerecht verteilt werden. Durch eine soziale *Gesetzgebung* sollen die vermögenslosen Schichten des Volkes in großem Umfang zu besitzenden Eigentümern gemacht werden.

Bei der ersten *Bundestagswahl* 1949 errang die CDU zusammen mit ihrer bayerischen Schwesterpartei *CSU* 31 Prozent der Wählerstimmen. In *Koalition*en, das heißt in Bündnissen mit anderen Parteien, vor allem mit der *FDP*, führten CDU / CSU von 1949 bis 1969 die *Bundesregierung*. In den 20 Jahren ihrer *Regierung*stätigkeit verwirklichte die CDU / CSU unter anderen zwei Ziele: die enge Bindung der Bundesrepublik an die *Staat*en der westlichen Welt und die Entwicklung der sozialen Marktwirtschaft in der Bundesrepublik. Gegenüber den Staaten des *Ostblocks*, vor allem gegenüber der *DDR* vertrat die CDU / CSU mehr eine *Politik* der Stärke als eine Politik der Annäherung oder der Versöhnung.

1966 ging die CDU / CSU eine Große Koalition mit der *SPD* ein, 1969 wurde sie *Opposition*spartei, als SPD und FDP ein Regierungsbündnis schlossen.

Nachdem sich im November 1982 die Mehrheit der Abgeordneten der FDP im *Bundestag* wieder für ein Bündnis mit der CDU / CSU entschied, kam es zu einer neuen Regierungs*koalition* zwischen CDU / CSU und FDP. Bei der Bundestagswahl am 22. September 2002 hatte die CDU / CSU einen Stimmenanteil von 38,5 Prozent, sie hat 248 Sitze im Bundestag.

Im Verlauf der Ereignisse, die im Oktober 1990 zur deutschen Vereinigung führten, schloss sich die CDU in der Bundesrepublik mit der CDU in der *DDR* zusammen. Bereits vorher hatten sich die *D*emokratische *B*auernpartei *D*eutschlands, DBD, und der *D*emokratische *A*ufbruch, DA, mit der Ost-CDU vereinigt. DBD und Ost-CDU waren *Blockparteien*, das heißt, sie waren mit der *SED* in der *National*en Front zusammengeschlossen.

Die CDU zählt heute rund 600 000 Mitglieder.

Sie hat unter anderen folgende Sonder*organisation*en eingerichtet: Frauen-Union; *Junge Union* Deutschlands (JU); die *Sozialausschüsse*, eine Vereinigung der Arbeitnehmer; Wirtschaftsrat, eine Interessensvertretung der Industrie, und die Kommunalpolitische Vereinigung.

Wer mehr über die CDU wissen möchte, kann sich an die CDU-Geschäftsstelle in seiner Gemeinde wenden oder an die Bundesgeschäftsstelle der CDU, Klingelhöferstraße 23–25, 10785 Berlin.

CSU

ist die Abkürzung für ‹Christlich-Soziale *U*nion›, die selbständige Schwesterpartei der *CDU* in Bayern.

Die CSU wurde 1945 gegründet. In ihren Anschauungen und Zielen stimmt die CSU weitgehend mit der CDU überein. Sie unterscheidet sich von der CDU vor allem in zwei Punkten: In der Innenpolitik berücksichtigt die CSU besonders die Belange des Bundeslandes Bayern; in der Außenpolitik vertritt sie mit Nachdruck nationale, das bedeutet allein die Bundesrepublik betreffende Interessen.

In Bayern bestimmt die CSU seit 1946 die *Politik* der Landes*regierung*, sie hat seit 1962 die absolute *Mehrheit*, das heißt mehr als die Hälfte der Sitze, im Bayerischen *Landtag* inne.

Im Bundestag bilden die Parteien CDU und CSU die *Fraktions*gemeinschaft CDU / CSU. Von 1949 bis 1969 führte die CDU / CSU die *Bundesregierung*.

1969 wurde die CDU / CSU *Oppositions*partei, als *SPD* und FDP ein Regierungsbündnis schlossen. Nachdem sich im November 1982 die Mehrheit der *Abgeordneten* der *FDP* im Bundestag wieder für ein Bündnis mit der CDU / CSU entschieden hatte, kam es zu einer neuen Regierungskoalition zwischen CDU / CSU und FDP. Diese Regierungskoalition endete mit der Bundestagswahl 1998.

Die CSU hat Arbeitsgemeinschaften gebildet, die in der Hauptsache denen der CDU ähnlich sind. Die CSU zählt heute rund 180 000 Mitglieder.

Wer mehr über die CSU wissen möchte, kann sich an die Landesleitung der CSU wenden: 80335 München, Nymphenburger Straße 64.

FDP

ist die Abkürzung für ‹*F*reie *D*emokratische *P*artei›.

Die FDP wurde 1948 als Zusammenschluss mehrerer liberaler Parteigruppen in den *Bundesländern* gegründet. Im Mittelpunkt aller Ziele der FDP steht der Gedanke des *Liberalismus*: die Freiheit und die Würde des einzelnen Menschen. Grundsatz der *Partei* ist, dass es ohne Bildung und ohne Eigentum des Einzelnen keine Freiheit im Zusammenleben der Menschen in einem *Staat* gibt. In den ‹Freiburger Thesen› hat die Partei 1972 diesen liberalen Grundgedanken erneut ausgedrückt und ihre Einstellung zu den Problemen der *Mitbestimmung*, der Vermögens*politik*, des Boden*rechts* und des Umweltschutzes aus liberaler Sicht klargemacht. Seit der ersten *Bundestagswahl* 1949 war die FDP bis 1955 in einer *Koalition* mit der CDU / CSU an der *Bundesregierung* beteiligt. 1961 und 1965 ging die Partei nochmals Koalitionen mit der CDU / CSU ein, 1966 ging die FDP in die *Opposition*.

1969 bildeten FDP und SPD eine Koalition, die bis zum November 1982 bestand. Zu diesem Zeitpunkt entschied sich die Mehrheit der Abgeordneten der FDP im *Bundestag* wieder für ein Bündnis mit der CDU / CSU.

Bei der Bundestagswahl am 22. September 2002 erhielt die FDP 7,4 Prozent der Wählerstimmen, sie verfügt über 47 Sitze im Bundestag.

Im Verlauf der Ereignisse, die am 3. Oktober 1990 zur deutschen Vereinigung führten, schloss sich die FDP mit dem ‹*B*und *F*reier *D*emokraten – Die Liberalen› in der *DDR* zusammen. Der ‹Bund Freier Demokraten – Die Liberalen› war ein Zusammenschluss mehrerer liberaler Parteien, die zum Teil bereits bestanden hatten, zum anderen Teil neu gegründet worden waren: Die *L*iberal-*D*emokratische *P*artei, LDP, die vorher *L*iberal-*D*emokratische *P*artei *D*eutschlands hieß, LDPD, und die *N*ational-*D*emokratische *P*artei *D*eutschlands, NDPD, waren vorher als *Blockparteien* mit der *SED* in der *Nationalen Front* zusammengeschlossen. Die *F*reie *D*emokratische *P*artei, FDP, und die Deutsche Forumspartei hatten sich in der DDR neu gegründet.

Die FDP hat heute rund 60 000 Mitglieder.

Die *Satzung* der Partei sieht die Bildung von Fach*ausschüss*en und Arbeitskreisen vor. Eine *Organisation* der Partei sind die ‹*Junge*n *Liberale*n›.

Wer mehr über die FDP wissen möchte, kann sich an die FDP-Geschäftsstelle in seiner Gemeinde wenden oder an die Bundesgeschäftsstelle der FDP, Reinhardtstraße 12–16, 10117 Berlin.

PDS

ist die Abkürzung für ‹*P*artei des *D*emokratischen *S*ozialismus›. Die PDS ist, zunächst unter der Bezeichnung ‹SED-PDS›, die Nachfolgepartei der *S*ozialistischen *E*inheitspartei *D*eutschlands, *SED*, die die herrschende *Partei* in der *DDR* war.

Die PDS betont, dass sie sich in Parteiverständnis und Partei*programm* grundsätzlich von der ehemaligen SED unterscheide. Sie versteht sich als ‹linke Partei›, die grundlegende Kritik an der bestehenden *Gesellschaft* übt. Vom Geld beherrscht, habe diese Gesellschaft zerstörerische Kräfte hervorgebracht. Dagegen fordert die PDS unter anderem, im weltweiten Interesse der Menschheit den Frieden zu sichern, ein ausgewogenes Verhältnis der Menschen zur Natur zu schaffen und *soziale* Gerechtigkeit zu gewährleisten.

Bei der Bundestagswahl am 22. September 2002 erhielt die PDS nur 4,0 Prozent der Wählerstimmen, konnte jedoch mit zwei Direktmandaten zwei Abgeordnete in den Bundestag schicken.

Die PDS hat heute rund 80 000 Mitglieder.

Wer mehr über die PDS wissen möchte, kann sich an das *Information*szentrum der PDS wenden: Kleine Alexanderstraße 28, 10178 Berlin.

SPD

ist die Abkürzung für ‹*S*ozialdemokratische *P*artei *D*eutschlands›.

Die SPD ist die älteste *Partei Deutschland*s. Ihre Anfänge gehen auf den 1863 in Leipzig gegründeten ‹Allgemeinen Deutschen Arbeiterverein› zurück, der sich 1875 mit der ‹Sozialdemokratischen Arbeiterpartei› vereinigte. Siehe dazu *Arbeiterbewegung*.

Von 1878 bis 1890 war die Partei durch die so genannten Sozialisten*gesetz*e verboten. Seit 1890 trägt sie ihren heutigen Namen. 1912 war die SPD stärkste Partei im Reichstag, dem *Parlament* des damaligen Deutschen Reiches. Bis zum Ausbruch des 1. *Weltkrieges* 1914 hatte sie über eine Million Mitglieder. In der Zeit der *Weimarer Republik* 1918–1933 stellte die SPD wiederholt den Kanzler der Reichs*regierung*.

In der Zeit des *Nationalsozialismus* 1933–1945 war die SPD, wie alle Parteien außer der *NSDAP*, verboten.

Nach dem Ende des 2. Weltkrieges wurde die SPD neu gegründet. In der sowjetischen Besatzungszone (SBZ) kam es zu einer Zwangsvereinigung der SPD mit der KPD zur *SED*, der *S*ozialistischen *E*inheitspartei *D*eutschlands. In den von Großbritannien, Frankreich und den USA besetzten Westzonen erklärte die SPD, dass sie in Zukunft, über die Interessen der *Industrie*arbeiter hinaus, auch die Interessen des *Mittelstand*es vertreten wolle.

In ihrem Partei*programm* von 1959, dem Grundsatzprogramm der SPD, auch ‹Godesberger Programm› ge-

Parteien im Bundestag

nannt, bekennt sich die SPD zum demokratischen *Sozialismus*: Die Ziele des Sozialismus sollen im Rahmen der *Demokratie* verwirklicht werden. Das bedeutet: Gerechte und gleiche Bedingungen für alle Menschen sollen mit der Zustimmung der *Mehrheit* der Bevölkerung erreicht werden.

Seit der ersten *Bundestagswahl* 1949 ist die SPD im *Bundestag* vertreten. Von 1949 bis 1966 war sie in der *Opposition*, von 1966 bis 1969 regierte sie gemeinsam mit der CDU / CSU in einer Großen *Koalition*, von 1969 bis November 1982 führte sie in einer Koalition mit der *FDP* die *Bundesregierung*. Nachdem sich im November 1982 die Mehrheit der Abgeordneten der FDP im Bundestag für ein Bündnis mit der CDU / CSU entschied, ging die SPD in die Opposition.

Bei der Bundestagswahl am 22. September 2002 erhielt die SPD 38,5 Prozent der Wählerstimmen, sie hat 251 Sitze im Bundestag. Sie bildete eine Regierungskoalition mit Bündnis 90 / Die Grünen.

Im Verlauf der Ereignisse, die am 3. Oktober zur deutschen Vereinigung führten, gründete sich im Januar 1990 die Sozialdemokratische Partei Deutschlands, SPD, in der *DDR*. Ende September 1990 schloss sich die SPD der Bundesrepublik mit der SPD der DDR zusammen.

Die SPD zählt 2004 rund 650 800 Mitglieder.

Wichtige Arbeitsgemeinschaften in der SPD, die besondere Aufgaben erfüllen, sind unter anderen: ‹Arbeitsgemeinschaft der *Jungsozialisten*› *(Jusos)*, ‹Arbeitsgemeinschaft Sozialistischer Frauen›, ‹Arbeitsgemeinschaft für Arbeitnehmerfragen› und die ‹Arbeitsgemeinschaft der Selbständigen›.

Wer mehr über die SPD wissen möchte, kann sich an die SPD-Geschäftsstelle in seiner Gemeinde wenden oder an den Bundesvorstand der SPD, Willy-Brandt-Haus, Wilhelmstraße 140, 10963 Berlin.

Die Parteien sind in Orts-, Kreis-, Bezirks- und Landesverbände gegliedert und mit Ausnahme der CSU in jeweils einen Bundesverband. Wichtigste und größte Versammlung der jeweiligen Gesamtpartei ist ihr Bundesparteitag, der in der Regel alle zwei Jahre zusammentritt und aus Abgesandten der Landesverbände besteht. Der Bundesparteitag jeder Partei beschließt die Grundlinien der Partei*politik* und wählt den jeweiligen Bundesvorstand der Partei. Der Bundesvorstand ist die wichtigste Führungsgruppe in jeder Partei. Er führt die Beschlüsse des Parteitages aus und leitet die Partei.

Zur Bundestagswahl 2002 aufgestellte, aber nicht in den Bundestag gewählte Parteien:

Partei Rechtsstaatlicher Offensive (Schill); Familienpartei-Deutschlands – FAMILIE; Mensch Umwelt Tierschutz – Die Tierschutzpartei; Nationaldemokratische Partei Deutschlands – NPD; Die Grauen – Graue Panther – GRAUE; Humanistische Partei – HP; Kommunistische Partei Deutschlands – KPD; Christliche Mitte – CM; Partei Bibeltreuer Christen – PBC; Bayernpartei – BP; Deutsche Zentrumspartei – ZENTRUM; Ökologisch-Demokratische Partei – ödp; Bürgerrechtsbewegung Solidarität – BüSo; Alternative spirituelle Politik im neuen Zeitalter

– Die Violetten; Feministische Partei Die Frauen – DIE FRAUEN; Die Republikaner – REP; Partei für Renten-Gerechtigkeit und Familie – PRG; Aufbruch für Bürgerrechte, Freiheit und Gesundheit – AUFBRUCH. Siehe dazu auch ‹Fünf-Prozent-Klausel› in Bundestagswahl.

Partikularismus, in einem *Bundesstaat* sind mehrere Gliedstaaten zu einem *Staat* zusammengeschlossen. Es gibt eine übergeordnete *Bundesregierung*, die gemeinsame Interessen vertritt, zum Beispiel die Beziehungen zu anderen Staaten. Es gibt die *Regierung*en der Glied- oder Teilstaaten, die deren jeweilige Interessen vertreten. Partikularismus ist das Bestreben eines Teilstaates, Unabhängigkeit von der Regierung des Bundes zu erlangen, auch wenn das den Bestand des Bundesstaates gefährden könnte.
Siehe auch *Föderalismus.*

Partisan, Partisanen, auch Freischärler genannt, bilden bewaffnete Gruppen, die nicht den ordnungsgemäßen Streitkräften eines *Staat*es angehören. Sie kämpfen im Krieg hinter der Front gegen den Feind und setzen häufig nach dem Krieg ihren Kampf in den vom Feind besetzten Gebieten fort. Partisanen kämpfen auch zusammen mit dem Feind gegen die Herrschaft im eigenen Land.
Werden Partisanen verwundet oder gefangen genommen, sollen sie nach einer Übereinkunft vieler Staaten wie die Soldaten der ordnungsgemäßen Truppen behandelt werden. Diese Übereinkunft gehört zur *Genfer Konvention.*
Siehe auch *Guerilla.*

passiver Widerstand bedeutet ‹Widerstand ohne Gewalt›.
Passiver Widerstand richtet sich gegen Herrschaft: Das kann die Herrschaft einer *Regierung* sein oder die Herrschaft fremder Truppen in einem besetzten Gebiet. Auch die ungerechte Behandlung von Arbeitnehmern kann zu passivem Widerstand herausfordern. *Demonstration*en zum Beispiel oder langsames Arbeiten sind zwei der vielen Möglichkeiten des passiven Widerstandes.

passives Wahlrecht ist das *Recht* eines Staatsbürgers, gewählt zu werden. In der *Bundesrepublik Deutschland* darf jeder Staatsbürger, der wahlberechtigt und volljährig ist, zum *Abgeordneten* gewählt werden.
Siehe auch *aktives Wahlrecht.*

Passus, ein Passus ist ein Abschnitt einer Rede, eines Vertrages oder irgendeines Schriftstückes.

Pazifikpakt, siehe *ANZUS-Pakt.*

Pazifismus heißt das leidenschaftliche Eintreten für den Frieden und die Ablehnung jeder Gewalt.
Ein Pazifist ist ein Kriegsgegner. Er lehnt jede Form des Krieges ab, auch den Verteidigungskrieg. Schon die Vorbereitung auf eine kriegerische Handlung wird von ihm verurteilt. Pazifisten verweigern aus diesem Grund jeglichen Kriegs- oder Wehrdienst. In vielen *Staat*en müssen sie dafür mit Gefängnisstrafen rechnen.
Seit dem 19. Jahrhundert wird der Gedanke des Pazifismus in verschiedenen Friedensgesellschaften vertreten. Auf

sie geht die heutige Friedensforschung zurück.
Siehe auch *Wehrpflicht.*

PDS, siehe *Parteien im Bundestag.*

Pentagon, das Verteidigungs*ministerium* der USA ist nach einem fünfeckigen Grundriss gebaut worden.
Auf Griechisch heißt Fünfeck Pentagon, und so erhielt der Bau den Namen Pentagon.

Perestroika, siehe *Glasnost.*

Permanenz heißt Dauer, Fortdauer. Permanent heißt dauernd, ununterbrochen.

Personalrat, Arbeiter, zum Beispiel in einer Fabrik, können einen *Betriebsrat* wählen, der ihre Interessen gegenüber ihrem Arbeitgeber vertritt.
Die Beamten, die Angestellten und Arbeiter der Behörden wählen einen Personalrat, der ihre Interessen vertritt: Ihr Arbeitgeber ist der *Staat.* Stellvertretend für den Staat ist es der Leiter der jeweiligen Behörde, zum Beispiel der Leiter eines Finanzamtes.
Der gewählte Personalrat hat die Aufgabe, allen Beschäftigten Mitwirkung und *Mitbestimmung* am Arbeitsplatz zu ermöglichen. Er muss zum Beispiel gehört werden, wenn Mitarbeiter entlassen oder befördert werden sollen.
Können sich der Leiter einer Behörde und der Personalrat nicht einigen, entscheidet der zuständige *Minister* oder schließlich ein Verwaltungsgericht. Siehe *Betriebsrat.*

Persona (non) grata, Persona grata ist eine Person, die willkommen ist.
Der Begriff wird meist für *Diplomaten* angewendet: Ein Botschafter ist in dem *Staat,* in dem er sein Land vertritt, willkommen. Gestattet die *Regierung* des Gastlandes ihm den Aufenthalt aus irgendeinem Grund nicht mehr, wird er zur ‹Persona non grata›, das heißt zur unerwünschten Person.

Petition heißt Bittschrift, Gesuch.
Das Petitions*recht* ist das Recht jedes Bürgers, sich mit Bitten oder Beschwerden an die *Parlament*e oder an Behörden zu wenden. Er kann allein oder mit mehreren anderen Bürgern eine Petition verfassen: Zum Beispiel kann die Einrichtung einer Spielstraße für Kinder vorgeschlagen werden, oder es kann Beschwerde erhoben werden, dass eine Fabrik nicht genügend Lärmschutzeinrichtungen gebaut hat.
Das Petitionsrecht gehört in der *Bundesrepublik Deutschland* zu den *Grundrecht*en eines jeden Bürgers.
In den Parlamenten, also im *Bundestag* und in den *Landtag*en, gibt es Petitions*ausschüss*e.
Ein Petitionsausschuss prüft ein Gesuch und leitet es an zuständige Behörden weiter. Diese müssen die notwendigen Auskünfte geben, damit der Petitionsausschuss das Gesuch bearbeiten und, soweit möglich, für Abhilfe sorgen kann. Der Antragsteller des Gesuches hat einen Anspruch darauf, eine Antwort oder eine Entscheidung zu erfahren.
Siehe auch *Ausschüsse.*

Planwirtschaft, siehe *Marktwirtschaft und Planwirtschaft.*

Plebiszit, siehe *Referendum.*

Plenum heißt Vollversammlung, man sagt auch Plenarversammlung oder Plenarsitzung.
Vollversammlung bedeutet, dass alle Mitglieder, zum Beispiel eines *Parlamente*s, sich versammeln.
Der Raum, in dem eine Vollversammlung stattfindet, kann als Plenarsaal bezeichnet werden.
Plenar- als Vorsilbe benutzt, heißt Voll-, Gesamt-.

pluralistische Gesellschaft, siehe *Gesellschaft.*

Pogrom, mit Billigung des Zaren wurden in vielen Teilen Russlands gegen Ende des 19. Jahrhunderts die *Juden* verfolgt. Sie wurden aus ihren Wohnungen vertrieben und misshandelt, ihr Eigentum wurde zerstört. Das russische Wort Pogrom heißt Zerstörung und bezeichnet seitdem die Judenverfolgungen in aller Welt.
Auch die Verfolgungen anderer Menschen, zum Beispiel *national*er oder rassischer *Minderheit*en, können als Pogrome bezeichnet werden.

Polarisierung ist ein Ausdruck für die Verhärtung zweier Meinungen zu gegensätzlichen Standpunkten.
Polar heißt ‹die Pole betreffend›. Die beiden Pole bezeichnen die Endpunkte der Erdachse.

Polemik, eine Polemik ist eine wissenschaftliche, *politisch*e oder religiöse Auseinandersetzung zwischen Menschen mit unterschiedlichen Ansichten. Polemiken werden oft schriftlich, können aber auch mündlich ausgetragen werden.
Häufig wird das Wort auch im abwertenden Sinne gebraucht: Es bezeichnet dann einen unsachlichen Angriff auf eine Person oder eine Meinung. Polemisieren heißt ‹gegen jemand mit geistigen Waffen kämpfen›, im abwertenden Sinne bedeutet es ‹jemanden unsachlich angreifen›.
Polemisch heißt streitbar und kann ‹unsachlich tadelnd oder beanstandend› bedeuten.

Politbüro ist die Bezeichnung für eine der wichtigsten Führungsgruppen innerhalb einer kommunistischen *Partei*: Es besteht aus mehreren Personen und entspricht in etwa dem Vorstand anderer großer Parteien.

Politik, politisch, der griechische Philosoph Aristoteles hat sich im 4. Jahrhundert vor Christus als einer der ersten Menschen im Abendland mit den Problemen des menschlichen Zusammenlebens beschäftigt. Er kennzeichnete den Menschen als ein ‹politisches Wesen›. Damit meinte er, dass kein Mensch für sich allein leben könne: Der Mensch braucht andere Menschen, um geschützt zu sein und seine Wünsche verwirklichen zu können. Es bilden sich also Gruppen von Menschen mit gleichen Wünschen und Interessen. Die Gruppen müssen in Auseinandersetzungen geraten mit anderen Gruppen, die entgegengesetzte Wünsche haben. Jede Gruppe wird versuchen, ihre Interessen zu vertreten und ihre Wünsche zu verwirklichen.
Politik ist alles, was Menschen auf das Ziel hin tun, ihr Zusammenleben

P

möglich zu machen. Dabei versucht jede Gruppe, ihre Interessen möglichst vollständig zu wahren. Die Gruppen können *Partei*en sein, *Gewerkschaften* und Berufsverbände.

Politik ohne Macht ist erfolglos. Jede politische Gruppe ist daher bestrebt, Macht zu erlangen, diese Macht zu verteidigen oder die bestehenden Machtverhältnisse zu verändern.

Die stärkste politische Macht in einem *Staat* hat die *Regierung*. Alles, was sie im Staat selbst, alles, was sie in Beziehung zu anderen Staaten unternimmt, ist Politik. Die Politik einer Regierung ist in die beiden großen Bereiche Innenpolitik und Außenpolitik unterteilt. Zur Innenpolitik gehören zum Beispiel die *Wirtschafts-*, *Finanz-* und Bildungspolitik, die *Sozial*politik, die Gesundheits- und die Verkehrspolitik. Zur Außenpolitik gehören die Verteidigungs- und Bündnispolitik und die Mitsprache in *international*en *Organisation*en, zum Beispiel in den *Vereinte*n *Nation*en oder in der *Europäischen Union, EU*. Politologie ist die Wissenschaft von der Politik: Sie untersucht vor allem Ursachen und Zusammenhänge von Macht und Herrschaft in *Gesellschaft* und Staat.

Potenzial heißt Leistungsfähigkeit. Das *Industrie*potential eines Landes ist die Leistungsfähigkeit seiner gesamten Industrie.

Potsdamer Abkommen, nach dem Ende des 2. *Weltkrieges* kamen 1945 die *Regierung*schefs der Siegermächte Großbritannien, Frankreich, USA und Sowjetunion in Potsdam nahe bei *Berlin* zu einer Verhandlung zusammen. Ihre Beschlüsse, wie die Verhältnisse in *Deutschland* nach dem Krieg geregelt werden sollten, bezeichnet man als das Potsdamer Abkommen.

Unter anderem wurde festgelegt: Deutschland wird in vier Besatzungszonen eingeteilt, in die britische, französische, amerikanische und sowjetische; die oberste Regierungsgewalt übernimmt ein *Kontrollrat*, der aus Vertretern der vier Besatzungsmächte gebildet wird; Berlin wird in vier Sektoren, das heißt Großbezirke, eingeteilt; Deutschland darf keine Waffen und keine Soldaten haben; Teile Ostdeutschlands werden bis zu einem Friedensvertrag der Sowjetunion und Polen zur *Verwaltung* überlassen; die Deutschen dürfen wieder *Gewerkschaften* und eine freie *Presse* aufbauen; *Partei*en werden zugelassen.

Siehe auch *Ostverträge*, *Oder-Neiße-Linie*, *Bundesrepublik Deutschland*, *DDR*.

Präambel, eine Präambel ist eine Vorrede oder ein Vorspruch zu einem Vertrag, einer *Verfassung* oder zu *Gesetz*en. Die Präambel zum *Grundgesetz* der *Bundesrepublik Deutschland* zum Beispiel erläutert die Bedeutung, den Zweck und die Entstehung des Grundgesetzes.

Präsenz ist die Anwesenheit, präsent heißt anwesend.

Präsident, Präsidium, Präsident heißt Vorsitzender. In vielen *Staat*en wird das *Staatsoberhaupt* als Präsident bezeichnet.

Das Staatsoberhaupt der *Bundesrepublik Deutschland* ist der *Bundespräsident*. Unter anderen werden Vorsitzende von *Verwaltung*s- und *Gericht*sbehörden Präsidenten genannt: Es gibt zum

Beispiel Polizeipräsidenten und Gerichtspräsidenten.
Präsidium heißt Vorsitz oder Vorstand, es wird von mehreren Personen gebildet.
Ein Präsidium kann auch das Amtsgebäude eines Präsidenten sein, beispielsweise das Polizeipräsidium.

Präsidialsystem, siehe *parlamentarische Demokratie*.

Präzedenzfall, ein Präzedenzfall ist ein Musterfall.
Die Entscheidung über eine strittige Frage zwischen *Staat*en wird zum Präzedenzfall, wenn sich zu einem späteren Zeitpunkt andere Staaten in einer ähnlichen Auseinandersetzung auf diese Entscheidung berufen.

Pragmatiker, pragmatisch, pragmatisch heißt sachlich, ‹auf den Erfolg ausgerichtet›. Pragmatiker sind Menschen, die vorhandene Tatsachen als gegeben hinnehmen und etwas Nützliches unternehmen, um durch Handeln zu einem schnellen Erfolg zu kommen.
Zum Beispiel wollen fast alle Menschen verhindern, dass andere Menschen leiden. Sie möchten die Welt von Krieg und Hunger befreien. Sie versuchen das auf verschiedene Weise: Die einen wollen bestehende *Gesellschafts*formen von Grund auf verändern oder Menschen anders als bisher erziehen, andere rufen auf, den Kriegsdienst zu verweigern.
Zur gleichen Zeit gibt es nach wie vor Menschen, die hungern oder unter den Folgen eines Krieges leiden.
Pragmatiker nehmen Krieg und Hunger als zurzeit gegebene Tatsachen hin. Sie überlegen, was sofort zu tun ist. Zum Beispiel bemühen sie sich, Hilfsorganisationen wie das Rote Kreuz einzuschalten, um wenigstens einigen Not leidenden Menschen schnell und wirkungsvoll zu helfen.
Pragmatiker ziehen den kleinen, sicheren Erfolg einem großen fernen Ziel vor, das im Augenblick nicht zu verwirklichen ist.

Presse, Pressefreiheit, Presse ist die Bezeichnung für gedruckte Veröffentlichungen, die in regelmäßigen Zeitabständen erscheinen: Das sind vor allem Zeitungen und Zeitschriften. Zur Presse rechnen außerdem die Nachrichtenagenturen, die Nachrichten aus aller Welt an die Rundfunk- und Fernsehanstalten vermitteln.
Pressefreiheit bedeutet, dass die Presse in einem *Staat* über alles, was sie erfährt, uneingeschränkt und unbeaufsichtigt berichten kann. Die Pressefreiheit gilt nicht nur für Zeitungen und Zeitschriften, sondern auch für Rundfunk-und Fernsehsendungen.
In der *Bundesrepublik Deutschland* ist die Pressefreiheit gesetzlich gesichert. Dieses Recht wird eingeschränkt durch gesetzliche Bestimmungen zum Schutze der Jugend und zum Schutz der persönlichen Ehre eines Menschen.
Es gibt Staaten, in denen es keine Pressefreiheit gibt oder in denen sie durch Maßnahmen der *Regierung*en weitgehend eingeschränkt ist.
Aber nicht nur Regierungen, auch große Firmen oder Verlage können die Pressefreiheit beeinträchtigen.
Große Firmen zum Beispiel können ihre Aufträge für Werbeanzeigen in

einer Zeitung zurückziehen, wenn ihnen deren Berichterstattung nicht passt. Da das Anzeigengeschäft die Haupteinnahmequelle jeder Zeitung ist, kann dies das Ende einer Zeitung bedeuten. Je mehr Zeitungen es aber in einem Land gibt, umso vielfältiger sind die Möglichkeiten für die Bürger, sich ihre eigene Meinung zu bilden.
Außerdem ist die Pressefreiheit gefährdet, wenn zu viele Zeitungen nur einem Verleger gehören. Die Gefahr, dass die Verlagsleitung allein bestimmt, was in den verschiedenen Zeitungen gedruckt werden darf, ist groß. Die Folge kann sein, dass die Freiheit der Berichterstattung eingeschränkt ist und viele Leser nur noch einseitig unterrichtet werden.
Der *Bundestag*, das *Parlament* der Bundesrepublik, hat 1968 eine Untersuchung veranlasst, die ergab: Die Pressefreiheit ist gefährdet, wenn mehr als 20 Prozent aller Zeitungen in einem bestimmten Gebiet zu einem Verlag gehören; die Pressefreiheit ist beeinträchtigt, wenn mehr als 40 Prozent der Zeitungen zu einem Verlag gehören.
Siehe auch *Zensur*.

Prestige heißt Ansehen und Geltung.
Eine Prestigefrage ist eine Angelegenheit, in der das Ansehen einer Person, einer Gruppe oder eines *Staat*es die entscheidende Rolle spielt: Das Wichtigste ist, wie die Sache in den Augen anderer aussieht. Manche Lehrer zum Beispiel meinen, es schade ihrem Prestige, wenn sie zugeben, dass sie etwas nicht wissen.

Priorität, das lateinische Wort prior heißt ‹der erste, der ältere von zweien›, auch höherstehend.
Die Priorität ist in jedem Zusammenhang das, was den Vorrang hat. Prioritäten setzen heißt, die Reihenfolge der Wichtigkeit bestimmen.

Privatrecht, das *Recht* in der *Bundesrepublik Deutschland* ist unterteilt in *öffentliches Recht* und Privatrecht.
Das Privatrecht wird auch Zivilrecht oder bürgerliches Recht genannt.
Das Privatrecht regelt die Beziehungen der einzelnen Menschen zueinander: zum Beispiel Rechte und Pflichten von Eheleuten, von Eltern und Kindern und von Vertragspartnern. Vertragspartner sind Personen, die beispielsweise Mietverträge, Kaufverträge oder Arbeitsverträge abschließen.
Siehe *Recht*, BGB.

Produktionsmittel sind Arbeitsmittel und Arbeitsgegenstände.
Arbeitsmittel sind zum Beispiel Maschinen, Werkzeuge, die Ausrüstung der Betriebe, auch Rohrleitungen und Güterwagen, sowie die Fabrikgebäude.
Arbeitsgegenstände sind alle Rohstoffe, zum Beispiel Holz, Kohle, Erz, Öl.

Profit heißt Gewinn oder Nutzen.

Prognose heißt Vorhersage.
Die Prognose eines Arztes versucht, den Verlauf und den Ausgang einer Krankheit vorherzubestimmen. Dazu muss der Arzt wissen, in welchem Gesundheitszustand der Kranke vorher war und wie sich die Krankheit bei ihm äußert. Außerdem muss der Arzt gelernt haben, wie unterschiedlich

Krankheiten bei verschiedenen Menschen verlaufen können.
Wer eine Prognose stellt, muss also wissen, was vorher war und was jetzt ist. Außerdem muss er imstande sein, Vergleiche mit ähnlichen Fällen zu ziehen. Dann kann er mehr oder weniger genau eine Vorhersage machen.

Programm, programmatisch, das Wort Programm hat mehrere Bedeutungen: «Hier hast du ein Programm» heißt «Hier hast du einen Ankündigungszettel», zum Beispiel für ein Konzert.
«Das Programm sieht Flötenkonzerte von Bach vor» meint, dass Flötenkonzerte von Bach «die vorgesehene Folge» sind.
Programm heißt auch Ziel oder Zielsetzung: Eine Schule hat das Programm, ihre Schüler zu selbständigen *Staat*sbürgern zu erziehen.
Programmatisch heißt richtungweisend, zielsetzend oder ‹dem Programm gemäß›.

progressiv heißt fortschreitend, ‹sich entwickelnd›. Das Wort wird immer im zustimmenden Sinne benutzt: fortschrittlich, im Gegensatz zu rückständig oder rückschrittlich.
Progression heißt ‹fortschreitende Steigerung›. Dieser Begriff wird auch im Steuer*recht* benutzt: ein Unternehmer, der doppelt so viel verdient wie ein Angestellter, muss nicht nur doppelt so viel *Steuern* zahlen wie dieser, sondern mehr als das Doppelte. Das bedeutet, dass die prozentuale Belastung mit Steuern bei einem höheren Einkommen im Verhältnis zu einem kleineren Einkommen steigend ist.

Proklamation, eine Proklamation ist ein Aufruf, eine Bekanntmachung. Eine Proklamation kann von einer *Regierung*, einer *Partei*, einer politischen Gruppe oder von mehreren *Staat*en gemeinsam verkündet werden.
Eine Proklamation soll viele Menschen gleichzeitig und eindrucksvoll in Kenntnis setzen oder zu gemeinsamem Verhalten aufrufen.

Proletariat, im alten Rom waren die ‹proletarii› die Besitzlosen: Menschen, die zu arm waren, *Steuern* zu bezahlen. Karl Marx, einer der Wegbereiter des *Kommunismus* im 19. Jahrhundert, bezeichnete als Proletariat die Arbeiterklasse: Menschen, die als einzigen Besitz ihre Arbeitskraft haben.
Siehe auch *Klassen*.

Prominenz, prominent heißt hervorragend, bedeutend, maßgebend und ‹weithin bekannt›.
Eine prominente Person kann also eine bedeutende, kann aber auch nur eine weithin bekannte Person sein.
Die Prominenz zum Beispiel einer Stadt sind ‹alle prominenten Persönlichkeiten›.

Propaganda ist Werbung für eine Ansicht.
Alle *Partei*en, alle *politisch*en Gruppen und die Kirchen versuchen mit Hilfe von Propaganda, die eigenen Ansichten so weit wie möglich zu verbreiten.
Mittel der Propaganda sind: Plakate, Reden auf Versammlungen, im Rundfunk und im Fernsehen, *Artikel* in Zeitungen und Zeitschriften.

Proporz, Proportion heißt ‹das Ver-

hältnis der Maße zueinander›. Proportional heißt verhältnismäßig, ‹im gleichen Verhältnis stehend›.
Proporz ist eine Kurzform des Wortes Proportional*wahl*, das heißt *Verhältniswahl*. Es bedeutet auch ‹Verteilung der Sitze nach dem Verhältnis der abgegebenen Stimmen›.
Der Begriff Proporz wird oft im Zusammenhang mit der Verteilung von Ämtern benutzt. In der *Bundesrepublik Deutschland* zum Beispiel achten vor allem die Parteien und die beiden großen Kirchen streng darauf, dass die anderen *Partei*en oder die andere Glaubensgemeinschaft bei der Verteilung der öffentlichen Ämter nicht bevorzugt werden.

Prosperität bedeutet ganz allgemein Erfolg oder ‹guter Fortgang›, im Besonderen ist der *wirtschaftlich*e Aufschwung eines *Staat*es gemeint.

Protest, protestieren heißt ‹Einspruch erheben›, widersprechen. Wer protestiert, ist anderer Meinung.
Ein Protest, das heißt Einspruch oder Widerspruch, kann mündlich oder schriftlich geäußert werden.
Der öffentliche Protest mehrerer Menschen findet häufig in Form einer *Demonstration* statt.
Den schriftlichen Einspruch einer *Regierung* bei der Regierung eines anderen *Staat*es nennt man eine Protest*note*.

Protokoll, nach einem Verkehrsunfall nehmen Polizisten ein Protokoll auf, einen schriftlichen Bericht über den Unfall und seine Ursachen.
Protokolle sind schriftliche Zusammenfassungen und Niederschriften von privaten und öffentlichen Verhandlungen und Sitzungen, zum Beispiel von Gerichtsverhandlungen.
Bei Verhandlungen und Verträgen zwischen *Staat*en gibt es außer den üblichen Protokollen so genannte Schluss- und Zusatzprotokolle. Sie enthalten eine Zusammenfassung der Ergebnisse oder zusätzliche Vereinbarungen.
Als Protokoll bezeichnet man auch die Regeln der Höflichkeit, die *Diplomat*en beachten müssen: Bei dem Empfang eines ausländischen *Staatsoberhaupt*es zum Beispiel schreibt das Protokoll vor, in welcher Reihenfolge der Gast die anwesenden *Minister* begrüßt.

Provokation, jemanden provozieren heißt ihn aufreizen, ‹ihn so lange reizen, bis er etwas sagt oder tut, was er gar nicht wollte›.
Stefan weiß zum Beispiel, dass die Mutter abends ins Theater gehen will. Er weiß auch genau, dass sie dem Vater versprochen hat, bis dahin einen wichtigen Brief zu schreiben. Trotzdem kommt Stefan unentwegt mit Fragen, die er auch allein beantworten könnte. Irgendwann verliert die Mutter die Geduld, und sie schreit Stefan an. Sie fühlt sich von Stefan provoziert.
Wie zwischen Menschen sind Provokationen, das heißt Herausforderungen, auch zwischen *Staat*en möglich.

Prozess heißt Ablauf, Verlauf oder Entwicklung.
Der ‹Prozess der Meinungsbildung› ist die Entwicklung einer bestimmten Meinung, zum Beispiel der Eltern über Vorschulerziehung.
Ein Prozess ist auch eine Verhandlung

vor Gericht, eine Gerichtsverhandlung.

Publikation, eine Publikation ist eine gedruckte Veröffentlichung. Zeitungen, Zeitschriften und Bücher bezeichnet man als Publikationen.
Ein Publizist ist jemand, der etwas veröffentlicht, zum Beispiel ein Journalist: Er berichtet in Zeitungen oder Zeitschriften, im Fernsehen oder Rundfunk über Ereignisse, die im Augenblick interessant oder wichtig sind.
Etwas publik machen heißt es offenkundig machen.

Putsch ist schweizerisch und heißt der Stoß.
Als Putsch wird der plötzliche Aufstand gegen eine *Regierung* bezeichnet. Putsch heißt Umsturz und Umsturzversuch.
Siehe auch *Staatsstreich.*

Q

Quai d'Orsay ist der Name einer Straße am Ufer der Seine in Paris, in der das französische Außen*ministerium* seinen Sitz hat. Davon abgeleitet wird das französische Außenministerium oft auch als Quai d'Orsay bezeichnet.

qualifizierte Mehrheit, siehe *Mehrheit.*

R

radikal, Radikalismus, radikal ist abgeleitet von dem lateinischen Wort radix, das heißt die Wurzel. Radikal heißt ‹an die Wurzel gehend›, auch gründlich und unbedingt.
Wer radikal handeln will, will etwas gründlich tun, jedoch nicht immer gewalttätig.
Radikalismus ist eine *politisch*e Einstellung, die eine *Gesellschaft* von Grund auf verändern will, unter Umständen auch mit Gewalt. Es gibt zwei radikale politische Richtungen, den Rechts- und den Linksradikalismus. Siehe dazu *links und rechts.*

Räterepublik, die Räterepublik ist eine Staatsform, in der das *Volk* seine Herrschaft möglichst unmittelbar ausüben soll. Sie steht damit im Gegensatz zur *repräsentativ*en *Demokratie*, in der *Abgeordnete* im *Parlament* das Volk vertreten.
Volksvertreter in den Räten der Räterepublik sollen jederzeit von ihren Wählern abberufen werden können; sie sollen an die Weisungen ihrer Wähler gebunden sein: Sie erhalten ein imperatives *Mandat*, das bedeutet einen an die Weisungen von Wählern gebundenen Auftrag. Die Abgeordneten in Parlamenten dagegen haben in der Regel ein freies Mandat: Sie können nicht abberufen werden; die Wähler haben lediglich die Möglichkeit, sich bei der nächsten *Wahl* für einen anderen Kandidaten, das heißt für einen anderen Bewerber, zu entscheiden.
Gewaltenteilung soll es in der Räterepublik nicht geben: *Gesetzgebung* und *Regierung* und *Rechtsprechung* sind nicht

voneinander getrennt, sondern sollen von den Räten gemeinsam ausgeübt werden.

In einer Räterepublik wären Wohngemeinden und Betriebe sozusagen die unterste Ebene der *Gesellschaft*. In den Wohngemeinden und Betrieben würden die einzelnen Wähler Beauftragte bestimmen, die den Rat für die Gemeinde oder den Betrieb bilden sollen. Dieser Rat würde Vertreter für den Rat der nächsthöheren Ebene wählen, etwa einer Provinz oder eines *Industriezweiges*, bis hinauf zu einem zentralen Rat für den ganzen *Staat*. Zentral heißt ‹im Mittelpunkt›. Ein solcher zentraler Rat würde sich von dem Parlament in einer repräsentativen Demokratie vor allem dadurch unterscheiden, dass er nicht unmittelbar von den einzelnen Bürgern gewählt würde.

Die Räterepublik konnte noch nie für längere Zeit verwirklicht werden.

Rassismus bedeutet ‹übersteigertes Rassenbewusstsein›.

Den Begriff Rasse gibt es in der Biologie: Er ordnet die Gattungen Tier und Mensch in Untergruppen mit gemeinsamen Merkmalen. Die Menschen werden vor allem sehr grob nach der Farbe ihrer Haut unterteilt: Es gibt Weiße, Schwarze oder Gelbe. Eine Einteilung in minderwertige oder höherwertige Rassen gibt es in der Biologie nicht.

Trotzdem fühlen sich Menschen anderen Menschen überlegen, weil sie weiße, schwarze oder gelbe Haut haben. Überall auf der Welt werden Menschen wegen ihrer Rasse diskriminiert, das heißt abgewertet.

In den USA sind zwar vor dem *Gesetz* alle Menschen gleich, tatsächlich jedoch sind die Schwarzen nach wie vor in vielen Bereichen benachteiligt. Dies hat dazu geführt, dass auch viele Schwarze rassistisch denken: Sie sind nicht nur stolz darauf, schwarz zu sein, sondern nehmen häufig den Weißen gegenüber eine unversöhnliche Haltung ein.

In der Zeit des *Nationalsozialismus* in *Deutschland* 1933–1945 wurden 6 Millionen *Juden* getötet. Die Nationalsozialisten hatten die falsche Behauptung aufgestellt, dass die Juden einer besonderen und minderwertigen Rasse angehören. Es gibt keine jüdische Rasse: Juden sind Angehörige der jüdischen Glaubensgemeinschaft und des jüdischen *Volk*es.

In den letzten Jahren kommt es in der *Bundesrepublik Deutschland* wieder häufiger zu gewaltsamen Ausschreitungen gegen Juden und fremdländisch aussehende Ausländer, die in der Bundesrepublik arbeiten oder Schutz vor Verfolgung suchen.

Siehe auch *Chauvinismus, Bürgerrechtsbewegung*.

Rat für gegenseitige Wirtschaftshilfe, siehe *RGW*.

Ratifikation, *Staat*en regeln ihre Beziehungen zueinander durch Verträge. Solche Verträge werden von *Diplomat*en vorbereitet. Sind sie sich über den Inhalt und den Wortlaut der Verträge einig, werden diese oft zunächst im Entwurf paraphiert, das heißt abgezeichnet, und danach von *Minister*n unterzeichnet. Besondere Verträge sind damit aber noch nicht gültig. Sie müssen vielmehr noch von den *Parla-*

menten ratifiziert, das heißt bestätigt werden.
In der *Bundesrepublik Deutschland* kommen dafür die *Abgeordneten* im *Bundestag* zusammen und stimmen ab, ob sie den Vertrag billigen oder nicht. Stimmt der Bundestag und in bestimmten Fällen auch der *Bundesrat* zu, erfolgt die Ratifikation oder Ratifizierung. Durch die Unterschrift des *Bundespräsidenten* und die Veröffentlichung im *Bundesgesetzblatt* wird der Vertrag zum *Gesetz*.
Bei Verträgen zwischen zwei Staaten werden die Ratifikationsurkunden ausgetauscht. Haben mehrere Staaten einen Vertrag miteinander geschlossen, wird ein Ort bestimmt, an dem die Urkunden hinterlegt werden.
Siehe auch *Bundesrat, paraphieren.*

Rationalisierung ist die Vereinfachung und Straffung von Arbeitsvorgängen durch zweckmäßigere und besser durchdachte Arbeitsverfahren. Früher standen zum Beispiel in Frau Meiers Küche die Geschirrspülmaschine und der Geschirrschrank weit voneinander entfernt. Viele kleine Gänge waren notwendig, um das Geschirr nach dem Abwasch in den Schrank zu räumen. Heute steht der Geschirrschrank gegenüber der Spülmaschine: Frau Meier braucht sich nur umzudrehen, um das Geschirr einzuräumen. Ein Arbeitsvorgang wurde rationalisiert, das heißt zweckmäßiger eingerichtet.
Wie im Haushalt ist Rationalisierung auch in Fabriken und Büros und an vielen anderen Arbeitsplätzen möglich. Wichtige Voraussetzungen der Rationalisierung sind die *Normung* industrieller Erzeugnisse und der Einsatz von Maschinen.
Siehe auch *Automation, Normung.*

reaktionär heißt rückschrittlich.
Ein Reaktionär stellt sich einer fortschrittlichen Entwicklung in einer *Gesellschaft* entgegen.
Beide Begriffe werden vorwiegend im politischen Sprachbereich angewendet. Da es unterschiedliche Auffassungen darüber gibt, was fortschrittliche *Politik* ist, kommt es auf den eigenen Standpunkt an, wen man als reaktionär bezeichnet.
Das Wort Reaktion hat mehrere Bedeutungen: Es heißt einmal Antwort und Gegenhandlung. Zum anderen ist es im Sprachbereich der Politik ein Schlagwort und bedeutet Fortschrittsfeindlichkeit.

Recht, Rechte, die Gesamtheit der Regeln, die das Zusammenleben der Menschen in einem *Staat* bestimmen und deren Einhaltung der Staat unter Umständen mit Gewalt durchsetzt, bilden das ‹objektive Recht›, das heißt das allgemein gültige Recht.
Aus dem objektiven Recht ergeben sich die ‹subjektiven Rechte›: Sie umfassen die Ansprüche, die dem einzelnen Menschen innerhalb einer Gemeinschaft zuerkannt werden. Das Erziehungsrecht der Eltern zum Beispiel und das Recht, Verträge zu schließen und zu kündigen, gehören zu den subjektiven Rechten des einzelnen Menschen.
Siehe auch *Menschenrechte, öffentliches Recht, Privatrecht.*

rechts, siehe *links und rechts.*

Rechtsmittel, jeder Bürger kann Entscheidungen von *Gerichte*n und Behörden nachprüfen. Dafür gibt es die Mittel der Beschwerde, Berufung und Revision, das heißt Nachprüfung. Man sagt, es werden *Recht*smittel eingelegt.
Das Arbeitsgericht zum Beispiel hat entschieden, dass ein Arbeitgeber einen Arbeitnehmer zu Recht fristlos entlassen hat. Der Arbeitnehmer ist mit der Entscheidung nicht einverstanden. Er kann das Rechtsmittel der Berufung einlegen und vor das nächsthöhere Gericht, das Landesarbeitsgericht, gehen.
In besonderen Fällen kann auch mit dem Rechtsmittel der Revision das Bundesarbeitsgericht angerufen werden.

Rechtsprechung, neben der gesetzgebenden Gewalt, der *Legislative*, und der ausführenden Gewalt, der *Exekutive*, ist die Rechtsprechung, die Judikative, die dritte Gewalt in einem *Staat*.
Die Rechtsprechung wird in der *Bundesrepublik Deutschland* von den *Gerichten* der *Bundesländer*, von den obersten Gerichtshöfen des Bundes und vom *Bundesverfassungsgericht* ausgeübt. Die rechtsprechende Gewalt ist den Richtern übertragen, die nur dem *Gesetz* und ihrem Gewissen unterworfen sind. Richter sind unabhängig, das bedeutet, sie sind frei in der Auslegung des Gesetzes, wenn sie Entscheidungen treffen, und sie können grundsätzlich nicht abgesetzt werden. Außer den Berufsrichtern gibt es an den Gerichten bei Strafprozessen ehrenamtliche Richter, die auch als Laienrichter bezeichnet werden: Das sind Schöffen und Geschworene. Sie sind unbescholtene Bürger, die nicht Rechtswissenschaft studiert haben, die jedoch unabhängig wie Berufsrichter sind und die gleichen Pflichten haben. Laienrichter werden von den Gemeindevertretungen für jeweils zwei Jahre gewählt.
Strafsachen, wie zum Beispiel Diebstahl, Totschlag und Mord, werden von Staatsanwälten untersucht, die Täter werden vor Gericht angeklagt. Staatsanwälte sind öffentliche Ankläger, das bedeutet, sie vertreten die Interessen aller Menschen in einem Staat. Staatsanwälte sind im Gegensatz zu den Richtern nicht unabhängig: Sie müssen Weisungen befolgen, die ihnen zum Beispiel der Minister für *Justiz* vorschreibt.
Siehe *Gewaltenteilung, öffentliches Recht, Privatrecht, Gerichte.*

Rechtsstaat, Voraussetzungen für einen Rechtsstaat sind: eine meist schriftlich niedergelegte *Verfassung*, Zusicherung von *Grundrechte*n an die Bürger, *Gewaltenteilung*, Gesetzmäßigkeit der *Verwaltung*.
Eine Verfassung bestimmt, welche *Rechte* jeder Bürger hat, welche Aufgaben *Regierung* und *Parlament* haben und wie diese aufgebaut sind.
Zu den Grundrechten gehört zum Beispiel die Gleichheit aller Menschen vor dem *Gesetz*.
Gewaltenteilung bedeutet, dass die gesetzgebende Gewalt, die ausführende Gewalt und die *Rechtsprechung* voneinander unabhängig sind und sich gegenseitig überwachen. Die drei Gewalten sind in dem Begriff *Staatsgewalt* zusammengefasst.
In einem Rechtsstaat ist die Staatsgewalt an die Verfassung als oberstes Gesetz gebunden: Kein Gesetz, keine

Verordnung, kein Richterspruch darf den in der Verfassung festgelegten Grundsätzen widersprechen.
Gesetzmäßigkeit der Verwaltung bedeutet, dass alle Maßnahmen der Regierung, der Ministerien und der Behörden sich streng und ohne Ausnahme an die Gesetze und das Recht halten müssen. Alle Maßnahmen der Verwaltung, die den Bürger selbst betreffen, kann er gerichtlich überprüfen lassen. Die Rechte des Bürgers sind durch unabhängige Richter geschützt.
Die *Bundesrepublik Deutschland* zum Beispiel ist ein Rechtsstaat.
Siehe *Grundgesetz*, auch *Legalität*.

Rechtsverordnung, die *Gesetze* für die *Bundesrepublik Deutschland* werden vom *Bundestag*, dem *Parlament* der Bundesrepublik, unter Mitwirkung des *Bundesrat*es beschlossen und im *Bundesgesetzblatt* veröffentlicht. Rechtsverordnungen sind keine Gesetze, sie können von der Bundesregierung, den Bunde*sministern* oder den *Regierung*en der *Bundesländer* ohne Mitwirkung der Parlamente erlassen werden. Die Erlaubnis dazu muss ihnen jedoch vorher in einem Gesetz übertragen worden sein.
Rechtsverordnungen regeln so genannte einfache Tatbestände: Der Bundesminister für Verkehr zum Beispiel kann Rechtsverordnungen für Straßenbau und -nutzung erlassen.
Rechtsverordnungen haben wie Gesetze für Bürger und *Staat* die gleiche verbindliche Wirkung. Sie sind notwendig, weil nicht alle Lebensverhältnisse durch Gesetze geregelt werden können.

reduzieren heißt mindern, verkleinern und ‹zurückführen auf eine frühere Stufe oder Menge›.

Referendum heißt Volksentscheid: Das *Volk* kann in einer Volksabstimmung selbst eine Entscheidung treffen, zum Beispiel über ein *Gesetz*. In den meisten Staaten ist das Referendum eine Ausnahme. Die Regel ist, dass die *Regierung* oder stellvertretend für das Volk die *Abgeordneten* im *Parlament* die Beschlüsse fassen und Gesetze verabschieden.
In einigen Ländern der *Bundesrepublik Deutschland* ist ein Referendum möglich, aber nur bei Entscheidungen, die das jeweilige Bundesland betreffen.
Für die gesamte Bundesrepublik ist ein Referendum nur für den Fall vorgesehen, dass die Grenzen der *Bundesländer* verändert werden.
Ein anderes Wort für Referendum ist Plebiszit.

Referent, ein Referent ist ein Berichterstatter. In der Regel ist er Fachmann auf dem Gebiet, über das er vor großen oder kleinen Versammlungen referiert, das heißt berichtet.
Häufig gibt er mit seinem Referat, das heißt mit seiner Berichterstattung, ein Gutachten ab: Er begründet sein Urteil mit seinen Kenntnissen.
Referent ist auch die Bezeichnung für einen Sachbearbeiter einer Behörde oder eines *Ministerium*s. Der persönliche Referent ist einem *Minister* oder Senator unmittelbar zugeordnet: Er berät und unterstützt ihn und übernimmt Aufgaben in eigener Verantwortung.
Senator ist in den Stadtstaaten Ham-

burg, Bremen, *Berlin* die Bezeichnung für die Minister der Landes*regierung*en.

Reform, eine Reform ist die Umgestaltung bisher bestehender Verhältnisse. Eine Reform wird immer mit der Absicht geplant, die Zustände nicht nur zu verändern, sondern sie zu verbessern.
Wenn zum Beispiel erreicht ist, dass in keiner Klasse mehr als 25 Kinder unterrichtet werden, ist ein Teil der Schulreform verwirklicht.

Regierung, regieren heißt leiten, lenken, ‹Herrschaft ausüben›.
Die Regierung ist die Leitung eines *Staat*es, also die Gruppe von Menschen, die den Staat lenkt. Sie regelt die Beziehungen des eigenen Staates zu anderen Staaten; sie beaufsichtigt und veranlasst, was im eigenen Land geschieht. Man sagt auch, sie führt die Staatsgeschäfte.
Wie eine Regierung den Staat lenkt, hängt von dem jeweiligen *Regierungssystem* ab, also von dem Aufbau einer Regierung. Eine Regierung kann von Männern und Frauen gebildet werden. Zu einer Regierung gehören der Regierungschef und die *Minister.*
Die Bundesrepublik Deutschland besteht aus 16 *Bundesländern.* Die Regierung eines Bundeslandes heißt Landesregierung, ihr Regierungschef ist ein *Ministerpräsident.* Die Regierung der Bundesrepublik heißt *Bundesregierung,* ihr Regierungschef *Bundeskanzler.*

Regierungserklärung, Regierungsprogramm, die *Regierung* ist die Leitung eines *Staat*es.
In der *Bundesrepublik Deutschland* wird die Regierung für jeweils vier Jahre gebildet.
In einer Regierungserklärung am Anfang der Regierungszeit gibt der *Bundeskanzler* vor dem *Bundestag* das Regierungs*programm* bekannt: Er erklärt, wie die Beziehungen zu anderen Staaten geregelt und welche Aufgaben in der Bundesrepublik gelöst werden sollen.
Andere Anlässe für Regierungserklärungen sind wichtige innen- oder außen*politisch*e Ereignisse.
Der Bundeskanzler ist der Regierungschef, der Bundestag die *Volks*vertretung der Bundesrepublik.

Regierungspartei, siehe *Opposition.*

Regierungssystem, die *Regierung* ist die Leitung eines *Staat*es. System heißt ‹geordneter Aufbau›.
Der Begriff Regierungssystem bedeutet aber nicht nur ‹Aufbau der Regierung und ihrer *politisch*en Einrichtungen›, sondern gleichzeitig ‹Struktur, das heißt innere Gliederung des Staates insgesamt›. Politische Einrichtungen im parlamentarischen Regierungssystem der *Bundesrepublik Deutschland* sind zum Beispiel: *Bundespräsident, Bundeskanzler, Kabinett, Bundestag, Bundesrat, Bundesverfassungsgericht.*
Es gibt viele unterschiedliche Regierungssysteme. Siehe also: *Demokratie, Diktatur, Monarchie, parlamentarische Demokratie, repräsentative Demokratie, Räterepublik, Einparteisystem, Zwei- und Mehrparteiensystem.*

Regime heißt Herrschaft, Regierungsform: Die *Regierung* ist die Leitung eines *Staat*es.

Militärregime bedeutet, dass die Herrschaft in einem Staat vom *Militär*, in der Regel von hohen Offizieren, ausgeübt wird.
Der Begriff Regime wird häufig benutzt, um Missachtung gegenüber der so bezeichneten Regierung auszudrücken.

regional, eine Gegend, ein Gebiet, einen Bereich oder Bezirk bezeichnet man als Region.
Regional heißt ‹auf ein bestimmtes Gebiet beschränkt›. Regionales Fernsehen zum Beispiel ist nur in einem begrenzten Bezirk zu empfangen.

Rehabilitation heißt Wiedereingliederung. Im Besonderen umfasst der Begriff alle Maßnahmen, die ermöglichen, dass körperlich und seelisch erkrankte Menschen nach ihrer Gesundung wieder in die *Gesellschaft* eingegliedert werden. Dazu gehört zum Beispiel, dass sie für einen Beruf ausgebildet werden, der ihren Fähigkeiten entspricht, und dass passende Arbeitsstellen für sie beschafft oder geschaffen werden.

relative Mehrheit, siehe *Mehrheit.*

relegieren heißt verweisen. Mit Relegation ist immer die Verweisung eines Studenten von der Hochschule oder die Entfernung eines Schülers von der Schule gemeint.

relevant heißt erheblich, wichtig. Die Relevanz ist die Wichtigkeit.

Remigrant ist jemand, der in das Land zurückkehrt, aus dem er aus *politisch*en, religiösen oder rassischen Gründen emigriert, das heißt ausgewandert ist. Siehe *Emigration.*

remilitarisieren heißt wiederbewaffnen. Remilitarisierung heißt Wiederbewaffnung.

Rente, als Rente werden regelmäßige Zahlungen bezeichnet, zum Beispiel aus einem Vermögen, das man besitzt oder aufgrund eines *Rechtes*, auf das man einen Anspruch hat. So gibt es unter anderem die Kapitalrente, das ist die Rente aus Vermögen, und die *gesetzlich*e Altersversorgung. In der *Bundesrepublik Deutschland* ist die wichtigste Form der Altersversorgung die Altersrente aus der *Sozialversicherung.* Durch *Gesetz* ist geregelt, dass alle Bürger Beiträge an die so genannten Versicherungsanstalten zahlen können; für die Arbeitnehmer ist es Pflicht, einen bestimmten Anteil des Einkommens an diese Einrichtungen abzuführen, solange ihr Einkommen eine bestimmte Höhe nicht übersteigt. Die Versicherungsanstalten zahlen dann später die Renten aus.
Man bekommt die Rente, wenn man alt ist und aufhört zu arbeiten. In der Regel erhalten Männer und Frauen die Rente mit 65 Jahren. Auf Antrag ist es für Männer möglich, die Rente mit 63 Jahren zu erhalten, für Frauen mit 60 Jahren. Der frühere Beginn der Rente kann die Höhe der Zahlung verringern.
Rente erhalten auch Menschen, die arbeitsunfähig geworden sind, sowie Witwen und Waisen.
Die Rente richtet sich im Wesentlichen danach, wie lange man Beiträge gezahlt hat und in welcher Höhe. Au-

Staat	Verfassung	Staatsoberhaupt	Gesetzgebende Körperschaften (Parlament, ggf. zweite Kammer)		Regierung
Allgemein	i. d. R. schriftlich niedergelegt (Ausnahme: Großbritannien), manchmal als «Grundgesetz»	vertritt völkerrechtlich, empfängt ausländ. Diplomaten, ernennt den Reg.-Chef und Beamte, ist oberste Gnadeninst. und oberster Befehlshaber der Streitkräfte (anders BRD)	gesetzgebendes Organ, kontrolliert die Regierung	zweite Kammer mit mehr oder weniger Einfluß auf die Gesetzgebung (oft als Vertretung der Bundesländer)	Oberstes Organ zur Ausführung der Gesetze und Verwaltung
Bundesrepublik Deutschland	GG v. 23. 5. 1949	*Bundespräsident* auf 5 Jahre gewählt, ernennt Bundeskanzler und Bundesminister, fertigt Gesetze aus und verkündet sie	*Bundestag* 603 Abg., vom Volk auf 4 Jahre gewählt	*Bundesrat* (Vertreter der Länderregierungen) wirkt mit bei Gesetzgebung; bei bestimmten Ges. Zustimmung erforderlich, im übrigen Einspruchsrecht	*Bundesregierung* bestehend aus Bundeskanzler u. Bundesministern, Richtl. der Politik bestimmt der Bundeskanzler
Großbritannien	keine geschriebene Verfassung	*König(in)* ernennt Premier-Min., Vetorecht gegen vom Parlament beschlossene Gesetze (seit 1707 nicht ausgeübt)	*House of Commons* (Unterhaus) 659 Mitgl., auf 5 Jahre gewählt	*House of Lords* 715 Mitgl. (Hochadel, hohe Geistlichkeit, hohe Richter), aufschieb. Veto außer bei Finanzgesetzen	*Premierminister* leitet die Reg. Mitverantwortlich sind die Minister, die dem Parlament angehören sollen
Frankreich	Verf. v. 1958, mit Änderungen zuletzt 2000	*Präsident der Republik* Wahlzeit 5 Jahre. Ernennt Premiermin., kann Volksentscheide über Gesetzentwürfe anordnen und in Notzeiten aktiv eingreifen	*National-versammlung* 577 Abg., auf 5 Jahre in direkter Wahl gewählt	*Senat* 320 Mitgl., auf 9 Jahre gewählt	*Premierminister* ist Chef der Regierung, schlägt Min. vor
			Parlament		

Staat	Verfassung	Staatsoberhaupt	Gesetzgebende Körperschaften (Parlament, ggf. zweite Kammer)		Regierung
USA	Verf. v. 17. 9. 1787	*Präsident der USA* ist zugleich Reg.-Chef. Wahlzeit 4 Jahre, hat aufschiebendes Veto gegen Gesetze, ernennt Staatssekretäre (Min.)	*Repräsentantenhaus* 435 auf 2 Jahre gewählte Vertreter der 50 Staaten	*Senat* (100 Mitgl.), kontrolliert den Präs., aufschiebendes Veto bei Gesetzen	*Präsident der USA* ist gleichzeitig Regierungschef. Minister werden «Secretary» tituliert
			Kongress		
Schweiz	Bundesverfassung v. 29. 5. 1874	*Bundesrat* auf 4 Jahre gewählt (ein jährl. gewählt. Mitgl. hat als *Bundespräsident* repräsentative Funktionen)	*Nationalrat* (200 auf 4 Jahre gewählte Mitgl.)	*Ständerat* (46 Mitgl.)	*Bundesrat* = Kollegium von 7 Bundesräten (für 4 Jahre von Bundesversammlung gewählt)
			Beide Häuser bei der Gesetzgebung gleichberechtigt *Bundesversammlung*		
Russische Föderation	Verfassung der Russischen Föderation v. 24. 12. 1993	*Präsident* Wahlzeit 4 Jahre. Leitet Außenpolitik, oberster Befehlshaber d. Streitkräfte, unterzeichnet u. veröffentlicht Gesetze, kann Volksentscheide ansetzen u. Verordnungen ohne Parlament erlassen	*Staatsduma* 450 auf 4 Jahre gewählte Abg.	*Föderationsrat* 178 Mitglieder: je 2 Vertreter aus den 89 sog. Subjekten der Föderation	*Ministerpräsident* schlägt Minister vor
			Föderalversammlung		

ßerdem wird die Höhe der Rentenzahlung der allgemeinen Entwicklung der Einkommen der arbeitenden Bevölkerung angeglichen.
Seit 1989 wird den zukünftigen, also noch arbeitenden Rentenempfängern empfohlen, sich zusätzlich zu der gesetzlichen Rente um eine private, das heißt persönliche Sicherung ihrer Versorgung im Alter zu kümmern. Die Höhe der zukünftigen Rentenzahlungen aus der Sozialversicherung wird unter anderem aufgrund der *wirtschaftlich*en Entwicklung nicht – wie früher – ausreichen, um alle bis dahin gewohnten Lebensbedürfnisse befriedigen zu können.
Siehe *Sozialversicherung*, auch *Lebensstandard*.

Rentenversicherung, siehe *Sozialversicherung*.

Reparationen, in der Regel muss nach einem Krieg der Besiegte dem Sieger Schadenersatz für die erlittenen Schäden und Verluste leisten. Diese Schadenersatzleistungen werden Reparationen genannt.
Reparationen sind unter anderem: Der Besiegte zahlt Geld an den Sieger; der Besiegte liefert unentgeltlich Waren an den Sieger; der Sieger baut Fabriken in dem besiegten Land ab, um sie bei sich aufzubauen. Einen solchen Abbau nennt man Demontage.

Report heißt Bericht.
Ein Reporter ist ein Berichterstatter für Zeitungen, Fernseh- und Rundfunkanstalten.
Eine Reportage ist eine Berichterstattung.

Repräsentant, der Bürgermeister einer Stadt lädt von jeder Schule Lehrer ein. Die Sonderschule schickt Herrn Müller: Er ist der Repräsentant, das heißt ‹der beauftragte Vertreter›, der Sonderschule. Repräsentieren heißt vertreten, im Besonderen ‹würdig vertreten›.
Ein *Abgeordnete*r im *Parlament* ist ein Repräsentant des *Volk*es. Der höchste Repräsentant der *Bundesrepublik Deutschland* ist der *Bundespräsident*.

repräsentative Demokratie, *Demokratie* heißt ‹Herrschaft des *Volk*es›. In einem großen *Staat* kann das Volk nicht direkt, das heißt unmittelbar, herrschen. Das Volk wählt deshalb Vertreter, man sagt auch *Repräsentanten*, in ein *Parlament*. Die Volksvertreter beschließen stellvertretend für das Volk die *Gesetz*e und kontrollieren, das heißt beaufsichtigen, die *Regierung*. Die Regierung ist die Leitung eines Staates.
Von einer repräsentativen Demokratie spricht man, wenn die Volksvertreter frei sind, nach eigenem Urteil *politisch* zu entscheiden. Ihre Wähler haben keine Möglichkeit, sie abzuberufen oder ihnen Weisungen zu erteilen. Die *Abgeordnete*n können sogar die *Partei* verlassen, als deren Mitglieder sie sich um einen Sitz im Parlament beworben haben, und doch behalten sie den Sitz bis zu der nächsten *Wahl*.
Der Sinn dieser Regelung ist, den einzelnen Abgeordneten im Parlament möglichst unabhängig zu machen. Nur dann, so glauben die Anhänger der repräsentativen Demokratie, sind die Mitglieder eines Parlamentes frei und stark genug, um die Regierung zu kontrollieren.

Anhänger der direkten Demokratie fürchten, dass in der repräsentativen Demokratie zu viel von dem Grundgedanken verloren geht, dass das ganze Volk herrschen soll. Sie wollen möglichst viel von der direkten Demokratie erhalten, wie sie früher in kleinen selbständigen Landgemeinden möglich war: Alle Bürger stimmten über alle Fragen des gemeinsamen Lebens zu jeder Zeit frei ab.
Sind in der *Verfassung* eines Staates Abstimmungen des ganzen Volkes über bestimmte Gesetze vorgesehen, bleiben Merkmale der direkten Demokratie gewahrt. Siehe dazu *Referendum.* Das gilt auch, wenn der *Präsident* eines Staates vom ganzen Volk direkt gewählt wird.
Siehe auch *parlamentarische Demokratie.*

Repressalie heißt Druckmittel, Vergeltungsmaßnahme. Repressalien sind meist Zwangsmaßnahmen eines *Staates* gegen einen anderen. Eine Repressalie im Frieden ist zum Beispiel, wenn ein Staat seine Handelsbeziehungen zu einem anderen Staat abbricht, weil dieser einen bestimmten Punkt eines Vertrages nicht gehalten hat.
Repressalien im Krieg sind zum Beispiel, wenn ein Staat in dem von ihm besetzten Gebiet den Besitz der Bevölkerung enteignet oder ihre Vermögen beschlagnahmt.

Republik ist eine Bezeichnung für alle *Staat*en, die nicht von einem Kaiser oder König regiert werden, die also keine *Monarchie*n sind.
Aus dem Wort Republik ist nicht zu ersehen, wie der jeweilige Staat regiert wird. Es gibt Republiken mit sehr unterschiedlichen *Regierungssystem*en: die *Bundesrepublik Deutschland* zum Beispiel und die Volksrepublik China.

Resolution, eine Resolution ist eine Entschließung, ein Beschluss.
In einem Wohnblock haben zum Beispiel die Eltern kleiner Kinder in einer Versammlung beschlossen, die Rasenfläche vor dem Haus gemeinsam und abwechselnd zu pflegen. Dafür soll die Wohnungsbaugesellschaft erlauben, dass die kleinen Kinder den Rasen als Spielfläche benutzen. Ihren Beschluss, den sie nach gemeinsamer Beratung gefasst haben, legen die Eltern schriftlich nieder und leiten ihn an die Wohnungsbaugesellschaft weiter.
Resolutionen werden immer auf Grund von Beratungen und mit der Absicht gefasst, Einfluss zu nehmen und Veränderungen zu veranlassen.

Resozialisierung, die Einordnung jedes einzelnen Menschen in eine Gemeinschaft bezeichnet man als Sozialisation. Die Gemeinschaft kann die Familie sein, die Schule, die Arbeitsstelle, die *Gesellschaft* im *Staat.*
Verstößt ein Mensch gegen die *Gesetze,* die sich eine Gesellschaft gegeben hat, kann er bestraft werden: Ein Dieb zum Beispiel kommt ins Gefängnis.
Resozialisierung ist das schrittweise Wiedereingliedern von entlassenen Strafgefangenen in die Gesellschaft.
Alle Maßnahmen der Resozialisierung sollen den entlassenen Gefangenen ermöglichen, sich wieder in das Leben in Freiheit einzuordnen, Arbeit und Wohnung zu finden und zu leben, ohne erneut Straftaten zu begehen. Bei

der Resozialisierung sind Ärzte, Lehrer, Psychologen und Sozialarbeiter tätig. Helfen können außerdem alle Menschen, die sich darum bemühen.

Ressort, ein Ressort ist ein Arbeitsbereich oder Aufgabengebiet. Die Innen*politik* zum Beispiel ist das Ressort des Innen*ministers*.
Auch die verschiedenen Arbeitsbereiche einer Zeitung heißen Ressorts: Es gibt unter anderen die für Sport und *Politik*.

Restauration heißt Wiederherstellung.
In *politisch*em Zusammenhang ist die Wiederherstellung früherer Verhältnisse in der *Gesellschaft* oder in einem *Staat* gemeint: die Wiederherstellung von Zuständen, wie sie zum Beispiel vor einem Umsturz geherrscht haben.

Restriktion heißt Einschränkung. Restriktiv heißt einschränkend.

Reuter, Reuters Telegraphenbüro ist die älteste Nachrichtenagentur der Welt.
Eine Nachrichtenagentur vermittelt Nachrichten aus aller Welt an Zeitungen, Rundfunk- und Fernsehsender. Reuter wurde 1849 in Aachen gegründet. Seit 1871 ist das Hauptbüro in London.

Revanchismus, Revanche heißt Rache, Vergeltung.
Revanchismus bedeutet so viel wie ‹der Gedanke an Vergeltung›. Mit dem Begriff wird eine *politisch*e Einstellung bezeichnet, die zum Beispiel nach einem verlorenen Krieg die Rückeroberung der im Krieg verloren gegangenen Gebiete anstrebt.

Revolution ist ein plötzlicher, meist gewaltsamer Umsturz bestehender Verhältnisse.
Bezogen auf das Zusammenleben der Menschen in einem *Staat* bedeutet Revolution, dass die Ordnung in einem Staat und der Aufbau seiner *Gesellschaft* grundlegend verändert werden.
Zu den entscheidenden Revolutionen in der neueren Zeit gehören die Französische Revolution 1789 und die Oktoberrevolution 1917 in Russland.
Ein Beispiel für eine Revolution, die nicht gewaltsam verlief, ist der in der ehemaligen *DDR* 1989 herbeigeführte Umbruch, der zur Vereinigung der DDR und der *Bundesrepublik Deutschland* führte.
Eine Konterrevolution, das heißt eine Gegenrevolution, versucht, den Zustand in einem Staat wiederherzustellen, wie er vor einer Revolution geherrscht hat.
Im übertragenen Sinn bezeichnet Revolution eine grundlegende Veränderung in bestimmten Teilbereichen einer Gesellschaft, zum Beispiel in der *Wirtschaft*, ohne dass der gesamte Aufbau des Staates verändert wird. Den Übergang von Handwerksbetrieben zur Herstellung mit Maschinen in Großbetrieben am Anfang des 19. Jahrhunderts bezeichnet man zum Beispiel als industrielle Revolution.
Siehe auch *Evolution, Restauration*.

Rezession heißt ‹das Zurückgehen›.
In der *Wirtschaft* gibt es den Begriff *Konjunktur*. Er bezeichnet das Auf und Ab einer wirtschaftlichen Entwick-

lung. Die Rezession ist die Abwärtsbewegung. In einer Zeit der Rezession werden unter anderem weniger Waren hergestellt, und es gibt mehr Arbeitslose. Siehe *Konjunktur.*

RGW ist die Abkürzung für ‹*R*at für *g*egenseitige *W*irtschaftshilfe›; das Bündnis wurde auch COMECON genannt, das ist die Abkürzung für *Co*uncil for *M*utual *Econ*omic Assistance›. RGW war die 1949 gegründete *Wirtschafts*gemeinschaft der *Staat*en des ehemaligen *Ostblock*s. Als Folge der wirtschaftlichen und *politisch*en Veränderungen in den Staaten Osteuropas wurde der RGW im Juni 1991 aufgelöst.
Mitglieder des RGW waren 1989: Bulgarien, Tschechoslowakei, *DDR*, Kuba, Mongolische Volksrepublik, Polen, Rumänien, Sowjetunion, Ungarn, Vietnam.
1962 war Albanien aus dem Rat ausgetreten, seit 1964 war Jugoslawien dem Bündnis assoziiert, das bedeutet lose angeschlossen. Abkommen zur Zusammenarbeit gab es mit Finnland, Irak, Mexiko und Nicaragua. Afghanistan, Äthiopien, Angola, Jemen, Laos, Mosambik und Nicaragua konnten an bestimmten Sitzungen teilnehmen, ohne Mitglied zu sein, sie hatten einen so genannten Beobachter*status*.
Die Mitglieder des Bündnisses stimmten ihre Wirtschaftspläne aufeinander ab. Sie tauschten wissenschaftliche und technische Erfahrungen aus und schafften gemeinsame Einrichtungen, wie Ölleitungen und Transportwege.
Siehe *Ostblock und Westmächte.*

Richtlinienkompetenz siehe *Kompetenz.*

S

Sabotage ist jede mutwillige Zerstörung oder Behinderung lebenswichtiger und für den Erhalt des *Staat*es notwendiger Einrichtungen. Elektrizitätswerke, Eisenbahnen und Telefonleitungen zum Beispiel sind solche Einrichtungen.
Sabotage wird im Krieg wie im Frieden von allen Staaten bestraft.

SALT ist die Abkürzung für ‹*S*tragetic *A*rms *L*imitation *T*alks›, siehe *START.*

Sanierung, das lateinische Wort sanare heißt heilen. Das Wort Sanierung bedeutet ‹Maßnahmen zur Gesundung›.
Mit Sanierung wird die Verbesserung von Altbauten oder von Stadtteilen mit überwiegend alten, abbruchreifen Gebäuden bezeichnet.
Sanierung bezeichnet auch die Maßnahmen, mit deren Hilfe ein Unternehmen, das Verluste oder Schulden hat, wieder zum Erfolg geführt werden soll.

Sanktionen, Sanktion heißt Zustimmung, Billigung. Sanktionieren heißt bestätigen, anerkennen, ‹Gesetzeskraft geben›.
Die Mehrzahlbildung Sanktionen bedeutet Zwangsmaßnahmen.
Sanktionen können von überstaatlichen *Institution*en wie den *Vereint*en *Nationen* verhängt werden gegen einen *Staat*, der *internationale* Verträge oder Verpflichtungen nicht einhält. Auch von einzelnen Staaten können Sanktionen eingesetzt werden, um innen- oder außen*politisch*e Ziele durchzusetzen. *Streik*s oder *Blockad*en und der Abbruch

von Handelsbeziehungen sind solche Zwangsmaßnahmen. Eine Blockade ist die Sperrung von Zufahrtswegen.
Siehe auch *Völkerrecht*.

Satellitenstaat, ein *Staat*, der in seinen Entscheidungen von einem mächtigeren Staat abhängig ist, kann als Satellitenstaat bezeichnet werden.

Satzung, ein Verein zum Beispiel kann sich eine Satzung geben: Regeln, nach denen sich die Mitglieder des Vereins richten müssen. Eine Satzung ist ‹schriftlich niedergelegtes *Recht*›; in der Regel muss sie bei einem *Gericht* abgegeben, man sagt auch hinterlegt werden.
Auch Universitäten zum Beispiel und *Genossenschaft*en haben Satzungen.

Schengener Abkommen, das Abkommen wurde 1990 von Belgien, Frankreich, Luxemburg, Niederlande, Portugal, Spanien und der *Bundesrepublik Deutschland* geschlossen. Es wurde nach dem Ort des Vertragsabschlusses, Schengen in Luxemburg, benannt. Das Abkommen trat 1995 in Kraft.
In dem Abkommen einigten sich die vertragschließenden *Staat*en darauf, die Waren- und Personenkontrollen an ihren gemeinsamen Grenzen abzuschaffen. Für Reisende bedeutet das, Ausweis- und Passkontrollen finden nicht mehr statt.
Gemeinsame Maßnahmen und Einrichtungen sollen das notwendige Maß an Sicherheit gewährleisten. So wurden die Kontrollen an den Grenzen zu den Staaten, die nicht am Abkommen beteiligt sind, verschärft; ein *Zentral*computer für länderübergreifende Fahndungen in Straßburg in Frankreich verstärkt die polizeiliche Zusammenarbeit der Staaten; Asylanträge werden vom jeweiligen Einreiseland beurteilt und von den anderen Staaten anerkannt. Asyl heißt Obdach oder Zufluchtsstätte.
Außer den Gründerstaaten haben 1996 Dänemark, Finnland, Schweden und 1997 Griechenland, Italien und Österreich das Abkommen unterzeichnet. Mit Norwegen und Island wurde verstärkte Zusammenarbeit vereinbart.

Schlichtung, in *Tarif*verträgen legen Arbeitgeber und Arbeitnehmer Löhne und Arbeitsbedingungen fest. In den vorhergehenden Tarifverhandlungen kann es zu langwierigen und schwierigen Auseinandersetzungen kommen.
Die Schlichtung ist der Versuch, solche Auseinandersetzungen beizulegen: Um ihren Streit zu schlichten, bilden Arbeitgeber und Arbeitnehmer freiwillig einen Schlichtungsausschuss. Er besteht aus einem unparteiischen Vorsitzenden und der gleichen Anzahl von Arbeitnehmern und Arbeitgebern.
In der Regel ist der Schiedsspruch, also die Entscheidung des Schlichtungsausschusses, nur eine Empfehlung. Niemand kann die Arbeitgeber und Arbeitnehmer zwingen, den Schiedsspruch anzunehmen.

Schneller Brüter, siehe *Kernenergie*.

Schwellenländer sind Länder, die in ihrer *wirtschaftlich*en Entwicklung auf der Schwelle zum *Industrie*land stehen. In der Regel sind das *Entwicklungsländer*, das sind unterentwickelte Länder in Afrika, Asien und Südamerika.

Siehe dazu *Entwicklungshilfe, Entwicklungsländer.*

SDI ist die Abkürzung für ‹*S*trategic *D*efense *I*nitiative›, das heißt ‹Strategische Verteidigungsinitiative›. Strategisch bedeutet ‹Planung und Führung nach großen Gesichtspunkten›, Initiative heißt ‹erster Schritt›.
SDI ist ein amerikanisches Forschungs*programm*, das 1984 mit dem Ziel begonnen wurde, ein Abwehrsystem gegen feindliche Raketen und Flugkörper mit Atomsprengköpfen zu entwickeln. Damit sollen vor allem Interkontinentalraketen abgewehrt werden, die eine Reichweite von mindestens 5500 km haben. Sie können also von einem Erdteil zum anderen geschossen werden. Das Abwehrsystem soll aus Anlagen bestehen, die sowohl auf dem Erdboden als auch im Weltraum zum Einsatz kommen. Der Weltraum ist der Raum außerhalb der Lufthülle der Erde. Erste Forschungsversuche fanden 1987/88 statt.
SDI ist in den USA umstritten. Die *Abgeordnete*n im amerikanischen *Kongress*, das heißt die *Volks*vertreter, kürzten die von der amerikanischen *Regierung* für SDI beantragten Geldmittel beträchtlich. Nach Aussagen mehrerer Fachleute soll das Programm nicht nur unbezahlbar, sondern auch technisch nicht durchführbar sein.
Befürworter des Programms erhoffen für die USA einen lückenlosen Schutz vor Atomwaffenangriffen. Gegner von SDI betonen, dass der Besitz eines so umfassenden Abwehrsystems gegen weitreichende Atomwaffen die Grundlage der gegenseitigen Abschreckung als Mittel gegen einen Atomkrieg untergraben würde. Der *Staat* nämlich, der diese Abwehrmöglichkeit hat, besäße erhebliche Vorteile: Er könnte seine eigenen Atomwaffen einsetzen, ohne einen vergleichbaren Gegenschlag fürchten zu müssen.
Siehe *nukleare Waffen, START, OSZE.*

SED ist die Abkürzung für ‹*S*ozialistische *E*inheitspartei *D*eutschlands›, sie war die herrschende *Partei* in der ehemaligen *DDR*.
Nach dem Zweiten *Weltkrieg*, 1939 bis 1945, war *Deutschland* von den Siegermächten Großbritannien, Frankreich, USA und Sowjetunion in vier Besatzungszonen eingeteilt worden. *Berlin* wurde als besonderes Gebiet in vier Sektoren unterteilt. In der sowjetisch besetzten Zone schlossen sich 1946 die ‹*K*ommunistische *P*artei *D*eutschlands›, KPD, und die ‹*S*ozialdemokratische *P*artei *D*eutschlands›, SPD, zusammen. Dies geschah auf Veranlassung der KPD und unter dem Druck der *Sowjet*union. Der Zusammenschluss sollte den Wettbewerb der beiden Parteien um die Wählerstimmen verhindern, der zugunsten der SPD ausgegangen wäre.
In der 1949 gegründeten DDR gab es außer der SED vier andere Parteien: die *C*hristlich *D*emokratische *U*nion *D*eutschlands, CDU, die *L*iberal-*D*emokratische *P*artei *D*eutschlands, *LDPD*, die *N*ational-*D*emokratische *Partei* *D*eutschlands, NDPD, und die *D*emokratische *B*auernpartei *D*eutschlands, DBD. Sie schlossen sich mit der SED in der *Nationale*n *Front* zusammen, sie wurden auch als Blockparteien bezeichnet.
Das Fernziel der SED war die kommu-

nistische *Gesellschaft*: eine klassenlose Gesellschaft, in der kein Mensch andere Menschen ausbeutet oder unterdrückt. Die SED forderte, dass alle Mitglieder der Partei gemeinsam an diesem Ziel arbeiten sollten: Jedes Mitglied war verpflichtet, andere Menschen davon zu überzeugen, dass das Ziel und die dafür eingesetzten Maßnahmen der Partei*politik* richtig seien; jedes Mitglied musste sich den Beschlüssen der Partei unterordnen und sie durchführen; gefordert waren Kritik und öffentliche Selbstkritik. Die SED erlaubte nicht, dass sich innerhalb der Partei Gruppen bildeten, die eigene Ansichten vertraten.

Der Parteitag, der bis 1989 in der Regel alle vier bis fünf Jahre zusammentrat und aus gewählten Mitgliedern aus der gesamten DDR bestand, wählte das ZK, das heißt das Zentral*k*omitee. Das ZK bestand aus 216 Mitgliedern einschließlich der *Kandidat*en.

Die Kandidaten waren bei Abstimmungen nicht stimmberechtigt. Das ZK hatte unter anderen die Aufgabe, die wichtigsten Führungsgruppen der SED zu wählen: das *Politbüro* und das ‹Sekretariat des Zentralkomitees›.

Das Politbüro traf alle wichtigen Entscheidungen für die Partei und für den *Staat*. Es bestand aus 22 Vollmitgliedern und fünf Kandidaten. Der Leiter des Politbüros war gleichzeitig Erster Sekretär des Zentralkomitees. Das Sekretariat des Zentralkomitees führte die Beschlüsse des Politbüros aus, von denen es viele selbst vorbereitet hatte. Das Sekretariat hatte etwa 2000 Mitarbeiter, geleitet wurde es von elf Sekretären, die gleichzeitig Mitglieder oder Kandidaten des Politbüros sein konnten.

In enger Anlehnung an die *K*ommunistische *P*artei *d*er *S*owjet*u*nion, die KPdSU, war die SED nach dem Grundsatz des ‹demokratischen Zentralismus› aufgebaut, das bedeutet unter anderem: Alle wichtigen Beschlüsse wurden von der Parteispitze getroffen, die Mitarbeit der Parteimitglieder in den unteren Gruppen war gefordert. Außerdem waren die wichtigsten Ämter des Staates und der Massen*organisation*en, wie zum Beispiel des ‹*F*reien *D*eutschen *G*ewerkschafts*b*undes›, FDGB, mit führenden Mitgliedern der SED besetzt. Mehr als die Hälfte der Mitglieder des *Ministerrat*es, der *Regierung* der DDR, waren gleichzeitig Mitglieder des ZK.

Die gleichzeitige Besetzung von hohen Partei- und Staatsämtern mit denselben Personen verstärkte die Machtstellung der SED im Staat. Die führende Rolle der SED in der DDR war seit 1968 in der *Verfassung* festgeschrieben. Eine Verfassung bestimmt das Zusammenleben der Menschen in einem Staat.

Der zunehmende Widerstand der Bevölkerung der DDR gegen Maßnahmen der Partei und der Regierung fand 1989 in Massen*demonstration*en auch öffentlich Ausdruck. Gefordert wurden vor allem freie *Wahl*en und Reisefreiheit. Unter dem Druck der Bevölkerung gingen die SED und die Regierung auf die Veränderungsansprüche ein: Im Dezember 1989 wurde der Führungsanspruch der SED aus der Verfassung gestrichen, und ZK und Politbüro sollten durch ein *Präsidium* und einen Vorstand ersetzt werden. Die Partei gab sich den Namen ‹SED-*P*artei des *de*mokratischen *S*ozialismus›, SED-PDS. Die Blockparteien lösten die Nationale Front auf.

Die von Teilen der Bevölkerung und auch von Gruppen in der Partei geforderte Selbstauflösung der SED wurde Anfang 1990 von der *Mehrheit* des Parteivorstandes abgelehnt. Die Partei nennt sich jetzt PDS.
Siehe *DDR*, *Parteien im Bundestag*, auch *Kommunismus*, *Volksfront*.

Selbstbestimmungsrecht ist das Recht jedes Menschen, frei und eigenverantwortlich für sich selbst Entscheidungen zu treffen. In der Gemeinschaft wird dieses *Recht* durch *Gesetze* eingeschränkt und durch die Rücksicht auf den anderen Menschen, der das gleiche Recht hat.
Das Selbstbestimmungsrecht der Völker ist ein Grundsatz, nach dem jedes *Volk* das Recht hat, selbst zu bestimmen, wie sein *Staat* und seine *Gesellschaft* aufgebaut sein sollen. Dieses Recht der Völker wird häufig verletzt.
Siehe *Option*, auch *Völkerrecht*.

Senat heißt so viel wie ‹Rat der Alten›. Zur Zeit des Römischen Reiches waren Adlige Mitglieder des Senats in Rom, der großen Einfluss auf die Leitung des ganzen Reiches hatte.
Heute heißen bestimmte führende Gruppen Senat:
1. Die *Regierung*en der Stadtstaaten *Berlin*, Hamburg und Bremen, ihre Mitglieder heißen Senatoren.
2. Gruppen von Richtern bei den oberen *Gericht*en, zum Beispiel beim *Bundesverfassungsgericht*.
3. Die Leitung einer Universität, sie heißt Akademischer Senat.
4. In den USA ein Teil der *Volks*vertretung, die aus Senat und Repräsentantenhaus besteht.

Separatismus, separat heißt getrennt, losgelöst. Separieren heißt trennen, loslösen.
Das Wort Separatismus bezeichnet die Absicht, einen Teil eines *Staatsgebiet*es von einem *Staat* zu lösen. Meist handelt es sich um Grenzgebiete: Die Einwohner wollen entweder einen eigenen Staat gründen, oder sie wollen ihr Gebiet dem Nachbarstaat anschließen. Menschen, die das wollen, nennt man Separatisten.

Sicherheitsrat, auch Weltsicherheitsrat genannt. Siehe *Vereinte Nationen*.

Signatarstaat, Signatur heißt Bezeichnung, Unterschrift. Der Signatar ist der Unterzeichner.
Signatarstaaten haben einen Vertrag miteinander geschlossen und signiert. Signieren heißt unterschreiben, ‹mit dem Namenszeichen versehen›.

Söldner, die meisten Soldaten werden nur für ihr eigenes Land Soldat: Für ihren *Staat* und seine Aufgaben sind sie bereit zu kämpfen.
Söldner dagegen sind Soldaten, die des Geldes wegen kämpfen: Sie leisten Kriegsdienst für den Sold, das ist der Lohn.

Solidarität, solidarisch heißt gemeinsam, ‹füreinander einstehend›, eng verbunden. Solidarität heißt Übereinstimmung.
Die Belegschaft einer Autofabrik zum Beispiel streikt, das heißt, sie hört auf zu arbeiten, weil ihre Forderung nach höheren Stundenlöhnen nicht erfüllt wird. Die Belegschaft der benachbar-

ten Autoreifenfabrik erklärt sich in einem einstündigen Warn*streik* solidarisch: Sie bekundet damit, dass sie bereit ist, auch zu streiken, wenn die Forderungen der Arbeiter in der Autofabrik nicht erfüllt werden. Sich solidarisieren heißt ‹sich mit anderen Menschen oder Gruppen verbunden fühlen und zu gemeinsamem Handeln bereit erklären›.

Solidaritätszuschlag, solidarisch heißt füreinander einstehen, Solidarität heißt Zusammengehörigkeitsgefühl, Übereinstimmung. Sich solidarisieren heißt ‹sich einander verbunden fühlen› und ‹sich zu gemeinsamem Handeln bereit erklären›.
Nach der Vereinigung der *Bundesrepublik Deutschland* mit der *DDR* im Oktober 1990 beschloss der deutsche *Bundestag*, die *Volks*vertretung der Bundesrepublik, 1991 den Solidaritätszuschlag: Alle Steuerzahler, das heißt alle Bürger, die Einkommensteuer, und alle Unternehmen, die Körperschaftsteuer bezahlen, müssen eine zusätzliche Abgabe von 7,5 Prozent auf diese *Steuern* leisten. Die zusätzliche Abgabe ist bestimmt für den Aufbau und die Unterstützung des *wirtschaftlich*en Aufschwungs in den neuen *Bundesländer*n Brandenburg, Mecklenburg-Vorpommern, Sachsen, Sachsen-Anhalt und Thüringen. Siehe dazu *DDR*.
Der Solidaritätszuschlag wurde erstmals ab Mitte 1991 für ein Jahr geleistet; er muss ab 1995 auf eine noch nicht begrenzte Zeit gezahlt werden. 1998 wurde die Höhe des Solidaritätszuschlages für einen nicht benannten Zeitraum auf 5,5 Prozent festgesetzt.
Steuern sind Geldbeträge, die an den *Staat* gezahlt werden, sie sind die Haupteinnahmequelle des Staates.

Souveränität heißt Unabhängigkeit. Bezogen auf einen *Staat* bedeutet Souveränität ‹die höchste Herrschaftsgewalt eines Staates›, auch *Staatsgewalt* oder Hoheitsgewalt.
Die Souveränität eines Staates nach innen bedeutet: Der Staat hat die Befugnis, sein *Recht* selbst zu ordnen, seine *Regierung*sform zu bestimmen und die Einmischung anderer Staaten abzulehnen.
Die Souveränität eines Staates nach außen bedeutet: Ein Staat ist unabhängig von fremder Gewalt.
Sowohl die innere als auch die äußere Souveränität eines Staates kann eingeschränkt werden: Unter dem Druck mächtigerer Staaten oder freiwillig durch Verzicht auf Unabhängigkeit, zum Beispiel durch den Anschluss an eine größere Gemeinschaft, wie die *Europäische Union, EU.*
Auch der *Atomwaffensperrvertrag* bedeutet eine freiwillige Einschränkung der Souveränität: Die Staaten, die keine Atomwaffen besitzen, verpflichten sich, die für die Herstellung von Atomkraft nötigen Rohstoffe nur zu friedlichen Zwecken zu nutzen. Sie haben eine gegenseitige Überwachung dieser Abmachung vorgesehen.
Siehe auch *Breschnew-Doktrin.*

Sowjet ist russisch und heißt Rat.
In der russischen *Revolution* von 1917 bildeten sich Arbeiter-, Bauern- und Soldatenräte. Sie wurden in den Städten und Dörfern von den Arbeitern, Bauern und Soldaten gewählt und übernahmen als deren Vertreter die

Leitung des *Staates*. Die Räte wurden die Grundlage für den Aufbau des neuen Staates Sowjetunion, in voller deutscher Übersetzung ‹Vereinigung der sozialistischen Räterepubliken›.
Die *Wahl*en zu den Sowjets wurden bestimmt von der *K*ommunistischen *P*artei *d*er *S*owjet*u*nion, KPdSU, der einzigen *Partei* der Sowjetunion.
Siehe *Volksdemokratie*, *GUS*, *Ostblock und Westmächte*.

sozial, sozialistisch, sind zwei Wörter, die, weil sie ähnlich klingen, häufig verwechselt werden. Sie haben aber verschiedene Bedeutungen.
Wer sich sozial verhält, verhält sich gemeinschaftsfördernd, tut etwas Gutes für die Gemeinschaft.
Der soziale Aufbau eines *Staat*es ist der Aufbau seiner *Gesellschaft*.
Die Sozialfürsorge hat die Aufgabe, den *wirtschaftlich* Schwachen zu helfen und die Notleidenden zu schützen. Sozial kann also heißen: gemeinschaftsfördernd, ‹die menschliche Gesellschaft betreffend› und ‹die Versorgung der wirtschaftlich Schwachen betreffend›.
Das Wort sozialistisch dagegen kennzeichnet Bestrebungen, Gruppen, *Partei*en und Staaten, deren Ziel es ist, den Sozialismus zu verwirklichen.
Siehe dazu *Sozialismus*.

soziale Marktwirtschaft, siehe *Marktwirtschaft und Planwirtschaft*.

Sozialisierung bedeutet, dass die *Produktionsmittel*, das sind unter anderem Maschinen und Fabriken und Grund und Boden, aus dem Besitz einzelner Personen in das Eigentum der Gemeinschaft überführt werden. Diese Gemeinschaft kann der *Staat* sein, aber auch eine Stadtgemeinde oder die Gesamtheit der Arbeiter in einem Unternehmen. Sozialisierung bedeutet Vergesellschaftung.
Sozialisierung kann also auf verschiedene Weise erfolgen. Betriebe können verstaatlicht werden. Sie können sich auch als *Genossenschaft*en organisieren, das heißt aufbauen; sie sind dann gemeinsames Eigentum der Arbeiter.
In der ehemaligen *DDR* zum Beispiel gab es beide Formen der Sozialisierung: Die *wirtschaftlich* wichtigen Betriebe gehörten dem Staat, er plante ihre Arbeit, leitete sie und verteilte ihren Gewinn. Die meisten landwirtschaftlichen Betriebe und ein Teil der Handwerksbetriebe waren Genossenschaften, die Produktionsgenossenschaften hießen.
In westlichen *Industrie*staaten, zum Beispiel in Frankreich und in der *Bundesrepublik Deutschland*, sind nur einzelne Unternehmen verstaatlicht: Betriebe, die die Versorgung der Bevölkerung zur Aufgabe haben, wie zum Beispiel Elektrizitätswerke und Verkehrsbetriebe, sind teilweise im Eigentum der Gemeinden oder Länder. Der überwiegende Teil aller Unternehmen ist in privater Hand.
Siehe auch *Marktwirtschaft und Planwirtschaft*.

Sozialismus, seit Beginn der uns bekannten Geschichte hat es immer reiche und arme, bevorzugte und benachteiligte Menschen gegeben. Fast überall auf der Welt gibt es sie noch. Der Sozialismus ist eine Bestrebung, die allen Menschen die gleichen Voraussetzungen zum Leben verschaffen will: Niemand soll durch Reichtum oder Herkunft bevorzugt sein; die Güter, die die Menschen herstellen, und der Gewinn aus ihrer Arbeit sollen gleichmäßig verteilt werden; das Gemeinwohl soll das Ziel der gemeinsamen Arbeit aller Menschen sein.

Innerhalb der sozialistischen Bewegung gibt es vielfältige Ansichten, wie das Ziel erreicht werden soll. Eines aber halten alle Sozialisten für unbedingt erforderlich: Die *Produktionsmittel*, das sind vor allem Fabriken, Maschinen und Rohstoffe, dürfen nicht einzelnen Menschen gehören. Sie müssen aus dem Besitz Einzelner in das Eigentum der *Gesellschaft* überführt werden. Siehe dazu *Sozialisierung*.

Wie weit die Sozialisierung, man sagt auch Vergesellschaftung, gehen soll, ist umstritten. Am weitesten gehen die Kommunisten. Für sie ist der Sozialismus eine Vorstufe auf dem Weg zur kommunistischen Gesellschaft. In den von ihnen als *Volksdemokratie*n bezeichneten ehemaligen sozialistischen *Staat*en Osteuropas zum Beispiel haben sie die Vergesellschaftung von Maschinen, Fabriken und Grund und Boden umfassend und unter Zwang durchgesetzt.

Sozialisten in Westeuropa und in anderen Teilen der Welt gehen andere Wege und vertreten einen gemäßigteren Sozialismus: Die Sozialisierung soll zunächst nur in *wirtschaftlich* wichtigen Bereichen und schrittweise erfolgen. Die Mehrheit der Bürger – oder stellvertretend für sie die *Abgeordnete*n in den *Parlamenten* – sollen den Maßnahmen der Sozialisierung zustimmen.

Siehe *Marktwirtschaft und Planwirtschaft*, *Kommunismus*, *Kapitalismus*, *Liberalismus*, auch *Ostblock und Westmächte*.

Sozialpartner, in *Tarif*verhandlungen werden die Löhne und Arbeitsbedingungen der Arbeitnehmer ausgehandelt. Diese Verhandlungen werden von Arbeitgeberverbänden und *Gewerkschaften* geführt.

Arbeitgeberverbände vertreten die Interessen der Arbeitgeber. Gewerkschaften vertreten die Interessen der Arbeitnehmer. Arbeitgeberverbände und Gewerkschaften sind die *Sozial*partner.

Sozialstaat, ein *Staat*, der als Sozialstaat bezeichnet wird, verpflichtet sich, die *sozialen* Verhältnisse in seinem Staat zu gestalten. Dazu gehören wirtschafts*politisch*e Maßnahmen, damit die *Wirtschaft* sich ohne Störungen entwickelt und Arbeitslosigkeit verhindert wird. Siehe dazu *Konjunkturpolitik*.

Dazu gehören soziale Maßnahmen zur Unterstützung von in Not geratenen Bürgern, wie zum Beispiel Unterstützungszahlungen der Sozialämter.

Dazu gehören Einrichtungen der Vorsorge, wie zum Beispiel Versicherungsanstalten, die gegen Beitragszahlungen die Bürger im Alter, bei Krankheit oder Unfällen versorgen. Siehe dazu *Sozialversicherung* und *Renten*.

Wird die soziale Sicherheit überbetont und erhält sie Vorrang vor der persönlichen Freiheit und Verantwortung der Menschen für sich selbst, kann man von einem Wohlfahrts- oder Versorgungsstaat sprechen. Dieser Begriff hat meist eine abwertende Bedeutung.

Sozialversicherung, die Sozialversicherung ist eine gesetzliche Versicherung in der *Bundesrepublik Deutschland*.

Man rechnet dazu die Krankenversicherung, die Pflegeversicherung, die Unfallversicherung, die Arbeitslosenversicherung und die Rentenversicherung.
Alle Arbeitnehmer in der Bundesrepublik müssen Mitglieder der Sozialversicherung sein, solange ihr Einkommen eine bestimmte Höhe nicht übersteigt. Sie müssen einen festgesetzten Prozentsatz ihres Einkommens an die Sozialversicherung zahlen. Im Alter, bei Krankheit, Unfall oder Arbeitslosigkeit sind sie dadurch versorgt, sie haben Anspruch auf die Zahlung von Geldbeträgen und unter Umständen auf Sachleistungen. Zu den Sachleistungen müssen unterschiedliche Zuzahlungen von den Versicherten geleistet werden.
Die Beiträge für die Sozialversicherung werden je zur Hälfte von Arbeitnehmern und Arbeitgebern gezahlt, nur die Unfallversicherung trägt der Arbeitgeber allein. Diese Ausgaben der Arbeitnehmer und Arbeitgeber für die Sozialversicherung werden als Soziallasten bezeichnet. Zur Rentenversicherung zahlt der *Staat* Zuschüsse aus Steuermitteln.
Freiwillige Mitglieder der Renten- und Krankenversicherung können Arbeitnehmer werden, deren Einkommen über der festgesetzten Grenze für Pflichtmitglieder liegt, außerdem selbständige Geschäftsleute und Angehörige freier Berufe, zum Beispiel Ärzte und Künstler. Auch Hausfrauen können sich freiwillig versichern.
In *Deutschland* wurde die gesetzliche Sozialversicherung zwischen 1881 und 1888 eingeführt.
Siehe auch *Rente*.

SPD, siehe *Parteien im Bundestag*.

Spionage, wenn Meiers hinter Müllers herspionieren, um endlich zu erfahren, wo Müllers jeden Abend hingehen, so ist dieses Auskundschaften zwar schlechtes Benehmen, aber keine Spionage.
Mit Spionage bezeichnet man das Auskundschaften von Geheimnissen fremder *Staat*en. Im Krieg spielt die Spionage eine große Rolle, wenn es darum geht, Kenntnisse vor allem über die *militärisch*en Pläne des Gegners zu erlangen:
Wirtschafts- und Werkspionage dagegen wird zu allen Zeiten und auch im eigenen Land betrieben. Es geht darum, geheime Herstellungsverfahren, Erfindungen und Erfolg versprechende Pläne eines Betriebes zu erkunden, um sie selbst zu verwerten. Spione können also im Auftrag einer *Regierung* arbeiten oder im Auftrag großer Betriebe. Spionage wird in allen Staaten hoch bestraft.

SSD ist die Abkürzung für *S*taats*s*icherheits*d*ienst. Der Staatssicherheitsdienst, auch die Stasi, die Staatssicherheit, genannt, war der Nachrichten- oder Geheimdienst der ehemaligen *DDR*. Er unterstand einer eigenen Behörde, dem *Ministerium* für Staatssicherheit, MfS.
Die Hauptaufgaben der *Geheimdienste* aller *Staat*en sind *Spionage* im Ausland und Abwehr ausländischer Spionage im eigenen Land. Die Hauptaufgabe des SSD in der DDR war, die eigene Bevölkerung zu überwachen. Beobachtung, Bespitzelung, Verfolgung, Erpressung und Verhaftungen sollten

S

die Menschen gefügig machen, damit sie sich nicht gegen die *Regierung* und nicht gegen die Maßnahmen der *SED*, der herrschenden *Partei* in der DDR, auflehnten.

Beinahe überall arbeiteten Spitzel, in Betrieben, Schulen, Universitäten, in den Nachbarschaften. Sie erforschten die persönlichsten Angelegenheiten unzähliger Menschen. Furchtbare Folge war Angst und Misstrauen der Menschen untereinander.

Die Auflösung des SSD, die im Verlauf der *politisch*en Veränderungen in der DDR 1989 von der Bevölkerung nachdrücklich gefordert wurde, erfolgte gegen großen Widerstand der Stasi. Der SSD verhinderte – unter anderem durch Vernichtung von Akten – genaue Erkenntnisse über den Aufbau des SSD und die Aufklärung von Straftaten ehemaliger Mitarbeiter.

Bekannt ist, dass es in den 15 Bezirken der DDR einschließlich Ost-*Berlin* je eine Bezirks*verwaltung* gab sowie 207 Kreisdienststellen. Den Kreisdienststellen gleichgestellt waren sieben Objektdienststellen, zum Beispiel in den Leuna-Werken. Die Stasi hatte in ihrer Behörde etwa 92 000 hauptamtliche Mitarbeiter. Darüber hinaus gab es rund 170 000 aktive Spitzel, so bezeichnete inoffizielle Mitarbeiter, abgekürzt IM genannt. Inoffiziell heißt nichtamtlich. Die IM arbeiteten gegen Bezahlung und waren zum Teil durch Erpressung zur Mitarbeit gezwungen worden. Als abgelegt wurden im SSD Spitzel bezeichnet, die irgendwann einmal, kurz- oder langfristig, für den Geheimdienst gearbeitet hatten. Es sollen etwa 100 000 gewesen sein.

Zum Vergleich: Die DDR hatte 17 Millionen Einwohner, sie verfügte über eine Armee, die Nationale Volksarmee, mit 173 000 Soldaten.

Die Stasi soll 6 Millionen Handakten mit Angaben und Hinweisen über Bürger der ehemaligen DDR und auch der Bundesrepublik angelegt haben.

1991 wurden etwa 1200 Meter Material, das verhältnismäßig leicht zu sichten war, sichergestellt. In etwa 5600 Säcken fand sich zerrissenes, in rund 12 000 Säcken zerschnipseltes Material.

Im Dezember 1991, nach der Vereinigung der beiden deutschen Staaten, *Bundesrepublik Deutschland* und Deutsche Demokratische Republik, wurde durch *Gesetz* die Behörde «Der Bundesbeauftragte für die Unterlagen des Staatssicherheitsdienstes der ehemaligen Deutschen Demokratischen Republik» eingerichtet. Diese Behörde ermöglicht Bürgern, Wissenschaftlern und *Medien* auf Antrag Einsicht in die Unterlagen.

So ist jeder durch die Stasi betroffene Bürger in der Lage, seine Vergangenheit aufzuklären; so sind aufgrund prüfbarer Unterlagen wissenschaftliche Untersuchungen und Berichte in den Medien möglich. Die Sichtung der Akten wird die Behörden und die Öffentlichkeit in der Bundesrepublik noch lange Zeit beschäftigen.

Siehe auch *Diktatur*.

Staat, eine Familie ist eine Gemeinschaft. Sie soll jedem Mitglied ermöglichen, geschützt durch die Gemeinschaft zu leben und sich zu entwickeln. Dafür erwartet sie, dass der Einzelne etwas für die Gemeinschaft der Familie tut, je nach Alter und Kraft.

Auch die Mitglieder eines Staates, die Staatsbürger, sollen geschützt durch die Gemeinschaft leben. Auch sie müssen je nach ihrer Kraft etwas für die Gemeinschaft, für die *Gesellschaft* leisten. Sie haben *Rechte* und Pflichten.

Ein Staat wird von Menschen eingerichtet und hat die Aufgabe, das Zusammenleben der Menschen zu ermöglichen. Alles, was Menschen auf dieses Ziel hin tun, ist *Politik*. Der größte und wichtigste Rahmen für Politik ist der Staat. Die Politik eines Staates beschränkt sich jedoch nicht nur auf die Ordnung im Innern, die *internationale* Politik zwischen den Staaten wird immer wichtiger.

Zu einem Staat gehören ein *Staatsgebiet*, ein Staats*volk* und die Staatsgewalt.

Staatsgewalt setzt sich zusammen aus: *Gesetzgebung*, *Regierung* und *Rechtsprechung*.

Gesetzgebung bedeutet, dass *Gesetze* gegeben werden, nach denen sich das Zusammenleben der Menschen richten muss.

Regierung heißt die Leitung eines Staates. Dazu gehört die *Verwaltung*. Rechtsprechung bedeutet, dass es *Gerichte* gibt und Richter, die dafür sorgen, dass die Gesetze eingehalten werden. Die Staatsgewalt kann unterschiedlich verteilt sein. Sie kann ganz in einer Hand oder in den Händen einer kleinen Gruppe liegen, man spricht dann von einer *Diktatur*. Sie kann grundsätzlich bei allen Bürgern liegen, das ist der Grundgedanke der *Demokratie*. Die Bürger üben ihre Gewalt aus, indem sie Vertreter in ein *Parlament* wählen, das die Gesetze beschließt.

Sind in einem Staat die drei Gewalten der Staatsgewalt voneinander unabhängig, damit sie sich gegenseitig überwachen, besteht *Gewaltenteilung*.

Welche Aufgaben der Staat zu erfüllen hat, welche Ziele er anstreben soll, wie weit er regelnd in das Leben des einzelnen Menschen eingreifen darf, sind Fragen, die sowohl von Politikern wie von Staatsbürgern immer wieder erörtert werden.

Siehe *Regierungssystem*.

Staatenbund, ein Staatenbund ist ein Zusammenschluss von *Staat*en, die ihre *Souveränität*, das heißt ihre Herrschaftsgewalt, behalten.

In einem Staatenbund vereinigte Staaten wollen zum Beispiel gemeinsam Frieden, Sicherheit und Wohlstand für ihre Staaten erreichen. Die *Vereinten Nationen* zum Beispiel sind ein Staatenbund.

Der Staatenbund darf nicht mit dem *Bundesstaat* verwechselt werden.

Staatsangehörigkeit, die Staatsangehörigkeit eines Menschen ist seine Zugehörigkeit zu einem bestimmten *Staat*. Mit einer Staatsangehörigkeit sind *Rechte* und Pflichten verbunden: zum Beispiel des Recht zu wählen und die Pflicht, *Steuern* zu zahlen.

In manchen Staaten wird die Staatsangehörigkeit eines Menschen durch die Abstammung bestimmt, in anderen Staaten durch den Geburtsort: Ein Kind erhält dieselbe Staatsangehörigkeit, wie sie die Eltern haben, oder es erhält die Staatsangehörigkeit des Landes, in dem es geboren ist.

Es ist möglich, dass man zwei Staatsangehörigkeiten besitzt: sowohl die durch Abstammung als auch die durch

den Geburtsort. In der Regel entscheidet man sich später für nur eine.
Ehepartner können durch Heirat eine neue oder eine zweite Staatsangehörigkeit erhalten.

Staatsgebiet, das Staatsgebiet ist die abgegrenzte Landfläche eines bestimmten *Staat*es. Die Grenzen heißen Staatsgrenzen. Außer der Landfläche gehören der Luftraum über und der Bereich unter der Erde zu einem Staatsgebiet. Außerdem gehören Buchten und Mündungsgebiete der Flüsse sowie in der Regel 12 Meilen des Meeres vor der jeweiligen Küste eines Landes dazu. Einige Staaten erheben Anspruch auf mehr, bis zu 50 Meilen des Meeres vor ihrer Küste. Man spricht auch von dem Hoheitsgebiet und den Hoheitsgewässern.
Die Gesamtheit der Bewohner eines Staatsgebietes bildet das Staats*volk*. Siehe auch *Dreimeilenzone.*

Staatsgewalt, siehe *Staat.*

Staatsoberhaupt, das Staatsoberhaupt ist der höchste *Repräsentant*, das heißt der höchste Vertreter, seines *Staat*es. In einer *Monarchie* ist das Staatsoberhaupt ein Kaiser, König oder Fürst. In einer *Republik* wird das Staatsoberhaupt in der Regel als *Präsident* bezeichnet. In der *Bundesrepublik Deutschland* ist der *Bundespräsident* das Staatsoberhaupt.
Der Einfluss des Staatsoberhauptes auf die *Regierung*, das heißt auf die Leitung des Staates, ist in den verschiedenen Staaten unterschiedlich groß.
Siehe *Regierungssystem.* Siehe auch *parlamentarische Demokratie.*

Staatsrat der *D*eutschen *D*emokratischen *R*epublik, der ehemaligen *DDR*. In der DDR gab es bis 1960, wie in anderen *Staat*en, ein *Staatsoberhaupt*, den ‹*Präsidenten* der Republik›. 1960 wurde dieses Amt einem größeren Personenkreis übertragen, dem Staatsrat. Er bestand aus dem Staatsratsvorsitzenden, seinen Stellvertretern, dem Sekretär und anderen Mitgliedern; zusammen waren das 30 Personen.
Der Staatsrat wurde für fünf Jahre von der *Volkskammer*, der *Volk*svertretung der DDR, gewählt. Die meisten Aufgaben des Staatsrates entsprachen denen eines Staatsoberhauptes in anderen Staaten: Er verkündete die *Gesetz*e, er schloss und kündigte *international*e Verträge, er ernannte *Diplomaten* und berief sie ab.

Staatssekretär, ein Staatssekretär ist der höchste Beamte in einem *Ministerium* und Stellvertreter des *Minister*s innerhalb des Ministeriums.
Staatssekretäre sind Fachleute auf dem Gebiet, für das ihr Ministerium zuständig ist.
Daneben gibt es Parlamentarische Staatssekretäre, die zugleich *Abgeordnete*, also Angehörige des *Parlament*s sind. Sie unterstützen und vertreten die Minister vor allem gegenüber dem Parlament.

Staatsstreich, ein Staatsstreich oder eine *Revolution* können die *Regierung* eines *Staat*es gewaltsam verändern. Revolution bedeutet in der Regel, dass das *Volk* die Veränderung erzwingt. Ein Staatsstreich dagegen kann entweder von einem oder von mehreren Mitgliedern der bisherigen Regierung ausge-

führt werden, oder vom *Militär*, meist von hohen Offizieren.
Ziel eines Staatsstreiches ist, die Regierung zu stürzen oder das *Parlament*, das heißt die Volksvertretung, abzuschaffen oder die *Recht*e des Parlaments stark einzuschränken. Diejenigen, die einen Staatsstreich ausführen, wollen in der Regel selbst die Macht im Staat ausüben.

Stabilität, stabil heißt standfest oder beständig. Stabilität heißt Beständigkeit oder Dauerhaftigkeit. Stabilisieren heißt festigen, ‹etwas standfest, dauerhaft machen›.
Wenn von Stabilisierung die Rede ist, ist die Bemühung um Stabilität gemeint. Man spricht zum Beispiel von einer Stabilisierung der *Wirtschaft*. Beständige Verhältnisse in der Wirtschaft eines Staates herrschen, wenn alle Menschen Arbeit haben und genug verdienen können.
Siehe auch *Konjunktur*.

Stagnation ist der Stillstand, die Stockung. Wenn etwas stagniert, hat es aufgehört, sich zu entwickeln.
Innerhalb der *Konjunktur*, das ist das Auf und Ab einer *wirtschaftlich*en Entwicklung, ist Stagnation ein zeitlicher Abschnitt: Die Erzeugung von Gütern gerät ins Stocken. Das kann zu einem Abschwung führen.
Siehe auch *Konjunktur*.

Stalinismus, siehe *Kommunismus*

START ist die Abkürzung für ‹*S*trategic *A*rms *R*eduction *T*alks›, das heißt ‹Verhandlungen über die Verringerung strategischer Waffen›.
Strategische Waffen sind weitreichende, mit Atomsprengköpfen ausgerüstete Raketen, die eine Reichweite von mehr als 5500 km haben. Sie können von einem Erdteil zum anderen geschossen werden.
Die START-Verhandlungen begannen 1982. Sie wurden zunächst zwischen den USA und der Sowjetunion geführt und seit Ende 1991 zwischen den USA und Russland – in der Nachfolge der Sowjetunion.
Hervorgegangen sind die START-Verhandlungen aus den SALT-Gesprächen. SALT ist die Abkürzung für ‹*S*trategic *A*rms *L*imitation *T*alks›. In den SALT-Verhandlungen ging es um die Begrenzung der Anzahl bestimmter strategischer Waffen, die beide Seiten besitzen durften. Die 1972 und 1979 erzielten Ergebnisse – SALT I und SALT II – blieben in Bezug auf Inhalt und Verwirklichung unbefriedigend. Nachdem 1981 ein geplantes Abkommen nicht zustande kam, endeten weitere Verhandlungen 1986 ergebnislos.
Die START-Verhandlungen gehen in ihrer Zielsetzung über die SALT-Bemühungen hinaus: Es geht nicht nur um die Begrenzung (Limitation), sondern vielmehr um die Vernichtung (Reduction) von strategischen Waffen. Seit 1985 geht es außerdem in den START-Gesprächen zwischen den beiden *Staat*en nicht nur um die Verringerung der weitreichenden *nukleare*n *Waffen*, sondern auch um die Verringerung und Vernichtung von Mittelstrecken- und Weltraumwaffen.
1987 wurde ein Abschluss im Bereich der Mittelstreckenwaffen erreicht, das so genannte INF-Abkommen. INF ist die Abkürzung für ‹*I*ntermediate-

Range *N*uclear *F*orces›, das heißt ‹Nukleare Mittelstreckenwaffen›. Der Vertrag verbietet die Herstellung neuer atomarer Mittelstreckenraketen. Der Vertrag besagt darüber hinaus, dass die USA und die Sowjetunion ihre bereits vorhandenen nuklearen Mittelstreckenwaffen innerhalb von drei Jahren vernichten. Durch gegenseitige Überprüfung soll das Abkommen 13 Jahre lang gewährleistet sein.

INF war die erste *Abrüstung*svereinbarung zwischen den USA und der Sowjetunion. Dieses Abkommen ist für Europa von großer Bedeutung: Die Reichweite der Mittelstreckenraketen von 500 km bis 5500 km machte diese Waffe für Europa besonders gefährlich.

Im Juli 1991 wurde ein erster START-Vertrag zwischen den USA und der Sowjetunion unterzeichnet. Der 1993 zwischen den USA und Russland unterzeichnete START-II-Vertrag geht über dessen Abmachungen weit hinaus: Fast drei Viertel der strategischen Atomwaffen sollen bis zum Jahre 2007 vernichtet werden.

Im Jahr 2000 hat Russland den START-II-Vertrag ratifiziert, das heißt bestätigt.

Siehe auch *Ostblock und Westmächte*, *OSZE*, *Nuklearwaffen*, *Ratifizierung*.

Stasi ist die Abkürzung für *Sta*atssicherheitsdienst, siehe *SSD*.

Statistik ist das Sammeln und Zählen von Tatsachen, die sich wiederholen oder in großem Umfang auftreten, und die übersichtliche Darstellung der Ergebnisse. Eine Statistik ist zum Beispiel eine Übersicht darüber, wie viele Schüler bei der letzten Klassenarbeit die Note 1, 2, 3, 4 oder 5 geschrieben haben: Die Schüler können sehen, wie viele Mitschüler besser oder schlechter als sie selbst gewesen sind, und der Lehrer merkt, ob die Kinder im Unterricht alles verstanden haben. Statistiken gibt es auch im Großen: Man zählt die Bevölkerung, die Geburten, die Wohnungen, die Verkehrsunfälle, die Diebstähle, die Obstbäume und vieles andere.

In der *Bundesrepublik Deutschland* werden die durch *Gesetze* veranlassten statistischen Erhebungen von den Statistischen Landesämtern und dem Statistischen Bundesamt durchgeführt. Diese Ämter veröffentlichen die zusammengefassten Ergebnisse in Jahrbüchern und Monatsheften.

Aus Statistiken kann man nützliche Erkenntnisse ziehen: zum Beispiel für den Wohnungsbau, für die Neuplanung von Schulen, für die Verkehrsplanung.

Siehe auch *Demoskopie*.

Status heißt Stand, Zustand.

Spricht man von dem Blutstatus eines Menschen, meint man den Zustand seines Blutes. Aus ihm kann man Rückschlüsse auf die Gesundheit des Menschen ziehen.

Wird von dem Status eines Menschen gesprochen, meint man seinen Stand in der *Gesellschaft*. Man spricht zum Beispiel von dem Status des Schülers, des Arbeiters, der Hausfrau. So genannte Statussymbole sollen den Stand eines Menschen in der Gesellschaft oder in einer Gruppe kennzeichnen. Es gibt echte und unechte Statussymbole: Die Uniform eines Soldaten lässt seinen tatsächlichen Stand in der Armee er-

kennen, ein großes Auto dagegen kann vortäuschen, dass jemand ein reicher Mann sei.
Symbol heißt Zeichen.

Status quo (ante), Status quo heißt soviel wie ‹der gegenwärtige Zustand›. Zwei *Staat*en mit gemeinsamer Grenze führten zum Beispiel einen Krieg gegeneinander. Der Krieg ist zu Ende, und sie schließen einen Friedensvertrag. Die gemeinsame Grenze ist jedoch während des Krieges durch Landgewinne der einen Seite verändert worden.
In dem Vertrag können die beiden Staaten die Grenze festlegen, wie sie jetzt ist, also bei Vertragsabschluss: Sie vereinbaren die Grenze nach dem Status quo, das heißt nach dem gegenwärtigen Zustand. Die beiden Staaten können aber auch die Grenze vereinbaren, die vor dem Krieg zwischen beiden bestand: In dem Falle würden sie einen Vertrag nach dem Status quo ante schließen. Ante heißt vor – es wäre also in dem Vertrag der Zustand vor dem Krieg zugrunde gelegt.

Statut, ein Statut ist eine Satzung. Siehe *Satzung*.

Steuern sind Geldbeträge, die an den *Staat* gezahlt werden. Die meisten Bürger, alle Unternehmen müssen Steuern zahlen. Steuern sind die Haupteinnahmequelle des Staates.
Es gibt etwa vierzig verschiedene Steuerarten. Die ertragreichste und damit wichtigste Steuer ist die Lohnsteuer, sie wird von den Arbeitnehmern gezahlt und richtet sich nach der Höhe des Einkommens. Die zweitgrößte Steuer ist die Mehrwertsteuer oder Umsatzsteuer, sie muss gezahlt werden, wenn man Waren kauft oder Dienstleistungen in Anspruch nimmt. Dienstleistungen sind zum Beispiel die Leistungen von Frisören und Gaststätten. Bestimmte Waren werden besonders besteuert, zum Beispiel Mineralöl, Tabak, Branntwein, Bier und sogar Streichhölzer und Zucker. Diese Steuern nennt man Verbrauchsteuern. Außerdem gibt es zum Beispiel Erbschaft-, Kraftfahrzeug- und Hundesteuer.
Der einzelne Bürger weiß nicht, ob mit seinen Steuern eine neue Straße gebaut wird oder ob Uniformen für die *Bundeswehr* gekauft werden. Der Bürger weiß aber, dass der Staat mit dem Geld aller Steuerzahler viele Aufgaben erfüllen muss: Es werden zum Beispiel Badeanstalten und Sportplätze gebaut, die Straßen werden gereinigt, die Beamten werden bezahlt.
Alle *Gesetz*e, die Steuern betreffen, sind im Steuer*recht* zusammengefasst.

StGB ist die Abkürzung für *St*raf*g*esetz*b*uch. In ihm sind die meisten Strafbestimmungen des Straf*recht*s zusammengefasst, sie betreffen zum Beispiel Diebstahl, Betrug, Mord, Totschlag und *Hochverrat*.
Das Strafgesetzbuch von 1871 wurde seit 1949 häufig geändert. Die bisher letzte Strafrechts*reform* trat 1998 in Kraft, sie verschärfte unter anderen die Strafen für tätliche Angriffe.
Siehe auch *öffentliches Recht*.

Stichwahl, siehe *Mehrheitswahl*.

Strategie, Susis Strategie beim ‹Fang-den-Hut-Spiel› ist: alle Hütchen so schnell wie möglich ins Spiel zu brin-

gen, damit sie weiterspielen kann, auch wenn eines ihrer Hütchen gefangen wird. Susis Taktik, welches Hütchen jeweils bewegt wird, ist abhängig vom Verlauf des Spieles und dem Verhalten der Mitspieler.
Strategie ist ‹Planung und Führung nach großen Gesichtspunkten›, auch ‹langfristige Planung›. Der Begriff Taktik kennzeichnet einzelne Maßnahmen innerhalb einer langfristigen Planung.
Im *militärisch*en Sprachbereich, aus dem beide Begriffe stammen, ist die Strategie die Feldherrenkunst, die Taktik die ‹Lehre von der Führung eines Gefechtes›.

Streik, auch als Ausstand bezeichnet, bedeutet, dass nicht gearbeitet wird.
Der Streik ist ein Mittel des Arbeitskampfes der Arbeitnehmer, zum Beispiel um bessere Arbeitsbedingungen oder höhere Löhne durchzusetzen: Arbeitsstunden oder ganze Arbeitstage fallen aus. Der Arbeitgeber verdient weniger. Das veranlasst ihn unter Umständen, auf die Forderungen der Arbeitnehmer einzugehen.
Es gibt den organisierten Streik: Er wird von den *Gewerkschaften* eingeleitet und verantwortet.
Organisieren heißt aufbauen, ‹planmäßig ordnen›.
Eine Gewerkschaft ist eine Vereinigung von Arbeitnehmern, die die Interessen der Arbeitnehmer gegenüber den Arbeitgebern und dem *Staat* vertritt.
Einem organisierten Streik müssen 75 Prozent der Arbeitnehmer zustimmen: Es muss vorher eine Abstimmung durchgeführt werden, die man als *Urabstimmung* bezeichnet.
Ein Streik kann mehrere Tage, manchmal auch Wochen dauern. Für die Dauer des Streiks erhalten die Streikenden eine Unterstützung von ihrer Gewerkschaft. Ein Streik endet meist mit dem Abschluss eines neuen *Tarifvertrag*es, in dem Löhne und Arbeitsbedingungen vereinbart werden.
Der so genannte wilde Streik wird von den Arbeitnehmern eines oder mehrerer Betriebe selbständig durchgeführt, ohne Zustimmung der Gewerkschaften. Bei einem Generalstreik hören alle oder fast alle Arbeitnehmer in einem Land auf zu arbeiten.
Punktstreik bedeutet, dass zum Beispiel in einem Betrieb nur eine Abteilung oder dass nur ein Betrieb eines bestimmten Gewerbes streikt.
Bummelstreik bedeutet, dass die Arbeitnehmer ihren Dienst streng nach Vorschrift ausüben: Sie arbeiten nicht mehr und nicht länger und nicht schneller, als sie laut Vertrag unbedingt müssen.
Ein Warnstreik dauert nur kurze Zeit: Die Arbeitnehmer wollen darauf hinweisen, dass sie entschlossen sind, auch länger zu streiken.
Beamte dürfen in der *Bundesrepublik Deutschland* nicht streiken.
Eine Gegenmaßnahme der Arbeitgeber gegen einen Streik ist die Aussperrung: das bedeutet die fristlose Entlassung der streikenden Arbeitnehmer. Der Arbeitgeber kann aber das Arbeitsverhältnis nur zeitweilig, nicht endgültig, auflösen. Nach Beendigung des Streiks ist er verpflichtet, die Arbeitnehmer wieder einzustellen. In der Bundesrepublik haben Streik und Aussperrung nur suspendierende Wirkung, das bedeutet, das Arbeitsverhältnis wird nur

zeitweilig aufgehoben, nicht endgültig gelöst.

Struktur heißt Aufbau und Gliederung.
Die Untersuchung der Struktur einer Schule zum Beispiel kann Aufschluss darüber geben, wie viele Schüler die Schule hat und welche Altersgruppen zusammen in einer Klasse sind. Strukturuntersuchungen sind notwendig, wenn Änderungen im Aufbau einer Einrichtung, zum Beispiel einer Schule, geplant sind.

substanziell heißt wesentlich, ‹zur Sache gehörig›. Die Substanz ist ‹der Gehalt oder der Kern einer Sache›.

Subvention heißt Unterstützung.
Im Besonderen bezeichnet der Begriff finanzielle, das heißt geldliche Zuwendungen, die der *Staat* an *Wirtschafts*zweige oder private Unternehmen zahlt. Subventionen müssen nicht zurückgezahlt werden.
In der *Bundesrepublik Deutschland* werden zum Beispiel an die Landwirtschaft und an den Bergbau Subventionen gezahlt.

subversiv heißt umstürzlerisch. Eine Subversion ist ein Umsturz.
Wer von ‹subversiven Elementen› spricht, will damit Personen bezeichnen, die seiner Meinung nach die Gemeinschaft gefährden und den Umsturz der *Gesellschaft* wollen. Mit dem Wort Elemente wird in diesem Zusammenhang Minderwertigkeit unterstellt.

supranational heißt über*national*, über*staatlich*. *Organisationen*, Bündnisse oder Vereinbarungen, die über den Staaten stehen, werden so bezeichnet. Die Mitgliedsstaaten haben vereinbart, dass alle oder bestimmte zukünftige Beschlüsse für alle Mitglieder bindend sind. Sie müssen nicht – wie bei *internationale*n Organisationen – von den einzelnen Mitgliedern erneut anerkannt werden. Die *Europäische Union*, EU, ist eine supranationale Organisation.
Siehe auch *Souveränität*.

Synode heißt Zusammenkunft. Im Besonderen ist es eine Versammlung evangelischer Christen, deren Mitglieder von ihren Gemeinden als Vertreter gewählt worden sind. Auf Synoden werden Beschlüsse gefasst, die das kirchliche Leben betreffen. Eine Synode ist eine Art *Parlament*.
Die Synode der ‹*E*vangelischen *K*irche in *D*eutschland›, EKD, zum Beispiel tritt einmal im Jahr zusammen. Eine ihrer Aufgaben ist, Kirchen*gesetze* zu beschließen. Es sind in der Hauptsache *Verwaltungs*gesetze, zum Beispiel über die Verwendung des verfügbaren Geldes.

System hat mehrere Bedeutungen: Verfahrensweise, Gliederung, ‹geordneter Aufbau› und *Regierungs*form.
Ein Schüler, der bei seinen Hausaufgaben immer zuerst die schwierigen erledigt, arbeitet nach einem bestimmten System, nach einer bestimmten Verfahrensweise. Systematisch arbeiten heißt planmäßig arbeiten.
Das *Regierungssystem* oder die Regierungsform wird auch kurz ‹das System› genannt: Gemeint ist, wie eine Regierung aufgebaut ist und wie sie den *Staat* lenkt.

T

Tag der Deutschen Einheit, seit der Vereinigung der *Bundesrepublik Deutschland* und der Deutschen Demokratischen Republik, *DDR*, zu einem deutschen *Staat* Bundesrepublik Deutschland im Jahre 1990 ist der 3. Oktober der ‹Tag der Deutschen Einheit› und gesetzlicher Feiertag.
Siehe dazu *Vertrag zur deutschen Einheit.*

Tagesordnung ist die Bezeichnung für das *Programm* oder die Reihenfolge, nach der auf einer Sitzung oder in einer Versammlung Fragen besprochen und beraten werden. Für jede *Parlament*ssitzung zum Beispiel gibt es eine Tagesordnung.
Vorschläge für eine Tagesordnung müssen rechtzeitig eingereicht werden. Die Vorschläge ergeben die so genannten Tagesordnungspunkte, ihre Reihenfolge die Tagesordnung.
Durch Abstimmung der Sitzungsteilnehmer kann beschlossen werden, Tagesordnungspunkte abzusetzen oder ihre Reihenfolge zu ändern. Die Reihenfolge kann von Bedeutung sein: Steht ein wichtiger Punkt am Ende einer langen Tagesordnung, wird er unter Umständen nicht sorgfältig beraten.

Taktik, siehe *Strategie.*

Tarif, Tariflohn, Tarifvertrag, unter Tarif versteht man einen einheitlich festgelegten Preis für eine bestimmte Leistung. Die Posttarife zum Beispiel legen fest, wie viel die Beförderung eines Briefes kostet.
Tariflohn ist ein vereinbarter Lohn für eine bestimmte Arbeit. Tariflöhne werden in Tarifverhandlungen zwischen Arbeitnehmern und Arbeitgebern ausgehandelt, die man auch die Tarifvertrags*partei*en oder Tarifpartner nennt. Ziel einer Tarifverhandlung ist die Vereinbarung eines Tarifvertrages.
In der Regel werden Tarifverträge von den Arbeitgeberverbänden und von den *Gewerkschaften* geschlossen. Die Arbeitgeberverbände vertreten die Interessen der Arbeitgeber, die Gewerkschaften die der Arbeitnehmer.
Tarifverträge gelten für alle Arbeitnehmer, gleichgültig ob sie der vertragschließenden Gewerkschaft angehören oder nicht. Wird der Tarifvertrag von einem Arbeitgeber nicht eingehalten, haben jedoch nur Gewerkschaftsmitglieder das *Recht*, ihre Ansprüche durchzusetzen.
In den Lohntarifverträgen werden die Löhne geregelt. In den Manteltarifverträgen wird außerdem vieles andere geregelt, zum Beispiel Arbeitszeit, Urlaub, Altersversorgung. In der *Bundesrepublik Deutschland* spricht man von Orts-, Bezirks-, Landes- oder Bundestarifen, je nachdem für welches Gebiet sie gelten.
Für die einzelnen Berufsgruppen gibt es unterschiedliche Tarifverträge: Die Arbeitnehmer der Metall*industrie* haben andere Verträge als die des Baugewerbes.
Tarifverträge werden für eine bestimmte Zeit abgeschlossen, in der Regel für ein Jahr.
Die *Regierung* der Bundesrepublik mischt sich grundsätzlich nicht in die Tarifverhandlungen ein: Die Tarifpartner sind frei in ihren Entscheidungen

und dafür verantwortlich. Diese Unabhängigkeit der Tarifpartner vom Staat wird als Tarif*autonomie* bezeichnet, sie ist in einem *Gesetz*, dem Tarifvertragsgesetz, bestimmt.
Siehe auch *Gewerkschaften, Streik, Schlichtung.*

Technokratie, eine Gruppe von Jugendlichen beschließt, eine Ferienfahrt zu unternehmen: Sie wollen sich gegenseitig besser kennen lernen, persönliche Probleme besprechen und so den Zusammenhalt untereinander festigen. Drei aus der Gruppe übernehmen die Planung der Fahrt: wohin man fährt, ob mit dem Rad oder mit der Bahn, welches Gepäck mitgenommen wird und dergleichen mehr.
Die drei stellen Listen auf und Fragebogen, sie rechnen und schreiben. Ihre Fragen und Vorschläge, wie die Fahrt zu bewerkstelligen sei, beherrschen die Erörterungen der Gruppe. Als sie eines Tages die Frage stellen, ob man das Gepäck besser in Rucksäcken oder in Tornistern mitnähme, werden sie als Spinner beschimpft. Man könnte sie auch als Technokraten bezeichnen: Menschen, denen die reibungslose Durchführung eines Planes häufig wichtiger ist als das Ziel, das mit dem Plan erreicht werden soll.
Technokratie ist ‹die Herrschaft der Technik›. Das bedeutet, dass in einer Planung nicht so sehr die Wünsche und Bedürfnisse der Betroffenen, sondern die technischen Mittel und ihre Verwalter bestimmend sind. Der Begriff Technokrat wird daher oft auch als Schimpfwort benutzt.
Technik heißt Arbeitsweise, Handhabung, auch Kunstfertigkeit. Es gibt zum Beispiel die Technik der Malerei: Der Maler weiß, wie er sein Handwerkszeug – Farbe, Pinsel und Leinwand – benutzen muss, um ein Bild herzustellen.

Technologie ist ‹die Lehre von der Umwandlung von Rohstoffen in Fertigprodukte›. Rohstoffe sind zum Beispiel Erze oder Quarzsand, Fertigprodukte sind zum Beispiel Kochtöpfe oder Gläser, die aus den umgewandelten Erzen beziehungsweise dem umgewandelten Quarzsand hergestellt werden. Den jeweiligen Umwandlungsverfahren der Rohstoffe liegen biologische, chemische oder physikalische Vorgänge zugrunde.
Der Begriff Technologie wird häufig auch anstelle des Wortes Technik benutzt. Man spricht zum Beispiel von der Technologie des Fliegens und meint die Technik des Fliegens, nämlich die Handhabung des Flugzeugs. Die Technologie des Fliegens umfasst alles, was dazu geführt hat, dass der Mensch sich in die Luft erhob. In diesem Fall bedeutet Technologie die Lehre von der Entwicklung der Technik in ihrem Zusammenhang mit den Menschen.
Die Bedeutung des Begriffs Technologie ist nicht einheitlich.
Siehe auch *Technokratie.*

Tendenz, tendenziös, das Wort Tendenz hat mehrere Bedeutungen: Neigung, Absicht, Richtung, Entwicklungslinie.
Tendenziös heißt ‹einseitig Stellung nehmend›, ‹etwas bezweckend›.
Ein Fernsehbericht über das Verhältnis der Weißen und der Schwarzen in den USA ist zum Beispiel tendenziös, wenn

er nur herablassende und hochmütige Weiße zeigt. Im entgegengesetzten Sinne tendenziös ist der Bericht, wenn er nur verkommene und ungebildete Schwarze zeigt.
In beiden Fällen würde der Zuschauer einseitig beeinflusst: in dem einen Fall gegen die Weißen, in dem anderen gegen die Schwarzen.
Eine tendenziöse Darstellung erschwert dem Leser, Hörer oder Zuschauer, sich unverfälschten Überblick über ein Problem zu verschaffen.

Terminologie, eine Terminologie ist eine Zusammenfassung von Fachausdrücken. «Matt!» ruft zum Beispiel ein Schachspieler und meint damit, dass sein Gegner besiegt ist. ‹Matt› ist ein Fachausdruck beim Schachspielen. Es gibt mehrere solcher Ausdrücke, die alle zusammen die Terminologie des Schachspiels bilden.
Jedes Spiel, jeder Beruf, jede Wissenschaft hat heute eine eigene Terminologie. Sie wird oft nur von deren Kennern verstanden. Dieses Buch soll ermöglichen, die Terminologie der *Politik* zu verstehen.

Territorium heißt Gebiet, insbesondere ist es das *Staatsgebiet*. Territorial heißt ‹zu einem Gebiet gehörend› und ‹ein Gebiet betreffend›.
Nach einem Krieg kann der Sieger auf territoriale Ansprüche an den Verlierer verzichten: Er fordert kein Land von ihm.

Terror, Menschen terrorisieren heißt sie bedrohen, sie unterdrücken, sie in Angst und Schrecken versetzen. Terror heißt Schrecken, Terrorismus heißt Schreckensherrschaft, das bedeutet die Herrschaft des Schreckens über Menschen, verursacht von Menschen.
Terrorakte oder Terroraktionen sind Handlungen von Menschen, die andere Menschen durch Rücksichtslosigkeit, Gewalttätigkeit und Mord bedrohen oder vernichten.
In Terror*organisationen* vereinigen sich Menschen, die aus *politisch*en oder religiösen Gründen ihre Ziele weltweit oder in ihren eigenen *Staat*en mit Terrormaßnahmen durchsetzen wollen.
Terroristen – die Angehörigen einer so bezeichneten Terrororganisation – verstehen sich selbst als Freiheitskämpfer, da sie von der *Recht*mäßigkeit ihrer Ziele überzeugt sind. Sie glauben, sie nicht anders als mit Gewalt durchsetzen zu können.

These, der Satz «Da Männer die Welt regieren, gibt es so viele Kriege» ist eine These, nämlich eine Behauptung, die bewiesen werden muss.
Der Satz «Wenn Frauen die Welt regieren würden, gäbe es keine Kriege mehr» ist die Antithese, nämlich, die Gegenbehauptung, die auch bewiesen werden muss.

Toleranz, das lateinische Wort tolerare heißt ertragen.
Toleranz heißt Duldsamkeit: Es ist die Bereitschaft und die Entschlossenheit, die Meinung anderer Menschen gelten zu lassen und zu achten.
Wollen Menschen gleichberechtigt miteinander leben, sei es in der kleinen Gemeinschaft der Familie, sei es in einem *Staat*, müssen sie einander tolerieren, das heißt dulden und ‹gewähren lassen›. Meinungsfreiheit,

Pressefreiheit und Vereinigungsfreiheit in einem Staat sind *Grundrecht*e auf der Grundlage der Toleranz: Die Menschen können ihre Meinung frei äußern und sind gleichzeitig aufgefordert, tolerant gegenüber anderen Menschen zu sein, die andere Ansichten vertreten. In der *Bundesrepublik Deutschland* sind diese Rechte in der *Verfassung* gesichert. Siehe dazu *Grundgesetz*.
Toleranz findet ihre Grenzen, wenn Menschen die ihnen gewährte Toleranz zum Schaden anderer missbrauchen.

totalitär, total heißt restlos, vollständig. Totalitär heißt ‹alles erfassend und vollständig durchdringend›. Der Begriff totalitär wird auf *Staat*en und ihre *Gesellschaft*sordnungen angewendet.
In einer totalitären Gesellschaft sind die Menschen in allen Lebensbereichen, zum Beispiel am Arbeitsplatz, in der Schule und in der Freizeit, ein und derselben Ordnung unterworfen, die von der *Regierung* bestimmt und streng überwacht wird. Der Wettstreit unterschiedlicher Interessengruppen, zum Beispiel unterschiedlicher *Partei*en, ist ausgeschlossen.
Siehe auch *Diktatur*, *Einparteisystem*.

Tradition, in vielen Ländern ist es Tradition, Weihnachten Kerzen anzuzünden. Man kann auch sagen: Es ist Brauch, Weihnachten Kerzen anzuzünden.
Tradition heißt Überlieferung: Menschen übernehmen Sitten, Kenntnisse und Erfahrungen von den Menschen vor ihnen und überliefern sie an die Menschen nach ihnen.
Traditionen können im Laufe der Zeit ihren Sinn verlieren oder unter veränderten Zuständen unmöglich werden: Die Tradition, Menschen in Särgen zu begraben, könnte eines Tages unmöglich werden, weil nicht genügend Platz auf den Friedhöfen ist. Die Menschen werden überlegen, sich von dieser Überlieferung zu trennen und andere Formen der Bestattung zu wählen.

Transit heißt Durchgang. Durchfuhr. Ein Transit*visum* ist die Erlaubnis, durch ein Land durchreisen zu dürfen.

Transparenz ist Durchsichtigkeit. Transparent heißt durchsichtig, durchscheinend.
Transparenz ist nicht nur die Durchsichtigkeit eines Materials, sondern auch die Durchschaubarkeit von Vorgängen.
Es ist oft von der Forderung nach ‹Transparenz in der *Politik*› die Rede. Damit ist unter anderem gemeint, dass die Vorgänge, durch die *Regierung*en oder *Partei*en zu Beschlüssen kommen, für alle durchschaubar gemacht werden sollen.

Treuhandanstalt, das Wort Treuhand ist abgeleitet von dem Begriff ‹zu treuen Händen›: Eine Person, der Treugeber, übergibt zum Beispiel die *Verwaltung* seines Vermögens einer anderen Person zu treuen Händen, dem Treuhänder. Unter Treuhand wird die Wahrnehmung der Interessen einer anderen Person oder Personengruppe verstanden. Treuhandgesellschaften verwalten zum Beispiel Vermögen aus Grundbesitz oder anderen Geldanlagen und beraten deren Eigentümer.
Die Treuhandanstalt wurde im März

1990 eingerichtet. Das geschah auf Beschluss des *Ministerrats*, der *Regierung* der damals noch bestehenden DDR. Die grundlegenden *politisch*en Veränderungen in der DDR hatten auch offenbart, dass die *Wirtschaft* in der DDR in einer äußerst schwierigen Lage und einem Wettbewerb nicht gewachsen war. Die Treuhandanstalt bestand rund vier Jahre, im Dezember 1994 wurde sie aufgelöst.
Aufgabe der Treuhandanstalt war, das Vermögen der bis dahin *V*olks*e*igenen *B*etriebe, *VEB*, in der DDR zu verwalten. Gleichzeitig wurden die VEB in Kapitalgesellschaften umgewandelt. Die VEB waren staatlich gelenkte Betriebe. Im Gegensatz dazu sind Kapitalgesellschaften Unternehmen, die zwar auch dem *Staat* gehören können, hauptsächlich aber privaten Eigentümern gehören. Das Kapital, das heißt das Geld für den Aufbau oder die Erweiterung des Unternehmens, wird durch den Verkauf von Anteilscheinen aufgebracht. Anteilscheine sind zum Beispiel Aktien.
Die Treuhandanstalt hatte die Aufsicht über die umgewandelten Unternehmen.
Im Juni 1990 wurde der Erste Staatsvertrag zwischen der *Bundesrepublik Deutschland* und der DDR abgeschlossen. Der Vertrag begründete die Wirtschafts-, *Währung*s- und *Sozial*union zwischen den beiden Staaten. Wichtigste Bestimmung des Vertrages war die Einführung der DM als Zahlungsmittel in der DDR. Nach Abschluss des Ersten Staatsvertrages wurden die Aufgaben der Treuhandanstalt erweitert.
Die Treuhandanstalt war jetzt auch am Aufbau der Betriebe zu leistungs- und damit wettbewerbsfähigen Unternehmen beteiligt und verantwortlich für ihren Verkauf.
Die Treuhandanstalt hatte ihren Hauptsitz in *Berlin*, sie hatte 15 Niederlassungen in den neuen *Bundesländer*n.
Die Aufgaben der Treuhandanstalt sind von verschiedenen Nachfolgeeinrichtungen übernommen worden.
Siehe *Marktwirtschaft und Planwirtschaft*, *Vertrag zur deutschen Einheit*, *DDR*.

U

Überhangmandat siehe *Bundestagswahl*.

Ultimatum, «Wenn du nicht ab morgen jeden Tag rechtzeitig deine Schularbeiten machst, darfst du abends nicht fernsehen!»
Dieser Satz ist ein Ultimatum: eine letzte Aufforderung, innerhalb einer bestimmten Frist etwas zu tun, verbunden mit einer Drohung.
Stellt ein *Staat* einem anderen Staat ein Ultimatum, ist die Kriegserklärung die stärkste Drohung.
Ultimativ heißt ‹in Form eines Ultimatums›, auch nachdrücklich.

UN ist die Abkürzung für ‹*U*nited *N*ations›. Siehe *Vereinte Nationen*.

UNESCO ist die Abkürzung für ‹*U*nited *N*ations *E*ducational *S*cientific and *C*ultural *O*rganization›. Das heißt ‹Organisation für Erziehung, Wissenschaft und *Kultur* im Rahmen der *Vereinte*n *Nationen*›.

Die UNESCO versucht unter anderem, Schulen in den Ländern einzurichten, in denen es noch eine große Zahl von Analphabeten gibt. Analphabeten sind Menschen, die nicht lesen und nicht schreiben können.

Union, eine Union ist eine Vereinigung, ein Bündnis. Zu einer Union können sich Kirchen, *Staat*en oder *Partei*en vereinigen.

UNO, verkürzt manchmal auch nur UN, ist die Abkürzung für ‹*U*nited *N*ations *O*rganization›, siehe *Vereinte Nationen.*

UPI ist die Abkürzung von ‹*U*nited *P*ress *I*nternational›. UPI ist eine amerikanische Nachrichtenagentur.
Eine Nachrichtenagentur vermittelt Nachrichten aus aller Welt an Zeitungen, Rundfunk- und Fernsehsender.

Urabstimmung, eine Urabstimmung ist jede Abstimmung, in der die Betroffenen selbst abstimmen müssen: zum Beispiel Arbeitnehmer über einen *Streik.* Niemand darf stellvertretend für sie eine Entscheidung treffen, auch nicht die Gewerkschaft.
Gewerkschaften sind Vereinigungen von Arbeitnehmern, die die Interessen der Arbeitnehmer gegenüber den Arbeitgebern und gegenüber dem *Staat* vertreten.

Utopie, das griechische Wort utopia heißt Nirgendland, Traumland.
Das weltberühmte Buch ‹Utopia› wurde 1516 von einem englischen Schriftsteller geschrieben, der darin eine erfundene Insel und die glücklichen Verhältnisse ihrer Bewohner schildert. Heute bezeichnet das Wort Utopie die Vorstellung von einer vollkommenen *Gesellschaft* in der Zukunft. Der Begriff wird auch verächtlich im Sinne von Hirngespinst benutzt.
Utopisch heißt unerfüllbar, unwirklich, wirklichkeitsfremd. Ein Utopist ist ein Schwärmer, der in den Augen der anderen Menschen undurchführbare Pläne und wirklichkeitsfremde Ziele hat.

V

Vatikan nennt man: den Vatikanpalast, die Vatikanstadt und ‹die Leitung der katholischen Kirche›.
Der Vatikanpalast ist der Wohnsitz des Papstes in Rom. Die Vatikanstadt, auch Vatikanstaat genannt, ist durch einen Vertrag mit dem italienischen *Staat* ein souveräner Staat auf dem Staatsgebiet Italiens, in Rom. Die *Regierung* liegt in der Hand des Papstes. Souveräner Staat bedeutet, dass ein Staat seine inneren und äußeren Angelegenheiten nach eigenem Ermessen entscheiden kann. Der Vatikan regelt seine Beziehungen zu anderen Staaten durch Staatsverträge, die *Konkordate* heißen.
Der Papst entsendet *Botschafter* als seine Vertreter in andere Staaten. Ein päpstlicher Botschafter heißt Nuntius.
Häufig ist von dem Vatikan die Rede, wenn die Leitung der katholischen Kirche durch den Papst und hohe Geistliche gemeint ist.
Siehe auch *Kurie.*

VEB ist die Abkürzung für ‹*V*olks*e*igener *B*etrieb›.
Volkseigene Betriebe waren staatliche Betriebe in der ehemaligen *DDR*: Sie gehörten dem *Staat*, nicht einzelnen Personen.
Achtzig Prozent aller Betriebe in der ehemaligen DDR waren volkseigen. Viele von ihnen waren in VVB oder *Kombinat*en zusammengefasst. VVB heißt ‹*V*ereinigung *v*olkseigener *B*etriebe›.

Verbalnote, verbal heißt mündlich, ‹mit Worten›. Eine *Note* ist eine schriftliche Mitteilung. In einer Verbalnote ist schriftlich zusammengefasst, was zum Beispiel ein *Botschafter* im Auftrag seiner *Regierung* der Regierung seines Gastlandes mündlich mitgeteilt hat.

ver.di ist die Abkürzung für ‹*Ver*einte *Di*enstleistungsgewerkschaft›. In ver.di sind seit 2001 die fünf früheren Einzelgewerkschaften vereint: DAG, die ‹*D*eutsche *A*ngestellten *G*ewerkschaft›; DPG, die ‹*D*eutsche *P*ost*g*ewerkschaft›; HBV, die Gewerkschaft ‹*H*andel, *B*anken und *V*ersicherungen›; *IG* Medien, die ‹*I*ndustrie *G*ewerkschaft Medien›; ÖTV, die Gewerkschaft ‹*Ö*ffentliche Dienste, *T*ransport und *V*erkehr›.
ver.di hat 2004 drei Millionen Mitglieder aus rund 1000 Berufen.
ver.di ist die größte der acht *Gewerkschaften*, die im *DGB*, dem ‹*D*eutschen *G*ewerkschafts*b*und›, zusammengeschlossen sind.

Vereinte Nationen ist die Übersetzung von *U*nited *N*ations, UN, der Kurzform von ‹*U*nited *N*ations *O*rganization›, UNO, die in Frankreich ‹*O*rganisation des *N*ations *U*nies›, ONU, genannt wird. Die UNO hat ihren Sitz in New York.
Die Vereinten Nationen wurden 1945 nach dem Ende des Zweiten *Weltkrieg*es gegründet. Ihre Ziele sind in der ‹Charta der Vereinten Nationen› niedergelegt, die 1945 von 51 *Staat*en unterzeichnet wurde. Die Staaten verpflichten sich, den Frieden und die Freundschaft zwischen den Völkern der Welt zu sichern. Sie wollen die Entwicklung ihrer Länder zum Wohle der Menschen lenken und die Menschenrechte fördern. Sie wollen Streitigkeiten friedlich regeln. Sie wollen die Anliegen des Umweltschutzes vertreten.
1973 wurden die *DDR* als 133. Mitglied und die *Bundesrepublik Deutschland* als 134. Mitglied in die UN aufgenommen.
2004 gehören der UN 191 Staaten an, das sind alle Staaten der Welt, außer Sahara (DARS), Republik China (Taiwan) und *Vatikan*stadt
Die Generalversammlung, das heißt die Hauptversammlung der UN, tagt mindestens einmal im Jahr. In ihr sind alle Staaten gleichberechtigt: Jedes Land hat eine Stimme, gleichgültig wie groß oder bedeutend es ist. Wichtige Beschlüsse müssen mit Zweidrittel*mehrheit* gefasst werden.
Von größerer Wichtigkeit als die Generalversammlung ist der Sicherheitsrat, auch Weltsicherheitsrat genannt. Er ist in seinen Entscheidungen unabhängig. Der Sicherheitsrat besteht aus fünfzehn Mitgliedern. Ständige Mitglieder sind die USA, Großbritannien, Frankreich, China und Russland in der Nachfolge für die seit 1991 aufgelöste Sowjetunion. Die übrigen zehn Mitglieder werden alle zwei Jahre von den

Mitgliedern der Generalversammlung neu gewählt.
Hauptaufgabe des Sicherheitsrates ist es, Streitigkeiten zwischen den Staaten der Welt beizulegen. Der Rat kann Verhandlungen zwischen den streitenden Staaten veranlassen; er kann UN-Mitglieder auffordern, Waffenlieferungen an die streitenden Länder einzustellen oder die wirtschaftlichen Beziehungen zu ihnen abzubrechen; er kann schließlich Truppen entsenden, die von den Mitgliedsstaaten zur Verfügung gestellt werden.
Einem Beschluss des Sicherheitsrates müssen mindestens neun der fünfzehn Mitglieder zustimmen. Die fünf Stimmen der ständigen Mitglieder müssen hierin enthalten sein.
Die ständigen Mitglieder des Rates haben somit ein *Veto*recht, das heißt ein Einspruchs*recht*: Erhebt einer von ihnen Einspruch gegen einen Beschluss, kommt er nicht zustande. Eine Stimmenthaltung bedeutet keine Verweigerung. Für die Wahrnehmung seiner Verantwortung für den Frieden zwischen den Staaten stehen dem Sicherheitsrat die UN-Friedenstruppen zur Verfügung. Sie werden auch ‹Blauhelme› genannt: Die Soldaten tragen hellblaue Helme. Für die Zusammensetzung dieser Truppe stellen zahlreiche Staaten freiwillig Soldaten zur Verfügung: Ihre Aufgabe ist, in Krisengebieten den Frieden zu erhalten oder zu schaffen. Krise bedeutet ‹schwierige Zustands- oder Entscheidungslage›. Seit 1948 wurden mehr als 750 000 Menschen in über 50 solcher Maßnahmen eingesetzt.
Einige Male konnten die Vereinten Nationen die Ausweitung von Streitigkeiten verhindern. Die widerstreitenden Interessen der fünf ständigen Mitglieder des Sicherheitsrates verhindern jedoch häufig notwendige Beschlüsse.
Der *Internationale Gerichtshof* entscheidet Streitfälle zwischen Mitgliedsstaaten, die ihm von den beteiligten Staaten vorgetragen werden.
Die Verwaltung der UN liegt bei dem Sekretariat, auch Generalsekretariat genannt, das seinen Sitz in New York hat und drei Außenstellen in Genf, Nairobi und Wien. Wichtigste Aufgaben sind: die Unterstützung der Arbeit der zahlreichen Organisationen der UN, das Verfassen von Studien und Berichten, die Organisation, das heißt den Aufbau der UN-Sitzungen. Geleitet wird das Sekretariat von dem Generalsekretär, der umfangreiche und vielfältige Verwaltungs- und *politisch*e Aufgaben hat.
Die Vereinten Nationen haben zahlreiche Sonder*organisationen*, unter anderen: das Weltkinderhilfswerk, UNICEF, das in 160 Staaten arbeitet, um vor allen Kinder und Jugendliche und ihre Mütter vor Krankheit und Hunger zu bewahren; die Weltgesundheitsorganisation, WHO, die den Erfahrungsaustausch der Länder auf allen Gebieten der Gesundheit fördert; den *Internationalen Währungsfonds*; die *UNESCO*; seit 2001 den Ausschuss zur Bekämpfung des *Terror*ismus, CTC.
Siehe auch *GUS*, *Völkerbund*.

Verfassung, Verfassungsschutz, die Verfassung eines *Staat*es, auch Konstitution genannt, ist meist schriftlich niedergelegt.
Die Verfassung bestimmt, welche Auf-

gaben und Befugnisse die *Regierung* und das *Parlament* haben und wie sie aufgebaut sind. Sie bestimmt auch, welche Rechte der Staat an den Bürger und welche *Rechte* der Bürger an den Staat hat.
Die Rechte des Bürgers sind die *Grundrechte.*
Die Verfassung der *Bundesrepublik Deutschland* ist das *Grundgesetz.*
Da eine Verfassung das Leben in einem Staat zwar grundsätzlich, aber nicht in allen Einzelheiten regelt, kann man eine Verfassung interpretieren, das heißt auslegen. In der Bundesrepublik entscheidet das *Bundesverfassungsgericht* Streitigkeiten über die Auslegung des Grundgesetzes.
Die Änderung einer Verfassung ist eine schwerwiegende Entscheidung. Daher ist in der Bundesrepublik eine Änderung des Grundgesetzes nur möglich, wenn ihr zwei Drittel der *Bundestagsabgeordneten* und zwei Drittel der Mitglieder des *Bundesrates* zustimmen.
Die Regierung jedes Staates schützt den Staat gegen Feinde ihrer Verfassung. Das bedeutet, ein Staat geht gegen Menschen vor, die die verfassungsmäßigen Rechte dazu missbrauchen, die Verfassung und die verfassungsmäßigen Rechte anderer Menschen abzuschaffen.
In der Bundesrepublik übernimmt das Bundesamt für Verfassungsschutz die Aufgabe, die Bundesrepublik vor Feinden der Verfassung zu schützen. In den einzelnen *Bundesländern* gibt es die Landesämter für Verfassungsschutz. Das Bundesamt und die Landesämter sind Teil des *Geheimdienstes* der Bundesrepublik.
Der Verfassungsschutz hat nicht die Befugnisse der Polizei. Er kann zum Beispiel Verhaftungen nur veranlassen, aber nicht selbst durchführen.

Verhältniswahl, auch Proportional*wahl* und Listenwahl genannt.
Die Verhältniswahl ist ein Wahlverfahren, in dem die Wähler nicht Personen, sondern *Parteien* wählen.
Dieses Wahlverfahren ermöglicht, dass auch kleinere Parteien in einem *Parlament* ihren Einfluss geltend machen können.
Alle Parteien erhalten ihre Sitze im Parlament im Verhältnis der für sie abgegebenen Stimmen. Die Errechnung der Zahl der Sitze für jede Partei erfolgt, zum Beispiel bei Parlamentswahlen in der *Bundesrepublik Deutschland,* nach einem Verfahren, das der belgische Mathematiker d'Hondt entwickelt hat, man nennt es das ‹d'Hondt'sche Höchstzahlverfahren›. Ein Beispiel: 1000 Personen wählen zwischen drei Parteien, 10 Sitze sind zu verteilen. Partei A erhält 450, Partei B 300 und Partei C 250 Stimmen. Nach d'Hondt wird die für jede Partei abgegebene Stimmenzahl durch 1, durch 2, durch 3 und so weiter geteilt, bis sicher ist, dass man die Zahl der Sitze errechnen kann.

	:1	:2	:3	:4	:5	
A	450^{1}	225^{4}	150^{6}	112^{8}	90^{10}	= 5
B	300^{2}	150^{5}	100^{9}	~~75~~^{11}	60	= 3
C	250^{3}	125^{7}	~~83~~^{10}	~~62~~^{12}	50	= 2

Anschließend werden die Zahlen der Größe nach geordnet, bis die Anzahl der Sitze erreicht ist: die Höchstzahlen werden nummeriert, die anderen Zahlen kann man wegstreichen.
Die Anzahl der nummerierten Zahlen in einer Reihe ergibt die Anzahl der Sitze für jede einzelne Partei. In unserem

Fall für Reihe oder Partei A fünf Sitze, für Reihe oder Partei B drei Sitze und für Reihe oder Partei C zwei Sitze.

Bei der *Bundestagswahl* 1987 wurde zum ersten Mal ein neues Verfahren, die Berechnungsformel nach Hare-Niemeyer, für die Sitzverteilung nach den Zweitstimmen angewendet: Die Zahl der auf eine Partei entfallenen Zweitstimmen wird mit der Zahl der vergebenen Sitze multipliziert. Das Ergebnis wird durch die Gesamtzahl der Stimmen dividiert, die insgesamt für die in den Bundestag eingezogenen Parteien abgegeben wurden.

Siehe *Mehrheitswahl, Bundestagswahl.*

Vermittlungsausschuss, siehe *Gesetzgebung.*

Versailler Vertrag heißt der Friedensvertrag, der 1919 nach Beendigung des Ersten *Weltkrieg*es in Versailles bei Paris geschlossen wurde.

In dem Vertrag wurden *Deutschland* von den Siegern unter anderen folgende Bedingungen auferlegt: Alle Kolonien, das heißt alle Besitzungen in Übersee, und reiche Gebiete im Osten und Westen Deutschlands mussten an die Sieger abgetreten werden. Deutschland durfte nur ein Heer von 100 000 Mann behalten. Hohe *Reparationen*, das sind Schadenersatzleistungen, wurden verlangt.

Die Bedingungen des Vertrages zu erfüllen war nahezu undurchführbar. In der deutschen Bevölkerung breitete sich Unzufriedenheit über die Belastungen aus. Siehe dazu *Nationalsozialismus.*

Vertrag zur deutschen Einheit, ‹Der Vertrag zur deutschen Einheit› ist Grundlage für die Vereinigung der *Bundesrepublik Deutschland* und der *DDR.*

Als Folge des Zweiten *Weltkrieg*s war Deutschland 1945 von den Siegermächten USA, Sowjetunion, Großbritannien und Frankreich zunächst in vier Besatzungszonen und das besondere Gebiet *Berlin* aufgeteilt worden. 1949 gründeten sich die beiden deutschen *Staat*en Bundesrepublik und DDR, die über vierzig Jahre lang getrennt bestanden.

Der Vertrag zur deutschen Einheit, kurz als Einigungsvertrag bezeichnet, wurde am 20. September 1990 ratifiziert, das heißt von den *Parlament*en, den Volksvertretungen der Bundesrepublik und der DDR, bestätigt. Am 3. Oktober 1990 wurde die Vereinigung der Bundesrepublik und der DDR zu einem deutschen Staat Bundesrepublik Deutschland vollzogen.

Der Einigungsvertrag besteht aus neun Kapiteln und 45 *Artikeln.* Mit drei Anlagen und einer *Protokoll*notiz umfasst der Vertrag mehr als 1000 Schreibmaschinenseiten. Die neun Kapitel unterteilen den Vertrag in seine grundsätzlichen Anwendungsbereiche: I Wirkung des Beitritts; II Grundgesetz; III Rechtsangleichung; IV Völkerrechtliche Verträge und Vereinbarungen; V Öffentliche Verwaltung und Rechtspflege; VI Öffentliches Vermögen und Schulden; VII Arbeit, Soziales, Familie, Frauen, Gesundheitswesen und Umweltschutz; VIII Kultur, Bildung und Wissenschaft, Sport; IX Übergangs- und Schlussbestimmungen.

In Kapitel I des Vertrages ist festgelegt, dass mit dem Beitritt der DDR zur Bundesrepublik die Länder Brandenburg, Mecklenburg-Vorpommern, Sachsen,

Sachsen-Anhalt und Thüringen *Bundesländer* der Bundesrepublik Deutschland werden. Berlin wird als ‹Hauptstadt Deutschlands› bezeichnet; über den Sitz von Parlament und *Regierung* soll laut Vertrag nach der Vereinigung entschieden werden.

Kapitel II enthält die notwendigen Änderungen des *Grundgesetzes*. Artikel 23 über den Geltungsbereich des Grundgesetzes zum Beispiel wurde gestrichen. Nach Artikel 23 war der Beitritt der DDR zur Bundesrepublik erfolgt; der Inhalt des Artikels war nun erfüllt. In das Grundgesetz neu eingefügt wurde der Artikel 143; er bestimmt, dass bisher geltendes *Recht* in den neuen Bundesländern längstens bis zum 31. Dezember 1992 von den Bestimmungen des Grundgesetzes abweichen kann.

Der Einigungsvertrag legt weiter fest, dass völkerrechtliche Verträge der Bundesrepublik, also Verträge, die die Bundesrepublik mit anderen Staaten geschlossen hat, auch für die neuen Bundesländer gelten werden. Mit dieser Bestimmung sind unter anderen die Verträge der *Europäischen Union* und der *NATO* gemeint. Über die Verträge, die von der ehemaligen DDR mit anderen Staaten geschlossen wurden, sollen laut Vertrag Erörterungen über eine Fortsetzung, eine Anpassung oder ihr Erlöschen geführt werden. Mit ihrem Beitritt zur Bundesrepublik trat die ehemalige DDR zum Beispiel aus dem *Warschauer Pakt* aus.

Viele Regelungen des Einigungsvertrages beziehen sich auf die unterschiedlichen Rechtsordnungen der beiden Staaten, die nun vereinheitlicht werden sollen. Diese Rechtsangleichung ist im Einzelnen und nach Sachgebieten geordnet in den Anlagen I und II ausgeführt. Dem Einigungsvertrag gingen zwei andere Verträge voraus, im Mai 1990 der so genannte Erste Staatsvertrag und am 12. September 1990 der *Zwei-plus-vier-Vertrag*.

Der Erste Staatsvertrag zwischen der Bundesrepublik und der DDR begründete die *Wirtschafts*-, *Währungs*- und *Sozial*union zwischen den beiden Staaten. Wichtigste Bestimmung des Vertrages war die Einführung der DM am 1. Juli 1990 als Zahlungsmittel in der DDR.

Mit dem Zwei-plus-vier-Vertrag erhielt das vereinte Deutschland die volle *Souveränität*, das heißt, es kann von nun an über seine inneren und äußeren Angelegenheiten nach eigenem Ermessen entscheiden.

Siehe *Zwei-plus-vier-Vertrag*, *DDR*, *Bundesrepublik Deutschland*, auch *Ostblock und Westmächte*.

Vertrauensfrage, die Vertrauensfrage stellen, bedeutet, dass eine *Regierung* das *Parlament* fragt, ob sie noch das Vertrauen des Parlamentes besitzt. Die Antwort der *Abgeordnete*n bestimmt, ob eine Regierung zurücktreten muss oder im Amt bleibt. Die Regierung ist die Leitung eines *Staat*es, ein Parlament ist die ‹Vertretung des *Volk*es›.

In der *Bundesrepublik Deutschland* kann der *Bundeskanzler* die Vertrauensfrage stellen. Spricht ihm die *Mehrheit* der Mitglieder des *Bundestag*es das Vertrauen nicht aus, kann der *Bundespräsident* auf Vorschlag des Bundeskanzlers binnen 21 Tagen den Bundestag auflösen. Der Bundestag wird nicht aufgelöst, wenn er mit der Mehrheit seiner Mit-

glieder einen neuen Bundeskanzler wählt.
Die Ablehnung der Vertrauensfrage ist die einzige Möglichkeit, vor Ablauf einer *Wahlperiode* Neuwahlen zu erreichen.

Verwaltung, die Verwaltung soll gewährleisten, dass alle Aufgaben, die zum Beispiel ein Betrieb, eine *Partei* oder ein *Staat* zu leisten haben, ausgeführt werden.
Das Lohnbüro zum Beispiel ist Teil der Verwaltung eines Betriebes: Es hat dafür zu sorgen, dass die Arbeiter und Angestellten ihre Löhne und Gehälter erhalten.
Die Verwaltung eines Staates wird als öffentliche Verwaltung bezeichnet, an deren Spitze die *Regierung* steht. Die obersten Verwaltungsbehörden sind die Ministerien. Im Auftrag der Regierung führen sie mit Hilfe der verschiedenen Behörden die *Gesetz*e aus. Die Verwaltung eines Staates ist Teil der *Exekutive*, das heißt der ausführenden Gewalt:
Zur öffentlichen Verwaltung gehören unter anderen die Polizeibehörden, die den Ministerien des Innern unterstehen, und die Finanzämter, die die *Steuern* einziehen.
Innerhalb der Verwaltung haben die Beamten und Angestellten fest umrissene Aufgabenbereiche, für die sie zuständig sind und über die hinaus sie nicht entscheiden dürfen.
Siehe auch *Bürokratie*.

Veto ist lateinisch und heißt ‹ich verbiete›. Ein Veto ist ein Einspruch. Das Vetorecht ist das *Recht*, Einspruch zu erheben.
Vereinigungen von Menschen und *Staat*en können das Einspruchsrecht für Abstimmungen beschließen: Der Einspruch eines einzelnen Mitgliedes kann dann einen Beschluss verhindern.
Es gibt einmal das absolute, das heißt das uneingeschränkte Veto: Ein Beschluss ist endgültig abgelehnt. Zum anderen gibt es das aufschiebende Veto: Über den Beschluss muss erneut beraten werden.
Siehe auch *Vereinte Nationen*.

Viermächte-Abkommen, siehe *Berlin-Abkommen*.

Visum nennt man einen ‹Sichtvermerk in einem Pass›.
Wenn zum Beispiel der Bürger eines *Staat*es in einen Staat einreisen will, in dem Visumpflicht besteht, muss er sich die Einreise vorher genehmigen lassen. Er beantragt die Genehmigung bei einem Konsulat: Erhält er die Einreiseerlaubnis, bekommt er in seinen Pass einen Stempel oder einen Vermerk, ein Visum.
Ein Konsulat ist eine Behörde, die von nahezu allen Staaten im Ausland eingerichtet wird, damit unter anderen die Anliegen der eigenen Landsleute vertreten werden können.

Vize- wird als Vorsilbe benutzt und heißt ‹an Stelle von›, stellvertretend.
In der *Bundesrepublik Deutschland* nennt man den Stellvertreter des *Bundeskanzlers* Vizekanzler, er ist einer der Bundes*minister*.

Völkerbund, nach dem Ende des Ersten *Weltkrieg*es wurde der Völkerbund

von den Siegermächten, mit Ausnahme der USA, gegründet. Zeitweise gehörten ihm 59 *Staat*en an. Alle im Völkerbund zusammengeschlossenen Staaten wollten den Frieden in der Welt sichern, die Zusammenarbeit zwischen den Völkern fördern und eine allgemeine *Abrüstung* erreichen.
Die Mitglieder verpflichteten sich, Streitigkeiten friedlich zu lösen oder den Völkerbundsrat um Vermittlung anzurufen. Der Völkerbundsrat bestand zeitweilig aus den vier Großmächten Großbritannien, Frankreich, Italien und Japan und vier Vertretern der übrigen Mitgliedsstaaten. Bei Streitigkeiten der Völker untereinander sollten die Mitglieder des Rates Lösungen suchen und vorschlagen. Der Völkerbund hatte allerdings keine Möglichkeiten, derartige Vorschläge durchzusetzen: Die Staaten mussten sie freiwillig anerkennen. Unter anderem daran scheiterte der Völkerbund.
Der Völkerbund konnte den Ausbruch des Zweiten Weltkrieges 1939 nicht verhindern. Nach dem Zweiten Weltkrieg übernahmen die *Vereinte*n *Nationen* die Aufgaben des Völkerbundes.

Völkerrecht, das Völkerrecht regelt die Beziehungen der *Staat*en zueinander.
Das Völkerrecht ist nicht wie das *Recht* in den einzelnen Staaten in Gesetzbüchern festgelegt. Es ergibt sich vor allem aus Verträgen, die die Staaten miteinander schließen oder geschlossen haben. Friedens-, Nichtangriffs-, Waffenstillstands- und *Wirtschaft*sabkommen sind Grundlagen des Völkerrechts. Es gibt keine Maßnahmen, das Völkerrecht mit Gewalt durchzusetzen. Ob es eingehalten wird, ist also abhängig davon, dass die Staaten einmal geschlossene Verträge auch halten und damit das Völkerrecht freiwillig anerkennen.
Vor dem Völkerrecht sollen alle Völker gleichberechtigt sein. Die Gleichberechtigung wird eingeschränkt, wenn Großmächte den Inhalt von Verträgen zu ihren Gunsten bestimmen.
Siehe *Vereinte Nationen*, *Internationaler Gerichtshof*, auch *Kriegsverbrechen*.

Volk, eine Erklärung des Wortes ist: Ein Volk sind alle Menschen, die durch eine gemeinsame Sprache, Abstammung und *Kultur* miteinander verbunden sind.
Die heute gebräuchlichste Erklärung des Wortes ist: Das Volk sind alle Menschen, die einem *Staat* angehören, also das Staatsvolk. Im *Grundgesetz* der *Bundesrepublik Deutschland* zum Beispiel heißt es: «Alle Staatsgewalt geht vom Volke aus», gemeint sind alle Bürger der Bundesrepublik.
Die Volksvertretung, die Vertretung eines Volkes, ist das *Parlament*.
Volksentscheid bedeutet, dass das Volk selbst in einer Abstimmung entscheidet, nicht seine Vertreter, die *Abgeordnete*n.
Siehe auch *Nation*.

Volksdemokratie ist die Bezeichnung für eine *Staat*sform. *Demokratie* heißt Volksherrschaft.
In Volksdemokratien ist die *K*ommunistische *P*artei, KP, die größte und führende *Partei*. Ihre Verbindung mit anderen Parteien bezeichnet man als *Volksfront*, in der *DDR* hieß sie *Nationale Front*.

Innerhalb der Volksfront haben sich alle nicht-kommunistischen Parteien im *Parlament* auf die Ziele der kommunistischen Partei festgelegt. Gleichzeitig haben sie die Mittel gebilligt, mit denen die Ziele durchgesetzt werden sollen. Es gibt demzufolge im Parlament, der Volksvertretung, keine *Opposition*, das heißt keinen Widerstand gegen die *Politik* der *Regierung*. Politik ist alles, was Menschen tun, um ihr Zusammenleben zu regeln. Die Regierung ist die Leitung eines *Staat*es.
Volksdemokratien sind *sozialistisch*e Staaten. Sie werden von den Kommunisten als eine Übergangsform zu der von ihnen angestrebten kommunistischen *Gesellschaft* angesehen. Siehe dazu *Kommunismus, Sozialismus.*
Siehe auch *Ostblock und Westmächte, DDR.*

Volksfront heißt der Zusammenschluss der *K*ommunistischen *P*artei, KP, mit anderen *Partei*en, um die Macht im *Staat*e zu gewinnen.
Ziel einer Volksfront ist es, unter Führung der KP einen *sozialistisch*en Staat zu errichten, in dem die *Produktionsmittel*, das sind zum Beispiel Maschinen und Fabriken, vergesellschaftet werden, also nicht einzelnen Personen gehören, sondern der Gemeinschaft.
Die *Nationale Front* in der ehemaligen *DDR* war eine Volksfront.

Volkskammer war die Bezeichnung für das *Parlament*, das heißt die *Volks*vertretung, der ehemaligen *DDR*. Die Mitglieder der Volkskammer wurden für vier Jahre gewählt. Siehe dazu *Nationale Front.*
Siehe auch *SED.*

Votum heißt Urteil und Stimme. Meist wird das Wort mit dem Sinn Stimmabgabe benutzt: Menschen geben ihr Votum für oder gegen etwas ab. Votieren heißt abstimmen:
Siehe auch *Misstrauensvotum.*

W

Währung, die Hausfrau, die Brot kauft, muss dafür bezahlen, genauso wie ein Tischlereibetrieb für das Holz, das er beim Großhändler einkauft. Für alle so genannten Tauschbeziehungen ist also Geld unentbehrlich. In jedem Land gibt es für das Geld eine bestimmte Ordnung, die durch *Gesetze* bestimmt ist. So ist es zum Beispiel verboten, selbst Geld zu drucken. Auch die Bezeichnung und Unterteilung des Geldes, auch Zahlungsmittel genannt, ist gesetzlich geregelt: In der *Bundesrepublik Deutschland* ist, wie in elf anderen europäischen *Staat*en auch, 1 Euro in 100 Cent eingeteilt.
Die Gesetze und Verordnungen im Zusammenhang mit Geld bilden die Geldordnung oder Geldverfassung, auch Währungsordnung oder kurz Währung eines Landes genannt.
Siehe *EU.*

Wahl, Menschen, die gemeinsame Interessen haben, brauchen einen Sprecher, der ihre Interessen gegenüber anderen vertritt: Klassensprecher vertreten die Interessen der Schüler; *Abgeordnete* vertreten ihre Wähler; eine *Regierung* vertritt die Interessen des *Staat*es.
Wahlen finden meist in regelmäßigen

Abständen statt. Es ist also möglich, Personen nicht wieder zu wählen, die ihr Amt nicht im Sinne der Wähler ausgeübt haben. Wähler können außerdem ihre Meinung im Laufe der Zeit ändern. Regelmäßige Wahlen ermöglichen, dass diese Wähler ihre veränderten Ansichten von anderen Personen vertreten lassen können.
Vor Wahlen finden in der Regel Wahlkämpfe statt, die man auch als Wahlkampagnen bezeichnet: Mit Versammlungen, Reden, Plakaten, Handzetteln und Annoncen wird für die *Kandidat*en geworben. Für viele Wahlen, insbesondere für *Parlament*swahlen, werden die Bewerber von *Partei*en aufgestellt. Diese treffen eine Vorauswahl, die von den Wählern nicht beeinflusst werden kann. Für Parlaments- und Regierungswahlen gibt es in allen Staaten Wahl*gesetz*e. Sie regeln zum Beispiel, nach welchem Wahl*system*, das heißt nach welchem Wahlverfahren, in dem jeweiligen Staat gewählt wird. *Mehrheitswahl* und *Verhältniswahl* sind unterschiedliche Wahlverfahren. Außerdem bestimmen Wahlgesetze die Wahl*recht*e der Bürger, zum Beispiel wer wählen und wer gewählt werden darf.
Siehe *Bundestagswahl, Zwei- und Mehrparteiensystem.*

Wahlperiode, Periode heißt Zeitraum. Die Wahlperiode ist der Zeitraum, für den *Abgeordnete* für ein *Parlament* gewählt werden. Die Wahlperiode ist nicht, wie oft angenommen wird, der Zeitraum, in dem gewählt wird oder in dem der *Wahl*kampf stattfindet.
In der *Bundesrepublik Deutschland* dauert eine Wahlperiode in der Regel vier Jahre. Das gilt sowohl für den *Bundestag* als auch für die *Landtage.*
Siehe auch *Legislaturperiode, Bundestagswahl.*

Wall Street ist eine Straße in New York, in der die New Yorker *Börse* und viele Banken sind. Der Name wird auch benutzt, wenn von amerikanischer Finanz*politik* die Rede ist.
Siehe auch *Finanzen.*

Warschauer Pakt, ein Pakt ist ein Bündnis. Der Warschauer Pakt, genaue Bezeichnung ‹Warschauer Vertrag über Freundschaft, Zusammenarbeit und gegenseitigen Beistand›, war das Verteidigungs- und Beistandsbündnis der *Staat*en des *Ostblock*s.
Ende März 1991 endete die *militärisch*e Zusammenarbeit der Mitgliedsstaaten. Ursache waren die *politisch*en und *wirtschaftlich*en Veränderungen in den Staaten Osteuropas. Im Juli 1991 wurde die endgültige Auflösung des gesamten Vertrages beschlossen. Die Mitgliedschaft der ehemaligen *DDR* im Warschauer Pakt endete bereits im September 1990, kurz vor der Vereinigung der ehemaligen DDR mit der *Bundesrepublik Deutschland* am 3. Oktober 1990.
Der Warschauer Pakt wurde 1955 von der *Sowjet*union, der DDR, Polen, Bulgarien, Ungarn, Rumänien, der Tschechoslowakei und Albanien in Warschau geschlossen. Albanien trat 1968 aus dem Bündnis aus; die Mongolei, Vietnam und Nordkorea hatten einen so genannten Beobachterstatus, das bedeutet, sie waren nicht Mitglieder des Paktes, durften aber an bestimmten Sitzungen teilnehmen.

Die im Warschauer Pakt vereinten Truppen standen unter dem Oberbefehl eines hohen sowjetischen Offiziers, zu dessen Mitarbeitern Offiziere aus allen Paktstaaten gehörten. In allen Gremien, das heißt in allen *Ausschüssen* des Paktes waren die sowjetischen Mitglieder in der Überzahl vertreten, sodass die Entscheidungen der Sowjetunion im Pakt durchgesetzt wurden.
Die einzige militärische Aktion des Bündnisses war 1968 der Einmarsch von Truppen des Warschauer Paktes in eines seiner Mitgliedsländer: Die Tschechoslowakei hatte versucht, eine von der Sowjetunion unabhängige *Politik* zu führen. Siehe dazu *Ostblock und Westmächte.*

Warschauer Vertrag, siehe *Ostverträge.*

Wehrbeauftragter, der Wehrbeauftragte des *Bundestages* wird von den *Bundestagsabgeordnete*n gewählt. In ihrem Auftrag beaufsichtigt er die *Bundeswehr* und schützt die *Rechte* jedes Soldaten: Jeder Soldat kann sich mit einer Beschwerde an ihn richten; der Soldat darf deswegen nicht bestraft werden; alle Dienststellen der Bundeswehr sind verpflichtet, ihm Auskunft zu geben.

Wehrpflicht, in der *Bundesrepublik Deutschland* sind alle Männer über 18 Jahre durch ein *Gesetz* verpflichtet, ihrer Wehrpflicht nachzukommen: Sie müssen während einer bestimmten Zeit eine *militärisch*e Ausbildung durchlaufen. Im Falle eines Krieges können sie dann zum *Militär* einberufen und sofort als Soldaten eingesetzt werden.
In fast allen *Staat*en gibt es die so genannte allgemeine Wehrpflicht für Männer, in Israel auch für Frauen.
In der Bundesrepublik hat jeder Wehrpflichtige das *Recht*, den Kriegsdienst mit der Waffe und damit auch den Wehrdienst zu verweigern. Die Verweigerung muss begründet und anerkannt werden. Wird sie anerkannt, kann ein so genannter Ersatzdienst gefordert werden, zum Beispiel in einem Krankenhaus oder in einer Pflegeanstalt. Der Ersatzdienst wird auch als Zivildienst bezeichnet.
Zivil heißt bürgerlich; Zivilist bedeutet ‹Bürger, im Gegensatz zum Soldaten›.

Weimarer Republik, *Republik* ist eine Bezeichnung für alle *Staat*en, die nicht von einem Kaiser oder König regiert werden, die also keine *Monarchie*n sind. Der Name Weimarer Republik kennzeichnet in der Geschichte *Deutschlands* den Zeitabschnitt von 1919–1933. Der Name entstand, weil die *Verfassung* der Republik in Weimar beschlossen wurde. Eine Verfassung ist die Grundordnung eines Staates: Sie bestimmt unter anderem, welche Aufgaben und Befugnisse *Parlament* und *Regierung* haben und welche *Rechte* jeder Bürger hat.

Weißes Haus, das Weiße Haus in Washington ist der Amtssitz des *Präsident*en der USA. Häufig sagt man Weißes Haus und meint damit die amerikanische *Regierung.*

Weltkrieg, zwei große Kriege im vorigen Jahrhundert bezeichnet man

Weimarer Republik

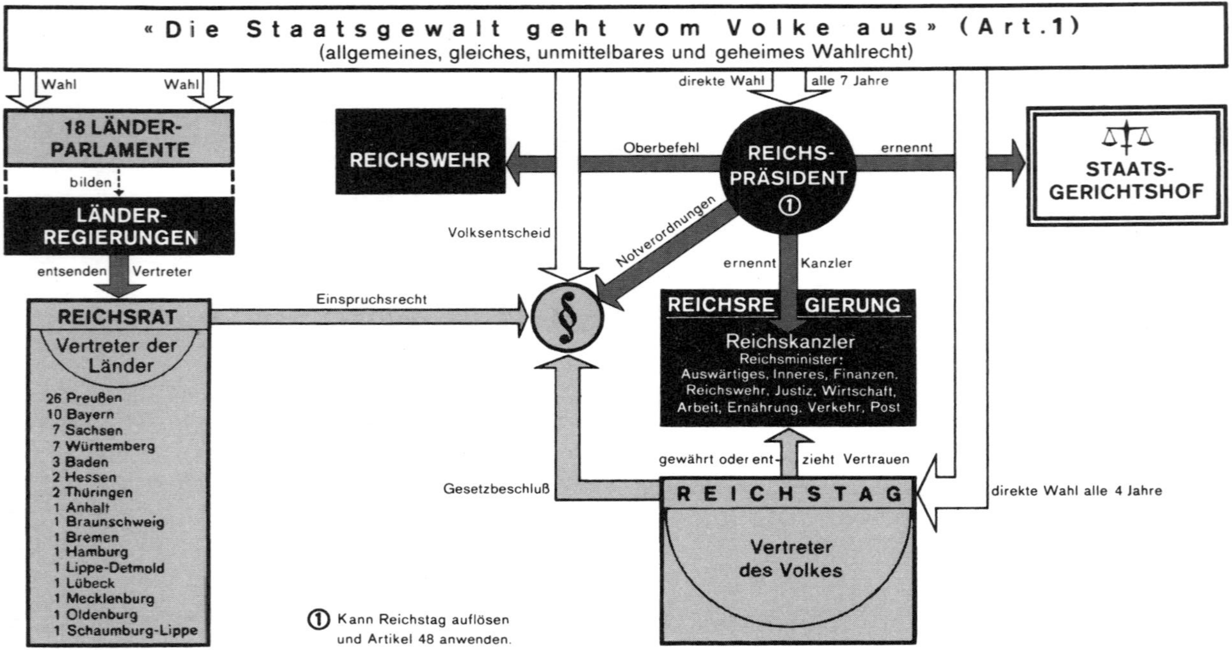

Der Aufbau des Deutschen Reiches 1919–1933 (Weimarer Republik)
(Aus: «Taschenhandbuch zur Geschichte». Bearbeitet von E. Görlitz. Hannover, Paderborn o. J. (1970), Schöningh-Schroedel)

als Weltkriege. Der Erste Weltkrieg dauerte von 1914 bis 1918, der Zweite Weltkrieg von 1939 bis 1945. In beide Kriege waren die mächtigsten *Staat*en der Welt verwickelt, die in einem vorher nie gekannten Ausmaß Unmengen von Waffen einsetzten. In beiden Kriegen war die Zivilbevölkerung stärker als in vorangegangenen Kriegen betroffen: Vor allem im Zweiten Weltkrieg wurden viele Städte, auch hinter der Front, durch Flugzeugangriffe zum Teil völlig zerstört.
Der Erste Weltkrieg wurde auf der einen Seite von *Deutschland*, Österreich-Ungarn, der Türkei und später Bulgarien, auf der anderen Seite vor allem von Frankreich, Großbritannien, Russland und den USA geführt. 1918 endete der Krieg mit einem Waffenstillstand. Deutschland und seine Verbündeten hatten den Krieg verloren. Für Deutschland wurden die Kriegsfolgen im *Versailler Vertrag* festgelegt: Deutschland verlor Grenzgebiete im Osten und im Westen, musste seine Armee auf 100 000 Soldaten verringern und sollte hohe *Reparationen*, das heißt Schadenersatzleistungen, an die Sieger zahlen.
Im Ersten Weltkrieg wurden insgesamt etwa 10 Millionen Menschen getötet.
Der Zweite Weltkrieg wurde 1939 von Deutschland ausgelöst, das später von Italien und Japan unterstützt wurde; die Gegner waren vor allem Großbritannien, Frankreich, die Sowjetunion und die USA. Insgesamt waren 27 Staaten in den Krieg verwickelt. In Europa waren fast alle Länder unmittelbar durch das Kriegsgeschehen betroffen. Nach groben Schätzungen kamen 55 Millionen Menschen, Soldaten und Zivilisten, ums Leben. Deutschland verlor 4 Millionen Soldaten und etwa 500 000 Zivilisten, die Sowjetunion beklagte über 20 Millionen Tote, davon waren 8,5 Millionen gefallene und 2,6 Millionen in deutscher Gefangenschaft verstorbene Soldaten. Polen verlor 6 Millionen Menschen, überwiegend Zivilisten. 6 Millionen *Juden* wurden von den Deutschen ermordet.
Im Mai 1945 endete der Zweite Weltkrieg in Europa: Deutschland ergab sich bedingungslos. Der Krieg gegen Japan endete im September 1945 nach dem Abwurf von zwei Atombomben durch die USA. Deutschland wurde von Truppen der Sowjetunion, Großbritanniens, der USA und Frankreichs besetzt, seine *Regierung* aufgelöst. Japan blieb unter amerikanischer Besetzung als einheitlicher Staat erhalten.
Siehe *Nationalsozialismus, Ostblock und Westmächte*, auch *Bundesrepublik Deutschland, DDR.*

Weltsicherheitsrat, auch Sicherheitsrat genannt, siehe *Vereinte Nationen.*

Weltwährungsfonds, siehe *Internationaler Währungsfonds.*

Westeuropäische Union (WEU), eine Union ist eine Vereinigung.
1948 wurde von Großbritannien, Frankreich, den Niederlanden, Belgien und Luxemburg aufgrund des Brüsseler Vertrages der Brüsseler Pakt geschlossen. Ein Pakt ist ein Bündnis. 1954, nach dem Beitritt von Italien und der *Bundesrepublik Deutschland*, wird der Pakt Westeuropäische Union genannt, abgekürzt WEU.

2004 – nach dem Beitritt von Spanien und Portugal (1988) und Griechenland (1994) – hat die WEU 10 Vollmitglieder.
Auf Einladung der WEU traten in den Jahren 1992 und 1994 europäische *Staat*en, die Mitglieder der *Europäischen Union*, EU, und der *NATO* sind, der WEU bei. Sie haben innerhalb der Union einen jeweils unterschiedlichen Status, das heißt unterschiedliche Stellungen. 2004 gibt es mit den Vollmitgliedern insgesamt 28 so bezeichnete WEU-Nationen.
Ziel der WEU ist die Zusammenarbeit der beteiligten Staaten auf *wirtschaftlich*em und *politisch*em Gebiet und *militärisch*er Beistand, falls einer der Mitgliedsstaaten angegriffen wird. Schwerpunkt auch der *militärisch*en Einsätze sollen friedenserhaltende Maßnahmen, die Erfüllung *humanitärer* Maßnahmen, Rettungseinsätze und Einsätze bei Krisenbewältigung sein. Krise bedeutet ‹schwierige Zustands- oder Entscheidungslage›.
Die Westeuropäische Union ist bei nahezu allen Einsätzen und Maßnahmen in die Entscheidungen von EU und NATO eingebunden.
Siehe *NATO*, *EU*, *Europarat*.

Westmächte, siehe *Ostblock und Westmächte.*

Wiederaufarbeitungsanlage, siehe *Kernenergie.*

Wiedergutmachung, von 1933 bis 1945 herrschte in *Deutschland* der *Nationalsozialismus*: Mitglieder der *N*ationalsozialistischen *D*eutschen *A*rbeiter*p*artei, der NSDAP, bildeten eine diktatorische *Regierung*, das heißt, sie herrschten mit uneingeschränkter Gewalt.
Viele Menschen, die gegen diese Regierung waren, wurden von den Nationalsozialisten verfolgt, misshandelt und getötet oder aus Deutschland verjagt. Viele Menschen wurden wegen ihres Glaubens, ihrer Abstammung oder ihrer Weltanschauung verfolgt. Vor allen anderen waren *Juden* die Opfer der Nationalsozialisten.
Von der *Bundesrepublik Deutschland* erhalten Menschen, die durch den Nationalsozialismus an Leben, Körper, Gesundheit, Freiheit, Eigentum, Vermögen, an beruflichem oder *wirtschaftlich*em Fortkommen geschädigt wurden, eine Wiedergutmachung.
Die Bundesrepublik versucht, wenigstens die Schäden wieder gutzumachen, die mit Geld gutzumachen sind.
Im Rahmen der Wiedergutmachung hat der jüdische *Staat* Israel 3,45 Milliarden DM erhalten.

Wirtschaft, wirtschaftlich, alle Menschen haben Bedarf an Gütern: Sie müssen essen, wohnen, sich kleiden; sie wollen zum Beispiel lesen, basteln, fernsehen, spielen.
Alle Menschen haben Bedarf an Dienstleistungen: Sie müssen zu ihrer Arbeit fahren, sie wollen sich über die Verwendung ihres Geldes beraten lassen, sie wollen sich gegen Krankheit und Unfall versichern, sie wollen einkaufen. Banken, Versicherungen und Verkehrsbetriebe zum Beispiel sind Dienstleistungsbetriebe; Frisör, Verkäufer und Straßenbahnschaffner sind Dienstleistungsberufe.
Alles, was Menschen eingerichtet ha-

ben und tun, um ihren Bedarf an Gütern und Dienstleistungen zu befriedigen, nennt man zusammenfassend Wirtschaft.
Zur Wirtschaft gehören viele Zweige, zum Beispiel Landwirtschaft und Bergbau, Handwerk und *Industrie*, der Handel und die Dienstleistungsbetriebe.
Wie weit ein *Staat* ordnend oder bestimmend in den Ablauf der Wirtschaft eingreift, ist kennzeichnend für die Wirtschaftsordnung eines Staates. Siehe dazu *Marktwirtschaft und Planwirtschaft.*
Die Erforschung der Wirtschaft ist Aufgabe der Wirtschaftswissenschaften. Wirtschaftlich heißt ‹die Wirtschaft betreffend›.

WTO ist die Abkürzung für ‹*W*orld *T*rade *O*rganisation›, die Welthandelsorganisation.
Eine *Organisation* ist ein Zusammenschluss von Personen, von Gruppen oder von *Staat*en, die eine gemeinsame Aufgabe bewältigen wollen.
WTO ist 1994 aus GATT hervorgegangen, dem ‹*G*eneral *A*greement on *T*ariffs and *T*rade›, das heißt ‹Allgemeines Zoll- und Handelsabkommen›.
GATT wurde 1947 von 23 Staaten geschlossen; die *Bundesrepublik Deutschland* wurde 1951 Mitglied.
GATT hatte das Ziel, die Beschränkungen im Handel zwischen den Staaten abzubauen. Um das zu erreichen, waren die GATT-Mitglieder bemüht, vor allem Einfuhrbeschränkungen aufzuheben und Zölle herabzusetzen. Zölle sind Abgaben, die an einen Staat gezahlt werden, wenn eine Ware über seine Grenzen ein- oder ausgeführt wird.
Das Vorhaben, einen unbeschränkten Freihandel, das heißt eine von Verboten und Beschränkungen freie Ein- und Ausfuhr von Waren, bei weltweitem Wettbewerb zu schaffen, wurde und wird jedoch dadurch beeinträchtigt, dass viele Staaten ihre eigene *Wirtschaft* zum Beispiel durch Einfuhrbeschränkungen schützen.
Mit der Gründung der Welthandelsorganisation WTO als Nachfolgerin von GATT einigten sich 124 Staaten in Marrakesch in Marokko 1994 darauf, eine neue Ordnung des Welthandels herbeizuführen. Auf der weiterhin bestehenden Grundlage von GATT wurden neue gemeinsame Handelsmöglichkeiten vereinbart.
2004 hat die WTO 148 Mitglieder.
Ziel der WTO ist, die Mitgliedsstaaten erstmals auf bindende Regelungen in ihren Handelsbeziehungen zu verpflichten, für eine Überprüfung der Regelungen und die Schlichtung von Streitigkeiten zu sorgen.

Z

Zensur, eine Zensur, die alle kennen, ist die Bewertung einer Klassenarbeit in der Schule.
Unter der Zensur der Presse versteht man, dass Veröffentlichungen in Zeitungen und Büchern, im Rundfunk und im Fernsehen von staatlichen oder kirchlichen Behörden kontrolliert, das heißt überwacht werden.
Zweck einer staatlichen Pressezensur ist, dass der Staatsbürger nur nach dem Willen einer *Regierung* unterrichtet werden soll: Nur in ihrem Sinne soll er sich seine Meinung bilden. Das wird

unter anderem durch eine Vorzensur zu erreichen versucht. Vorzensur bedeutet, dass eine staatliche Behörde, meist ein dafür eingerichtetes *Ministerium*, alle Veröffentlichungen genehmigen muss, bevor sie erscheinen. Die Übermittlung von Nachrichten aus aller Welt an Zeitungen und Sender wird auch von einer staatlichen Behörde beaufsichtigt.
In *Staat*en, in denen die *Pressefreiheit* gewährleistet ist, wie in der *Bundesrepublik Deutschland*, ist eine Vorzensur durch die Regierung ausgeschlossen. In bestimmten Fällen ist eine Nachzensur möglich, das bedeutet, dass Veröffentlichungen nach ihrem Erscheinen beschlagnahmt werden. Sie dürfen nicht mehr verkauft werden. In der Bundesrepublik ist eine Nachzensur nur möglich, wenn sich Veröffentlichungen gegen das *Grundgesetz*, also gegen die *Verfassung* richten, außerdem wenn sie gegen Bestimmungen des Jugendschutzgesetzes verstoßen oder die persönliche Ehre eines Menschen angreifen.

Zentralisierung, Zentralismus, zentral heißt ‹in der Mitte›. Als Vorsilbe heißt es Mittelpunkt- oder Haupt-, zum Beispiel in dem Wort Zentralbehörde.
Ein Haus mit einer Zentralheizung wird von einer Stelle aus beheizt, vom Heizkessel im Keller. Man könnte von Zentralisierung der Heizung sprechen, nämlich von der ‹Vereinigung in einem Punkt›.
In einem *Staat* bedeutet Zentralisierung oder Zentralisation, dass möglichst viele Aufgaben von einer Zentralbehörde aus geleitet werden.
Zentralismus bedeutet, dass ein Staat zentral geleitet wird: Die Landkreise und Gemeinden zum Beispiel haben keine Möglichkeit zu eigenen Entscheidungen. Sie müssen die Anordnungen und Beschlüsse der *Regierung* ausführen.
Dezentralisation heißt Aufgliederung oder Aufteilung und ist das Gegenteil von Zentralismus: Landkreise und Gemeinden zum Beispiel erledigen bestimmte Aufgaben der Verwaltung in eigener Verantwortung.
Siehe *Föderalismus*.

Zionismus, Zion ist heute der Name eines Hügels im Stadtgebiet von Jerusalem. Um das Jahr 1000 vor Christus stand auf diesem Hügel die Burg Zion. Sie wurde von dem israelitischen König David erobert, der dort seine Hauptstadt baute, die später Zion genannt wurde und heute Jerusalem heißt.
Zionismus ist seit dem Ende des 19. Jahrhunderts die Bezeichnung für das Bestreben der *Juden*, in dem Land ihrer Vorfahren, in Palästina, einen eigenen *Staat* zu gründen. 1948 war das Ziel erreicht: Der jüdische Staat Israel wurde gegründet.
Siehe *Nahost-Konflikt*.

Zivilisation ist ein zusammenfassender Begriff für die durch Technik und Wissenschaft verbesserten Lebensbedingungen der Menschen. Abgeleitet von dem lateinischen Wort civis, das heißt der Bürger, bezeichnete es ursprünglich alle Verfeinerungen der Lebensweise der Menschen in der Stadt im Gegensatz zum einfachen Leben der Bauern auf dem Lande. In der Stadt gab es zum Beispiel bessere Beleuchtung auf den ausgebauten Straßen, mehr

Bequemlichkeit und bessere Ausstattung in den Wohnungen. Heute gehen die Unterschiede zwischen der Lebensweise auf dem Lande und in der Stadt zurück: Überall gibt es zum Beispiel Elektrizität, Fernsehen, Telefon, Autos. Die Zivilisation hat aber nicht nur Vorteile, sie hat auch Nachteile gebracht, man spricht von den Zivilisationskrankheiten: bestimmte Krankheiten, für die der Mensch durch seine verfeinerte und bequemere Lebensweise anfälliger geworden ist.
Mit einem besonders großen Nachteil der Zivilisation, der Umweltverschmutzung, haben sich heute alle zivilisierten Staaten der Welt auseinanderzusetzen.
Siehe auch *Kultur, Ökologie.*

Zivilrecht, siehe *Privatrecht.*

ZK ist die Abkürzung für *Zentralko*mitee.
Ein *Komitee* ist ein Ausschuss: eine aus einem großen Kreis ausgewählte kleinere Gruppe von Menschen, die bestimmte Aufgaben erfüllen soll.
Zentral- als Vorsilbe benutzt heißt Haupt-.
Das ZK ist der größte Ausschuss einer kommunistischen *Partei*, der vom Parteitag gewählt wird. Der Parteitag ist die größte Versammlung von Mitgliedern einer Partei. Das ZK wählt aus seiner Mitte die weiteren wichtigsten Führungsgruppen, zum Beispiel das *Politbüro* und das Sekretariat des Zentralkomitees.

Zoll ist Geld, das an einen *Staat* gezahlt wird, wenn eine Ware über seine Grenzen aus- oder eingeführt wird.
In der Regel erheben Staaten nur Einfuhrzoll, der meist ein Schutzzoll ist: In einem Land zum Beispiel werden Autos sehr billig gebaut. Die Menschen in anderen Ländern wollen diese billigen Autos kaufen und nicht die teuren, die in ihrem eigenen Land hergestellt werden. Der Staat erhebt daher Einfuhrzoll für die billigen Autos aus dem Ausland, um seine eigene Auto*industrie* zu schützen: Der Einfuhr- oder Schutzzoll erhöht den Preis für die eingeführten Autos.
Zollverträge zwischen Staaten regeln, wie hoch der Zoll für bestimmte Waren sein soll.
Staaten, die im Warenverkehr miteinander keinen Zoll erheben wollen, gründen eine *Zollunion*, das heißt eine Zollvereinigung: Sie erheben nur Zoll im Handel mit Staaten, die nicht der Union angehören.
Siehe auch *EFTA*, *Europäische Union*, *WTO.*

Zwei-plus-vier-Vertrag, der Abschluss des Zwei-plus-vier-Vertrages war Voraussetzung für die Vereinigung der Bundesrepublik Deutschland und der *D*eutschen *D*emokratischen *R*epublik, *DDR*, zu einem deutschen *Staat Bundesrepublik Deutschland.*
Als Folge des Zweiten *Weltkrieg*s hatten die beiden deutschen Staaten über vierzig Jahre lang getrennt bestanden.
Der Vertrag wurde am 12. September 1990 in Moskau von der DDR und der Bundesrepublik und von den ehemaligen Siegermächten des Zweiten Weltkriegs, USA, Sowjetunion, Großbritannien und Frankreich unterzeichnet, daher die Bezeichnung ‹zwei plus vier›.

Der Zwei-plus-vier-Vertrag legt unter anderem fest, dass

die Außengrenzen des vereinten *Deutschland* die der Bundesrepublik und der DDR sind; diese Grenzen sind endgültig;

das vereinte Deutschland keinerlei Gebietsansprüche an andere Staaten stellt und solche auch nicht in Zukunft erheben wird;

das vereinte Deutschland und die *Republik* Polen die zwischen ihnen bestehende Grenze in einem Vertrag bestätigen;

von deutschem Boden nur Frieden ausgehen wird;

das vereinte Deutschland auf die Herstellung, den Besitz und die Verfügungsgewalt *a*tomarer, *b*iologischer und *c*hemischer Waffen, *ABC-Waffen*, verzichtet.

In Artikel 7 des Vertrages erklären die USA, die Sowjetunion, Großbritannien und Frankreich, dass ihre bis dahin geltenden Einspruchs*rechte* als ehemalige Siegermächte beendet sind und alle entsprechenden Einrichtungen aufgelöst werden. Dazu gehört auch, dass ihre auf deutschem Gebiet aufgestellten Streitkräfte nach einem bestimmten Zeitplan abgezogen werden.

Artikel 7 legt weiter fest, dass demgemäß das vereinte Deutschland volle *Souveränität* erhält, das heißt, von nun an über seine inneren und äußeren Angelegenheiten nach eigenem Ermessen entscheiden kann.

Der Zwei-plus-vier-Vertrag ist Grundlage für den *Vertrag zur deutschen Einheit.*

Siehe *DDR, Berlin, Berlin-Abkommen,* auch *OSZE.*

Zwei- und Mehrparteiensystem, *System* heißt ‹geordneter Aufbau›. Zweiparteiensystem bedeutet, dass in einem *Staat* zwei große *Partei*en die *Politik* des Staates beeinflussen und sich in der *Regierung*, das heißt in der Leitung des Staates, abwechseln können.

Politik ist alles, was Menschen auf das Ziel hin tun, ihr Zusammenleben möglich zu machen. Der größte und wichtigste Rahmen für Politik ist der Staat. Politische Parteien werden im *Parlament* durch *Abgeordnete* vertreten. Das Parlament ist die *Volk*svertretung. Gibt es in einem Parlament nur zwei Parteien und hat eine davon eine klare *Mehrheit*, dann kann diese Partei allein die Regierung bilden. Die andere Partei übernimmt die Rolle der *Opposition* im Parlament.

Die regierende Partei hat die eindeutige Verantwortung für die Politik, die sie bis zu einer nächsten *Wahl* langfristig planen kann. Die Oppositionspartei überwacht die Regierung und kritisiert sie, wenn sie ihre Pläne für falsch hält, und sie macht eigene Vorschläge. Der Bürger kann bei der nächsten Wahl für die bisherige Regierungspartei stimmen, wenn er die Politik der Regierung bejaht. Er kann für die Oppositionspartei stimmen, wenn er mit der Regierungspolitik unzufrieden ist.

Um diese Form des Zweiparteiensystems zu erreichen, kann ein Staat ein bestimmtes Wahlverfahren einführen, die *Mehrheitswahl*: Die Bevölkerung jedes Wahlkreises wählt einen Abgeordneten mit der relativen Mehrheit der abgegebenen Stimmen. Das bedeutet, wer die meisten Stimmen hat, ist gewählt. Die Stimmen, die für den anderen Bewerber abgegeben wurden, werden nicht berücksichtigt. Bei einem solchen Wahlverfahren setzen sich in der Regel nur die beiden stärksten Parteien in einem Land durch. Es kann durchaus geschehen, dass keine klare Mehrheit zustande kommt, sondern zwei große Parteien fast gleich viele Abgeordnete stellen. Die Überlegenheit der Regierungspartei ist dann nicht eindeutig. Sie muss häufig in ihren Entscheidungen auf die Opposition Rücksicht nehmen, um bei Abstimmungen mit Hilfe der Stimmen der Opposition eine notwendige Mehrheit zu erlangen. Siehe dazu *Mehrheit.*

In einem Staat mit Mehr- oder Vielparteiensystem wird meist nach einem anderen Wahlverfahren gewählt, nach der *Verhältniswahl*: Die Sitze im Parlament werden nach dem Verhältnis der abgegebenen Wählerstimmen auf die Parteien verteilt. Erreicht keine Partei allein die Mehrheit im Parlament, müssen sich mehrere Parteien zu einer *Koalition*, das heißt zu einem Bündnis zusammenschließen und gemeinsam die Regierung bilden. Dafür muss jede Partei dem oder den Koalitionspartnern Zugeständnisse machen.

Im Mehrparteiensystem können also auch kleine Parteien ihren Einfluss im Parlament geltend machen. Es ist allerdings auch möglich, dass sich die Wählerschaft und das Parlament in sehr viele kleine Parteien zersplittern. Auf Grund der vielen unterschiedlichen Interessen der verschiedenen Parteien wird es dann besonders schwierig, eine Koalition zu bilden, die in der Lage ist zu regieren.

Das Mehrparteiensystem gibt es zum Beispiel in Frankreich, Italien und in der *Bundesrepublik Deutschland*, das Zweiparteiensystem zum Beispiel in den USA.

Siehe *Bundestagswahl, Einparteisystem.*

Zweitstimme, siehe *Bundestagswahl.*

Oliver Sacks

Abenteuer Mensch – ein faszinierender Reiseführer

Der Mann, der seine Frau mit einem Hut verwechselte
3-499-18780-9

Der Tag, an dem mein Bein fortging
3-499-18884-8

Eine Anthropologin auf dem Mars
Sieben paradoxe Geschichten
3-499-60242-3

Awakenings – Zeit des Erwachens
3-499-18878-3

Die Insel der Farbenblinden
Die Insel der Palmfarne
3-499-60560-0

Migräne
3-499-19963-7

Stumme Stimmen
Reise in die Welt der Gehörlosen
3-499-19198-9

aus der Sacks-Schule:

Vilaynur S. Ramachandran/ Sandra Blakeslee
Die blinde Frau, die sehen kann
Rätselhafte Phänomene unseres Bewusstseins
3-499-61381-6

3-499-18780-9

S 35/1

rororo
Foto: Ivar Bläsi

Willy Brandt
Carola Stern
rororo

rowohlts monographien

Amerikanische Karrieren

John F. Kennedy
Alan Posener
3-499-50393-X

Martin Luther King
Gerd Presler
3-499-50333-6

Andy Warhol
Stefana Sabin
3-499-50485-5

Louis Armstrong
Ilse Storb
3-499-50443-X

Marx Brothers
Rainer Nolden
3-499-50454-5

Marlene Dietrich
Linde Salber
3-499-50436-7

Elvis Presley
Alan Posener/Maria Posener
3-499-50495-2

Marilyn Monroe
Ruth-Esther Geiger
3-499-50507-X

Muhammad Ali
Harald Krämer/Fritz K. Heering
Nicht zuletzt dank seiner politischen Aktivitäten hat der amerikanische Boxer Muhammad Ali eine Popularität und Bedeutung erlangt wie kein anderer Sportler im 20. Jahrhundert.

3-499-50643-2